발견을 위한
한국어 단어형성론

정한데로

서강대학교 국어국문학과를 졸업한 후, 같은 대학원에서 국어학 전공으로 박사 학위를 받았다. 서강대학교 언어정보연구소 연구교수를 거쳐, 2015년부터 현재까지 가천대학교 한국어문학과에서 학생들을 가르치며 연구하고 있다. 제5회 일석 국어학 학위논문상(2014), 제12회 한국어문교육연구회 어문논문상(2014)을 수상하였다. 저역서로 『한국어 등재소의 형성과 변화』, 『단어와 어휘부』(공저), 『형태론의 이해』(공역) 등이 있으며, 「임시어의 형성과 등재」, 「단어의 공인화에 관한 고찰」, 「'신어의 삶'에 관한 탐색」, 「통사론적 구성과 단어 형성」 등 다수의 논문을 발표하였다. 단어 형성은 물론, 등재와 변화를 포함한 '단어의 삶' 전반에 관심이 많다.

서강학술총서
121

발견을 위한 한국어 단어형성론

정한데로 지음

서강대학교출판부

서강학술총서 121

발견을 위한
한국어 단어형성론

초판 1쇄 발행 | 2019년 12월 2일

지 은 이 | 정한데로
발 행 인 | 박종구
편 집 인 | 전종호
발 행 처 | 서강대학교출판부
등록 번호 | 제2002-000170호

주 소 | 서울특별시 마포구 백범로 35(신수동)
전 화 | (02) 705-8212
팩 스 | (02) 705-8612

ISBN 978-89-7273-360-7 (94080)
ISBN 978-89-7273-139-9 (세트)

값 30,000원

* '서강학술총서'는 SK SUPEX 기금의 후원으로 제작됩니다.

머 리 말

2015년 2월의 어느 날. 새로이 자리 잡은 가천관 904호 연구실 책상에 홀로 앉아 이메일 주소 '@gachon.ac.kr' 앞에 넣을 글자를 고민하였다. 새로운 공간과 새로운 사람들. 이에 더해, 앞으로 나를 드러낼 만한 새로운 표현을 만들어 보면 좋겠다고 생각하였다. 잠시 고민한 끝에 결국 앞에 덧붙인 것은 'word4'. '좋아하는 연구 대상'과 '좋아하는 숫자'를 우연히 결합하고는, 이해하기 어렵지 않고 읽기 편해 딱 적당하다 싶어 이로 정했다. 그 당시 내가 의도한 즉각적인 표현론적 동기에 따라 전에 없던 'word4'가 처음 세상에 등장하게 되었으니, 이는 일종의 명명(naming) 과정을 거친 임시어(nonce word) 형성의 순간이다. 그렇게 '단어(word)'는 항상 온라인과 오프라인을 넘나들며 나를 둘러싸고 있다.

4년 전, 박사학위논문을 다듬어 출판한 첫 번째 책의 제목은 『한국어 등재소의 형성과 변화』이다. '단어'를 관찰하고 이로부터 얻은 다양한 생각들을 정리한 결과였지만, 정작 박사학위논문과 책의 제목에는 '단어'가 들어갈 자리가 없었다. 책의 주요 연구 대상이 분명 '단어'였음에도 불구하고, 단어와 문장을 포괄하는 기억의 대상('등재소') 전반을 다뤄 보고자 한 당시의 욕심 때문에 그 결과를 피할 수는 없었다. 그때

못 다한 일에 대한 아쉬움 때문일까? 이후 줄곧 '단어' 두 글자가 새겨진 제목의 책을 언젠가는 잘 묶어 내 보고 싶다는 꿈을 키웠다. '문법론'이나 '형태론'이 아닌, '단어형성론'이 이 책 표지에 담긴 것은 사실 '단어'를 탐구하는 한 연구자로서의 소박한 꿈이 실현된 결과이기도 하다.

북한에서는 '단어형성론'을 '단어조성론'이라고 부른다(김동찬(2005), 『조선어 단어 조성론』). 특히 눈에 띄는 것은 북한의 '단어조성론'이 '형태론, 품사론, 문장론'과 대등한 위치에서 문법 연구의 독립적인 분야를 이룬다는 사실이다. 남한의 '형태론'이 '품사론'과 '단어형성론'을 포괄하는 넓은 외연으로 쓰이는 데 반해, 북한에서는 토(체언토, 용언토)와 관련한 언어 현상만을 '형태론'에서 다룬다. 이에 따라 북한의 문법 체계에서는 단어 형성에 관한 연구(단어조성론)와 문장 형성에 관한 연구(문장론)가 대등한 층위에서 논의 가능하다. 이 책 제목에 등장하는 '단어형성론'은 단어 형성에 관한 연구가 독립된 학문 분야로서의 오롯한 지위를 명확히 하고, 종래 형태론의 제한된 범위를 벗어나 더 넓은 영역으로 뻗어나가기를 바라는, 저자의 바람을 담은 것이기도 하다.

2012년 8월, 박사과정 수료생 시절. 하루는 이정훈 선생님께서 막 발간되어 나온 선생님의 새 책을 펼쳐 한쪽에 내 이름을 적으시고는 큼지막한 도장을 함께 꾹 눌러 찍어 주셨다. 하얀 표지 가운데에 쓰인 책 제목은 언뜻 보아도 조금은 길어 보였다. '발견을 위한 한국어 문법론'. 다소 긴 호흡이 필요한 제목이라 그런지 당장 책 이름이 눈에 익지는 않았다. 하지만 맨 앞의 선명한 두 글자, '발견'은 매우 인상 깊었던 기억이 있다.

모든 연구의 시작이 '관찰'에 이은 새로운 '발견'에 있음은 두 말할 필요가 없다. 관찰에 비하면 발견은 훨씬 더 능동적이고 결과적인 개념이다. 현상을 바라보는 연구자 자신의 눈을 필요로 한다는 사실, 우연한 계기 또는 꾸준한 시도 끝에 유의미한 결과에 도달하였다는 사실을 함의한다. 그 결과가 크고 작은지에 상관없이 이전과는 무언가 다른 새로움, 이로 인한 화자의 내적 성취까지도 모두 포괄하고 있는 듯하다. 이에 끊임없이 새로운 것을 찾고 밝혀야 하는 연구자에게 있어서 '발견'은 늘 설레는 단어이기도 하다.

이 책은 앞서 출판된 바 있는 이정훈 선생님의 『발견을 위한 한국어 문법론』과 궤를 같이 해 보고자 하는 뜻에서 출발하였다. 작업 중간 과정에서 책 제목에 관한 고민이 꾸준히 있었지만, 이보다 나은 것을 찾기 어려워 결국은 첫 제목이 출판으로까지 쭉 이어졌다. 언젠가 또 다른 '발견 시리즈'가 나오지는 않을까 하는 막연한 바람과 함께, 다소 길이가 긴 제목을 채택한 것이다. 결국 이 책의 제목인 『발견을 위한 한국어 단어형성론』은 앞서 언급한 '발견'과 '단어형성론'의 두 단어를 차례로 더하고 또 앞선 연구의 도움을 받아 이렇게 만들어졌다. 일견 문장의 모습을 하고 있지만, 통사론적 구성이 하나의 단어로 명명된 그 순간부터 이제 한 권의 책 제목으로서 '통사 원자'의 운명을 떠안게 되었다. 출판이라는 '질적 공인화'를 통해 과연 얼마나 '언어 공동체' 내에 확산될 것인지는 더 두고 볼 일이지만, 일단 그 출발점에 서서 이 책과 그 이름에 큰 응원의 박수를 보낸다.

『발견을 위한 한국어 단어형성론』은 총 다섯 부로 이루어져 있다. 제1부 '토대'는 '단어 연구, 단어를 바라보는 관점, 단어의 정체'의 세 장으로 구성된다. 단어 연구가 화자 내부의 문법뿐만 아니라 화자를 둘러싼 사회적 문제까지 균형 있게 다루어야 한다는 이 책의 가장 핵심적인 입장이 다루어진다. 아울러 단어형성론에 필요한 기본 개념들을 두루 논의한다. 제2부 '단어의 구성과 형성'은 '분석과 형성'의 두 기준을 토대로 단어 연구에 관한 두 가지 접근을 모두 다루고자 하였다. 제3부 '단어의 유형'에서는 이른바 '형태적 복합어'(합성어, 파생어)와 더불어 '통사적 복합어'(통사론적 구성의 단어)를 모두 논의하면서 각 유형별 단어에서 논의할 만한 핵심 주제를 살핀다. 제4부 '단어의 삶'은 단어 형성 이후에 전개되는 '단어의 등재와 변화, 공인화' 과정을 우리 인간의 삶과 유사한 관점에서 서술한 것이다. 개인과 사회, 문법과 규범의 폭넓은 관점에서 단어 형성을 고민하였다. 마지막 제5부 '탐구'는 저자가 발표한 기존 논문 가운데 일부를 비교적 다양한 주제로 선별하여 수록한 것이다. '단어 형성에서의 의미 문제, 규칙과 유추, 남북한의 단어 형성, 한국수어의 단어 형성'을 두루 다루었다.

많은 연구의 출발이 그러하겠지만, 특히 이 책에는 기존 단어형성론과 차이를 두고자 한 저자의 고민이 적잖이 담겨 있다. 연구 대상의 영역은 물론 연구 방법 및 분석에 있어서도 선행 연구와 차이가 보이는 점이 두루 확인된다. 물론 그 과정에 많은 용기가 필요하였다. 그럼에도 불구하고 끝까지 이 작업을 수행할 수 있었던 것은 '단어', 그리고 '단어형성론'을 사랑하는 다수의 연구자들과 함께 생각을 공유하고 토론해 보고자 하는 오랜 바람이 있었기 때문이다.

4년 전 첫 책의 머리말을 쓸 때만 해도 나를 낳고 길러주신 부모님을 향한 감사 말씀으로 글을 끝맺었다. 그 후 나의 삶에도 많은 변화가 찾아 왔다. 사랑하는 아내 '민지'와 두 딸 '온'과 '들'을 바라보며 내 삶과 공부의 의미를 항상 되새겨 보게 된다. 세상에 없던 두 아이들. 소중한 새 생명을 앞에 두고 이들의 이름을 어떻게 지어 부르면 좋을지 함께 고민했던 아내의 모습을 떠올리며 내 공부의 의미를 거듭 확인한다.

2019년 11월 1일
가천관 904호 연구실에서
정한데로

차 례

제2부 단어의 구성과 형성

제3부 단어의 유형

제4부 단어의 삶

제5부 탐구

제1부
토대

'단어'란 무엇인가? 그리고 '단어 연구'는 무엇을 의미하는가? 이 책의 관심 주제인 단어형성론을 들어가기에 앞서 먼저 우리는 '단어'에 관해 함께 고민해 보고자 한다. 단어를 바라보는 다양한 관점들을 확인하면서 단어형성론을 이해하는 데 필요한 기초 개념들을 정리할 것이다. 또한 단어가 문법 체계 내에서 어떠한 지위를 차지하는지, 단어 연구의 영역에는 어떠한 것들이 있는지 살펴보고자 한다.

제1장

단어 연구

우리는 하루에도 수 백, 수 천 개의 단어를 활용하여 생각과 감정을 표현한다. 이러한 점에서 '단어'는 인간의 매우 일상적인 의사 표현 수단 가운데 하나이다. 만약 우리가 이들 '단어'를 대상으로 '연구'를 한다면, 즉 단어가 어떻게 생겨나고 쓰이는지에 관한 탐구를 수행한다면 그 출발점은 무엇이 될까? 이 장에서 우리는 단어 연구의 목적과 속성, 연구 영역을 검토하면서 그 물음의 답을 찾아보고자 한다.

1. 단어 연구의 목적

단어는 인간이 언어행위를 수행하는 데 있어서 가장 기본이 되는 단위라 할 만하다. 이제 막 말을 하기 시작한 어린 아이가 자신의 의사를 표현하고자 할 때의 모습을 관찰해 보면, 아이들이 문장이 아닌 단어 수준에서 언어행위를 하는 사실을 쉽게 발견할 수 있다. 이후, 긴 문장을 발화할 수 있는 나이가 되어서도 결국은 단어의 나열을 통해 문장을 표현한다는 점에서 우리는 단어의 중요성을 거듭 확인하게 된다. 우리 삶 속에서 단어는 언어행위의 근간을 이루는 단위인 것이다.

우리 인간은 세상에 존재하지 않았던 단어도 새롭게 만들어 내는 놀라운 능력이 있다. 가령 우리는 다음 대상을 다양한 방식으로 명명(naming)할 수 있다.

(1) 가. 

나. 말발굽, 고정쇠, 멈춤다리 …

(1가)처럼 이름이 명확하지 않은 대상을 부르고자 할 때, 우리는 이미 알고 있는 단어들을 조합함으로써 새로운 결과물을 창조해 낼 수 있다. 이러한 언어적 창조성은 인간이 내재한 언어 능력(linguistic competence)에 기반한다. 누군가는 (1나)의 '말발굽'처럼 '말, 발, 굽'의 1음절 세 단어를 나열하여 단어를 만들기도 하고, '고정(固定)'과 같은 한자어를 활용하기도 한다. 또한 '멈추-'와 같은 동사에 비자립적인 '-ㅁ'

을 결합함으로써 결과물을 얻을 수도 있다. 한편, 또 다른 관점에서는 (1가)의 형상에 주목하여 '말발굽'을 만들기도 하고, '고정쇠, 멈춤다리' 처럼 (1가)의 기능이나 재료를 언어화하여 단어를 창조하기도 하는 등 그 결과는 상당히 다양한 가능성을 지닌다.

여기서 우리는 (1나)의 각 단어가 만들어진 방식에 관심 갖고 그 양상을 일반화해 볼 수 있다. 어떠한 형태적 결합과 의미적 해석이 이들 단어 형성 과정에 관여하였는지 밝히는 작업은 곧 인간이 내재한 특정한 원리에 한발 더 다가가는 시도이기도 하다. 이렇듯 현재 우리가 쓰는 모든 단어는 특정 시점에 어느 누군가가 자신의 언어 능력을 통해 만들어낸 단어 형성의 결과물이다. 그러한 단어를 인간이 학습하고 기억하며 일상 속에서 이를 사용함으로써 단어는 언어 수행(linguistic performance)의 수단으로서 그 지위를 유지한다.

또 다른 측면에서 단어는 우리 인간의 삶을 담은 '사진첩'과 같다. 단어에는 단어가 만들어진 당시의 사회적·문화적 요소가 깊이 숨어 있는데, 특히 신어(neologism)는 그러한 현상을 대표한다고 할 수 있다.

(2) 가. 배꼽티, 번지 점프, 비디오방
나. 벼락스타, 족집게과외, 컬러링
다. 고스톱족, 당구맨, 삐삐팅

(2)는 1994년에 국립국어원(당시 국립국어연구원)에서 발표한 신어들이다. '배꼽티'와 같은 새로운 방식의 옷차림이 등장하고 '번지 점프'라는 스포츠, '비디오방'이라는 시설이 국내에 막 도입되던 시기에 이들 단어가 언론 매체에 출현하였고, 이들이 점차 사람들 사이에서 널리 퍼

지게 되었다. 그런 점에서 (2)의 단어 하나하나마다 형성 당시의 사회적 맥락과 분위기를 드러낸다고 할 수 있을 것이다.

그런데 (2)의 단어들을 관찰해 보면, 우리에게 비교적 낯선 예들도 확인된다. 고스톱과 당구를 습관적으로 즐기는 사람을 일컫는 '고스톱족'과 '당구맨', 삐삐를 이용해 남녀가 데이트를 하는 일을 의미하는 '삐삐팅'은 언뜻 그 형태만 봐서는 해당 의미를 파악하기 어렵다. (2다)의 단어들도 (2가), (2나)와 마찬가지로 1994년에 발표된 신어들이지만, 그로부터 25년이 지난 현재에는 사람들에게 잊힌 단어가 된 것이다. 이렇듯 비슷한 시기에 사회적 맥락을 담고 출현한 단어들은 이후 사람들의 선호(preference)에 따라 서로 다른 '삶'의 길을 걷게 된다.

또한 (2가)와 (2나) 사이에서도 분명한 차이가 확인된다. (2가)는 현재 ≪표준국어대사전≫에 등재된 단어들인 데 반해, (2나)는 그렇지 않기 때문이다. (2나)의 '벼락스타, 족집게과외, 컬러링'도 여전히 한국 사회에서 널리 쓰이는 단어이지만, 이들은 '배꼽티, 번지 점프, 비디오방'과 비교할 때 덜 공식화된 단어라 할 만하다. 물론 이들 단어도 장차 ≪표준국어대사전≫에 등재될 가능성을 안고 있다.

단어는 (1)처럼 대상을 명명하고자 하는 화자의 동기에 의해, (2)처럼 형성 당시의 사회적·문화적 맥락을 담아 세상에 등장한다. 이렇게 만들어진 단어는 또한 언어 공동체를 구성하는 화자들의 선호에 따라 널리 확산되기도 하고, 아니면 잠시 쓰이다가 사라지기도 한다. 따라서 단어는 인간으로부터 시작되어, 인간들에게 선택받아 삶을 지속한다. 이렇게 본다면, '단어에 대한 이해'는 곧 '인간에 대한 이해', 그리고 '사회(언어 공동체)에 대한 이해'라고 할 수 있을 것이다.

단어 연구의 목적이 여기에 있다. 인간이 지닌 '언어 능력'의 결과물이자 '언어 수행'의 대상으로서, 또 인간을 이해하고 인간이 구성한 사회를 이해하기 위한 도구로서 '단어'는 중요한 역할을 담당한다. 단어 연구자는 곧 인간과 사회를 연구하는 것과 다름없다.

2. 단어 연구의 속성

한국어 화자는 누구나 한국어 문장에 관한 기본적인 직관을 지니고 있다. 따라서 한국어 문법을 모르는 사람이라도 다음 문장을 읽고 나면 가능한 문장과 그렇지 않은 문장을 어렵지 않게 변별해 낸다.

(3) 가. 민지가 나무를 심는다.
　　나. *민지가 나무가 심는다.
　　다. *민지가 나무를 심가.

(3가)는 문법적으로 전혀 문제가 없는 문장인 데 반해, (3나)와 (3다)는 단박에 불가능한 문장, 비문법적인 문장임을 알 수 있다.[1] (3가)에서는 '-가'와 '-를'이 각각 주어와 목적어를 나타내는 표지로서 적합한 위치에 결합되어 있지만, (3나)와 (3다)는 그렇지 않다. (3나)의 밑줄 친 '-가'는 문장 내에서 목적어를 표시하는 표지가 아님에도 불구하고 목적어 자리에서 나무와 결합하였다는 문제가 있다. (3다)는 용언 어간과 결

1 (3나)와 (3다) 문장 가장 앞에 표시된 '*'는 해당 문장이 문법적이지 않다는 사실을 표현한 것이다.

합 가능한 어미의 자리에 '-가'가 잘못 분포하였다는 점에서 역시 정상적이지 않은 문장이다. 이때 '목적어, 어간, 어미' 등의 구체적인 문법 용어를 알지 못하더라도 한국어 화자라면 누구나 (3)의 문장을 대상으로 문법성 판단을 해 볼 수 있다.

그렇다면 단어의 경우는 어떠할까? (3)과 동일한 방식으로 (4)의 단어들을 살펴보자.

(4) 가. 귤나무, 나무꾼
　　나. 어린이, 건널목
　　다. 섞어찌개, 먹자골목
　　라. 앉은뱅이, 풋내기

(4가)의 '귤나무, 나무꾼'은 전형적인 '합성어, 파생어'[2]의 예로서 '귤+나무', '나무+-꾼'의 구성이라는 점에서 특별한 문제가 없어 보인다. (4나)는 각각 '어리-+-ㄴ+이', '건너-+-ㄹ+목'의 결합을 통해 형성된 단위이기에 중간에 낀 '-ㄴ, -ㄹ'이 다소 어색하게 느껴질 수 있다. 그러나 '굳은살(굳-+-은+살), 큰아버지(크-+-ㄴ+아버지), 디딜방아(디디-+-ㄹ+방아), 볼일(보-+-ㄹ+일)'의 단어들을 떠올려 본다면, 이들 유형이 아주 예외적이라고 볼 수는 없다. 한편, (4다)의 단어는 '섞-+-어+찌개', '먹-+-자+골목' 구성 내부에 '-어, -자'와 같은 성분이 확인된다. 이 경우는 (4나)와 달리 유사한 구조의 예가 훨씬 드물다는 점에서 앞서 소개한 (4가), (4나)에 비해 더욱 특이한 단어라 할 만하다. 끝으

2 '합성어'와 '파생어'의 개념과 하위 유형에 대해서는 제6장과 제7장의 내용을 참고할 수 있다.

로 (4라)는 '앉-+-은+-뱅이', '풋-+-내기'와 같이 분석되는 것들로서 접사의 일반적인 분포 양상을 고려할 때 상당히 예외적인 단어에 해당한다.

(4)의 각 단어들을 대상으로 (3)과 같은 방식의 문법성 판단을 시도해 본다면, 이들에 관한 한국어 화자들의 직관은 어떠한 차이를 보일까? (4가)와 비교할 때, (4다), (4라)의 단어에서 관찰되는 내부 구성 방식은 분명히 일반적이지 않다. 그럼에도 불구하고 한국어 화자들은 전혀 문제없이 일상 속에서 (4다), (4라)의 단어들을 사용한다. 왜 이러한 차이가 관찰되는 것일까? (3)의 문법성 판단이 왜 (4)에서는 적용되지 않는 것일까? 혹시 (3)과는 다른, (4)만의 특별한 기준이 존재하는 것일까?

우리는 '사전'을 중심으로 (3)과 (4)의 차이를 비교해 볼 수도 있다. 즉각 쓰이고 사라지는 문장의 기본 특성상 오롯이 문장을 위한 사전은 거의 찾아보기 힘들다. 사전은 기본적으로 단어를 위한 도구이기 때문이다.[3] 우리의 언어행위 안에서 무수히 실현되는 문장을 일일이 사전에 담을 수는 없지만, 각 문장에 등장하는 단어 대부분은 사전에 오른다. 다시 말하면, 기본적으로 문장은 저장의 대상이 되지 않지만, 단어는 저장의 대상이 되는 것이다. 특히 사전에 등재되는 단어는 특정 개인의 선호가 아닌, 언어 공동체 구성원의 합의에 따라 선택된다. 해당 단어가 얼마나 사람들에게 친숙한지, 해당 단어가 공식 사전에 오를 정도로 충분히 규범성을 지니고 있는지를 논의할 필요가 있는 것이다. 이런

3 물론 관용어 사전, 속담 사전, 연어 사전 등처럼 단어보다 큰 단위를 대상으로 한 사전도 있다. 사전이 오직 단어만을 위한 것은 아니라는 점도 분명하다.

점에서 문장과 달리 사전에 올라 있는 (4)의 각 단어는 한국어 화자라면 누구나 한번쯤 들어 봤을 법한 친숙한 단어이다.

이렇게 본다면, (3)의 문장과 (4)의 단어 사이에서 분명한 차이가 드러난다. (3)에서는 문장의 성립 가능성을 통해 '문법성'을 판단해 보고자 시도하였지만, (4)에서는 동일한 접근이 불가능하였다. 대신 (4다), (4라)와 같이 다소 어색한 결합이라 느껴지는 단어라 할지라도 구성원들 사이에서 두루 쓰이며 친숙하다면 단어로서의 지위를 의심할 여지가 없었다. 단어는 문장과 달리 '친숙성'과 '규범성'이라는 요소에 크게 영향을 받는 것이다.

일반적으로 단어와 문장은 '문법' 연구의 기본을 이루는 주요 대상이다. 이 책 역시 문법의 큰 틀 안에서 단어를 바라보고, 단어가 지닌 문법적 속성을 드러내는 데 1차적인 목적이 있다. 그러나 앞서 살펴본 '친숙성', '규범성'은 언어 내적 문제라고 보기 어렵다. 단어가 지닌 본연의 문법적 속성보다는 단어를 사용하는 화자들의 언어 수행 요소와 깊이 닿아 있는 문제이기 때문이다. 우리는 이러한 언어 외적 요소 역시 단어 연구를 하는 데 있어서 상당히 중요한 기준점이 된다고 파악한다. 단어는 홀로 존재하지 않으며 인간의 사회적·문화적 '삶'의 모습을 반영함과 동시에 인간의 선호에 따라 그 '삶'이 결정되는 운명에 있기 때문이다. 이는 단어 연구에서 언어 외적 요인을 배제할 수 없는 이유이다.

단어의 연구 영역은 어떠할까? 언어 내적 기준과 언어 외적 기준을 동일하게 적용해 볼 수 있을 것이다. '단어의 문법'에 집중해 온 그간의 많은 연구들은 언어 내적 기준에 천착한 시도라 할 수 있다. '귤나무'가 어떠한 원리에 따라 형성된 것인지, '풋-+-내기'가 어떠한 방식으로 형성되고 분석될 수 있는지 탐구하는 작업이 이에 해당한다. 이와는 또 다른 측면에서, 언어 외적 기준에 따른 단어 연구도 가능할 것이다. '귤나무'라는 단어가 해마다 어떠한 출현빈도를 보이면서 점차 화자들에게 친숙한 대상이 되어 왔는지, '귤나무'가 언제 사전에 등재되었으며 사전에 등재되지 않은 '오렌지나무'와는 어떠한 상관관계에 있는지 등을 탐구해 볼 수 있다. 이때 사전의 역할과 사전 등재의 기준 등을 확립하는 과정은 언어 내적 기준만으로는 연구 불가능한 영역이다.

언어 내적 기준을 중심으로 전개되어 온 그간의 단어 연구를 고려할 때, '단어의 출현과 확산, 어휘의 소멸, 사전(머릿속 사전, 종이 사전)의 등재' 등의 문제는 일견 단어형성론의 영역이 아닌 것으로 느껴질지 모른다. 그러나 이 책에서는 단어를 둘러싼 형성과 변화, 등재의 모든 문제를 단어형성론의 대상으로 삼는다. '형성'의 외연을 개인 내부로 한정하지 않고 사회 전반에 걸친 것으로 확대하여 이해한다면, '단어 형성'은 보다 거대한 의미로 우리에게 다가올 수 있다.

3. 단어 연구의 영역

인간의 언어행위 과정에서 단어와 문장은 어떠한 원리에 따라 작동하고 운용되는 것일까? 다시 말해서, 단어와 문장의 '문법'은 어떻게 구성되었을까? 본격적인 단어 연구의 영역을 설명하기에 앞서 우리는 먼저 그 원리와 과정에 관한 큰 그림을 그리며 물음의 답을 모색해 보고자 한다. 특히 단어와 문장, 형성과 저장, 언어 내적 기준과 언어 외적 기준

등의 요인을 바탕으로 이 책 전반의 관심 대상을 정리할 것이다.

앞서 언급한 대로 사전에 등재되는 단어와 달리 문장을 위한 사전은 그리 일반적이지 않다. 그러나 관용구 사전이나 속담 사전을 떠올려 본다면, 단어보다 큰 단위를 위한 사전이 전혀 없는 것은 아니다. 이러한 사실은 단어보다 큰 구성도 기억의 대상이 될 수 있으며, 더 나아가 사회가 공유하는 사회적·문화적 약속과 규범이 단어뿐만 아니라 문장에도 적용될 수 있음을 보여 준다. '미역국을 먹다'를 '시험에 떨어지다'로 이해할 수 있는 것, '백짓장도 맞들면 낫다'에서 '협력'의 교훈을 도출할 수 있는 것은 바로 이러한 이유 때문이다. 이렇게 본다면 단어와 문장에 관한 연구는 '형성'의 차원은 물론, '저장'의 차원에서도 고루 탐구될 수 있다는 사실을 발견하게 된다.

(5) 가. 형성에 관한 연구
　　나. 저장에 관한 연구

문법이 작동하는 내적 체계, 즉 '문법 모형'의 틀을 수립하기 위해 우리는 1차적으로 (5)의 토대를 마련할 수 있다. 단어와 문장의 '형성', 단어와 문장의 '저장'이 각각 문법 연구의 주요 대상이 된다. (5)는 인간의 머릿속에 내재된 '문법'을 밝히기 위한 바탕이 된다는 점에서 언어 능력을 실현하기 위한 기본 장치라 할 수 있다. 그중 형성에 관한 (5가)는 문법 모형 내에서 (6)으로 더욱 구체화 가능하다.

(6) 가. 단어 형성 공간
　　나. 문장 형성 공간

단어와 문장은 단위의 크기뿐만 아니라, 그 형성 방식에서도 분명한 차이가 있다. (3가)의 문장은 주어와 목적어의 실현, 시제 표현, 문장 유형 설정 등 다양한 부분에서 (4)의 단어보다 훨씬 복잡한 체계를 보이기 때문이다. 이에 주목한다면 (6가), (6나)와 같이 단어와 문장을 위한 형성 공간이 독자적인 영역을 차지한다고 보는 것은 지극히 자연스러운 접근이라 할 만하다. 이에 따라 단어와 문장을 중심으로 한 '문법의 모형'을 다음과 같이 정리할 수 있다.

(7) 가. 형성 부문: 형태부(단어 형성), 통사부(문장 형성)
    나. 저장 부문: 등재부(단어와 문장의 저장)

인간은 언어행위의 기본 단위인 단어와 문장을 형성하고, 또 이를 저장하여 지속적으로 활용하기 위해 (7)과 같은 체계의 '문법'을 내재하고 있다. 언어학에서는 (7)의 각 부문을 '형태부', '통사부', 그리고 '등재부(어휘부)'의 용어로 구분한다.[4] 형태부(morphological component, morphology)는 단어의 형성, 통사부(syntactic component, syntax)는 문장의 형성을 위한 영역이며, 등재부(listing component, dictionary)는 이러한

4 단어와 문장이 저장되는 공간을 '어휘부'로 부르는 것이 일반적인 학계의 관행이다. 이 책의 필자 역시 지금까지의 연구에서 이를 '어휘부'로 불러 왔다. 그러나 이 책은 '어휘부'를 대신하여 '등재부'라는 용어를 쓰고자 한다. '어휘부(lexicon)'라는 용어가 보편화된 것은 종래 저장 공간에 관한 관심이 실질적인 의미를 지닌 단어나 형태소와 같은 어휘적 단위를 중심으로 시작되었기 때문이다. 그러나 최근에는 문장 단위의 속담, 구 단위의 관용 표현(연어 구성, 숙어 구성)도 하나의 덩어리로 기억의 대상이 된다고 보는 것이 일반적이므로 저장 부문을 지시하는 용어로 '어휘부'는 한계가 있다고 여겨진다. 또한 조사, 어미와 같은 문법적 단어 역시 중요한 저장의 대상이 되는바 이들을 모두 포괄하기 위해서는 '등재부'처럼 부문의 기능이 강조된 용어가 적절할 것이다. 일부 연구에서는 저장 부문을 위한 용어로 '저장부'를 채택하기도 한다.

두 형성 부문의 결과물이 저장되는 영역을 지시한다. (7가)와 (7나)는 서로 끊임없이 상호작용하며 작동한다. 등재부는 형태부와 통사부의 결과물을 저장하는 공간임과 동시에, 형태부와 통사부에 도입되어 형성에 참여할 재료들을 저장하는 공간이기도 하기 때문이다. 또한 형태부와 통사부의 상호작용도 배제할 수 없다. 두 형성 부문이 서로의 원리를 참조함으로써 각 과정에 영향을 줄 수 있기 때문이다. 결국 단어와 문장의 문법 모형은 다음과 같이 도식화된다.

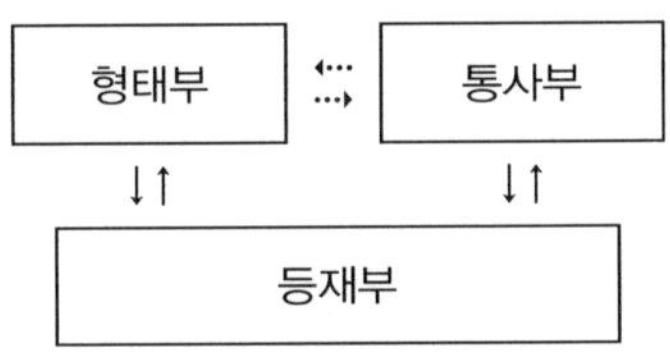

〈그림 1〉 문법의 모형

이상의 '문법 모형'과 함께 생각해 볼 더욱 중요한 관심 주제는 '단어 연구의 영역'이 어떻게 종합될 수 있는가 하는 점이다. 앞서 언급했듯이 언어행위가 개인의 영역임과 동시에 각 개인으로 구성된 사회의 영역이라는 사실까지 고려한다면, (5)의 형성 및 저장에 관한 연구는 그 외연이 보다 확대될 수 있기 때문이다. 〈그림 1〉의 결과가 개인적 수준의 형성과 저장의 문제를 다룬 것이라면, 사회적 수준에서 형성과 저장의 연구 역시 평행하게 전개될 수 있을 것이다.

이러한 맥락에서 (5나)의 '저장에 관한 연구'는 전체 모형 내에 어떻게 구체화될 수 있을까? 일단 (6)과 동일한 방식으로 단어와 문장의 기억을 위한 공간을 별도로 마련할 것인지 고민해 볼 수 있을 것이다. 단어가 문장보다 적극적으로 기억되는 대상이라는 점을 고려하여, 단어와 문장의 이러한 기억의 비대칭성을 (6)처럼 모형에 반영할 수 있기 때문이다. 그러나 저장에 관한 연구에서는 (6)과는 다른 방식으로 '개인과 사회'의 기준이 더욱 핵심적인 요인으로 작동한다. 단어와 문장 형성의 결과물이 개인의 기억에 그치는 것인지, 아니면 사회가 공유하는 결과로까지 확대되는지가 중요한 연구 주제이기 때문이다. 이 두 방향은 다음과 같이 체계화된다.

(8) 가. 개인의 기억으로 저장 (등재)
나. 사회의 규범으로 저장 (공인화)

어떤 새로운 단어가 갓 만들어진 상황을 상상해 보자. 어느 누군가가 특정한 명명 동기에 따라 즉각적으로 만들어낸 (1나)와 같은 단어는 결국 이를 표현한 한 명의 화자로부터 출발한다. 1차적으로는 그 단어가 해당 화자의 머릿속에 저장되어 지속적으로 쓰일 수 있다. 물론 한 번 쓰이고 사라지고 말 가능성도 충분하다. 일단 최초의 화자로부터 지속성을 확보한 단어는 이후 가족, 친구, 직장 동료, 온라인 커뮤니티 등 다양한 방식으로 그 영역을 확대할 수 있으며 최종적으로는 사전과 같은 규범적 수단을 통해 사회가 약속한 방식으로 저장 가능하다.[5]

실제 언어 현실을 고려한다면, 이러한 특징이 보다 분명하게 도식화될 필요가 있다. 이는 〈그림 1〉에 제시된 '문법의 모형'보다 확대된 층위에서 '개인과 사회'의 또 다른 수준의 접근이 필요하다는 사실로 연결된다.

---

5 이러한 과정을 '공인화'라고 한다. 이에 대해서는 제11장 '단어의 공인화'에서 살펴볼 것이다.

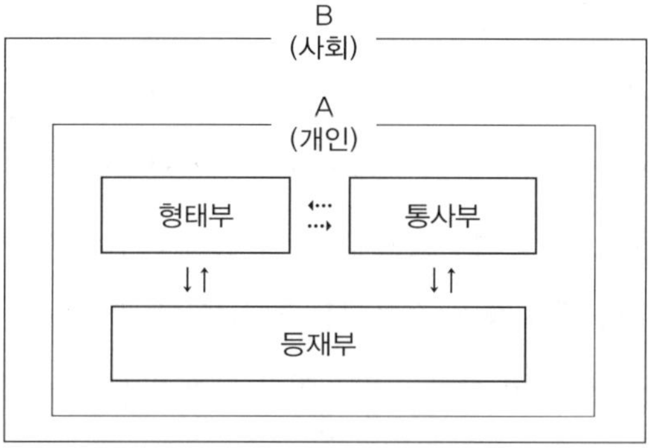

〈그림 2〉 단어형성론의 영역

위 그림에서 단어형성론의 영역은 어디에 해당할까? 그동안 대다수의 단어형성론 연구는 〈그림 1〉의 문법 모형처럼 〈그림 2〉의 'A'를 중심으로 진행되어 왔다. 즉, 'A'라는 개별 화자 내부의 '문법'에 집중하였을 뿐, 다수의 'A'가 구성하고 있는 사회적 수준인 'B'까지는 그 관심이 나아가지 못하였던 것이다. 그러나 이 책에서는 〈그림 2〉의 'A'를 포함한 'B' 영역 전반을 단어형성론의 범위로 파악한다. 개인 내부에서 작동하는 형성 및 저장의 원리에 관한 'A' 연구뿐만 아니라, 'B'처럼 사회적·거시적 수준의 언어 외적 양상에 따른 연구 전반에 관심 가질 때에 비로소 종합적이고 균형 잡힌 단어형성론이 가능하다는 입장이다.

사회 구성원 다수의 상이한 인식 및 판단의 결과까지 '문법'이라는 이상적인 틀로 일반화하기란 거의 불가능하다. 내적 정합성 및 체계성을 토대로 하는 '단어의 문법'(A)에 더하여, 개별 단어의 변화 및 언중의 선호와 같은 친숙성·규범성에 관한 '단어의 삶'(B) 연구가 더해진다면, 다양한 요인에 따라 역동적이고 복합적으로 실현되는 단어의 제 양상을 종합적으로 탐구해 볼 수 있을 것이다.

어찌 보면 상호 병립이 불가능해 보일지 모를 이 두 영역(단어의 문법, 단어의 삶)에 관한 연구가 〈그림 2〉처럼 동시에 단어형성론의 범위에 들 수 있는 것은, 문장과 비교할 때 단어 연구에서 특히 두드러지는 속성이다. 단어형성론은 인간 개인을 중심으로 한 A와 B, 즉 개인의 문법과 사회의 규범이 상호 작용하는 과정 안에서 실현되는 언어행위에 관한 총체적인 탐색이 이루어지는 연구 분야라 할 만하다.[6]

6 본격적인 논의에서는 '형성–등재–변화'의 단계적 접근과 '임시어, 단어화, 등재소, 재구조화, 어휘화, 공인화' 등의 구체적인 용어를 통해 단어형성론의 실체를 탐색할 것이다. 이는 주로 '문법'의 차원에서 단어 형성에 천착해 온 기존 단어형성론의 외연과 큰 차이를 보인다.

참고문헌

단어 만들기

이현희(2013), 의도적 단어 만들기에 나타난 조어 방식 연구, 어문학 122, 한국어문학회, 235–268.

정한데로(2013), 명명 과제(naming task)를 기반으로 한 임시어의 형태론: 도구 명사를 중심으로, 국어학 68, 국어학회, 367–404.

정한데로(2019), 명명 과제를 활용한 단어 형성의 개념화·언어화 연구: 동일 화자의 반복 조사를 중심으로, 국어학 90, 국어학회, 173–200.

Aitchison, Jean(2012), *Words in the Mind: An Introduction to the Mental Lexicon*, 4th edition, Wiley–Blackwell. [홍우평 역(2015), 언어와 마음: 심성어휘집의 모든 것, 진샘미디어.]

Štekauer, P.(1998), *An Onomasiological Theory of English Word-Formation*, John Benjamins Publishing Company.

단어와 문장

김의수(2013), 어휘부와 통사론, 국어학 66, 국어학회, 415–443.

정한데로(2015), 단어와 문장의 문법성, 어문연구 43–2, 한국어문교육연구회, 179–204.

Di Sciullo A–M. & Williams, E.(1987), *On the Definition of Word*, MIT.

Taylor, J. R.(2012), *The Mental Corpus: How Language is Represented in the Mind*, Oxford University Press.

단어의 삶

김일환(2014), 신어의 생성과 정착, 한국사전학 24. 한국사전학회, 98–125.

남길임·이수진(2016), 신어, 커뮤니케이션북스.

이기황(2006), 신어의 정착과 낱말 용법의 변화, 새국어생활 16–4, 국립국어원, 47–62.

정한데로(2017), '신어의 삶'에 관한 탐색, 국어학 83, 국어학회, 119–152.

Erez Aiden & Jean-Baptiste Michel(2013), *Uncharted: Big Data as a Lens on Human Culture*, Penguin. [김재중 역(2015), 빅데이터 인문학: 진격의 서막, 사계절.]

문법의 모형

송원용(2005), 국어 어휘부와 단어 형성, 태학사.

이정훈(2012), 발견을 위한 한국어 문법론, 서강대학교 출판부.

정한데로(2015), 한국어 등재소의 형성과 변화, 태학사.

Jackendoff, R.(1994), *Patterns in the Mind: Language and Human Nature*, Basic Books. [이정민·김정란 역(2000), 마음의 구조, 태학사.]

Scalise, S.(1984), *Generative Morphology*, Foris, Dordrecht. [전상범 역(1987), 생성형태론, 한신문화사.]

제2장

단어를 바라보는 관점

동일한 단어를 대상으로 할지라도 그것을 바라보는 관점에 따라서 그 연구의 방향은 다양한 방식으로 전개될 수 있다. 이 장에서는 형태와 의미, 분석과 형성, 통합관계와 계열관계, 공시와 통시의 각 기준을 바탕으로 단어에 관한 상이한 접근들을 살펴보고자 한다. 이들 기준은 곧 단어, 더 나아가 언어 연구를 진행하는 데 있어서 기초가 되는 주요한 핵심 개념이라 할 수 있다.

1. 형태와 의미

널리 알려져 있듯이 기호(記號, sign)는 기표(記表, signifier/signifiant)와 기의(記意, signified/signifie)로 구성된다. 기표가 외현적으로 드러난

형식이라면, 기의는 그 형식이 담고 있는 개념 또는 의미라 할 수 있다. 인간의 언어는 형식과 의미로 구성된 기호의 대표적인 예에 해당한다. 따라서 우리가 관심 갖고 있는 '단어' 역시 기호의 본질을 벗어나지 않는다.

(1) 가. 형태: 나무
나. 의미: ① 줄기나 가지가 목질로 된 여러해살이 식물.
② 집을 짓거나 가구, 그릇 따위를 만들 때 재료로 사용하는 재목.
③ =땔나무.

단어 '나무'는 (1)과 같이 '나무'라는 형태의 기표와 '①~③'과 같은 의미의 기의를 지닌다. 이러한 기표와 기의의 대응은 자의적(arbitrary)이라는 점에서, (1나)의 기의는 'tree, 木' 등의 또 다른 기표로 표현 가능하다.

단어는 (1)처럼 독립적으로 쓰일 뿐만 아니라, 다음과 같이 문장의 구성성분으로 활용되기도 한다.

(2) 가. 민지가 <u>나무</u>를 심는다.
나. 민지는 <u>나무</u> 같은 사람을 만나 결혼했다.
다. 민지는 <u>나무</u>도 보고 숲도 보는 사람이다.

(2가)의 '나무'는 (1)에서 관찰한 개념적 의미(conceptual meaning)로 활용되었지만, (2나)의 '나무'는 단순히 (1)의 의미만을 표현하지는 않는다. '나무처럼 푸른, 나무처럼 든든한, 나무처럼 한결같은' 등 나무의 일정

한 속성 의미가 문장 내에서 다양하게 해석될 수 있다. 그 의미는 상황 맥락(context)에 따라서 역동적으로 이해될 수 있으며, 경우에 따라서 관습적으로 굳어진 의미가 이를 대표하기도 한다. (2다)의 '나무'는 또 다른 측면에서 (2가)의 개념적 의미와 차이가 있다. '나무를 보고 숲을 보지 못한다.'라는 문장 수준의 관용 표현을 활용하여 전체 의미를 형성한 것인데, 이때에는 '나무'가 '숲'과 대립하면서 '근시안적인 행동'을 의미하는 형태로 작용한다. (2나)와 비교할 때 (2다)의 '나무'는 보다 관습적인 의미를 드러낸다는 점에서, 해당 관용 표현을 알지 못하는 화자에게는 문장의 해석이 불가능할 수도 있다.

이렇듯 단어 '나무'는 어떠한 상황 맥락에서 어떠한 방식으로 쓰이는가에 따라서 그 의미 해석이 달라진다. 또한 특정한 의미 해석의 결과가 관습적으로 굳어져 (2다)와 같은 관용 표현을 만들기도 한다. 하나의 단어 형태가 의미 해석 방식에 있어서 역동적인 모습을 보이는 것이다.

(1)의 두 방향을 고려한다면, 단어에 관한 연구는 기본적으로 '형태 연구'와 '의미 연구'로 구분하여 진행될 수 있다. 우리는 유사한 단어들 간 '형태와 의미'의 상관성을 토대로 그 내부 구조를 분석할 수 있으며, 또 '형태와 의미'가 유사한 단어를 토대로 새로운 단어를 만들기도 한다. 즉, '형태와 의미'는 단어 연구의 기본 바탕이 된다. 그동안의 단어 의미는 의미론 분야, 특히 어휘의미론을 중심으로 연구되어 왔다. 그러나 단어의 의미 문제는 기존 단어를 분석하고 새로운 단어를 형성하는 데 있어서 결정적인 역할을 한다는 점에서 단어형성론의 연구 대상이기도 하다.

2. 분석과 형성

단어를 바라보는 두 번째 관점은 '분석'과 '형성'이다. 기존 단어의 구조를 나누어 내적 상관성을 밝히는 작업이 '분석'이라면, '형성'은 해당 단어가 어떠한 방식과 원리에 따라 구성되었을지 그 과정에 주목한다. 이 두 관점은 각각 구조주의 언어학(structural linguistics)과 생성형태론(generative morphology)을 기점으로 상이한 이론적 기반에서 단어형성론의 기본적인 연구 방법으로 자리를 잡았다.

(3) 가. 나무
나. 귤나무
다. 나무꾼

'나무' 성분이 공통적으로 관찰되는 (3)의 세 단어를 살펴보자. 위 세 대상 가운데 (3가)의 '나무'는 그 의미를 고려할 때에 더 이상 분리 불가능한 언어 단위이다. 가령, '나무'를 '나'와 '무'로 분리해 버리면, 'tree, 木'의 의미는 금방 사라지기 때문이다. (3가)와 달리, (3나)와 (3다)의 '귤나무', '나무꾼'은 각각 '귤+나무', '나무+-꾼'으로 더 나누어 볼 수 있다. 이는 기존 단어의 구조 확인을 통해 진행된 전형적인 '분석'의 과정이다. 일반적으로 '분석' 과정은 이미 실재하는 대상의 형식(음성, 형태)을 놓고 그 과정을 탐색하는 데에 많은 관심을 둔다. 가령 '귤나무'는 '귤+나무'처럼 두 형태를 결합하였다는 사실, 의미상 '귤이 열리는 나무'를 표현한다는 사실 등을 밝혀냄으로써 형태와 의미의 상관성을 연구할 수 있다.

그러나 우리는 또 다른 측면에서 (3나), (3다)의 단어가 어떠한 방식으로 '형성'되었을지 탐색해 볼 수도 있다. 이는 '귤, 나무'의 두 명사가 결합함으로써 '귤나무'라는 더 큰 단위를 새롭게 만들어낸 과정에 관심을 두는 것이다. 이때 '귤'과 '나무' 사이에는 어떠한 원리가 작용한 것일지, '귤나무'가 '배나무, 사과나무' 등과는 어떠한 관련성 안에서 만들어진 것일지 등을 고민해 볼 수 있다. 일반적으로 '형성' 과정은 어떠한 개념이나 대상을 표현하고자 하는 의도, 즉 명명(naming)의 동기에 따라 작동한다. 앞서 언급한 '분석'의 과정이 형식에서 의미로의 해석론적 접근(semasiological approach)에 기반한다면, '형성'은 의미에서 형식으로의 표현론적 접근(onomasiological approach)에 기반한다.[1]

(4) 가. 별나무, 나무컵
 나. 맨나무, 나무쟁이

'형성'의 관점에 주목하면 (4)와 같이 새로 만든 단어도 그 연구 대상이 된다. 예컨대, '동화 속 별이 열리는 나무'의 이름으로 '별나무'를, '겉면에 나무가 그려진 컵'의 이름으로 '나무컵'을 누구나 쉽게 만들 수 있다. 같은 방식으로 '나뭇잎이 매달려 있지 않은 나무'와 '나무를 무척 사랑하는 사람'을 가리켜 '맨나무, 나무쟁이'의 단어를 새로이 만들 가능성도 충분하다. 비록 이들 단어가 사전에 등재되지 않은, 즉 한국어 화

---

1 단어 형성의 결과와 과정적 측면을 고려할 때, '분석'이 결과물 중심적(product-oriented, output-oriented)이라고 한다면, '형성'은 기원 중심적(source-oriented, input-oriented)이라고도 할 수 있다.

자들에게 널리 알려져 있지 않은 단어라 할지라도 (3나), (3다)와 유사한 방식으로 만들어진 단어 형성의 결과물로서 그 실재성을 인정받을 수 있다. 이렇게 볼 때 제1장의 (1)처럼 이름이 불분명한 대상을 목표로 즉각적으로 만들어진 단어들은 이러한 '형성'의 관점에서 주목할 만한 연구 대상인 것이다.

분석과 형성은 서로 다른 방향에서 단어에 접근한 두 결과라는 점에서 차이가 분명하지만, 이 둘은 상호의존적인 관계에 있다. 단어 형성의 원리는 이미 실재하는 단어들의 관계를 분석한 결과를 토대로 구성될 수 있으며, 단어의 분석 방법 역시 형성 원리를 고려하여 설정될 수 있기 때문이다. 생성형태론의 단어형성규칙(word formation rule)이 형성뿐만 아니라 분석의 기제로도 쓰일 수 있다고 본 것이나(Aronoff 1976: 31), 초기 한국어 등재부(어휘부) 연구에서 단어형성부 내에 '단어 해석 규칙'과 '단어 형성 규칙'을 함께 둔 것(구본관 1990: 38)은 분석과 형성의 이러한 상호작용에 주목하였기 때문이다.

3. 공시와 통시

'분석과 형성'의 관점에서 다음 단어를 관찰할 때 우리는 (5)의 두 단어가 (3), (4)와 분명한 차이가 있다는 사실을 발견하게 된다.

(5) 가. 소나무
　　나. 나뭇잎

(5)의 '소나무'와 '나뭇잎'은 앞서 언급한 '분석과 형성'의 관점만으로는 명쾌하게 설명하기가 쉽지 않다. '소나무'는 '소+나무'로 분석되거나 '소+나무'로부터 형성되었다고 볼 수밖에 없지만, '솔잎, 솔방울'과의 관계를 떠올린다면 '소나무'는 '솔', '나무'의 두 단위와 밀접한 결과임이 분명하다. '나뭇잎' 역시 의미상 '나무', '잎'의 두 단위와 관련이 있지만 이때 구성 내부에서 관찰되는 'ㅅ'은 쉽게 설명되지 않는다. '솔+나무'에서 'ㄹ'이 탈락하거나 '나뭇잎'에서 'ㅅ'이 첨가되는 두 현상을 통해 우리는 단어 연구에서 단순히 '분석과 형성'의 관점만으로는 모든 대상을 설명하기 어렵다는 한계에 직면하게 된다.

이렇듯 (5)의 단어는 현대 한국어 화자가 지닌 언어 능력만으로는 완벽한 분석이 불가능하다. 왜냐하면 'ㄴ' 앞에서 'ㄹ' 탈락 음운 규칙이 활발하던 시기에 만들어진 '소나무', 'ㅅ'이 관형격 조사로서 문법적 기능을 담당하던 시기에 만들어진 '나뭇잎'은 현재의 단어 형성 원리로는 설명하기 어려운 대상이기 때문이다. (5)와 같은 단어의 분석 및 형성을 기술하기 위해서는 역사적인 지식이 관여하게 되는데, 이는 단어 연구에서 시간적 개념이 중요한 기준이 될 수 있음을 의미한다. 다시 말해서, 변화가 배제된 어떤 한 시기의 언어 상태를 공시태(共時態, synchrony), 시간의 흐름에 따라 변화하는 언어의 모습을 통시태(通時態, diachrony)로 보아 이 둘의 차이를 명확히 구분하고 이해하는 작업이 필요하다. 결국 (5)의 두 단어는 통시적인 설명이 추가될 때에 비로소 그 형성 과정을 이해할 수 있는 것이다.

(6) 가. 수컷, 안팎, 살코기

나. 좁쌀, 입때, 휩쓸다

(6)의 단어 역시 '분석과 형성' 과정을 고민할 때, 공시적 접근만으로는 그 답을 찾는 일이 간단하지 않다. 일단 (6가)에서 '것, 밖, 고기'의 형태를 분석해 내어 '수ㅎ, 안ㅎ, 살ㅎ'의 공통된 'ㅎ'을, (6나)에서 '쌀, 때, 쓸다'의 형태를 분석해 내어 '좁, 입, 휩'의 공통된 'ㅂ'을 추출해 냄으로써 (6가), (6나) 각각의 상관관계를 따져 볼 수 있다. 그럼에도 불구하고 이때의 'ㅎ'과 'ㅂ'을 해명해 내기 어렵다는 점에서 이들은 여전히 공시적 접근만으로는 설명 불가능한 대상이다.

그러나 '수ㅎ〉수', 'ᄡᆞᆯ〉쌀' 두 형태의 통시적 변화를 고려한다면, 또한 특정 시기에 '수ㅎ+것→수컷', '조+ᄡᆞᆯ→조ᄡᆞᆯ'의 과정으로 만들어진 단어가 오늘날 지속적으로 쓰이고 있는 사실을 고려한다면, (6)의 결과는 비로소 설명 가능해진다. 한때 '수ㅎ'와 'ᄡᆞᆯ'의 일부 형태였던 'ㅎ'과 'ㅂ'이 마치 화석처럼 단어 내부에 남은 것이다.

(7) 가. 풋나무, 풋사과, 풋고추
나. 나무꾼, 가마꾼, 장사꾼

(7)에 제시된 '풋-', '-꾼'은 현대 한국어에서 각각 접두사와 접미사로 '분석'된다. 지금의 공시적 관점에서는 이러한 분석 방식에 별다른 이의를 제기하기 어렵다. 그러나 이들 단어의 초기 '형성' 과정을 고려한다면, 즉 이들 단어의 통시적 양상까지 살핀다면 이들은 달리 이해될 가능성이 있다. '플ㅅ 나무', '나무ㅅ 군(軍)'의 통사론적 구성이 단어로 굳어져 '픐나무, 나뭇군' 등을 만들고, 이후 형태 변화를 거쳐 지금의

'풋나무, 나무꾼'이 되었다는 사실에 주목한다면 형성의 측면에서 (7)을 단순히 접사가 참여한 구성으로만 볼 수는 없기 때문이다.

이상의 예를 통해 단어를 탐구하는 데 있어서 '공시와 통시'의 상이한 관점에 따라 구성의 분석 방식이 달라질 수 있음을 확인하였다. 단어는 문장과 달리 통시적 요인이 깊이 관여한다는 점에서 단어 연구에서 '공시와 통시'의 문제는 필수적으로 고려되어야 할 기준임이 분명하다.

4. 통합관계와 계열관계

앞서 우리는 다양한 단어들의 분석과 형성을 논의하면서 '귤+나무', '나무+-꾼'과 같은 방식으로 두 성분이 결합한 사실을 확인하였다. 이에 그치지 않고 단어는 더 복잡하고 다양한 방식의 결과물로 실현될 수 있다.

(8) 가. 귤나무, 제주귤나무, 제주귤나무가게, 제주귤나무가게주인
나. 귤나무, 배나무, 사과나무, 오렌지나무

(8가)처럼 '귤나무'로부터 확장된 구성의 '제주귤나무, 제주귤나무가게, 제주귤나무가게주인'을 살펴보자. 여기서 '제주+귤나무'와 '제주귤나무+가게', '제주귤나무가게+주인'과 같이 순차적인 결합 과정을 발견할 수 있다. 이렇듯 연쇄적인 배열을 통해 일정한 구성성분이 결합할 때, 이들 구성성분은 '통합관계(syntagmatic relation)'에 있다고 한다. '귤

나무'를 '귤+나무'로 분석할 수 있는 것은 이상의 통합관계를 고려했기 때문이다.

반면, (8나)는 '귤나무'를 구성하는 '귤'의 자리에 '배, 사과, 오렌지'가 대신 분포한 것을 관찰할 수 있다. '귤'과 대등한 지위에 있는 다른 단어를 그 자리에 대치함으로써 구성 내부의 단위를 파악하는 방식은 '계열관계(paradigmatic relation)'에 기초한 분석에 해당한다. (8가)가 가로 관계에 따른 것이라면, (8나)는 세로 관계에 따른 단어의 분석 결과이다.

단어의 분석뿐만 아니라 형성 과정에서도 통합관계와 계열관계는 중요한 기준이 된다. 즉, 통합관계에 따라 새로운 단어를 형성할 수도 있고, 계열관계에 따라 새로운 단어를 형성할 수도 있다. 이 두 방식은 다음 기호처럼 도식화된다.

(9) 가. A+B → AB
    나. [AB] ↔ [AC]

(9가)가 'A'와 'B'의 두 성분이 결합(+)하여 'AB'를 형성하였음을 보여준다면, (9나)는 'AB' 내부의 'B'와 'C'를 대치함으로써 새로운 단어 'AC'를 형성한 결과를 나타낸다. (9가)에서 일방향적 도출('→') 양상을 관찰할 수 있는 데 반해, (9나)에서는 양방향의 어휘적 관련성('↔')을 포착할 수 있다. 이러한 두 도식은 (8)의 예에도 그대로 적용된다. (8가)의 구성이 점차 확대되는 과정은 (9가)의 방식으로, (8나)의 각 단어들 간 어휘적 관련성은 (9나)의 양방향 관계를 통해 포착 가능하다.

(10) 가. 민지가 귤나무를 심는다.
나. 민지도 귤나무를 심는다.
다. 민지가 꽃을 심는다.
라. 민지가 귤나무를 키운다.
마. 민지가 귤나무를 심니?

통합관계와 계열관계는 언어 대상의 구조와 체계에 기초한 연구 방식으로서 언어학 전반에 걸쳐 활용된다. 따라서 이 두 관계에 따른 탐구 방식은 단어 내부뿐만 아니라, 문장 안에서 단어와 단어 사이에 적용되기도 한다. (10가)가 '[민지+-가] + [귤나무+-를] + [심-+-는-+-다]'의 통합관계를 토대로 하나의 문장을 형성하였다면, (10나)~(10마)는 (10가)로부터 '-가'와 '-도'의 대치, '귤나무'와 '꽃'의 대치, '심-'과 '키우-'의 대치, '-다'와 '-니'의 대치를 통해 계열관계를 고려한 새로운 문장을 형성할 수 있다.[2] 물론 (10나)~(10마)의 각 문장 역시 통합관계에 따라 형성 가능하다.

2 용언의 어간(먹-, 예쁘-)과 어미(-었-, -다), 접사(덧-, -꾼)는 '-'(하이픈 또는 붙임표)을 활용하여 의존적 속성을 형태 앞뒤로 표시하는 데 반해, 조사는 '이, 가, 을, 를'처럼 '-' 없이 표시하는 것이 일반적이다. 그러나 이 책은 조사의 형태론적 의존성을 고려하여 용언 어간과 어미, 접사와 마찬가지로 조사도 형태 앞에 '-'을 표시하였다.

참고문헌

형태와 의미

구본관(2002), 파생어 형성과 의미, 국어학 39, 국어학회, 105−135.
송철의(1985), 파생어형성에 있어서 어기의 의미와 파생어의 의미, 진단학보 60, 진단학회, 193−211.
윤평현(2013), 국어의미론 강의, 역락.
정한데로(2014), 단어 형성과 의미 합성성: 통합관계와 계열관계를 중심으로, 한국어 의미학 44, 한국어의미학회, 263−289. [이 책의 제5부 제12장에 수록함.]
황화상(2001), 국어 형태 단위의 의미와 단어 형성, 월인.
황화상(2018), 현대국어 형태론, 개정2판, 지식과교양.

분석과 형성

구본관(1990), 경주방언 피동형에 대한 연구, 석사학위논문, 서울대학교.
구본관(1992), 생성문법과 국어 조어법 연구 방법론, 주시경학보 9, 주시경연구소, 50−77.
송철의(1992), 국어의 파생어형성 연구, 태학사.
전상범(1995), 형태론, 한신문화사.
홍종선(1998), 구조 분석에서 형성으로: 국어 형태론 연구의 성과와 과제, 어문논집 38−1, 민족어문학회, 369−399.
Aronoff, M.(1976), *Word formation in Generative Grammar*, The MIT Press.

공시와 통시

구본관(2005), 어휘의 변화와 현대국어 어휘의 역사성, 국어학 45, 국어학회, 337−372.
송원용(2002), 형태론과 공시태·통시태, 국어국문학 131, 국어국문학회, 165−190.
이현희(2005), 현대국어의 화석과 그 역사적 해석, 국어학 45, 국어학회,

275–288.
Saussure, F. D.(1916/1972), *Cours de linguistique générale*, Payot. [최승언 역(1990), 일반언어학 강의, 민음사.]

통합관계와 계열관계

고영근(1999), 국어형태론연구, 증보판, 서울대학교 출판부.
허웅(2000), 20세기 우리말의 형태론, 고친판, 샘 문화사.
Nida, E. A.(1949), *Morphology*, University of Michigan Press. [김진형 역(2000), 형태론, 아카넷.]
Saussure, F. D.(1916/1972), *Cours de linguistique générale*, Payot. [최승언 역(1990), 일반언어학 강의, 민음사.]

제3장

단어의 정체

'단어'란 무엇인가? 이 물음의 답을 찾는 일은 생각만큼 그리 간단하지 않다. 지금까지 우리는 '단어'와 '문장'의 개념에 관한 구체적인 고민 없이 이를 언급해 왔지만, '단어'에 관한 학술적 정의는 '문장'과 비교할 때 훨씬 복잡한 문제를 안고 있다. 이 장에서는 '단어'의 정체에 관해 더욱 심층적으로 탐구해 보기로 한다.

1. 단어의 발견

다음 두 문장은 각각 몇 개의 단어로 구성되었을까? 먼저 (1가)의 영어 문장부터 살펴보자.

(1) 가. Minji plants trees.
나. 민지가 나무를 심는다.

(1가)에서는 큰 어려움 없이 '3개'라는 답을 얻을 수 있다. 띄어 쓴 'Minji, plans, trees'가 각각 하나의 단어가 되는 것은 이때 'plant'에 결합한 's', 'tree'에 결합한 's'를 별도의 단어로 보지 않기 때문이다. 'plants', 'trees'는 각각의 어휘소(lexeme)인 'plant'와 'tree'의 단어형(word form)으로서 (1가)의 문장 내에서 문법적인 필요에 따라 그 형태를 달리 하여 표현된 것이다.[1] 물론 이때 두 개의 's'는 형태가 동일할지라도 각각 서로 다른 문법 기능(3인칭 단수 현재 시제 표지, 복수 표지)을 담당한다.

그렇다면 (1나)의 한국어 문장은 어떠할까? 한국어는 영어와 달리 단어 발견의 절차가 훨씬 복잡해 보인다. 잘 알려져 있듯이 한국어는 영어에 없는 조사와 어미라는 문법적 성분이 관여하므로 이들 단위를 어떻게 이해할 것인가에 따라서 분석 방식이 달라질 수 있기 때문이다. 아래의 몇 가지 가능성을 확인해 보자.

(2) 가. 민지가 / 나무를 / 심는다
나. 민지 / -가 / 나무 / -를 / 심는다
다. 민지 / -가 / 나무 / -를 / 심- / -는다

(2가)는 (1가)의 영어처럼 각 띄어쓰기 단위를 기준으로 단어를 파악하였다. 따라서 '민지가, 나무를, 심는다'처럼 3개의 단어로 문장이 분

1 '어휘소'는 추상적인 의미의 단어인 반면, '단어형'은 어휘소가 실현된 구체적인 의미의 단어를 뜻한다.

석된다. 그러나 다른 관점에서는 (2나)의 분석도 가능하다. '민지, 나무' 처럼 독립적으로 쓰일 수 있는 성분을 '–가, –를'과 분리함으로써 '민지, –가, 나무, –를, 심는다'의 5개 단어로 문장을 이해하는 것이다. 또 다른 관점으로 (2다)도 추가해 볼 수 있다. 문장 내 문법적 역할을 하는 조사와 어미의 평행한 양상에 주목하여 '–가, –를'의 조사는 물론 동사 어간 '심–'에 결합한 어미 '–는다'까지 모두 단어로 파악하는 것이다. 이 경우 '민지, –가, 나무, –를, 심–, –는다'의 총 6개 단어가 문장을 구성한다.

이상의 세 관점 가운데 과연 무엇이 한국어를 가장 정확하게 이해한 것일까? 이에 대해 그동안 한국어 연구자들은 각각 '종합적 입장, 절충적 입장, 분석적 입장'에서 (2)의 세 방식을 취해 왔다. (2가)는 영어와 마찬가지로 문법적 기능을 담당하는 성분까지 포함하여 단어를 파악하는 반면, (2다)는 이러한 문법적 성분에도 단어의 지위를 부여함으로써 (2가)와는 정반대의 입장에 선다. 한편, (2나)는 (2가)와 (2다)의 중간적 관점을 취하고 있는데, 이는 현재 학교 문법에서 수용하고 있는 입장이기도 하다.

최근 한국어학계에서는 (2가)가 영어의 굴절어적 속성을 무리하게 한국어에 도입하였다는 비판과 함께 (2다)처럼 조사와 어미를 모두 단어로 파악하는 입장이 다수를 이루고 있다. 그리고 (2다)에서 더 나아가 어미 '–는다'도 각각의 문법 기능(현재 시제 표지, 평서형 문장 종결 표지)에 따라 '–는–'과 '–다'를 별도의 단어로 파악한다. (3)처럼 각각의 조사와 어미를 개별 단어로 파악한다면 (1나)는 '민지, –가, 나무, –를, 심–, –는–, –다'의 7개 단어로 구성된 문장이 된다.

(3) 민지 / -가 / 나무 / -를 / 심- / -는- / -다

그러나 (3)처럼 문장을 분석한다고 해도, '단어의 개념'을 정리하는 일은 여전히 남아 있는 문제이다. 먼저 우리는 그동안 언급되어 온 단어에 관한 몇 가지 입장을 확인해 보고자 한다.

(4) 가. 어절 단위
나. 의미를 지닌 최소의 자립 형식
다. 문장 형성의 기본 단위

일견 단어라고 하면 (1가)와 (2가)처럼 발화상의 연속성을 지닌 하나의 어절 단위로 생각하기 쉽다. 실제 정서법상의 띄어쓰기에도 반영되어 있듯이 '민지가, 나무를, 심는다'의 각 어절은 인간에게 가장 직접적으로 인식되는 분석 단위이기 때문이다.

이와 함께, 학술적으로 가장 널리 쓰여 온 단어의 정의는 (4나)이다. 이는 '자립 형식'이라는 형태적 특징과 '의미를 지닌'이라는 의미적 특징을 함께 고려한 접근이다. (4나)에 따른다면 '민지, 나무'는 단어임이 분명하지만, '-가, -를'은 자립성이 없기 때문에 단어로 보기 어렵다. 또한 '심-'은 자립적인 형식이 아니므로 '심는다'를 하나의 단어로 보아야 한다. 결국 '민지, 나무, 심는다'는 단어이지만 '-가, -를'은 단어의 범주에 들지 못하는바 (4나)의 기준에 기초한다면 (2)의 세 분석 가운데 어느 하나도 이에 해당하지 않는다.

한편, (4다)처럼 문장을 구성하는 기본 단위로서의 역할에 주목하여 단어를 정의할 수도 있다. 이러한 접근에서는 단어를 '통사 원자

(syntactic atom)'로 명명하기도 한다. 문장 내에서 어휘적·문법적 기능을 하는 단위 모두 단어의 지위에 있기 때문에 '민지, 나무, 심–'은 물론, '–가, –를, –는–, –다'도 각각 문법적 기능을 하는 단어로서 독자적인 지위를 지닌다. (4가)가 음성·형태로 실현된 결과 방식에 따른 단어 기준이라면, (4나)는 단어 자체의 속성, (4다)는 문장 내 역할에 주목한 단어 개념이다.

그런데 (4)에 제시된 세 가지 접근의 분석은 한국어를 대상으로 할 때 일치된 결과를 보여주지 않는다. 이는 곧 한국어에서 단어를 어떻게 분류하고 정의할 것인지의 문제가 상당히 복잡한 사안임을 드러내는 것이다.

2. 단어 개념의 한계

앞서 제시한 (4)는 음운론, 형태론·의미론, 통사론의 각기 다른 접근에서 단어를 정의하고자 한 시도였다. 이러한 복잡한 상황은 (1가)의 영어와 달리 (1나)의 한국어가 지니고 있는 교착어로서의 특징 때문이다. 즉, 조사·어미의 문법적 성분이 선행 요소와 결합하여 문장을 형성하는 과정에서 단어 개념을 둘러싼 어절의 문제, 자립성의 문제 등이 복합적으로 발생한 것이다.

(5) 가. 어절 단위 → 음운론적 기준
　　나. 의미를 지닌 최소의 자립 형식 → 형태론적·의미론적 기준
　　다. 통사 원자 → 통사론적 기준

그렇다면 단어의 개념 역시 (5)와 같이 서로 다른 층위에서 각각의 기준을 적용함으로써 달리 정리해 볼 수 있지 않을까? 다시 말해서, 하나의 명료한 단어 개념을 제시하기 어렵다면 이를 분해함으로써 각 기준에 따른 정합적인 개념을 완성하고, 다른 한편에서 각 기준 간 상호 관련성을 포착해 내는 방식으로 접근해 볼 수 있을 것이다. 다만 (5)의 세 기준에 따라 단어의 유형을 정리하기에 앞서, (5나)의 기준은 조금 달리 수정할 필요가 있다. '자립성'이 단어의 기준이 된다면, 문장 내 조사와 어미는 물론 '심-'과 같은 단위까지 단어로 보기 어려운 상황에 놓이게 되기 때문이다. 이에 우리는 각 형태가 본질적으로 지니고 있는 어휘적·문법적 의미를 토대로 (5나)의 기준을 새로이 해석하고자 한다. 그 결과 (5)의 세 기준은 다음과 같은 단어의 유형으로 정리된다.[2]

(6)

- 단어
  - 음운론적 단어
  - 형태론적 단어
    - 어휘적 단어
    - 문법적 단어
  - 통사론적 단어

(6)처럼 단어를 '음운론적 단어, 형태론적 단어, 통사론적 단어'로 분해함으로써 앞서 언급한 단어 개념 설정의 한계를 보완할 수 있다. '음운론적 단어'는 연속된 음성 단위 또는 어절 단위로 이해할 수 있으며, '형태론적 단어'는 각 단위가 본질적으로 지니고 있는 형태적 속성으로 판단 가능하다. 어휘적·문법적 의미를 지닌 단위들을 따로 구분하여 각각 '어휘적 단어'와 '문법적 단어'로 명명할 수 있을 것이다. 일반적인

2 Singleton(2000)/배주채 역(2008)에서는 '음성학적 단어, 음운론적 단어, 문법적 단어, 의미적 단어, 정서법적 단어'로 단어의 유형을 세분화하기도 하였다.

명사나 동사 어간은 전자에, 조사와 어미는 후자에 해당한다. 끝으로 '통사론적 단어'는 문장 형성에 직접적으로 참여하는 구성단위로서의 단어 개념이다. (6)의 각 단어 개념을 구체적인 예와 함께 살펴보자.

(7)

단어의 개념		예시	개수
가. 음운론적 단어		민지가, 나무를, 심는다	3개
나. 형태론적 단어	어휘적 단어	민지, 나무, 심-	3개
	문법적 단어	-가, -를, -는-, -다	4개
다. 통사론적 단어		민지, -가, 나무, -를, 심-, -는-, -다	7개

(1나)의 문장은 (6)의 각 개념에 맞추어 (7)로 분석된다. 먼저 음운론적 단어는 총 3개로 문장 내 어절 수와 동일하다. 형태론적 단어는 어휘적 단어 3개와 문법적 단어 4개로 분석된다. 이때 어미 '-는-, -다'는 (3)에서 정리한 것처럼 각자 지닌 문법적 의미가 있으므로 독립적인 문법적 단어로 파악할 수 있다. 총 7개의 형태론적 단어는 문장 형성 과정에 직접적으로 참여하는 단위이기 때문에 통사론적 단어로서의 7개 성분과 대응된다. 즉, 한국어는 교착어로서 어휘적·문법적 의미를 지닌 각각의 형태론적 단어가 문장 구성에 통사론적 단어로 참여하는 것이다. 한편, 문법적 단어는 선행하는 명사나 동사 어간과 같은 어휘적 단어와 결합하여 음운론적 단어를 이루기 때문에 음운론적 단어의 수는 어휘적 단어의 수와 긴밀한 상관성을 지닌다. 결과적으로, 교착어인 한국어의 경우에 (5)에 제시된 각 형태의 '자립 형식'으로서의 기준은 단어를 정의하는 데 있어서 큰 역할을 하지 못한다.

3. 품사: 단어의 부류

단어의 개념을 확인하는 과정에서 우리는 (1나)의 문장에 참여한 단어가 형태론적 기준에 따른 어휘적 단어와 문법적 단어로 빠짐없이 대응될 수 있음을 확인하였다. 이때 이들 단어들의 특징을 살펴보면 몇 가지 기준에 따른 분류가 가능하다는 사실을 발견하게 된다.

(8) 가. 민지, 나무 / 심-
  나. -가, -를 / -는-, -다

먼저, 우리는 '민지, 나무'가 '심-'과는 성격이 다른 종류의 어휘적 단어임을, '-가, -를'이 '-는-, -다'와 성격이 다른 종류의 문법적 단어임을 알 수 있다. '민지, 나무'는 특정 대상의 이름을, '심-'은 대상의 행위를 의미한다는 점에서 이들 사이에 분명한 차이가 확인된다. 또한, '-가, -를'이 '민지, 나무'와 같은 대상의 이름과 결합한다면, '-는-, -다'는 '심-'과 같이 서술성을 지닌 단위와 결합한다는 사실에서 이들 간의 분포적 차이를 발견할 수 있다. 이뿐만 아니라, (8가)의 '민지, 나무'는 문장 내에서 주어와 목적어로 기능하는 데 반해, '심-'은 서술어의 기능을 담당한다는 점도 관찰된다. 즉, 특정 단어가 대상의 이름 또는 행위나 상태를 의미하는지, 무엇과 결합하여 분포하는지, 문장 내 어떠한 기능으로 쓰이는지 등을 기준으로 단어의 부류를 구체적으로 나눌 수 있는 것이다. 이렇듯 몇 가지 기준에 따라 단어의 부류를 나눈 결과를 가리켜 단어의 '품사(a part of speech)'라고 한다.

우리는 (9)의 문장에서 더욱 다양한 품사를 관찰할 수 있다.

(9) 가. 민지가 새 나무를 마음껏 심는다.
나. 와, 둘이 함께 심은 그것이 정말 푸르구나!

'나무'와 '심-'을 각각 수식하는 성분 '새'와 '마음껏'이 추가된 결과, (1나)의 문장이 (9가)로 확대되었다. 이때 '새, 마음껏'은 문장 내에서 수식 기능을 담당한다는 점에서 (8)에서 설명되지 않은 또 다른 성분이다. 또한 (9나)에서도 앞서 언급되지 않은 유형의 단어들이 관찰된다. '와'는 문장 내에서 감탄의 의미를 표현하는 독립적인 단위로 쓰였으며, '둘, 그것'은 마치 (8)의 '민지'와 비슷한 분포를 보이며 문장 내에서 주어로 기능하고 있다. 다만 '둘'은 수량을, '그것'은 사물을 대신 나타내는 의미로 쓰였다는 점에서 '민지'와는 그 유형이 다르다. 또한 '푸르-'는 '심-'과 마찬가지로 서술어의 기능을 한다.

(9)의 두 문장을 대상으로 한국어 품사의 구체적인 유형을 탐색해 보기로 하자. 먼저, 각 단어들이 문장 내에서 다른 단어와 어떠한 관계를 지니는지 그 '기능'을 기준으로 삼을 수 있다.

(10)

	기능	예시
①	체언	민지, 나무, 둘, 그것
②	용언	심-, 푸르-
③	수식언	새, 마음껏, 함께, 정말
④	독립언	와
⑤	관계언	-가, -를, -는-, -다, -이, -은, -구나

(9가)의 '민지, 나무'는 (9나)의 '둘, 그것'과 함께 문장의 주어나 목적어로 기능한다는 점에서 동일한 부류에 포함되는데, 이러한 부류를 가리켜 체언(體言)이라고 한다. (9가)의 '심-'은 (9나)의 '푸르-'와 마찬가지

로 서술어로 기능하는 부류로서 용언(用言)으로 묶일 수 있다. (9가)의 '새, 마음껏'과 (9나)의 '함께, 정말'은 문장 내 체언이나 용언을 각각 수식하는 것들로서 수식언(修飾言)에 해당한다. (9나)의 문장 앞에 독립적으로 쓰인 '와'는 독립언(獨立言)으로, 체언과 용언에 결합하여 문장 내의 문법적인 관계를 드러내는 (9가)의 '-가, -를, -는, -다', (9나)의 '-이, -은, -구나'는 관계언(關係言)으로 분류된다.

우리는 (9)의 문장을 설명하는 과정에서 일찍이 '둘, 그것'이 '민지'와는 그 의미 유형이 다르다는 사실을 확인한 바 있다. 즉, (10)의 체언 내에서도 의미를 기준으로 한 하위분류가 가능하다는 점을 관찰한 것이다. 이와 유사한 기준에 따라 용언 '심-, 푸르-'도 분류 가능하다. '심-'은 대상의 행위를 가리키는 데 반해, '푸르-'는 대상의 상태나 속성을 의미하기 때문이다. 또한 수식언 내에서도 체언을 수식하는 '새'와 용언을 수식하는 '마음껏, 함께, 정말'이 다르게 분류되며, 관계언도 체언과 결합하는 '-가, -를, -이'와 용언 어간과 결합하는 '-는-, -다, -은, -구나'로 분류 가능하다.

(11)

	기능	의미(분포)	예시
①	체언	명사	민지, 나무
②		대명사	그것
③		수사	둘
④	용언	동사	심-
⑤		형용사	푸르-
⑥	수식언	관형사	새
⑦		부사	마음껏, 함께, 정말
⑧	독립언	감탄사	와
⑨	관계언	조사	-가, -를, -이
⑩		어미	-는-, -다, -은, -구나

이때 의미의 기준은 분포의 기준과 상당히 밀접하다. 대상의 행위를 의미하는 동사 '심-'은 '-는-'과 같은 어미와 결합이 가능하지만 '푸르-'는 그렇지 못한 분포상의 제약이 있다. 조사가 용언 어간과는 결합할 수 없으며 체언과 결합 가능하다는 사실, 반대로 어미는 체언과 결합 불가능하다는 사실에서 두 관계언이 지닌 문법적 의미와 결합상의 분포가 관련되어 있음을 알 수 있다. (10)의 기능에 따른 5가지 부류가 (11)에서 의미(분포) 기준에 따라 총 10가지 부류로 구체화되었다. 결과적으로 한국어 단어의 품사는 (11)의 10가지로 정리할 수 있다.[3]

문장을 구성하는 기본 단위, 즉 통사론적 단어의 품사를 판별할 때에 (11)처럼 '기능' 및 '의미(분포)' 기준을 점검함으로써 단어가 지닌 본질적 속성을 확인할 수 있다. 특히 파생과 합성의 구체적인 단어 형성 논의를 통해서 단어의 형성과 품사 간 상관관계를 깊이 살펴볼 것이다. 그 과정에서 우리는 지속적으로 (11)의 두 기준을 토대로 각 단어가 문장 내에서 어떠한 특징을 보이는지 확인하며 각각의 품사를 판별해야 할 것이다.

4. 단일어와 복합어

앞서 진행한 문장 내 각 단어의 기능과 의미(분포)에 따른 유형 분류

3 잘 알려져 있듯이 현행 학교 문법은 (11)에서 어미를 제외한 9개의 품사만을 인정하고 있다. 북한의 문법에서는 조사도 품사에 포함하지 않아 총 8개의 품사가 인정된다. 이렇듯 품사의 개수는 연구자마다 상이한 입장이 가능하다.

작업과 별개로, 각 단어는 구성 내부의 결합 방식에 따라 몇 가지 하위 유형으로 분류 가능하다. 제2장의 (3)에 제시한 예를 다시 가져와 보자.

(12) 가. 나무
나. 귤나무
다. 나무꾼

앞서 관찰한 바와 같이 (12가)의 '나무'는 더 이상 분석이 불가능한 단어인 데 반해, (12나)와 (12다)는 '귤+나무', '나무+-꾼'으로 분석이 가능하다. '나무'를 '나+무'로 분석하게 되면 'tree, 木'의 의미를 상실한다는 점에서 '나무'는 그 의미를 고려할 때 더 이상 분석이 어려운 문법 단위이다. 그리고 이러한 단어를 가리켜 '단일어(simple word)'라고 한다.[4] 반면에 '귤나무, 나무꾼'은 '귤+나무, 나무+-꾼'으로 나누더라도 여전히 각 구성성분의 개별 의미가 유지되기에 문법적으로 분석 가능한 단위에 해당한다. 그리고 '나무'와 달리 이들은 '복합어(complex word)'의 지위를 지닌다. 따라서 (12가)는 단일어, (12나)와 (12다)는 복합어로 분류된다.

복합어를 구성하는 성분으로는 '어근'과 '접사'가 있다. '어근(root)'은 복합어의 구성성분 가운데 실질적인 의미를 나타내는 중심 부분으로서 (12나)의 '귤'과 '나무'가 각각 이에 해당한다. 한편, '접사(affix)'는 (12다)의 '-꾼'처럼 반드시 어근에 붙어 새로운 단어를 만들 뿐 단독으로는

4 우리는 제4장에서 '형태소'의 개념을 통해 '단일어, 복합어'를 다시 확인할 것이다.

쓰이지 못하는 구성성분이다. 우리는 구성성분 내 접사의 유무를 기준으로 복합어 가운데에서도 (12나)와 (12다)의 구성적 차이를 발견할 수 있다. '귤나무'처럼 어근과 어근의 결합을 통해 형성된 복합어는 '합성어(compound)'로, '나무꾼'처럼 접사 결합을 통해 형성된 복합어는 '파생어(derivative)'로 분류할 수 있는 것이다.[5]

일상에서 쓰이는 실제 단어를 관찰해 보면, 그 구성 양상은 훨씬 더 복잡한 결과를 드러낸다. 제1장에서 제시했던 단어들을 다시 가져와 복합어 유형을 정리해 보기로 하자.

(13) 가. 귤나무, 나무꾼
　　나. 어린이, 건널목
　　다. 섞어찌개, 먹자골목

우리는 (13가)의 '귤나무, 나무꾼'이 복합어 중에서도 각각 합성어와 파생어에 해당한다는 사실을 (12)에서 먼저 확인하였다. 그렇다면 나머지 (13나), (13다)는 어떠할까? 제1장에서 살펴본 바와 같이 (13나)의 복합어는 구성 내에 '-ㄴ, -ㄹ'의 어미를 포함한다는 점에서 (13가)와는 분명한 차이가 있다. 그렇다면 (13나)처럼 어근이나 접사 외에 어미를 포함한 이러한 복합 구성의 단어는 어떻게 이해할 수 있을 것인가? 이에 대해 기존의 많은 연구자들은 '어린이, 건널목'의 구조를 용언의 관형사형(어린, 건널)과 후행하는 성분(이, 목)이 합성된 것으로 파악하고 이를 '통사적 합성어'로 명명하였다(허웅 1975, 남기심 외 2019). 이후,

5 합성어와 파생어를 구분하는 데 있어서 '직접 구성성분(IC)'의 개념이 중요하다. 이에 대해서는 제4장에서 살펴볼 것이다.

'어린 이, 건널 목'과 같은 통사론적 구성이 자주 쓰이면서 '어린이, 건널목'처럼 하나의 단어로 굳어졌다고 보는 입장이 등장하면서 (13나)는 '통사적 결합어'로 불리기도 하였다(최형용 2003, 2016). 최근에는 이들 구성을 통사론적 구성이 단어화한 것으로 보는 입장이 다수를 이루고 있음에도 불구하고 '통사적 합성어'라는 용어가 여전히 쓰이고 있다. 구성 내부의 어미 유형은 차이가 있으나, (13다)의 단어들도 어미를 포함한 구성이라는 점에서 (13나)와 크게 다르지 않다.

(13)은 모두 둘 이상의 구성성분으로 이루어진 단어라는 점에서 분명 복합어의 지위를 지닌다. 다만 어근이나 접사로만 이루어진 (13가)와 달리 (13나), (13다)는 어미를 포함한다는 점에서, 그리고 통사론적 구성이 굳어져 단어가 되었다는 점에서 분명한 차이가 있다. 이 책에서는 형태론적 과정을 거쳐 만들어진 복합어인 (13가) 유형을 '형태적 복합어'로, 통사론적 과정을 거쳐 만들어진 복합어인 (13나), (13다) 유형을 '통사적 복합어'로 명명하고자 한다.[6]

(14) 한국어 단어의 체계

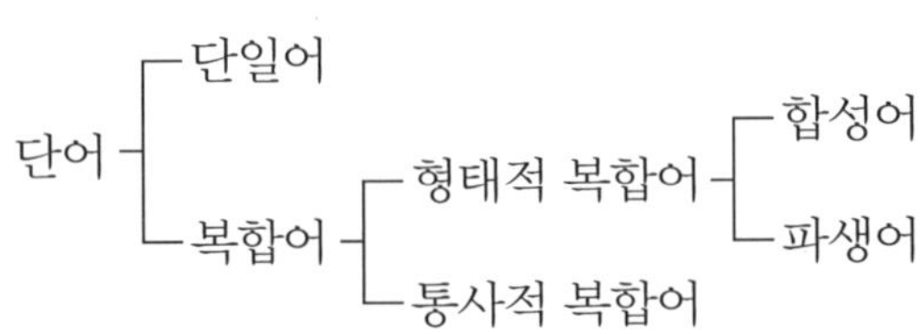

6 '형태적 복합어'인 합성어와 파생어는 각각 제6장과 제7장에서, '통사적 복합어'는 제8장에서 별도로 논의할 것이다.

한국어 단어의 체계는 (14)와 같다. 문장 내 통사 원자로서 기능하는 단어는 1차적으로 '단일어'와 '복합어'로 분류된다. 그리고 복합어는 '형태적 복합어'와 '통사적 복합어'로 다시 재분류 가능하다. '합성어'와 '파생어'는 형태론적 과정에 따라 어근이나 접사가 결합한 구성이라는 점에서 형태적 복합어의 하위 유형으로 세분화된다.

참고문헌

단어

유현경·안예리·손혜옥·김민국·전후민·강계림·이찬영(2015), 한국어의 문법 단위, 보고사.

임홍빈·장소원(1995), 국어문법론 I, 방송통신대학교 출판부.

최형용(2016), 한국어 형태론, 역락.

Bloomfield, L.(1933), *Language*, Holt.

Di Sciullo A-M. & Williams, E.(1987), *On the Definition of Word*, MIT.

Singleton, D.(2000), *Language and the Lexicon*, Oxford University Press. [배주채 역(2008), 언어의 중심 어휘, 삼경문화사.]

단어 개념의 한계

박진호(1994), 통사적 결합 관계와 논항구조, 석사학위논문, 서울대학교.

시정곤(2002), 단어를 바라보는 눈, 문법과 텍스트(고영근선생정년퇴임논총), 서울대학교 출판부, 195-216.

최형용(2003), 국어 단어의 형태와 통사, 태학사.

한정한(2009), 단어를 다시 정의해야 하는 시급한 이유들, 언어 34-3, 한국언어학회, 761-788.

Aronoff, M.(1994), *Morphology by Itself, Cambridge.*

Dixon, R. M. W. & A. Y. Aikhenvald(2003), *Word: A Cross-Linguistic Typology,* Cambridge.

품사

남기심·고영근·유현경·최형용(2019), 표준 국어문법론, 전면개정판, 한국문화사.

이광정(2003), 국어문법연구 I (품사), 역락.

최형용(2012), 유형론적 관점에서 본 한국어의 품사 분류 기준에 대하여, 형태론 14-2, 형태론, 233-263.

최형용(2016), 한국어 형태론, 역락.

단일어와 복합어

구본관(1992), 생성문법과 국어 조어법 연구 방법론, 주시경학보 9, 주시경연구소, 50~77.

남기심·고영근·유현경·최형용(2019), 표준 국어문법론, 전면개정판, 한국문화사.

이익섭·채완(1999), 국어문법론강의, 학연사.

정한데로(2018), 통사론적 구성과 단어 형성: '통사적 합성어'와 '통사론적 구성의 단어화'를 중심으로, 어문연구 46-3, 한국어문교육연구회, 91-123.

최형용(2003), 국어 단어의 형태와 통사, 태학사.

최형용(2016), 한국어 형태론, 역락.

최형용(2017), 단어 형성과 형태소, 국어학 81, 국어학회, 351-391.

허웅(1975), 우리 옛말본: 15세기 국어 형태론, 샘문화사.

제2부
단어의 구성과 형성

단어의 내부는 어떠한 모습일까? 그리고 단어는 어떻게 만들어질까? 이 두 가지 물음은 단어형성론에서 가장 핵심적인 주제와 연결되어 있다. 전자가 단어의 '구조' 또는 '분석'과 관련한 것이라면, 후자는 단어의 '형성' 또는 '생성'과 밀접하다. 제2부에서는 단어형성론의 가장 기초가 되는 이들 두 가지 내용을 중심으로 논의할 것이다.

제4장

단어의 구성

단어는 어떠한 방식으로 구성되어 있을까? 제2장에서 우리는 단어를 바라보는 다양한 관점 가운데 하나로 '분석'과 '형성'을 다루었다. 이 장에서는 '분석'의 관점에서 단어가 어떻게 구성되는지를 관찰하고, 이와 관련한 몇 가지 주요 개념들을 살펴볼 것이다.

1. 형태소의 발견

단어는 문장을 구성하는 기본 단위이다. 제3장에서 살펴본 바와 같이 단어는 '통사 원자'이기에 단어와 단어의 결합은 곧 통사론적 구성을 이룬다. 가장 대표적인 통사 구성은 바로 (1가)와 같은 '문장'이다.

(1) 가. 민지가 새 귤나무를 마음껏 심는다.
나. 민지 + -가 + 새 + 귤나무 + -를 + 마음껏 + 심- + -는- + -다

문장은 어떻게 만들어질까? 어린 아이가 완전한 문장을 발화하기에 앞서 개별 단어를 먼저 학습하듯이, 문장보다는 단어가 인간에게 우선적으로 인식 및 습득된다고 할 수 있다. 그리고 이러한 단어들이 (1나)와 같은 방식으로 결합한 결과로 (1가)의 문장이 완성된다. (1나)의 각 단위는 한국어의 어순(word order)에 따라, 어휘적 단어 및 문법적 단어로서의 각자 역할을 실현하며 (1가)의 전체 문장을 구성한다. 이러한 점에서 문장 형성을 다루는 '통사론'은 단어(1나)에서 문장(1가)으로의 연구, 즉 단어에서 시작하여 문장에 이르는 상향식(bottom up) 접근의 연구이다.

(1)의 상향식 접근이 단어에서 시작해 단어 외부로의 방향성을 띤다면, 이와는 반대로 단어에서 시작하여 그 내부에 관한 탐색도 가능하다. 즉, (1나)의 여러 단위 가운데 그 내부 구조를 분석해 볼 만한 대상이 관찰되는 것이다.

(2) 가. 귤나무, 마음껏
나. 귤 + 나무, 마음 + -껏

'귤나무'와 '마음껏'을 자세히 살펴보면, 이들은 더 작은 단위로 분석 가능하다. 두 단어를 대상으로 각각의 통합관계와 계열관계를 고려할 때, '귤나무'는 '귤'과 '나무'로, '마음껏'은 '마음'과 '-껏'의 세부 단위로

분석된다. 이렇듯 (2가)에서 (2나)로의 관심, 즉 '형태론'은 단어에서 시작하여 그보다 작은 단위로의 방향을 띤다는 점에서 (1)과는 대조적인 하향식(top down) 접근의 연구라 할 수 있다.[1]

이때 (2가)의 단어를 분석한 (2나)의 각 단위들은 더 작은 유의미한(meaningful) 단위로 나누기 어렵다는 점에서 공통적이다. 이렇게 의미를 지닌 최소의 형식을 가리켜 '형태소(morpheme)'라고 한다. 형태소 중에는 '귤, 나무, 마음'처럼 자립적으로 쓰일 수 있는 단위도 있고, '-껏'처럼 특정 단위에 덧붙어 의존적으로 실현되는 단위도 있다. 이때 '귤, 나무, 마음'은 (1나)의 '귤나무'와 같이 일반적인 문장 내에서 통사 원자로 기능할 수 있기에 단어로서의 지위도 지닌다. '귤나무, 마음껏'이 각각 2개의 형태소로 이루어진 '복합어'라면, '귤, 나무, 마음'은 오직 하나의 형태소로만 이루어진 '단일어'에 해당한다.[2]

단어로부터의 하향식 접근이라는 점에서 형태소의 발견은 분석적

---

1 여기서 우리는 (1)과 (2)의 관계처럼 분석의 단계를 한 번 더 적용해 볼 수도 있다.

가. 귤, 나무
나. ㄱ + ㅠ + ㄹ, 나 + 무

(가)의 '귤'과 '나무'는 (나)와 같이 각각 'ㄱ, ㅠ, ㄹ'과 '나, 무'로 분석 가능하다. 그중 '나, 무'는 'ㄴ, ㅏ'와 'ㅁ, ㅜ'로 한 번 더 분석해 볼 수 있다. 'ㄱ, ㅠ, ㄹ'의 각 자음과 모음은 의미를 변별하는 기본 단위라는 점에서 '음소(phoneme)'로 불린다. '귤'이 '굴'과 다른 단어임을 인식할 수 있는 것은 두 단어 내부의 'ㅠ'와 'ㅜ'가 의미 변별 단위로 기능하기 때문이다. 한편, '나, 무'의 각 소리는 자음과 모음, 즉 두 음소의 결합을 통해 하나의 '음절(syllable)'을 이룬다. 음절은 '자음+모음', '자음+모음+자음' 등의 구성을 통해 발화 가능한 단위를 이룬 것이다. 그러나 '음소'와 '음절'은 음운론의 관심 대상으로서, 문법 연구에서는 의미를 지닌 단위만을 대상으로 한다. 즉, 작게는 형태소에서 시작해, 크게는 문장까지가 문법 연구의 영역에 해당한다.

2 단일어, 복합어 등에 관한 설명과 예시는 제3장의 '단일어와 복합어' 내용을 참고할 수 있다.

태도에 기반한 결과라 할 만하다. 형태소는 문법 연구의 가장 기본적인 단위이다. 자립적인 단위는 물론 의존적인 단위까지 포함하기 때문에 형태소는 개념적으로 분명 단어와 차이가 있다. 즉, (복합어는 둘 이상의 형태소가 결합한 것이므로) 일부 단어는 형태소에 해당하지 않으며, 반대로 (의존적인 형태소는 통사 원자가 아니므로) 일부 형태소는 단어에 해당하지 않는다.

형태소는 두 가지 기준에 따라 그 하위 유형을 구분할 수 있다. 하나는 형태소의 자립성 유무이고, 다른 하나는 의미 기능의 유형이다. 첫째 기준인 자립성 유무에 따라 '자립 형태소'와 '의존 형태소'가 구분된다. 자립 형태소는 (2나)의 '귤, 나무, 마음'처럼 홀로 쓰일 수 있는 형태소로서 이들은 형태소이면서 동시에 단어의 지위를 지니기도 한다. 의존 형태소는 (2나)의 '−껏'과 같이 항상 특정 성분에 붙어 나타난다.

(3) 가. 자립 형태소: 새, 귤, 나무, 마음
    나. 의존 형태소: −껏; −가, −를; 심−; −는−, −다

(1가) 문장의 자립 형태소로는 '새, 귤, 나무, 마음'이 확인된다. 관형사 '새'도 자립적인 단위라는 점에서 형태소이면서 동시에 단어이기도 하다. 한편, 의존 형태소는 다수가 확인되는데, 앞서 언급한 접사 '−껏' 뿐만 아니라 조사(−가, −를), 어미(−는−, −다), 그리고 용언 어간(심−)이 이에 해당한다. 조사, 어미는 항상 선행하는 체언, 용언 어간에 덧붙어 실현되기에 의존 형태소로 분류되며, 용언 어간도 반드시 어미를 수행해야 하므로 의존 형태소에 포함된다. 이는 영어 동사 'plant'가 자립적

인 것과 달리 교착어인 한국어 동사 '심-'에서 두드러지는 특징이라 할 수 있다.

둘째 분류 기준인 의미 기능 유형에 따라서는 '어휘 형태소'와 '문법 형태소'가 나뉠 수 있다.

(4) 가. 어휘 형태소: 새, 귤, 나무, 마음, -껏, 심-
　　나. 문법 형태소: -가, -를, -는-, -다

(3가)의 '새, 귤, 나무, 마음'은 자립 형태소이면서 그와 동시에 어휘적 의미를 지닌 단위이기에 (4가)의 어휘 형태소에 해당한다. 이때 자립적이지는 않으나 어휘 형태소로 분류되는 '-껏, 심-'이 주목된다. 용언 어간 '심-'은 비자립적인 어휘 형태소로서 항상 어미를 필요로 하기는 하나 동사 본연의 어휘적 의미를 지닌다는 점에서 어휘 형태소로 분류된다. 이에 더하여 접사 '-껏'도 어휘 형태소로 분류할 수 있다.[3] '-껏'이 명사 뒤에 붙어서 '그것이 닿는 데까지'의 의미를 더하는 것처럼, 어근의 앞뒤에 덧붙는 접사는 조사나 어미와 같은 문법적 역할을 한다기보다는 특정한 어휘적 의미 기능을 부가하기 때문이다.

제3장에서 논의한 바와 같이 한국어의 문법적 단어로는 조사와 어미가 있다. 이들 단위는 형태소 유형 분류를 기준으로 할 때 문법 형태소에 해당한다. 선행 연구 중에서는 접사를 문법 형태소로 분류하는 논의도 적지 않다. 종래 '실질 형태소-형식 형태소'의 대립 안에서 접사는

3 일부 연구에서는 접사(접두사, 접미사)를 문법 형태소로 분류하기도 한다. 그러나 접두사는 물론 접미사까지도 자체적인 의미를 지니고 있는 것이 일반적이므로 이 책은 접사 역시 어휘 형태소의 하나로 판단한다.

조사, 어미와 더불어 형식 형태소로 주로 분류되었는데, 어근과 접사의 관계를 비교할 때 어근이 접사에 비해 실질적인 의미를 지닌 단위라는 점이 접사를 형식 형태소로 분류하는 근거가 된 듯하다. 종래의 이러한 기술 방식이 '어휘 형태소–문법 형태소'의 대립에도 그대로 이어지며 접사를 문법 형태소로 분류하는 흐름을 이룬 것이 아닌가 한다. 그러나 접사를 문법 형태소로 파악하는 접근은 다시 생각할 여지가 있다.

(5) 가. 덧–(덧신, 덧니), 맨–(맨손, 맨주먹), 헛–(헛발, 헛소리)
나. 들–(들볶–, 들끓–), 짓–(짓밟–, 짓누르–)
다. 드–(드높–, 드넓–), 새–(새빨갛–, 새하얗–)

널리 알려져 있듯이 접두사는 어근 앞에 붙어 특정한 의미를 더한다. (5)의 '덧–, 맨–, 헛–', '들–, 짓–', '드–, 새–'가 후행하는 각각의 명사, 동사, 형용사와 결합하여 일정한 의미를 추가하는 사실은 이들 접두사가 본연의 실질적인 의미를 지니고 있으며 어휘 형태소로서 기능하고 있음을 보여 준다.

(6) 가. –이(놀이, 먹이, 때밀이), –꾼(나무꾼), –질(걸레질)
나. –답–(정답–), –롭–(슬기롭–), –스럽–(자연스럽–)
다. –이/히/리/기–(먹이–, 넓히–, 울리–, 맡기–)

(6)의 접미사도 (5)의 접두사와 사정이 다르지 않다. 혹자는 (6가)의 접미사 '–이'가 동사 어근과 결합하여 명사를 파생한다는 사실에 주목하여, 이러한 품사 교체의 과정을 접미사가 지닌 문법적 기능으로 판단할지 모른다. 그러나 이는 접미사가 지닌 품사 정보가 파생어 전체에

그대로 실현된 것으로 보아야 하는바 문법적 기능과는 다른 문제이다. 주지하듯이 한국어는 '덮밥'(덮-+밥), '빛나-'(빛+나-)처럼 후행하는 요소가 전체 단위의 품사를 결정하는데 이때 '밥'과 '나-'가 선행 어근의 품사를 바꾸는 기능을 한다고 보지는 않는다. 이와 평행한 관점에서 볼 때 '놀이'(놀-+-이)가 명사인 것은 접미사 '-이'가 지닌 품사적 정보로 인한 것이지 접사의 문법적 역할이 작용했다고 보기는 어렵다. 오히려 이때 '-이'의 두드러지는 특징은 '행위, 대상, 사람'의 의미를 더한다는 사실이다. (6가)의 '-꾼, -질'은 품사의 변화 없이 어근에 특정한 의미를 더하는 역할을 하고 있으며, (6나)와 (6다)의 각 접미사도 일정한 의미를 더하며 각각 형용사, 동사를 파생하고 있기에 이들의 핵심적인 속성은 어휘적 역할이라 할 수 있다.

2. 형태소 개념의 한계

의미를 지닌 최소의 단위라는 형태소의 기본 개념을 토대로 우리는 다음 단어들에서도 형태소 분석을 시도할 수 있다.

(7) 가. 소나무, 나뭇잎
    나. 수컷, 안팎; 좁쌀, 입때

(7)은 제2장에서 통시적 해석이 필요한 단어들로 제시한 것이다. '소나무'를 '소+나무'의 공시적 결합 관계로 설명하기 어렵다는 점에서 이

들 구성이 과연 어떠한 형태소로 이루어졌는지, 이때의 '소'를 형태소라 할 수 있는지 등의 의문을 가져볼 수 있다. '나뭇잎'을 '나무+ㅅ+잎'으로 분석하여 여기서 포착되는 'ㅅ'의 지위를 형태소로 설정할 수 있는가의 물음도 가능하다. '수컷, 안팎'의 'ㅎ', '좁쌀, 입때'의 'ㅂ' 역시 공시적인 결합 양상으로는 설명하기 어렵다.

이렇게 볼 때, 형태소라는 개념이 '공시적 분석'을 바탕에 둔 개념이라는 사실이 분명해진다. 이때의 공시적 분석은 언어 대상의 관찰자 입장에 기초한 분석을 말한다. '소나무(<솔+나무), 나뭇잎(<나무+-ㅅ+잎), 수컷(<수ㅎ+것), 좁쌀(<조+ᄡᆞᆯ)' 모두 형성 당시에는 공시적 형성 원리에 따라 만들어진 자연스러운 결합의 결과였기 때문이다.

형태소 개념은 공시적 분석이 가능한 대상일 때에는 투명하게 판단 가능하지만, (7)과 같이 통시적 변화를 겪은 대상에 대해서는 뚜렷한 분석이 어렵다는 사실을 확인하였다. 철저하게 공시적 결합 양상에 기초하여 이들을 교체의 결과로 파악한다면, '소나무'의 '소'와 '나뭇잎'의 '나뭇'을 각각 '나무'와 '잎'에 선행하는 환경에 분포하는 '솔'과 '나무'의 이형태로 볼 가능성도 있다. 그러나 특정한 어휘로 분포 환경을 설정하는 접근은 음운론적, 형태론적으로 일반화되기 어렵기 때문에 현상 기술을 위해 도입한 결과 중심적 해석일 수 있다.

형태소는 분석적 과정을 통해 수립된 결과이기 때문에 그 형성의 문제까지는 고려되지 않은 개념이다. 따라서 (7)처럼 통시적 변화를 거친 대상의 경우는 형태소 분석에 있어 뚜렷한 한계가 관찰된다. 이에 일부 연구에서는 종래의 형태소 개념을 '구성소'와 '형성소'로 나누어 논의하기도 한다. 구성소는 결과적 차원에서 해당 대상을 구성하고 있는 구성성분에 관한 분석을 의미하는 반면, 형성소는 새로운 단어의 형성 가능성을 고려한 분석 단위에 해당한다.

(8) 가. 지붕, 무덤, 무르팍
　　나. 먹이, 나무꾼, 걸레질

(8가)에서 분석된 '-웅, -엄, -악' 성분은 단어 구성 내에서 분석만 가능할 뿐 공시적으로 새로운 단어를 만들기 어렵다고 보아 '구성소'로 분류된다. 반면에 (8나)의 '-이, -꾼, -질'은 '속박이, 암벽꾼, 주사질'과 같이 여전히 오늘날 새로운 단어를 형성하는 데 참여한다는 점에서 '형성소'로 분류된다.[4] '형태소'는 분석에 기반한 개념이기 때문에 이 기준만으로는 (8가)와 (8나)의 차이가 두드러지지 않지만, '구성소, 형성소' 개념을 통해 '구성'과 '형성'의 문제가 명확하게 포착될 수 있는 것이다.

(9) 가. 철수가 밥을 먹습니다.
　　나. 철수가 밥을 먹었다.

구성소와 형성소의 구분은 (9)의 두 문장 내 문법 형태소에서도 관찰된다. (9가)의 '-습니다'와 (9나)의 '-었다'의 구성을 비교해 보자. 먼저 '-었다'는 '-었고, -었으면; -겠다, -시다' 등의 계열관계를 고려할 때 '-었-, -다'의 분포가 상당히 자유롭다는 점에서 (8나)의 형성소와 유

4 '속박이, 암벽꾼, 주사질'은 국립국어원에서 발간한 신어 자료집에서 가져온 단어들이다.
(속박이: 겉으로 보이는 바깥쪽만 멀쩡한 물건을 두고, 눈에 보이지 않는 안쪽에는 그보다 작거나 부실한 물건을 두는 일. 또는 그런 물건. / 암벽꾼: 생업 또는 취미로 암벽을 등반하는 사람. / 주사질: 주사를 놓는 일을 낮잡아 이르는 말.)

사하다. 반면, '–습니다'는 '–습니까' 정도의 관련 구성만 확인될 뿐이기에 이때의 '–습–'과 '–니–'를 새로운 문장을 만드는 데 직접 참여하는 문법 형태소로 보기는 어렵다. 즉, '–습니–'는 (8가)의 구성소와 맥을 같이한다고 할 수 있다.

형태소가 분석을 통해 도출된 개념이라는 사실은 분석자의 태도와 관점에 따라서 형태소의 기준이 달라질 수 있다는 것을 의미하기도 한다. 아래에 제시된 접사의 예시를 통해 관련 논의를 이어가 보자.

(10) 가. 헛수고, 헛일
　　나. 나무꾼, 장사꾼

(10가)의 '헛–'과 (10나)의 '–꾼'은 한국어의 대표적인 접두사와 접미사이다. 이와 관련하여 우리는 이들 접사의 지위가 어떻게 획득된 것인지 물음을 던져볼 수 있다. 과연 이들이 처음 생성되었을 때부터 접사로 시작된 것일까?

(11) 가. 虛ㅅ想 〈능엄경언해(1461) 8:70a〉, 헛일 〈정속언해(1518) 17b〉, 헛말 〈계축일기(16**) 상:47a〉
　　나. 샹도ㅅ군 〈역어유해보(1775) 28a〉, 구경ᄭᅮᆫ 〈신학월보(1902) 2:542〉

이전 시기 문헌에서 관찰된 (11)의 예에서 확인되듯이 '헛–'과 '–꾼'은 한자 '허(虛)'와 '군(軍)'에서 기원한다. '허+–ㅅ N'과 'N+–ㅅ 군'의 구성으로부터 만들어진 '헛N'과 'Nᄭᅮᆫ' 복합어에서 N을 제외한 나머지 성분이 분석된 결과가 바로 '헛–'과 '–꾼'인 것이다. 다수의 단어가 일련의 계열관계를 이루며 활발히 '헛N', 'N꾼' 복합어를 만들었고, 일정 시간 이후에 비로소 '헛–'과 '–꾼'이 각각 접사로 인정받게 되었다.

이러한 통시적 변화가 함의하는 바는 무엇일까? 결국 접사라는 범주는 그 기원과는 별개로 특정 시기의 공시적인 분석 결과로부터 획득된 개념이다. 사실상 둘 이상의 구성이었지만 이를 하나의 형태소로 분석하는 과정에서 나타난 현상인 것이다. 이러한 생각을 다른 일반 접사로까지 확대한다면, 처음부터 순수하게 접사로 시작하는 단위는 없을지 모른다. 'X+Y'의 결합 이후 특정 성분 'X'를 기준으로 'X+Z, X+L, X+M, X+N …'처럼 유사한 단어를 활발히 만든다면, 관련 복합어 간의 계열관계를 통해 분석된 성분 'X'가 결국 접사라는 새로운 형태소로 파악되는 것이다.

(12) 가. 고기잡이, 멸치잡이, 고래잡이
나. 머슴살이, 셋방살이, 살림살이

이러한 시각은 접사의 기준에 관한 상이한 입장 차이로 이어질 수 있다. (12)의 '–잡이'와 '–살이'는 ≪표준국어대사전≫에 접사로 등재되어 있다는 점에서 하나의 형태소 단위로 볼 수 있다. 물론 접사 '–장이', '–데기'가 '장[匠]+–이', '덕+–이' 구성에서 유래한 것을 고려해 보면 이러한 방식의 접사 형성이 크게 새로운 것은 아니다. 그러나 '–잡이, –살이' 구성 안에서 '잡–, 살–, –이' 등의 기원 형식을 분명하게 발견할 수 있기에 (12)의 '–잡이, –살이'를 과연 접사로 보아야 할 것인지에 대해서는 이견이 있을 수 있다. ≪표준국어대사전≫에서 '–잡이, –

살이'를 접사로 처리한 것은 이들 구성을 포함한 다수의 복합어 간 계열관계로부터 고정된 쓰임을 보이는 '-잡이, -살이'를 분석해 내었기 때문이다. 이는 통시적으로 형태 변화까지 겪은 (10)의 '헛-, -꾼'과 달리 형태가 투명하게 드러나기에 논쟁의 대상이 될 수 있다.

3. 단어의 구조

단어는 둘 이상의 형태소로 구성될 수 있다. 가령 '귤나무'는 [귤+나무] 결합의 결과라는 점에서 그리 어렵지 않게 형태론적 구조가 드러난다. 그렇다면 셋 이상의 형태소로 구성된 단어는 어떠한 구조적 특징을 보일까?

(13) [귤+나무+가게]

(14) 가. [[귤+나무]+가게]
나. [귤+[나무+가게]]

'귤나무가게'는 '귤, 나무, 가게'의 세 형태소로 구성된 단어이다. 그 구조에 관한 고민은 (13), (14)의 두 방향으로 전개될 수 있다. 첫째는 이들 세 형태소가 (13)의 [귤+나무+가게]처럼 동시적으로 결합하였다고 보는 입장이다. 둘째는 (14)처럼 세 형태소 가운데 일부가 먼저 결합한 후에 순차적으로 또 다른 형태소가 결합한다고 보는 입장이다. (14가)와 (14나)의 각 내부 구조에서 관찰되는 '귤나무'와 '나무가게'가 충분히 형성 가능한 단어라는 점에서 (14)의 두 방향을 상정해 볼 수 있다. 이 가운데 단어는 과연 어떠한 방식으로 만들어질 것인가?

(15)

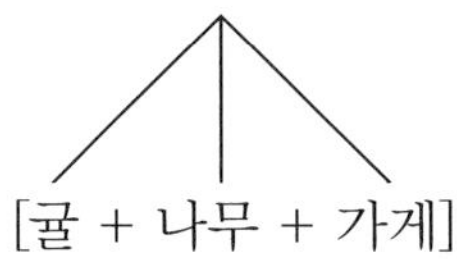

(16) 가.

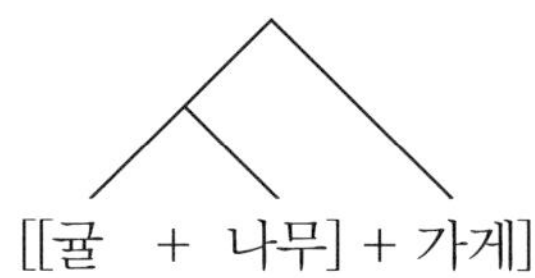

나.

문법 단위(단어, 문장)의 구조에 관한 일부 초기 연구에서는 (15)와 같은 삼분지(三分枝, ternary branching) 구조를 상정하기도 하였으나, 오늘날 대부분의 언어 연구는 (16가), (16나)와 같이 이분지(二分枝, binary branching) 구조를 지향한다. [귤+나무] 또는 [나무+가게]의 형성 이후에 순차적으로 [귤나무+가게]나 [귤+나무가게]의 형성이 진행된다고 보는 것이다. (15)가 동시적 결합이나 분석에 초점을 둔 것이라면, (16가)와 (16나)는 단계적 접근에 따른 형성을 고려한 것이다.

이때 (16가), (16나)처럼 [[귤+나무]+가게]와 [귤+[나무+가게]]의 두 가지 접근 모두 구조적으로 가능하다. 그러나 단계별 구성의 의미를 통해 그 형성 과정을 따라가 보면 이 둘 간의 차이를 발견하게 된다. 일상적으로 쓰일 법한 '귤나무가게'의 의미를 생각해 보면, '귤나무를 파는 가게' 정도의 의미가 해석된다는 점에서 (16가)의 의미가 더 적절해 보이기 때문이다. 이러한 의미적 차이를 구조로부터 포착해 내고자 하는 시도는 해당 단어가 어떠한 구성성분을 결합하여 단어를 형성하는지와 관련이 깊다.

이러한 이분지 구조의 결합 양상을 제대로 파악하기 위해서는 '직접 구성성분'의 개념이 매우 중요하다. '직접 구성성분(immediate constituent, IC)'이란 특정 단어를 구성하는 구성성분 가운데 가장 최종 단계에 결합한 단위를 말한다. (16가)에서는 '귤나무, 가게'가, (16나)에서는 '귤, 나무가게'가 이에 해당한다. 즉, 직접 구성성분을 어떻게 파악하였는지에 따라서 해당 단어의 내부 구조와 의미 해석이 달라질 수 있는 것이다. 직접 구성성분 분석을 통해 (16가), (16나)의 상이한 의미 해석을 포착할 수 있다는 사실은 (15)의 삼분지 구조보다 (16)의 이분지 구조가 지닌 장점이기도 하다.

의미에 따른 구조 분석은 연구 대상에 따라서 다양한 모습을 보이기도 한다. 앞서 살펴 본 '귤나무가게'와 달리, 다음 (17)의 '제주귤나무'는 [[제주+귤]+나무]와 [제주+[귤+나무]]의 두 접근이 모두 가능하다.

(17) 가.

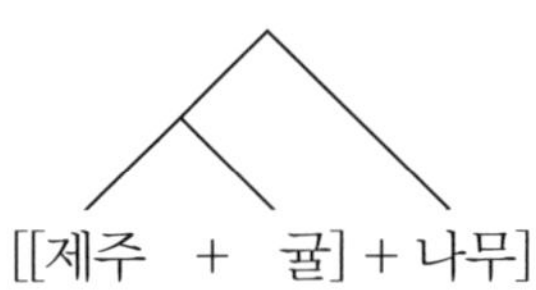

나.

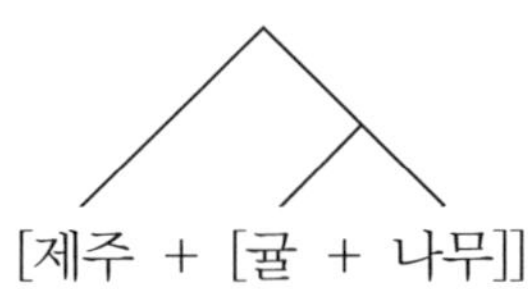

(17가)는 '[[제주에서 자란 귤]이 열리는 나무]'로, (17나)는 '[제주에서 자란 [귤이 열리는 나무]]'로 그 의미 해석이 다를 수 있다. 그 가운데 어떠한 의미가 적절한가의 물음에 대해 (17)은 답을 내리기가 (16)보다

훨씬 어렵다. 이 경우는 두 가지 해석이 모두 가능하기 때문이다. 어떠한 직접 구성성분으로 분석되는가에 따라 그 형태와 의미 구조는 차이를 보일 것이다.

(18) 가. 나.

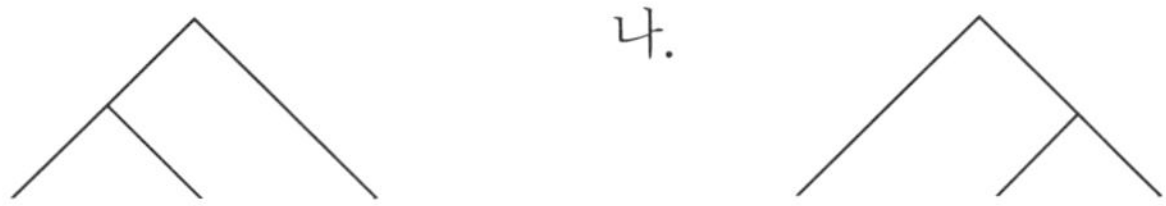

[[구두 + 닭-]+-이] [구두 + [닭-+-이]]

한편, (18)은 동사와 접사가 참여한 구성이라는 점에서 또 다른 특징이 관찰된다. (18가)는 선행하는 두 성분을 먼저 결합하여 '구두닦-'의 단위를 형성한 후에 접사 '-이'를 결합한 반면, (18나)는 후행하는 두 성분으로부터 '닦이'를 먼저 형성하고 이를 '구두'와 결합한 점에서 차이가 있다. 직접 구성성분을 고려하면, (18가)는 '구두닦-+-이' 구성의 '파생어', (18나)는 '구두+닦이' 구성의 '합성어'가 된다. (18)의 두 단어는 직접 구성성분 분석에 따라 대상의 문법적 지위가 완전히 다르게 판단되는 것이다. 이는 구조 분석에서 직접 구성성분이 지닌 개념적 중요성을 거듭 주목하게 한다. (18)과 같은 구성의 단어를 가리켜 보통 '통합 합성어(synthetic compound)'라고 하는데, 이에 관한 더욱 구체적인 사항은 제6장에서 다시 살펴볼 것이다.

(19) 가. 구두장이, 양복장이, 조각장이
　　나. 부엌데기, 새침데기, 소박데기

그렇다면 (19)의 단어들은 어떠한 방식으로 구조를 분석할 수 있을까? 앞서 언급한 것처럼 접사 '–장이', '–데기'가 역사적으로 각각 '장[匠]+–이', '덕+–이' 구성과 밀접하다는 사실에 주목하여, 이를 (18)과 같은 통합 합성어로 구조 분석을 할지도 모른다. 그러나 이러한 기원과는 상관없이 공시적으로 '–장이', '–데기'가 둘 이상의 형태소로 더 이상 분석되기는 어렵기 때문에 (19)는 [구두+–장이], [부엌+–데기] 등으로만 직접 구성성분 분석이 이루어진다. 따라서 (18가), (18나)처럼 두 가지 가능성을 지니지는 않는다.

(20) 가. 고기잡이, 고래잡이, 멸치잡이
나. 머슴살이, 살림살이, 셋방살이

그러나 (19)와 비슷한 유형으로 보이는 (20)의 예는 더 깊은 고민이 필요하다. (20)은 어떠한 방식으로 구조를 분석할 수 있을까? (20가)의 '고기잡이'를 대상으로 몇 가지 가능성을 따져 보자.

(21) 가.

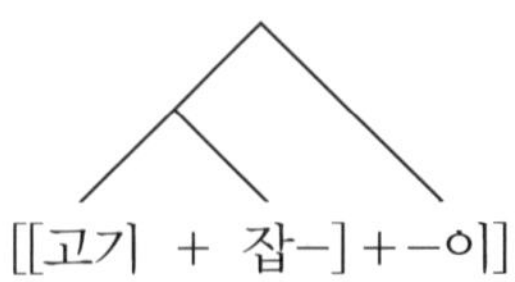

나.

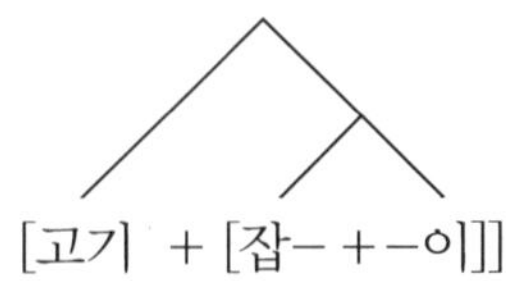

(18)의 두 구조를 고려하면 (21)과 같이 두 가지 상황을 모두 가정할 수 있다. 직접 구성성분의 상이한 분석을 토대로 (21가)는 파생어, (21나)는 합성어로 이해된다. 그러나 (20)의 '–잡이, –살이'는 ≪표준국어대사전≫에 접사로 등재되어 있는 단위라는 점에서, 사전을 기준으로 한다면 (22)의 구조 분석이 적절하다.

(22)

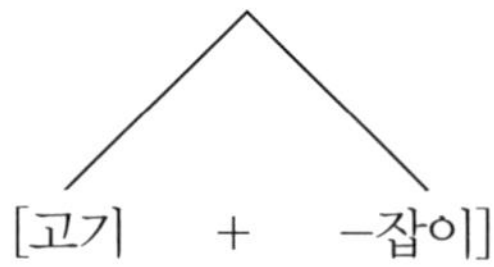

(22)와 같은 방식이라면 이는 더 이상 통합 합성어라고 볼 수는 없으며, (19)처럼 오직 파생어로서의 해석만 가능하다. 단어의 구조는 분석적 개념이기에 어떠한 방식으로 분석할지, 그리고 분석한 대상을 어떠한 지위의 구성성분으로 이해할 것인지에 따라서 그 방향은 크게 달라질 수 있다.

4. 핵: 단어의 중심

둘 이상의 형태소로 이루어진 단어 내부에서 형태론적·의미론적으로 핵심 기능을 담당하는 구성성분을 발견할 수 있다. 먼저 다음 단어를 관찰해 보자.

(23) 가. [귤+나무]
　　나. [[귤+나무]+가게]
　　다. [[[귤+나무]+가게]+주인]

'귤나무'는 '귤나무가, 귤나무를'과 같이 조사와 결합 가능한 명사이다. '귤나무가게, 귤나무가게주인' 역시 조사 결합 양상을 기준으로 이들이 공통적으로 명사에 해당한다는 사실을 알 수 있다. 의미 해석 면에서도 '귤나무'는 다양한 '나무' 유형 중에서 나무의 한 종류를 의미하며, '귤나무가게'는 '가게'의 일종, '귤나무가게주인'은 '주인'의 일종이라는 점에서 이들 단어 간 공통된 특성을 관찰할 수 있다. 즉, 형태적으로나 의미적으로 항상 직접 구성성분 중 후행하는 성분이 전체 구성의 핵심적 역할을 한다는 사실이 관찰된다. 보통 이들을 가리켜 형태론적·의미론적 '핵(head)'이라고 부른다. 형태론적 핵은 단어의 범주적 속성인 품사를, 의미론적 핵은 전체 의미를 결정한다.[5]

(24) 합성 명사의 핵 분포

가. 귤나무　　　나. 귤나무가게　　　다. 귤나무가게주인

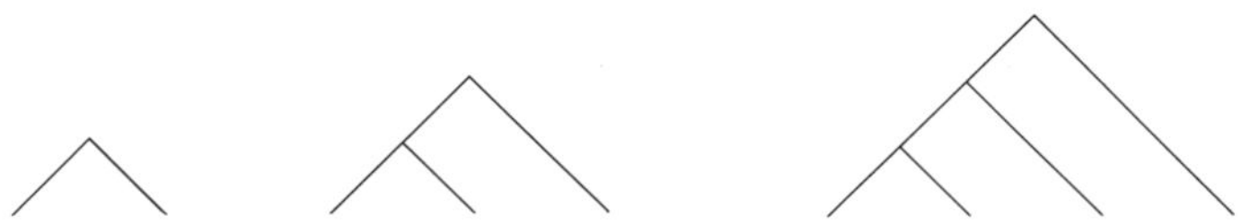

[귤 + **나무**]　[[귤 + 나무]+**가게**]　[[[귤 + 나무]+가게]+**주인**]

(24가)의 직접 구성성분은 '귤'과 '나무'로서 이때 후행하는 '나무'가 합성 명사의 핵이 된다. 그리고 (24나)의 직접 구성성분은 '귤나무'와 '가게'로 분석되는바 전체 합성 명사의 핵은 '가게'가 된다. 관련 구성이 모두 명사이기 때문에 형태론적 특징인 품사의 차이는 관찰되지 않지만, 구성에 따른 의미 차이는 명확하게 포착된다. '귤나무'는 '나무'의 한 유형이라는 점에서, '귤나무가게'는 '가게'의 한 유형이라는 점에서 (24가)와 (24나)의 핵이 각각 '나무', '가게'라는 사실이 분명하다. (24가)에서 핵의 역할을 담당했던 '나무'이지만 (24나)의 구조 내에서는 '나무'가 더 이

5　생성형태론(generative morphology)에서는 이러한 의미 해석의 양상을 "이다' 조건(IS A Condition)'으로 부르기도 하였다. 예컨대, '귤나무는 나무이다'라는 문장에서 '귤나무'는 '나무'의 부분집합(subset)에 해당한다는 점에 주목할 수 있다. 구체적인 내용은 전상범(1995: 202–203)가 참고된다.

상 핵의 기능을 하지 않는다. 같은 방식으로 (24다)는 '귤나무가게'와 '주인'의 직접 구성성분 중 후행하는 '주인'이 핵이 된다.

합성어의 핵이 지닌 이러한 특징은 합성 동사, 합성 형용사, 합성 부사에서도 동일하게 관찰된다. 각각의 예를 확인해 보자.

(25) 합성 동사, 합성 형용사, 합성 부사의 핵 분포

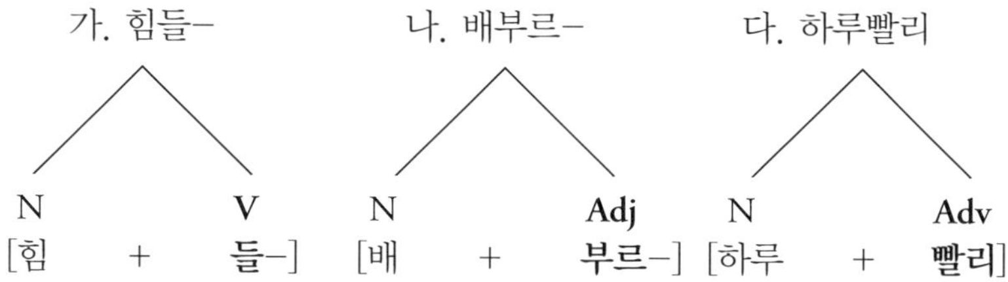

(25가)의 합성 동사 '힘들–'의 직접 구성성분은 명사 '힘'과 동사 '들–'로서 전체 합성 동사의 품사를 결정하는 것, 그리고 핵심적인 의미 역할을 하는 것은 후행하는 '들–'이다. 의미론적 특징에 있어서 (24)의 합성 명사와 동일한 모습이다. (25나)의 합성 형용사 '배부르–'와 (25다)의 합성 부사 '하루빨리' 역시 후행하는 성분이 형태론적·의미론적 핵의 역할을 담당한다. (24)와 (25)를 종합할 때, 합성어의 경우 모두 후행 성분이 핵으로 기능하고 있음을 확인할 수 있다.

그렇다면 접사가 참여한 다음 파생어에서는 핵이 어떠한 양상을 보일 것인가? 앞서 살펴본 합성어와 동일한 방식으로 각각의 형태론적 핵과 의미론적 핵을 살펴보자.

(26) 가. 덧신, 헛발

나. 들볶-, 짓밟-

다. 드높-, 새빨갛-

접두사 '덧-, 헛-'이 결합하여 만들어진 (26가)의 파생 명사 '덧신, 헛발'은 어근 '신, 발'과 동일한 명사의 지위에 있다. 이때 접두사는 특정한 의미만을 더할 뿐 어근의 품사를 바꾸지는 않는다. 파생 동사 '들볶-, 짓밟-'과 파생 형용사 '드높-, 새빨갛-' 역시 어근 '볶-, 밟-', '높-, 빨갛-'의 품사를 그대로 유지한다는 점에서 (26가)와 동일하다. '접두사+어근'의 결합 관계에서는 후행하는 어근이 형태론적 핵으로 기능한다는 사실이 관찰된다. 의미론적 측면에서도 '신, 발', '볶-, 밟-', '높-, 빨갛-'의 각 어근이 전체 의미를 결정하는 데 핵심적인 역할을 담당한다.

(27) 접두사 파생어의 핵 분포

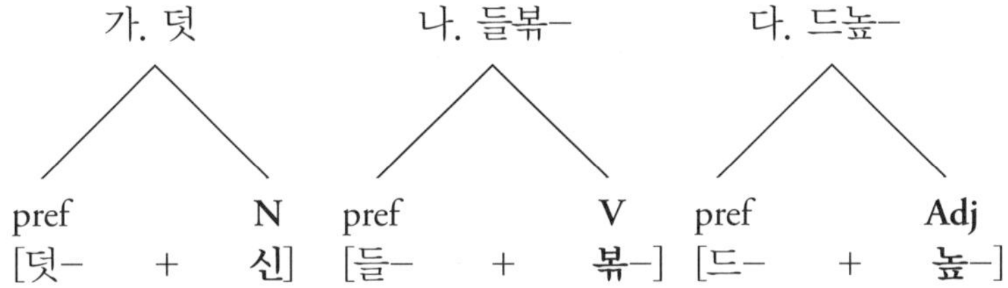

접미사의 예도 살펴보기로 하자. (28)은 파생 명사, (29)는 파생 동사, (30)은 파생 형용사의 예이다.

(28) 가. 나무꾼, 심술쟁이, 장난꾸러기; 울보, 먹보

나. 걸레질; 지우개

다. 때밀이, 놀이, 먹이

(28가)에서 관찰되는 접미사 '-꾼, -쟁이, -꾸러기'는 선행하는 어근과 결합하여 파생 명사를 이룬다. 이때 파생 명사의 품사를 결정하는 요소는 무엇일까? 선행하는 어근 역시 명사라는 점에서 접미사만으로 그 역할을 명확히 판단하기란 쉽지 않다. 그러나 '울보, 먹보'의 경우를 통해 접미사가 관여한 파생 명사의 품사 양상을 확인할 수 있다. 접미사 '-보'가 '울-, 먹-'의 동사와 결합하여 결과적으로 파생 명사를 형성한 점에서, 접미사 '-보'가 형태론적 핵의 기능을 하는 사실이 드러난다. '나무꾼, 심술쟁이, 장난꾸러기' 역시 '울보, 먹보'와 평행한 방식으로 후행하는 접사가 형태론적 핵의 역할을 담당한다고 접근해 볼 수 있다. 의미론적 측면에서도 '-꾼, -쟁이, -꾸러기, -보'가 '사람'의 의미를 더하는 핵의 기능을 한다. 이상의 결과는 접미사 '-질, -개'가 결합하여 '행위'와 '대상'을 드러내는 (28나)의 예에도 동일하게 적용된다.

한편, (28다)의 '[때+밀-+-이], [놀-+-이], [먹-+-이]' 구성은 '-이'의 동일한 접미사가 결합한 파생 명사이지만 각각의 의미는 '사람, 행위, 대상'으로 상이한 모습을 보인다. 이때 이들 파생 명사의 품사를 결정하는 구성성분은 무엇일까? (28가), (28나)와 유사한 관점에서 (28다)의 각 접미사 '-이'가 해당 파생 명사의 품사와 의미를 결정하는 것으로 이해된다. 세 단어가 파생 명사인 것은 '-이'가 결정하는 품사 범주가 명사이기 때문이며, 이들의 각 의미 해석 역시 접미사 '-이'가 단어마다 '사람, 행위, 대상'으로 다르게 해석되었기 때문이다. 결국 (28다)도 접미사가 핵의 지위를 명확히 하고 있음이 확인된다.

(29) 가. 수군거리-, 팔랑대-, 반짝이-
나. 먹이-, 넓히-, 울리-, 맡기-
다. 공부하-, 노래하-

(29가)의 파생 동사에서 확인되는 접미사 '-거리-, -대-, -이-'도 선행하는 어근의 품사가 무엇인지에 상관없이 전체 복합어의 품사를 동사로 결정한다는 점에서 형태론적 핵의 지위에 있다. 이때 '-거리-, -대-'는 '그런 상태가 잇따라 계속됨'의 의미로 쓰이며 의미론적 핵의 역할도 담당한다. (29나)의 접미사 '-이-, -히-, -리-, -기-'는 사동의 의미를 더하는 역할을 한다. 다만 어근의 품사를 그대로 유지한다는 점에서 이들이 형태론적으로 특별한 기능을 하지 않는다고 볼 가능성도 있다. 반대로 (29다)의 접미사 '-하-'는 선행하는 명사 어근과 결합하여 파생 동사를 형성하였다는 점에서 형태론적으로 핵심적인 기능을 하지만, 의미론적 측면에서는 별다른 역할을 찾기 어렵다. (29가)와 비교할 때 (29나)와 (29다)는 일정 부분 형태론적 핵 또는 의미론적 핵의 지위를 명확히 설명하기가 어렵기는 하다. 그러나 앞에서 관찰한 바와 같이 구성 내에 핵이 후행하는 한국어의 일반적인 특성에 비추어 볼 때 통일된 설명을 적용하는 데에는 큰 무리가 없을 듯하다.

(30) 가. 정답-, 슬기롭-, 자연스럽-
나. 건강하-, 고요하-

(30)의 파생 형용사도 선행하는 어근의 품사와 상관없이 '-답-, -롭-, -스럽-'의 접미사가 전체 파생어의 형태론적 지위를 결정하는

것은 물론, '성질이나 특성이 있음' 등의 뜻을 더한다는 점에서 (29가)와 평행한 설명이 가능하다. (30나)의 '–하–'는 (29다)의 '–하–'와 그 형태가 동일하기는 하지만 형용사를 만든다는 사실에서 동사인 (29다)와 차이가 있다. 그러나 이 경우에도 (29다)와 (30나)의 어근이 모두 명사이기 때문에 이들을 동사 및 형용사로 만드는 후행 접미사가 형태론적 핵의 역할을 하고 있음이 잘 드러난다.

(31) 접미사 파생어의 핵 분포

이렇게 볼 때, (31가)~(31다)의 파생 명사, 파생 동사, 파생 형용사 모두 위와 같은 구조 속에서 후행하는 성분, 즉 접미사가 핵의 기능을 하고 있다는 사실로 정리할 수 있다. 각 접미사가 형태론적 지위, 즉 품사를 결정하는 것은 물론이고 의미 해석에 있어서도 결정적인 역할을 한다는 점이 주목된다. 한국어는 합성어의 경우든지, 접두사 또는 접미사가 결합한 파생어의 경우든지에 상관없이 항상 후행하는 성분이 단어의 구성 내에서 핵의 역할을 담당한다.

참고문헌

형태소

남기심·고영근·유현경·최형용(2019), 표준 국어문법론, 전면개정판, 한국문화사.

박진호(1994), 통사적 결합 관계와 논항구조, 석사학위논문, 서울대학교.

서정목(2017), 한국어의 문장 구조, 역락.

최형용(2016), 한국어 형태론, 역락.

황화상(2018), 현대국어 형태론, 개정2판, 지식과교양.

Bloomfield, L.(1933), *Language*, Holt.

Nida, E. A.(1949), *Morphology: The Descriptive Analysis of Words*, University of Michigan Press. [김진형 역(2000), 형태론: 단어의 기술적 분석, 아카넷.]

형태소 개념의 한계

고영근(1992), 형태소란 도대체 무엇인가?, 남사 이근수 박사 환력 기념 논총, 반도출판사, 1-10.

시정곤(2000), 공형태소를 다시 생각함, 한국어학 12, 한국어학회, 147-165.

시정곤(2010), 공형태소와 형태 분석에 대하여, 국어학 57, 국어학회, 3-31.

오규환(2017), 형성소와 구성소, 다시 생각하기, 어문연구 45-4, 한국어문교육연구회, 61-83.

이선웅(2012), 한국어 문법론의 개념어 연구, 태학사.

이선웅·오규환(2017), 형태소의 식별과 분류, 국어학 81, 국어학회, 263-294.

단어의 구조

고영근(1999), 국어형태론연구, 증보판, 서울대학교 출판부.

김계곤(1996), 현대 국어의 조어법 연구, 박이정.

이익섭(1965), 국어 복합명사의 IC분석, 국어국문학 30, 국어국문학회, 121-129.
이익섭(1975), 국어 조어론의 몇 문제, 동양학 5, 단국대학교 동양학연구소, 155-165.
최형용(1999), 국어의 단어 구조에 대하여, 형태론 1-2, 형태론, 245-260.
황화상(2018), 현대국어 형태론, 개정2판, 지식과교양.
Bloomfield, L.(1933), *Language*, Holt.
Hockett, C.(1958), *A Course in Modern Linguistics*, Macmillan.
Saussure, F. D.(1916/1972), *Cours de linguistique générale*, Payot. [최승언 역(1990), 일반언어학 강의, 민음사.]

단어의 핵

김인균(1995), 국어 파생어에 대한 형태·통사론적 연구, 석사학위논문, 서강대학교.
이정훈(2008), 단어 형성 원리에 대한 고찰, 시학과언어학 15, 시학과언어학회, 205-240.
전상범(1995), 형태론, 한신문화사.
정원수(1992), 국어의 단어 형성론, 한신문화사.
Aronoff, M.(1976), *Word formation in Generative Grammar,* The MIT Press.
Scalise, S.(1984), *Generative Morphology*, Foris, Dordrecht. [전상범 역(1987), 생성형태론, 한신문화사.]

제5장
단어의 형성

제4장에서 '분석'의 관점으로 '단어의 구성'을 살펴보았다면, 이와 달리 '형성'의 관점에서도 단어를 논의해 볼 수 있다. 이 장에서는 단어의 형성 이전 단계부터 새로운 단어가 도출되기까지 어떠한 절차에 따라 그 과정이 진행되는지, 그리고 구체적인 형성 방식에 어떠한 것들이 있는지 탐색할 것이다.

1. 형성의 동기와 과정

단어는 누가 만드는 것일까? 그리고 언제, 어떠한 목적에 따라 단어가 만들어지는 것일까? 이 세상 어떠한 단어도 인간을 전제하지 않고 어느 순간 갑자기 등장하는 일은 없다. 그리고 아무런 용도와 목적 없이 만들어지는 단어도 없다. 화자가 의도하는 명명의 동기, 의사 표현의 목적에 따라서 단어는 형성된다. 최초의 어느 누군가가 만들어 낸 낯선 단어가 점차 여러 사람들 사이에서 공유되고 확산되며 지속적으로 쓰일 수 있다. 사회를 구성하는 언어 공동체는 다양한 중간 과정을 통해 의사소통에 적합한, 사회 내 통용 가능한 수준의 단어를 인정하기에 이른다. 우리는 단어 형성의 시작점에 '화자'가 존재한다는 사실, 그 화자가 특정한 '동기'에 따라 단어를 형성한다는 사실에 주목할 필요가 있다.

단어 형성의 현장은 주로 어떠한 대상이 새롭게 등장하는 상황과 맞물려 있다. '컴퓨터, 키보드, 마우스'처럼 새롭게 한국 사회에 도입된 물건을 부르기 위한 이름이 대상과 함께 그대로 언어 공동체(speech community) 내부로 수용되기도 하지만, 경우에 따라서는 '샤워기(shower器), 전기(電氣)밥솥'처럼 한자어나 고유어를 활용하여 새로운 이름이 만들어지기도 한다. 이러한 상황은 시대에 구애받지 않고 오랜 기간 동안 언어 공동체에서 지속되어 왔다. 흥미로운 사실은 동일한 대상을 명명하는 과정에 다양한 화자들이 참여함으로써 다양한 유의어가 만들어지기도 했다는 점이다. 우리는 '기차(汽車)'에서 그러한 사실을 발견할 수가 있다.

(1) 기차01(汽車)
「명사」
「1」=기관차「1」.
「2」기관차에 여객차나 화물차를 연결하여 궤도 위를 운행하는 차량. 사람이나 화물을 실어 나른다. ≒증기차·철륜(鐵輪)「2」·화차02(火車)「4」.

≪표준국어대사전≫에 등재된 '기차'의 뜻풀이를 확인해 보면, '증기차, 철륜, 화차'의 유의어가 관찰된다. 동일한 대상을 명명하는 과정에서 다양한 단어가 만들어진 배경에는 단어 형성과 관련한 중요한 단서가 담겨 있다.

기차(汽車)는 그 이름에서 볼 수 있듯이 증기를 동력으로 활용하는 방식으로 발명되었다. 그 모습은 아래의 그림과 같았다.

(2) '대상'의 개념화

1 대상	2 개념
	가. 불(화력)로 움직이는 차
	나. 증기(김)로 움직이는 차
	다. 바퀴를 돌려 움직이는 차
	라. 불(화력)로 바퀴를 돌려 움직이는 차
	⋮

서구로부터 유입된 새로운 대상(1)을 명명하기 위해 사람들은 다양한 표현 방식을 고민하였을 것이다. 어떤 사람은 나무나 석탄을 태워 '불'을 피우는 방식(2-가)을 활용하기도 하고, 또 다른 사람은 '증기'에 주목(2-나)할 수도 있다. 철로 만든 커다란 '바퀴'를 이용(2-다)하여 단어를 만들고자 하는 사람, '불'과 '바퀴'를 모두(2-라) 이름에 넣고자 하는 사람 등 그 방식은 다양한 가능성을 안고 있다. 대상을 명명하고자 하는 동기에 따라 여러 화자들이 겪는 위와 같은 과정은 단어 형성을 목표로 어떠한 개념에 주목할 것인지의 단계, 즉 '대상의 개념화'라고 할 수 있다.

개념화 이후에 화자는 어떠한 형식을 활용하여 해당 개념을 언어로 표현할 것인지 고민하게 된다. 추상적인 개념을 보다 구체적이고 실질적인 음성 및 형태로 실현하는 단계가 필요한 것이다. 그 과정이 '개념의 언어화'에 해당한다.

(3) '대상'의 개념화와 '개념'의 언어화

[1] 대상	[2] 개념	[3] 언어
	가. 불(화력)로 움직이는 차	가. 火 + 車
		나. 불 + 車
		다. 불 + 수레
		⋮
	나. 증기(김)로 움직이는 차	가. 汽 + 車
		나. 蒸氣 + 車
		다. 김 + 수레
		⋮
	다. 바퀴를 돌려 움직이는 차	가. 輪 + 車
		나. 바퀴 + 車
		다. 바퀴 + 수레
		⋮
	라. 불(화력)로 바퀴를 돌려 움직이는 차	가. 火 + 輪 + 車
		나. 불 + 바퀴 + 車
		다. 火 + 輪 + 수레
		⋮
	⋮	

(2)에서 제안된 다양한 개념([2])의 가능성은 더욱 구체적인 방식의 언어 표현([3])으로 더 다양한 경우의 수를 얻게 된다. 대상을 보고 '불'에 주목한 어떤 사람은 한자만을 활용해 '화차(火車)'라는 단어를 형성([3]-가)할 수도 있고, 이와 달리 고유어와 한자를 결합한 '불차(불車)'를

만들 수도 있다(3-나). '불수레'와 같은 합성 명사(3-다)도 얼마든지 가능하다. 이러한 방식으로 한국어 화자라면 누구나 자신의 언어 능력을 활용해 무수한 단어들을 형성해 낼 수가 있다.

흥미로운 사실은 실제 19세기 말~20세기 초 한국 사회에 (3)의 한 가지 대상을 부르고자 하는 목적에서 다양한 단어들이 등장하였다는 점이다. (3)에 음영으로 표시된 단어들이 바로 그것이다.

(4) 가. 화차(火車)
나. 긔차(汽車), 증기차(蒸氣車)
다. 륜거(輪車), 륜차(輪車)
라. 화륜거(火輪車)

(4)와 같이 다양한 단어들이 당시 문헌에서 확인되는데, 이들 유의어 간의 경쟁을 거쳐 현재에는 '기차'가 한국 사회에서 가장 널리 쓰이는 단어가 되었다. 이렇게 본다면 문헌에 기록된 (4)의 일부 단어들이나 사전에 실려 있는 단어들은 수많은 언어화의 결과물 가운데 사회적으로 공인되어 남은 일부분에 그칠 뿐이다. 한편, 중국어에서 '화차(火车)'가 쓰이고 있는 점을 볼 때, 언어 공동체마다의 상이한 모습도 발견할 수 있다.

그렇다면 (3)의 3에 제시된 다양한 언어화의 결과물들은 단어형성론적으로 어떠한 지위를 지닐 것인가? 명명의 동기에 따라 화자가 즉각적으로 만들었지만 곧 사라지고 만 수많은 단어들도 단어 연구의 대상이라고 할 수 있을까? 단어 연구자는 일반 화자들이 언어화한 무수한 자료를 일반화하는 작업을 통해 각각의 화자들이 어떠한 방식으로 단어를 만드는지, 개별 화자의 언어 능력이 어떻게 실현되는지 탐색할 기회를 얻는다.

화자의 능동적인 명명 과정을 통해 즉각적으로 만들어진 단어를 '임시어(nonce word)'라고 한다. 화자가 만들어 낸 다양한 임시어 가운데 일부는 점차 사람들 사이에서 확산되어 '신어(neologism)'가 된다. 또 그중 일부는 '사전등재어'에 이를 수 있다.[1] 따라서 단어 연구자는 사전등재어뿐만 아니라, 임시어와 신어에 관심을 갖고 실제 화자들이 만들어낸 다양한 단어에 관심을 둘 필요가 있다. 특히 임시어는 어떠한 외부적 요인에 간섭받지 않은, 때 묻지 않은 살아 있는 단어라는 점에서 단어 형성론의 핵심이 되는 대상이다.

2. 형태 정보와 의미 정보

제2장에서 살펴본 바와 같이 단어는 '형태'와 '의미'의 두 가지 측면에서 연구될 수 있는데, 이때 하나의 단어에 대한 형태 및 의미 정보는 다양한 방식으로 구성된다. 즉, 형태 정보가 유사한 단어라 할지라도 의미는 상이한 방식으로 만들어질 수 있으며, 반대로 의미 정보가 유사한 단어가 전혀 다른 형태를 활용할 수도 있다.

1 이에 관한 사항은 제11장 '단어의 공인화'에서 구체적으로 살펴볼 것이다.

(5)

	형태 정보	의미 정보
가. 엿장수	엿 + 장수	엿을 파는 사람
나. 보따리장수	보따리 + 장수	보따리에 물건을 넣고 돌아다니며 파는 사람
다. 뜨내기장수	뜨내기 + 장수	일정한 거처가 없이 떠돌아다니며 장사하는 사람

(5)의 세 단어는 모두 [X+장수]의 유사한 형태 정보를 지니고 있지만, 각각의 의미 정보를 확인해 보면 매우 다른 특징이 발견된다. '엿장수'에서 X에 대응되는 '엿'은 파는 대상을 지시하는 데 반해, '보따리장수'의 X는 파는 대상을 담기 위한 도구를, '뜨내기장수'의 X는 물건을 파는 주체의 속성을 의미한다. 이와는 반대로 형태 정보는 다르지만 의미 정보가 유사한 경우도 있다.

(6)

	형태 정보	의미 정보
가. 엿장수	엿 + 장수	엿을 파는 사람
나. 반찬쟁이	반찬 + -쟁이	반찬을 파는 사람
다. 암표상	암표 + -상(商)	암표를 파는 사람

'엿장수, 반찬쟁이, 암표상' 구성 내부에 '장수', '-쟁이', '-상(商)'의 서로 다른 후행 구성성분이 관찰되는데, 이들의 의미는 [X를 파는 사람]으로 모두 동일한 방식을 따르고 있다. (5)와 달리 (6)의 X는 모두 파는 대상을 지시한다는 점에서 공통적이다.

이렇듯 단어 내부의 형태 정보와 의미 정보는 상당히 역동적으로 구조화될 수 있다. 우리는 이를 더욱 구체화하기 위하여 〈Y(를) Z(하는)

X〉의 틀을 활용하여 각 단어의 형태와 의미를 기술해 보고자 한다. 가령 '엿장수'라면 〈엿을 파는 사람〉의 의미 정보를 지니는바, Y에 '엿'을, Z에 '팔-'을, X에 '사람'을 대응해 볼 수 있다. '개념'에서 시작하여 '언어'를 표현하는 방식인 (3)의 과정을 고려하면서 '의미 구조'와 '형태 구조'의 순차적인 단계를 다음과 같이 정리해 보자.

(7)

	의미 구조	형태 구조
가.	신문을 파는 사람 〈Y(를) Z(하는) X〉 신문 팔- -이	신문 + 팔- + -이
나.	엿을 파는 사람 〈Y(를) Z(하는) X〉 엿 장수	엿 + 장수
다.	암표를 파는 사람 〈Y(를) Z(하는) X〉 암표 -상(商)	암표 + -상(商)

(7)은 〈Y(를) Z(하는) X〉의 틀에 기초하여 〈Y를 파는 사람〉의 의미 구조를 통해 '신문/엿/암표'를 각각 Y의 자리에 대치한 3가지 유형을 제시한 것이다. 이때 (7가)~(7다)는 상이한 방식으로 각각의 형태를 구조화한다. (7가)는 〈Y(를) Z(하는) X〉 내부의 Y, Z, X를 각각 '신문', '팔-', '-이'의 형태로 표현한 결과 3개의 구성성분으로 구성된 복합어 '신문팔이'를 형성하였다. 한편, (7나)는 Z와 X를 '장수'라는 하나의 형태소에 대응시킴으로써 '엿', '장수'의 두 구성성분으로 '엿장수'를 만들었다. (7다)는 Z와 X를 묶어 하나의 형태소에 대응했다는 점에서 (7나)와 유사하지만, 접미사 '-상(商)'을 이에 적용하였다는 점에서는 차이가 있다.

유사한 의미 구조라고 하더라도 형태에 있어서는 (7나)와 (7다)가 각각 명사와 접사를 달리 활용하였다는 점이 특징적이다.

단어의 의미 구조와 형태 구조의 상관관계는 (7)과는 또 다른 방식으로 실현되기도 한다. (7)은 형태에 상응하는 의미를 〈Y(를) Z(하는) X〉의 틀 내에서 확인할 수 있었지만, 그렇지 않은 경우도 관찰되기 때문이다.

(8)

	의미 구조	형태 구조
가.	반찬을 파는 사람 〈Y(를) Z(하는) X〉 반찬 α -쟁이	반찬 + -쟁이
나.	장에서 (물건을) 사고파는 사람 〈Y(에서) Z(하는) X〉 장 α -꾼	장 + -꾼
다.	보따리에 (물건을) 넣고 돌아다니며 파는 사람 〈Y(에) Z(하는) X〉 보따리 α 장수	보따리 + 장수

(7)과 (8)의 가장 큰 차이점은 의미 구조 내부에 자리한 음영 부분의 유무에 있다. (8가)의 '반찬을 파는 사람'의 개념을 형태 구조로 언어화하고자 할 때 Y('반찬')와 X('사람')만이 '반찬'과 '-쟁이'의 형태로 실현되었다는 점에서 이는 의미 구조 내 Z('팔-')에 해당하는 서술 의미가 형태에 반영되지 않았다. 이는 의미 구조 내에서 α 항목에 대응되는 것이다. (8나) 역시 의미 구조 내에 Z('사고팔-')에 해당하는 형태를 '장+-꾼' 내부에서 발견하기 어렵다. (8가)와 마찬가지로 의미 구조 내에 α로 볼 만한 성분이 형태로 실현되지 않은 것이다. (8다)도 앞의 두 단어와 다르지 않다.

이때 α는 단어형성론에서 어떻게 이해될 수 있을까? 단어의 형성 과정이 '대상'에서 시작하여 '개념'을 거쳐 '언어'로 표현된다는 점을 떠올려 볼 때에, 분명 형태보다는 의미가 우선한다. 즉, 개념에 대응하는 언어를 구조화하는 과정에서 α의 의미가 생략된 것으로 볼 수 있는데, 이는 형태 구조에서는 포착되지 않는 정보로서 단어 형성 과정에 화자가 파악한 화용적 맥락(context)의 공백으로 이해될 수 있다. 다시 말해서, 이는 형태를 안다고 해서 그 단어의 전부를 알 수 있는 것이 아니라는 사실을 드러낸다. 형태만으로 포착되지 않는 화용적 맥락을 오롯이 이해할 때에 비로소 그 단어의 의미를 온전하게 파악했다고 할 수 있는 것이다. 그리고 단어형성론적 측면에서도 형태로 드러나지 않은 α의 맥락 의미가 상당히 중요한 역할을 한다는 것을 시사한다.

3. 결합과 대치

제2장에서 '통합관계'와 '계열관계'를 활용하여 우리는 다양한 단어가 새로이 만들어질 수 있다는 사실을 확인하였다. 몇 가지 기호로 정리한 바와 같이 통합관계는 'A+B→AB'처럼 구성성분의 '결합'을 통해 새로운 단어를 만드는 것인 반면, 계열관계는 '[AB]↔[AC]'의 방식으로 특정 구성성분을 '대치'함으로써 단어를 형성한다. 구체적인 예시를 활용해 그 모습을 관찰해 보자.

(9) 가. 거짓말쟁이, 겁쟁이, 고집쟁이, 멋쟁이
나. 관상쟁이, 그림쟁이, 소설쟁이, 이발쟁이

접사 '-쟁이'는 일부 명사 뒤에 붙어 (9가)처럼 '어떠한 속성을 많이 가진 사람'의 뜻을 더하기도 하고, (9나)처럼 '관련된 일을 직업으로 하는 사람'의 뜻을 더하기도 한다.[2] 만약 어떤 사람이 '-쟁이'를 활용하여 '축구를 직업으로 하는 사람'을 부르고자 한다면, 과연 새로운 단어는 어떠한 과정을 거쳐 만들어질까? 다음의 두 가지 방향이 가능할 것이다.

(10) 가. 축구 + -쟁이 → 축구쟁이
나. [관상쟁이, 그림쟁이, 소설쟁이 …] ⇒ [X쟁이] ↔ [축구쟁이]

어떤 화자는 등재부(어휘부)로부터 '축구'와 '-쟁이'를 인출하여 이들을 단순 결합(+)함으로써 '축구쟁이'를 만들어낼 것이다. 반면, 또 다른 화자는 등재부 내의 '관상쟁이, 그림쟁이, 소설쟁이' 등을 일반화하여 구축한 [X쟁이]의 '단어틀(word schema)' 내 X 자리에 '축구'를 대치함으로써 '축구쟁이'를 만들 수 있다. 접사가 참여한 파생어뿐만 아니라 합성어에서도 이러한 양상은 동일하게 진행된다.

(11) 가. 족구 + 공 → 족구공
나. [당구공, 축구공, 탁구공 …] ⇒ [X공] ↔ [족구공]

'족구(足球) 경기를 위한 전용 공'을 부르고자 할 때 (11가)처럼 결합을

2 ≪표준국어대사전≫을 참고할 때 (9나)의 '-쟁이'는 주로 낮추어 부르는 말로 쓰인다.

통해 '족구공'을 만들 수도 있고, (11나)처럼 대치를 통해 '족구공'을 형성할 수도 있다. 위 두 가지 방식 가운데 실제 화자들이 어떠한 방식으로 단어를 만드는지에 관해서는 별도의 추가적인 연구가 필요하다.

(9)와 (11)에서 살펴본 '-쟁이', '공'이 결합한 단어들은 관련 복합어가 비교적 여럿 확인되는 예에 해당한다. 반면에 (12)와 같이 극히 개별적인 차원에서 일부 단어만이 만들어지는 경우도 관찰된다.

(12) 가. 눈 : 눈치 = 코 : X ⇒ X = 코치
나. 신(新) : 신세대 = 쉰 : X ⇒ X = 쉰세대

'코치, 쉰세대'라는 신어가 만들어진 과정이 어떠할지 생각해 보면 이는 (10가), (11가)와 같은 결합으로는 쉽게 설명되지 않는다. '코 + 치 → 코치' 과정에 '치'가 무엇인지 명확히 판단하기 어렵기 때문이다. 그러나 '코치, 쉰세대'의 형성은 (12)와 같은 비례식을 통해 쉽게 설명 가능하다. '눈치'로부터 '눈'을 분석해 낸 화자가 '눈'과 '코'의 의미적 관련성에 기초하여 비례식 내 X 자리에 '코치'를 넣을 수 있기 때문이다. '쉰세대' 역시 '쉰 + 세대 → 쉰세대'의 결합을 통해 형성하였다기보다는 기존의 '신세대'를 '근거 단어(source word)'로 삼아, 음성적 유사성을 활용하여 '쉰세대'를 만들어낸 것이다. 이렇게 볼 때, (12)의 비례식을 활용한 '유추(analogy)' 과정은 결합보다는 대치에 가깝다. 관련 단어의 수가 극히 제한적이기 때문에 (10나), (11나)와 같은 일반화된 단어틀을 활용하지는 않지만, 기존 단어와의 어휘적 관련성(lexical relatedness)을 통해 새로운 단어를 만들기 때문이다.

경우에 따라서는 (12)처럼 개별 차원의 유추를 통해 시작된 새로운 단어 형성이 점차 일반화 과정을 거치면서 (10), (11)과 같은 결합과 대치의 방식으로 발달할 수도 있다. 아래의 예가 대표적이다.

(13) 가. 파파라치(paparazzi): 카파라치, 폰파라치, 표파라치 등
나. 호텔(hotel): 모텔, 고시텔, 아파텔, 오피스텔, 원룸텔 등
다. 아이돌(idol): 대세돌, 만능돌, 만찢돌, 연기돌, 완판돌 등

(13)은 '파파라치, 호텔, 아이돌'로부터 다양한 단어들이 새롭게 만들어진 결과를 보여준다. 이들의 형성 과정을 살펴보면, 1차적으로는 (12)와 같은 비례식 기반의 유추 과정을 통해 이들이 만들어졌을 가능성이 높다. 예컨대, 시기적으로 '카파라치'의 형성이 다른 단어들에 비해 앞서 관찰되는데, 그 방식은 '파 : 파파라치 = 카 : X'로부터 시작되었을 것이다. 이후 다양한 'X파라치'가 만들어지는데, '카파라치' 이후의 '폰파라치, 표파라치, 세파라치' 등은 (10), (11)에서 언급한 결합과 대치의 방식, 즉 '표 + -파라치 → 표파라치' 또는 '[파파라치, 카파라치, 폰파라치 …] ⇒ [X파라치] ↔ [표파라치]'의 과정을 통해 형성 가능하다.[3] (13나)와 (13다)의 많은 예들도 이러한 단계별 과정을 거쳐 만들어진 후, 언어 공동체에서 확산된 결과인 것이다.

3 이와 관련한 자세한 사항은 제5부의 제13장 '규칙과 유추'에서 확인할 수 있다.

4. 단어화: 층위의 전환

제3장에서 우리는 단어가 문장을 구성하는 가장 기본적인 단위, 즉 '통사 원자'임을 확인하였다. 흥미롭게도 우리의 언어생활을 들여다보면, 단어보다 큰 통사론적 구성이 마치 단어와 같은 방식으로 쓰이며 문장 내에서 통사 원자의 기능을 하는 경우를 살펴볼 수 있다.

(14) 가. 어린이, 건널목
  나. 섞어찌개, 먹자골목

≪표준국어대사전≫에 등재되어 있는 (14)의 단어들은 '어리-+-ㄴ+이, 건너-+-ㄹ+목' 그리고 '섞-+-어+찌개, 먹-+-자+골목'처럼 구성 내부에 '-ㄴ, -ㄹ, -어, -자'와 같은 어미가 관찰된다는 점에서 흥미로운 대상들이다. 이렇게 내부에 어미가 참여한 단어들은 일반적으로 통사론적 구성이 단어화한 것으로 논의된다. 그리고 앞서 우리는 이들을 '통사적 복합어'라고 부른 바 있다. 구성 방식에서 차이가 있기는 하나 다음 단어들도 통사론적 구성이 단어화한 대상들이다.

(15) 가. 그렇게, 되도록, 이왕이면
  나. 뜻밖에, 마음대로, 혹시나

(15가)는 '그렇-+-게, 되-+-도록, 이왕(已往)+-이-+-면'처럼 어미 '-게, -도록, -면'이, (15나)는 '뜻+밖+-에, 마음+-대로, 혹시+-나'처럼 조사 '-에, -대로, -나'가 참여한 구성이다. 이들 역시 사전

에 등재된 단어라는 점에서 통사론적 구성이 현재 단어로 쓰이는 것들이라 할 수 있다. 이들 단어가 통시적으로 굳어진 것인지, 아니면 공시적으로 단어가 된 것인지에 대해서는 추가적인 연구가 필요하겠지만, (14)와 (15) 내부에 어미와 조사에 해당하는 구성성분이 관찰된다는 점에서 이들은 모두 단어보다 큰 단위에서 단어로 전환된 결과임이 분명하다.

한편, (14), (15)와는 또 다른 측면에서 통사론적 구성이 통사 원자로 기능하는 경우를 관찰할 수 있다. 이들은 주로 명명(naming)을 목적으로 쓰인 고유 명사라는 점에서 앞의 예들과 다소 차이가 있다.

(16) 가. 주말에 친구랑 집에서 영화 '바람과 함께 사라지다'를 보았어.
나. 어렸을 때에 '무궁화 꽃이 피었습니다' 놀이 해 본 적 있니?

(16)의 '바람과 함께 사라지다'와 '무궁화 꽃이 피었습니다'는 명사가 나올 법한 자리에 위치하여 하나의 단어처럼 쓰인다. 가령 밑줄 친 (16가)의 자리에 '설국열차'를, (16나)의 자리에 '술래잡기'를 대치해도 전혀 문제가 없다. 이렇듯 문장 형식의 고유 명사인 '바람과 함께 사라지다, 무궁화 꽃이 피었습니다' 역시 통사론적 구성이 단어화한 경우라 할 수 있다. '바람과 함께 사라지니, 무궁화 꽃도 피었습니다'처럼 단어 내 일부 형태만 교체해도 원래의 의미가 사라지기 때문에 이들을 일반적인 통사론적 구성으로 보기는 어렵다.

한편, 통사론적 구성의 단어화와는 정반대로, 단어보다 작은 단위가 문장 내에서 통사 원자의 기능을 하는 경우도 살펴볼 수 있다.

(17) 가. 낚시 대회에 전국의 꾼들이 모두 모였다.
나. 퇴근 후에 꾸러기와 열심히 놀아 주었다.

(17)의 '꾼, 꾸러기'는 선행하는 어근 없이 독자적으로 쓰이며 마치 일반적인 명사와 같은 분포를 보인다. 그러나 이들 단위는 접사 '-꾼, -꾸러기'에서 기원한 것들로 보아야 한다. 이전에 'X꾼, X꾸러기'의 방식으로만 쓰이던 접사가 현재 단어로까지 확대된 결과로 이해할 수 있는데, 이러한 변화는 사전 등재 양상에서 잘 드러난다. ≪표준국어대사전≫과 ≪고려대한국어대사전≫에는 '어떤 일, 특히 즐기는 방면의 일에 능숙한 사람을 낮잡아 이르는 말'의 의미로 명사 '꾼'이 등재되어 있는데, 이는 단어화를 거친 '꾼'이 온전한 '단어'로서의 지위를 확보하고 있음을 의미한다. 이와 달리, 명사 '꾸러기'는 ≪고려대한국어대사전≫에만 '장난이 심한 아이'의 의미로 등재된 상태이다. ≪표준국어대사전≫에는 접사 '-꾸러기'만 올라와 있기에 '꾸러기'를 단어로 인정하지는 않고 있다. 그러나 앞으로 명사 '꾸러기'의 지위가 더 명확해진다면 사전 표제어 기술 양상 역시 달라질 가능성이 크다.

이와 유사한 과정을 겪은 것들로 (18)의 예가 언급되기도 한다.

(18) 가. 자락, 티, 투성이, 끼리
나. 식(式), 중(中), 내(內), 외(外)
다. 끼, 꾼, 썰, 짱, 쯤

(18)은 접사의 지위에 있던 대상이 자립성을 지닌 단어처럼 쓰이게 된 것으로 논의되어 온 예들이다. 그 과정을 설명하는 방식은 '비문법

화 또는 자립형식화'(고영근 1999), '한자어 접사가 의존명사로 발달한 결과'(노명희 2005), '역문법화'(최윤지 2008) 등으로 다양하지만, 비자립적인 접사가 단어로 층위를 전환한 것으로 본 점에서 모두 공통적이다.

이상의 '통사론적 구성의 단어화'와 '접사의 단어화'는 모두 층위의 전환을 통해 단어가 아닌 대상이 단어가 되었다는 점에서 유사하다. 그리고 결합이나 대치와는 또 다른 방식으로 새로운 단어를 형성한 결과라는 점에서도 주목할 만하다.

(19)

가. 통사론적 구성의 단어화 — 통사론적 구성 (XP) ⇓ 단어 (X^0)

나. 접사의 단어화 — 접사 (X^{-1}) ⇑ 단어 (X^0)

층위의 전환을 통해 새로운 단어를 형성하는 방식으로 (19가), (19나)의 두 유형이 확인된다. 이러한 층위 전환은 기존 구성의 구조가 새롭게 마련된 결과라는 점에서 '재구조화(restructuring)'의 용어로 설명할 수도 있다. 이는 비교적 최근에 만들어진 신어에서도 꾸준히 관찰되는 현상이기에 한국어 단어 형성 방식의 한 유형으로도 볼 만하다.

(20) 가. 좋은생각, 아름다운가게, 고운맘카드, 바른미래당; 꿈에그린, 국민의당

나. 발꿈치, 팔꿈치 ⇒ 꿈치 ⇒ 꿈치관리, 꿈치밴드, 꿈치크림

이러한 현상은 고유명사에서도 흔히 관찰되는데, (20)처럼 잡지, 단체, 카드, 아파트, 정당 등의 이름에서 어미와 조사가 참여한 구성을 쉽게 확인할 수 있다. '꿈치'와 같이 최근에 단어화된 예들도 관찰된다.[4]

4 ≪고려대한국어대사전≫에는 '꿈치'도 '발꿈치와 팔꿈치 따위를 통틀어 이르는 말'을 뜻하는 하나의 명사로 등재되어 있다.

참고문헌

형성의 동기와 과정

김광해(1982), 복합명사의 신생과 어휘화과정에 대하여, 국어국문학 88, 국어국문학회, 5-29.

이재인(1991), 국어 복합명사 구성의 이해, 국어학의 새로운 인식과 전개(김완진선생 회갑기념논총), 민음사, 612-628.

임지룡(1997), 새 낱말 창조의 인지적 연구, 국어교육연구 29, 국어교육연구회, 1-33.

정한데로(2011), 임시어의 형성과 등재: '통사론적 구성의 단어화'를 중심으로, 한국어학 52, 한국어학회, 211-241.

정한데로(2015가), 단어 형성 과정의 개념화와 언어화: 19세기 말~20세기 초 자료의 의의, 언어와 정보 사회 24, 서강대학교 언어정보연구소, 125-158.

정한데로(2015나), 한국어 등재소의 형성과 변화, 태학사.

Štekauer, P.(1998), *An Onomasiological Theory of English Word-Formation*, John Benjamins Publishing Company.

Štekauer, P.(2005), "Onomasiological approach to word-formation," In Štekauer, P., & Lieber, R.(eds.), *Handbook of Word-formation*, Springer, 207-232.

형태 정보와 의미 정보

시정곤(1998), 국어의 단어형성 원리, 수정판, 한국문화사.

정한데로(2014), 단어 형성과 의미 합성성: 통합관계와 계열관계를 중심으로, 한국어 의미학 44, 한국어의미학회, 263-289. [이 책의 제5부 제12장에 수록함.]

최형용(2018), 한국어 의미 관계 형태론, 역락.

황화상(2001), 국어 형태 단위의 의미와 단어 형성, 월인.

황화상(2018), 현대국어 형태론, 개정2판, 지식과교양.

결합과 대치 (규칙과 유추)

송원용(1998), 활용형의 단어형성 참여 방식에 대한 연구, 석사학위논문, 서울대학교.

송원용(2005), 국어 어휘부와 단어 형성, 태학사.

송원용(2010), 형태론 연구의 쟁점과 전망: 유추론자와 규칙론자의 논쟁을 중심으로, 한국어학 48, 한국어학회, 1-44.

시정곤(1999), 규칙은 과연 필요 없는가, 형태론 1-2, 형태론, 261-283.

정한데로(2016), 규칙과 유추, 다시 생각하기, 어문연구 44-3, 한국어문교육연구회, 99-126. [이 책의 제5부 제13장에 수록함.]

채현식(1999), 조어론의 규칙과 표시, 형태론 1-1, 형태론, 25-42.

채현식(2003가), 대치에 의한 단어 형성, 형태론 5-1, 형태론, 1-21.

채현식(2003나), 유추에 의한 복합명사 형성 연구, 태학사.

최형용·박민희·김혜지·이찬영·김현아·오윤경·방유정(2015), 한국어 연구와 유추, 역락.

황화상(2010), 단어형성 기제로서의 규칙에 대하여, 국어학 58, 국어학회, 61-91.

단어화

고영근(1999), 국어형태론연구, 증보판, 서울대학교 출판부.

김인균(2005), 국어의 명사 문법 I, 역락.

김창섭(1996), 국어의 단어형성과 단어구조 연구, 태학사.

노명희(2005), 현대국어 한자 연구, 태학사.

노명희(2013), 국어의 탈문법화 현상과 단어화, 국어학 67, 국어학회, 107-143.

이상욱(2004), '-음', '-기' 명사형의 단어화에 대한 연구, 석사학위논문, 서울대학교.

정한데로(2018), 통사론적 구성과 단어 형성: '통사적 합성어'와 '통사론적 구성의 단어화'를 중심으로, 어문연구 46-3, 한국어문교육연구회, 91-123.

최윤지(2008), 자립명사로 발달하는 한자어 파생접미사에 대하여, 형태론 10-2, 형태론, 319-333.

최형용(2003), 국어 단어의 형태와 통사, 태학사

제3부
단어의 유형

둘 이상의 형태소로 만들어진 복합어는 크게 '형태적 복합어'와 '통사적 복합어'로 구분된다. 결합, 대치와 같은 형태론적 원리에 따라 만들어진 '합성어'와 '파생어'는 형태적 복합어에 해당한다. 그리고 통사적 복합어는 문장 형성 원리, 즉 문장을 구성하는 통사론적 방식과 동일한 구조의 단어를 의미한다. 그밖에도 축약어, 혼성어 등 다양한 유형의 단어를 발견할 수 있다. 제3부에서는 이러한 단어들의 유형을 구체적으로 살핀다. 제6장과 제7장에서는 형태적 복합어의 두 유형인 합성어와 파생어를 각각 다룬다. 통사적 복합어와 그 밖의 유형에 대해서는 제8장에서 소개하기로 한다.

제6장
합성어

첫 번째 유형의 형태적 복합어는 바로 '합성어'이다. 이 장에서는 합성어의 하위 유형은 물론, 구성성분의 의미 관계에 따른 합성어의 특징, '내심 합성어'와 '외심 합성어'의 개념, '통합 합성어'의 특징 등을 논의할 것이다.

1. 합성어의 유형

제3장에서 언급한 바와 같이, 합성어는 둘 이상의 형태소로 구성된 복합어 중에서도 직접 구성성분이 어근으로만 이루어진 단어이다. 그 결합 향상은 다양한 방식으로 실현된다.

(1) 가. 손목, 꽃가루
나. 순댓국, 바닷바람
다. 노래방, 산딸기
라. 학교, 등산, 창문

(1가)와 (1나)는 모두 2개의 고유어가 결합하여 만들어진 합성어라는 점에서 공통적이다. (1가)의 '손목, 꽃가루'는 '손+목', '꽃+가루'와 같이 자립성을 지닌 두 단어가 구성 내에 그대로 실현된 것으로서 두 구성 성분 간 경계가 분명하게 파악된다. 반면, (1나)의 '순댓국, 바닷바람'은 '순대+ㅅ+국, 바다+ㅅ+바람'과 같이 'ㅅ'이 개재된 방식으로 합성어를 만든다는 점에서 일부 형태론적 차이가 관찰된다. 한국어에는 이렇게 합성 명사 내부에 'ㅅ' 형태가 관찰되는 경우가 있는데, 이는 이전 시기에 관형격 조사로 쓰였던 형태가 화석처럼 남은 것이다. 이때 'ㅅ'을 과연 형태소로 볼 수 있을지, 만약 형태소로 보지 않는다면 '순댓국, 바닷바람'의 직접 구성성분은 무엇으로 보아야 할지 등의 고민을 던져볼 수 있다.[1]

한편, (1다)와 (1라)는 한자어와 관련한 합성어이다. (1다)의 '노래방, 산딸기'가 '노래+방(房), 산(山)+딸기'와 같이 고유어와 한자어의 결합으로 만들어진 단어라면, (1라)의 '학교, 등산, 창문'은 '學校, 登山, 窓門'처럼 한자로만 구성된 한자어에 해당한다. 이때 (1라)의 각 한자어는 더욱 구체적으로 (2)처럼 세부 유형을 분류할 수 있다.

1 이때 'ㅅ'을 형태로 표기할 것인지의 문제는 사실상 언어학적 접근과는 별개의 규범적 차원의 문제이기도 하다. 남한은 (1나)와 같이 'ㅅ'을 표기하는 방식을 채택하고 있으나, 북한은 그렇지 않기 때문이다. 북한의 체제를 따른다면 (1나)도 '순대국, 바다바람'으로 표기하여 (1가)와 동일한 유형으로 분류될 것이다.

(2) 가. 학교(學校), 농부(農夫)
나. 등산(登山), 문법(文法)
다. 창문(窓門), 책상(冊床)

(2가)의 '학교, 농부'는 자립적이지 않은 어근 '학(學), 교(校)'와 '농(農), 부(夫)'가 각각 결합하여 만들어진 단어이지만, (2나)의 '등산, 문법'의 '등(登), 산(山)'과 '문(文), 법(法)'은 구성 내부에 자립적인 어근인 '산, 법'이 참여한 구성이라는 점에서 차이가 있다. 홀로 쓰일 수 있는 '산, 법'은 자립성을 지닌 단위, 즉 '단어'로서 직접적으로 문장 구성에 참여한다. (2다)의 '창문, 책상'은 '창(窓), 문(門), 책(冊), 상(床)'과 같이 자립적인 어근끼리 결합하여 만들어진 한자어이다. '창, 문, 책, 상'은 모두 단어의 지위를 지니기 때문이다. 이렇듯 겉보기에 유사한 2음절 한자어이지만, 각 구성에 참여하는 어근의 지위를 구체적으로 살펴보면 이들 간에 상이한 모습을 발견할 수 있다.

합성어를 만들 때 외래어를 활용하기도 한다. 이들은 ≪표준국어대사전≫에 등재되어 있을 정도로 우리에게 매우 익숙한 단어들이다.

(3) 가. 뉴스거리(news거리), 배꼽티(배꼽T), 종이컵(종이cup)
나. 고속버스(高速bus), 비닐장갑(vinyl掌匣), 테이블보(table褓), 피시방(PC房)

(3가)는 외래어와 고유어가 결합한 것으로, 외래어 '뉴스, 티, 컵'이 고유어인 '거리, 배꼽, 종이'와 어울려 하나의 합성어를 형성하였다. 한편, (3나)는 외래어와 한자어가 결합하였는데, '버스, 비닐, 테이블, 피

시'의 외래어가 '고속, 장갑, 보, 방'의 한자어와 결합하여 새로운 단어를 만든 것이다.

(4) 가. 덮밥, 접칼
나. 곱슬머리, 물렁뼈, 보슬비
다. 뾰족구두, 산들바람

한편, 명사가 아닌 구성성분이 참여한 합성 명사의 예도 살펴볼 수 있다. (4가)는 동사 '덮-, 접-'이 명사 '밥, 칼'과 결합하여 합성 명사를 형성한 경우이고, (4나)는 비자립적 어근 '곱슬, 물렁, 보슬'이 명사 '머리, 뼈, 비'와 합성하였다. (4다)는 부사 '뾰족'과 '산들'이 명사 '구두, 바람'과 결합한 결과로 합성 명사를 이루었다.

지금까지 살펴본 합성어는 모두 합성 명사, 즉 단어의 중심인 핵이 명사인 것들에 해당하는데, 그밖에도 다양한 유형의 합성어를 우리 주변에서 확인할 수 있다.

(5) 가. 본받-, 앞서-, 힘쓰-
나. 낯설-, 배부르-, 맛나-
다. 곧바로, 또다시, 잘못

(5가)는 합성 동사, (5나)는 합성 형용사, (5다)는 합성 부사의 예이다. (5가)의 '본받-, 앞서-, 힘쓰-'는 '본+받-, 앞+서-, 힘+쓰-'로 분석되는데, 이때 구성 내에 후행하는 동사 '받-, 서-, 쓰-'를 중심으로 이들을 합성 동사로 파악할 수 있다. '받-'과 마찬가지로 '본받-' 역시 문장 내에서 동사의 특징을 보이기 때문이다. 합성 형용사인 (5나)의

'낯설-(낯+설-), 배부르-(배+부르-), 맛나-(맛+나-)'에서도 후행하는 '설-, 부르-, 나-'가 형용사라는 사실이 확인된다. (5다)의 '곧바로(곧+바로), 또다시(또+다시), 잘못(잘+못)'은 모두 합성 부사에 해당하는데, 이는 부사끼리의 결합을 통해 만들어진 합성어이다.[2]

새로운 단어를 만드는 일은 인간의 언어 능력을 보여주는 가장 대표적인 사례이다. 특히 둘 이상의 언어 단위를 결합하는 방식이야말로 가장 손쉽게 새로운 단어를 만드는 방법이다. 이에 사전에 없는 단어일지라도 우리 주변에서 이러한 구성의 단어들을 자주 발견할 수 있다.

(6) 가. 낚시글, 뼈짱, 미끼정치(미끼政治), 새싹야채(새싹野菜), 부비댄스(부비dance), 육아데이(育兒day)
  나. 빡세다, 팽(烹)시키다, 무응답(無應答)하다, 선순환(善循環)하다, 매뉴얼화(menual化)하다, 다이빙(diving)하다, 크로스(cross)하다, 리뉴얼(renewal)하다, 영(young)하다, 시크(chic)하다, 임팩트(impact)하다, 마케팅(marketing)하다, 리폼(reform)하다, 펌핑(pumping)하다, 셀카(←self+camera)하다, 필(feel)이 꽂히다

(6)은 2004년, 2005년에 국립국어원에서 발표한 신어 및 사전 미등재어 목록이다. (6가)의 합성 명사는 물론이고 (6나)의 합성 동사 및 합성 형용사들도 꾸준히 만들어지고 있다는 사실을 관찰할 수 있다. 고유어만으로 구성된 단어, 한자어와 고유어가 결합한 단어, 외래어가 고유어 및 한자어와 결합한 단어 등이 폭넓게 확인된다. 이중 일부는 사람

2 '잘못'은 부사뿐만 아니라 '잘못을 고치다, 잘못을 저지르다'와 같이 명사의 용법도 보인다.

들 사이에서 계속 쓰이지 못하고 사라지지만, 또 다른 일부는 널리 수용되어 끝내 사전에 오르기도 한다.[3]

2. 구성성분의 의미 관계

합성어의 각 구성성분이 어떠한 의미적 관계를 통해 전체 단어의 의미를 구성하는지 관찰해 보자.

(7) 가. 엿장수, 바닷물, 창문(窓門), 지하상가(地下商街)
나. 논밭, 물불, 산수(山水), 춘추(春秋), 동서남북(東西南北)

(7가)의 각 합성어는 '엿을 파는 장수', '바다의 물', '창에 난 문', '지하에 있는 상가'와 같이 선행하는 구성성분이 수식 기능을 하며 후행하는 명사의 의미를 하위범주화(subcategorization)한다. '엿장수'의 경우, 다양한 유형의 '장수' 가운데 일부 영역인 '엿을 파는 장수'만으로 그 범위가 한정되기 때문이다. 합성어의 형태론적·의미론적 핵인 후행 명사를 기준으로 삼아 선행 명사가 수식의 기능을 담당하는데, 이렇듯 합성어를 구성하는 성분 중 하나가 다른 성분에 기대어 있는 방식의 합성어를 '종속 합성어(subordinate compound)'라고 한다.

한편, (7나)의 각 합성어는 선행 성분과 후행 성분 간에 이러한 의미

3 이러한 과정을 '공인화'라고 하는데, 이에 관해서는 제11장 '단어의 공인화'에서 다시 살펴보기로 한다.

관계가 드러나지 않는다. (7가)의 구성성분 간 의미 관계에서 중심이 되는 것과 주변적인 것이 구분되었지만, (7나)에서는 그러한 특징을 찾을 수 없는 것이다. 따라서 단어를 구성하는 성분 가운데 핵의 지위가 분명했던 (7가)와 달리, (7나)는 핵을 판단하기가 쉽지 않다. '논밭, 물불' 등은 '논과 밭', '물과 불'을 아울러 이르는 말로서 두 구성성분이 대등한 방식으로 결합한 것이기 때문이다. '봄과 가을', '동, 서, 남, 북'을 의미하는 한자어 '춘추, 동서남북'도 마찬가지이다. (7나)와 같은 구성의 합성어는 '대등 합성어(coordinate compound)'라고 부를 수 있다.

(7)을 통해 합성어의 유형이 크게 '종속 관계'와 '대등 관계'로 분류될 수 있다는 사실을 확인하였다면, (8)에서는 또 다른 기준에 따라 합성어의 의미적 양상을 관찰할 수 있다.

(8) 가. 떡장수, 술장수, 엿장수
나. 숯장수, 약장수, 연탄장수
다. 딱지장수, 꼴뚜기장수, 맛장수

(8)은 'X장수' 구성 유형의 합성어를 제시한 것이다. (7)의 유형 기준에 따른다면 (7가)와 같이 종속 합성어로 분류될 만한 단어들이다. (8가)에서 (8다)까지 순차적으로 이들 단어를 관찰하면서 각각의 의미를 판단해 보자. (8가)는 큰 어려움 없이 각 단어의 의미를 해석해 낼 수 있다. 각각 '떡을 파는 사람, 술을 파는 사람, 엿을 파는 사람'으로 해석되어 구성성분의 의미만으로 쉽게 전체 의미를 파악할 수 있기 때문이다. 이는 (7가)와 같은 전형적인 종속 합성어에 해당한다.

그러나 (8나)는 조금 다른 모습을 보인다. 이들이 '숯을 파는 사람, 약을 파는 사람, 연탄을 파는 사람'을 의미하기도 하지만, 그밖에도 비유적인 의미를 함께 지니고 있기 때문이다. ≪표준국어대사전≫에 이들 단어가 어떻게 기술되어 있는지 확인해 보자. '숯장수'는 또 다른 의미로 '얼굴이 검은 사람'을 비유적으로 이르기도 하고, '약장수'는 '이것저것 끌어대어 이야기를 잘하는 사람'을, '연탄장수'는 '얼굴이 검은 사람'을 놀림조로 이를 때 쓰이기도 한다.

그렇다면 (8다)는 어떠할까? 각각 '딱지, 꼴뚜기, 맛'을 파는 사람을 의미하는 것일까? 이들 역시 ≪표준국어대사전≫에 기술된 의미를 참고한다면, (8다)는 (8가), (8나)와 달리 구성성분의 의미가 명확하게 드러나지 않는다. '딱지장수'는 '역이나 정류장 주변에서 암표를 파는 사람'을 속되게 이를 때 쓰이고, '꼴뚜기장수'는 '재산이나 밑천 따위를 모두 없애고 어렵게 사는 사람'을, '맛장수'는 '아무런 멋이나 재미없이 싱거운 사람'을 비유적으로 표현한 것이다. 특히, '꼴뚜기장수'와 '맛장수'에서는 '장수'의 의미조차 드러나지 않기에 이중에서도 가장 의미 해석이 어려운 예가 아닌가 한다.

(9) 가. 물불, 밤낮, 어제오늘, 오늘내일(來日)
    나. 산수(山水), 춘추(春秋)

그렇다면 구성상 (7나)와 같은 대등 합성어로 보이는 (9)의 단어는 어떠할까? (9가)도 (8나)와 마찬가지로 투명하게 드러난 의미 외에 또 다른 의미 해석이 가능하다. '물불'이 '어려움이나 위험', '밤낮'이 '늘, 항상', '어제오늘'이 '아주 최근이나 요 며칠 사이', '오늘내일'이 '가까운 시일 안'을 의미할 수 있다는 점에서 이러한 단어의 전체 의미는 개별 구성성분의 의미 합성만으로 해석되지 않는다. (9나)의 한자어도 동일하다. '산수'가 '경치'를 의미하는 말로, '춘추'가 '어른의 나이를 높여 부르는 말'로 쓰일 때에는 구성성분만으로 의미 해석이 불가능하다. 이렇듯 구성성분의 의미만으로 포착되지 않는 의미가 관찰되는 단어는 '융합 합성어'라는 이름으로 달리 부를 수 있다.[4] 종속 합성어와 대등 합성어가 구성성분의 의미 관계를 기준으로 분류된 것이라면, 융합 합성어는 각 구성성분을 토대로 전체 복합어의 의미를 도출해 낼 수 있는가의 문제, 즉 의미론적 합성성(compositionality)을 기준으로 붙여진 것이다.

지금까지는 합성 명사를 중심으로 구성성분 간의 의미 관계를 관찰하였으나, 이러한 특징은 합성 동사, 합성 형용사에서도 유사한 방식으로 드러난다.

(10) 가. 본받-, 앞서-, 힘쓰-; 낯설-, 배부르-, 맛나-
가'. 건너오-, 굶주리-, 뛰놀-; 굳세-, 높푸르-, 옳붉-
나. 오가-; 검붉-
다. 거울삼-, 목마르-; 기차-

'명사+동사, 명사+형용사' 구성의 (10가), '동사+동사, 형용사+형용사' 구성의 (10가')는 종속 합성어의 예로서 후행하는 구성성분이 형태론적·의미론적 핵의 중심 역할을 하는 데 반해, 선행 구성성분은 핵을 수식하면서 하위 범주화하는 기능을 한다. 반면 (10나)의 대등 합성어

4 (8나), (9가)의 단어는 투명한 의미로 해석되는 경우와 그렇지 않은 경우가 모두 관찰되기 때문에, 그중 비유적인 쓰임에 한하여 융합 합성어의 특성을 보인다.

는 각 구성성분의 의미가 대등한 방식으로 나열되어 전체 의미를 구성한다. 또한 (10다)처럼 공시적으로 설명하기 어려운, 의미론적 합성성이 결여된 융합 합성어의 예도 관찰 가능하다.

3. 내심 합성어와 외심 합성어

합성어의 몇 가지 유형을 관찰하면서 우리는 형태 및 의미의 측면에서 몇 가지 특징을 발견할 수 있다. 앞서 제시한 일부 예를 다시 가져와 그 구조를 확인해 보자.

(11) 합성 명사의 형태 구조와 의미 구조

	가.	나.	다.
형태	떡장수	숯장수	꼴뚜기장수
의미	떡을 파는 사람	① 숯을 파는 사람 ② 얼굴이 검은 사람	재산이나 밑천 따위를 모두 없애고 어렵게 사는 사람
구조	[떡 + **장수**] (가능)	[숯 + **장수**] (① 가능, ② 불가능)	[꼴뚜기 + **장수**] (불가능)

(11가)의 '떡장수'는 형태와 의미가 가장 투명하게 드러나는 합성어이다. '장수' 형태가 '파는 사람'의 의미에 그대로 대응되는 특징은 구조에서도 잘 드러난다. (11나)의 '숯장수' ①번 의미에서도 '떡장수'와 같은 모

습이 관찰된다. 그러나 '숯장수'의 ②번 의미, 즉 '얼굴이 검은 사람'에서는 '숯'과 '장수'의 각 의미가 잘 드러나지 않는다는 점에서 그 구조 역시 의미론적으로 분석이 불가능하다. (11다)의 '꼴뚜기장수'는 '숯장수'의 ②번과 사정이 비슷하다. '장수'는 물론 '꼴뚜기'의 의미도 포착하기 어렵다.

구조 내부의 핵을 중심으로 위 단어들의 의미를 다시 분석한다면, '떡장수'는 '장수'의 기본 의미를 유지하지만, '꼴뚜기장수'는 '장수'의 의미를 찾을 수 없다. 즉, '장수'가 '떡장수'에서는 의미론적 핵의 역할을 하지만 '꼴뚜기장수'에서는 그렇지 못하다는 차이가 있다. 보통 이러한 차이를 근거로 전자는 '내심 합성어(endocentric compound)', 후자는 '외심 합성어(exocentric compound)'로 부르기도 한다. 그렇게 볼 때 (11나)의 '숯장수'는 ①과 ②의 의미에 따라서 내심 합성어와 외심 합성어의 쓰임을 모두 보인다고 할 수 있다.

내심 합성어와 외심 합성어를 판정하기 위해 가장 널리 쓰이는 방식은 'X는 Y이다'의 문장에 각 단어를 대입해 보는 것이다. 이는 '이다 조건(IS A Condition)'으로도 널리 알려져 있는데(Allen 1978 참고), 우리는 다음과 같이 각 문장을 만들어 명제의 진위 여부를 판단해 볼 수 있다.

(12) 가. 떡장수는 장수이다. ☞ 참
나. 숯장수는 장수이다. ☞ 참(①) 또는 거짓(②)
다. 꼴뚜기장수는 장수이다. ☞ 거짓

내심 합성어는 (12가)처럼 올바른 문장이 되지만, 외심 합성어는 (12다)처럼 거짓 문장이 되어 버린다. 이는 각 합성어의 오른쪽 구성성분이 의미론적 핵의 역할을 하고, 또 선행 구성성분이 후행 구성성분을 하위범주화하기 때문에 드러나는 특징이다. (12나)는 ①과 ②의 의미에 따라서 참과 거짓이 결정되는데, 상황을 기준으로 내심적·외심적 속성이 달리 판단된다. 이상의 결과를 앞서 언급한 합성어의 유형과 비교한다면 내심 합성어와 외심 합성어는 각각 종속 합성어와 융합 합성어에 대응한다고 볼 수 있다.

반면, 대등 합성어는 내심 합성어와 외심 합성어로서의 판단이 간단하지 않다. 합성어 의미에 각 구성성분의 의미가 모두 포함되어 있기에 언뜻 보아 내심 합성어로 볼 여지가 있지만, 또 한편으로는 의미론적 핵이 명확하지 않다는 점에서 일반적인 내심 합성어로 보기도 어렵다. (12)와 같이 '이다 조건'을 적용해 보더라도 참과 거짓으로 분명하게 구분하기가 쉽지 않은 듯하다. 가령 '논밭'(논과 밭을 아울러 이르는 말)의 경우, '논밭은 밭이다.'라는 명제는 완전한 참이라고, 또는 완전한 거짓이라고 할 수 없다. 그렇다고 해서 외심 합성어라고 단정 짓기에도 어려움이 있다. '논밭'에 '밭'의 의미가 분명 포함되기 때문이다.

(13) 가. daytime(주간), handbag(손가방), wheelchair(휠체어)
나. windbag(① 공기 주머니, ② 수다쟁이)
다. birdbrain(바보), honeymoon(신혼여행), loudmouth(허풍쟁이), redcoat(영국 군인), whitecap(① 흰 파도, ② 흰 모자를 쓴 사람)

내심 합성어와 외심 합성어는 영어에서도 흔히 관찰된다. (13가)는 전형적인 내심 합성어에 해당하는 반면, (13다)는 외심 합성어로 분류된다. (12)처럼 '이다 조건'을 대입해 보았을 때에 (13가)의 단어는 모두 (12가)와 같이 참인 문장임을 알 수 있다. 그러나 (13다)의 경우에 'birdbrain'은 'brain'이 아니며, 'honeymoon'은 'moon'이 아니라는 점에서 모두 '이다 조건'을 충족하지 못한다. 한편 (13나)의 'windbag'은 (11나)의 '숯장수'와 마찬가지로 내심적 속성(① 공기 주머니)과 외심적 속성(② 수다쟁이)이 동시에 나타난다.

이상의 특징은 합성 동사와 합성 형용사에서도 동일하게 관찰되는 사실이다.

(14) 합성 동사와 합성 형용사의 형태 구조와 의미 구조

	가.		나.	
형태	앞서-	배부르-	거울삼-	기차-
의미	앞에 서다.	배가 부르다.	남의 일이나 지나간 일을 보아 본받거나 경계하다.	말할 수 없을 만큼 좋거나 훌륭하다.
구조	[앞 + **서**-] (가능)	[배 + **부르**-] (가능)	[거울 + **삼**-] (불가능)	[기 + **차**-] (불가능)

(14가)의 합성 동사와 합성 형용사는 각 형태와 의미 구조를 그대로 포착할 수 있는 데 반해, (14나)의 합성 동사와 합성 형용사는 해당 의미가 명확한 구조로 분석되지 않는다. 이들은 (11다)와 (13다)의 한국어, 영어 합성 명사처럼 외심 합성어로 분류될 수 있다.

4. 통합 합성어

셋 이상의 형태소가 결합한 다음 단어들을 관찰해 보자.

(15) 가. 갈림길, 깎기끌, 접이책
　　나. 몸놀림, 줄넘기, 해돋이

언뜻 유사해 보이는 이들 단어의 내부 구조를 들여다보면 (15가)와 (15나) 사이에서 분명한 차이점을 발견하게 된다. (15가)는 [갈리-+-ㅁ+길], 즉 [동사+접사+명사]([V+af+N])로 구성된 단어인 반면, (15나)는 [줄+넘+-기]의 [명사+동사+접사]([N+V+af])의 구조라는 점에서 동사(V)와 명사(N)의 분포상 차이가 있다.[5] 더 구체적으로 따져 본다면 (15가)는 [[동사+접사]+명사]([[V+af]+N])로 어렵지 않게 구조 분석이 가능하다. (15가)에서 [접사+명사]의 구성이 먼저 만들어질 가능성은 없기에, 이때의 접사는 반드시 선행하는 동사와 먼저 결합해야 하기 때문이다.

그렇다면 (15나)의 '줄넘기'를 직접 구성성분(IC)으로 분석했을 때에는 어떠한 결과를 기대할 수 있을까? '갈림길'에 비하면 '줄넘기'의 내부 구조는 다소 복잡한 문제를 안고 있다. 모두 두 가지 방법이 가능하다. 하나는 [[줄+넘-]+-기]], 즉 [[N+V]+af]의 구조를 상정하는 것이고, 다른 하나는 [줄+[넘-+-기]], 즉 [N+[V+af]]의 구조로 분석하는 것이다.

5 여기서의 'af'는 'affix(접사)'를 의미한다. 이 책에서는 설명의 편의를 위해 이들 단어 구성 내부의 '-이, -기, -음' 형식을 접사로 기술하였으나, 사실상 연구자들의 시각에 따라서 이는 '접사'(송철의 1992, 하치근 1989)뿐만 아니라, '어미'(시정곤 1998, 송원용 1998 등), '어근형성전용요소'(채현식 2003)로 달리 설명되기도 한다.

(16) '갈림길, 줄넘기'의 구조

가.

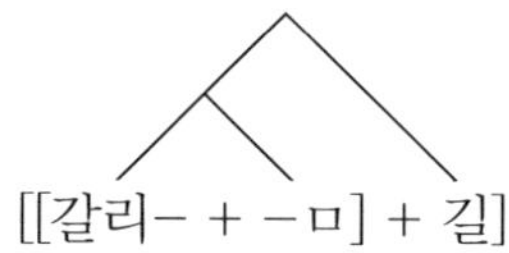

나.

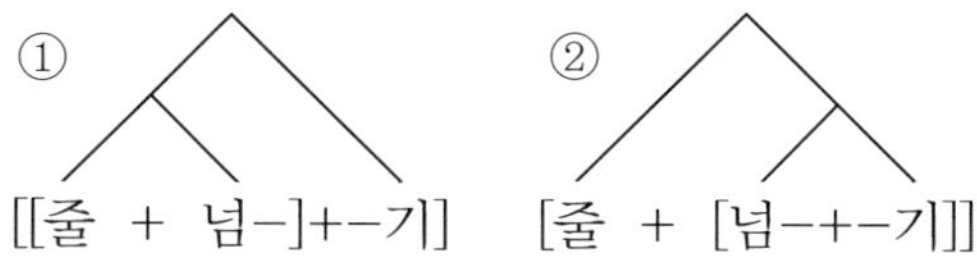

이상의 각 단어 구조는 위와 같이 도식화할 수 있다. (16가)의 '갈림길'은 [[갈리−+−ㅁ]+길] 하나의 구조만이 가능하다는 점에서, 직접 구성분 분석의 결과로 파생 명사 [갈리−+−ㅁ]$_N$과 명사 [길]$_N$이 결합한 합성 명사로 파악된다.

반면에 두 가지 구조, 즉 [[줄+넘−]+−기]와 [줄+[넘−+−기]]를 모두 허용하는 '줄넘기'는 각 구조에 따라서 단어의 지위가 달리 분석된다. (16나)의 '줄넘기' ①은 구조적으로 '갈림길'과 동일한 모습이다. 선행하는 두 형태소의 결합 이후에 가장 오른쪽 구성성분이 마지막으로 결합하였기 때문이다. 이에 비하면 (16나)의 '줄넘기' ②는 후행하는 두 형태소가 먼저 결합한 후에 가장 왼쪽 구성성분이 마지막으로 결합한 구조이기에 앞의 두 구조와 차이가 있다. ①의 구조는 합성 동사 [줄+넘−]$_V$의 형성 이후에 접사 '−기'를 결합하였다는 점에서 최종적으로는 파생 명사의 분석을 취한 것이다. 반면 ②는 파생 명사 [넘−+−기]$_N$를 먼저 형성하고 난 후, 선행 명사 [줄]$_N$을 결합하였으므로 직접 구성성분 분석 결과 합성 명사를 만들어 낸다. (16)에 제시된 구조는 '줄넘기'

의 ①과 '갈림길'이 동일한 모습을 하고 있지만, 직접 구성성분 분석의 결과는 '줄넘기'의 ②가 '갈림길'과 동일한 합성 명사라는 사실을 발견할 수 있다.

'줄넘기'를 포함한 (15나)의 단어들은 모두 [N+V+af]의 방식으로 구성되는데, 이러한 구조의 단어들을 가리켜 '통합 합성어(synthetic compound)' 또는 '동사성 합성어(verbal compound)'라고 부른다.[6] 이러한 통합 합성어는 구성성분 간 의미 관계에 따라서 더욱 구체적인 세부 유형을 나눌 수도 있다.

(17) 가. 해돋이, 해넘이, 눈짓물이
나. 고기잡이, 구두닦이, 재떨이
다. 가을걷이, 목걸이, 소금구이

[N+V+af]의 세 구성성분 가운데 N과 V는 특정한 의미 관계를 지닌다. 문장 성분에 대입한다면 '주어-서술어' 관계, '목적어-서술어' 관계, '부사어-서술어' 관계 등으로 분석될 수 있다. 이러한 '논항 관계'를 통해 의미 해석상 각각의 명사(N)가 어떠한 의미적 역할을 하고 있는지 살펴보자. (17가) '해돋이'의 '해'는 '해가 돋-'과 같이 서술어 '돋-'에 대한 행위주(agent)로 해석되는 데 반해, (17나) '고기잡이'의 '고기'는 '고기를 잡-'처럼 서술어 '잡-'의 대상(theme)으로 볼 수 있다. (17다) '가

6 이들을 '합성어(compound)'라고 부른다는 것은 앞서 설명한 두 가지 구조 분석 가능성 가운데 후자의 방식을 취한 것이라고 이해할 수도 있다. 엄밀히 말하면 이들 단어를 파생어로 볼지 아니면 합성어로 볼지에 따라서 용어도 달리 선택되어야 할 것이지만, 이 책에서 우리는 널리 쓰이고 있는 방식을 따라 '통합 합성어'라고 부를 것이다. 그러나 이 용어의 타당성에 대해서는 더 고민해 볼 필요가 있다.

을걷이'의 '가을'은 시간을, '목걸이'의 '목'은 목표 지점을, '소금구이'의 '소금'은 방법을 드러낸다는 점에서 마치 문장 내 부사어와 같은 다양한 의미 역할(thematic role)을 담당한다.

다시 이들 단어의 구조 분석 방식에 관해 논의해 보기로 하자. (16나)의 ①과 ②, 즉 파생 명사와 합성 명사의 상이한 결과 가운데 어떠한 분석 방식이 더 타당하다고 할 수 있을까? 많은 연구자들이 이 두 구조를 놓고 첨예하게 대립하며 많은 논쟁을 벌였다. 그중 (17)에서 드러난 구성성분의 의미 관계는 두 입장 가운데 전자를 뒷받침하는 근거로 활용되었다. 선행하는 명사와 후행하는 동사 간의 긴밀한 논항 관계는 이 두 요소가 먼저 결합하기에 포착된 결과이며, 이후 해당 합성 동사에 접사가 결합하여 최종적으로 (17)의 단어를 만들었다고 파악한 것이다.

반면, 후자의 입장에 선 연구자들은 (17)의 다양한 논항 관계를 인정하면서도 '논항 전수(argument inheritance)'의 관점에서 이를 해석하고자 하였다. 동사 '넘-'이 지니고 있던 속성이 파생 명사 '넘기'에 그대로 전수됨으로써 결과적으로 명사 '줄'과 파생 명사 '넘기' 간에 논항 관계를 그대로 포착해 낼 수 있다는 것이다. 특히, 이러한 입장에서는 (17다)의 단어들이 주목되는데, 의미상 동사 '걷-, 걸-, 굽-'의 목적어에 해당하는 명사가 아닌 '가을, 목, 소금'이 결합한 점이 특징적이다. 타동사에 필수적으로 등장할 만한 명사 없이 오히려 부가적인 명사가 해당 자리를 차지했다는 사실에서 (16나)의 ①처럼 논항 관계만으로는 이들 단어의 결합 양상을 설명하기 어렵다는 점이 강조된 것이다.

(18) 가. 군중집회, 동족결혼; 교생 실습, 학생 운동, 남북 대화

나. 글공부, 자아비판; 국어 교육, 천지 창조
다. 기말시험, 배낭여행, 무료입장, 중간발표; 가정 교육, 권력 투쟁, 국제 경기

일반적으로 한국어에서 서술성 명사가 참여한 합성 명사나 명사구의 경우도 (18)처럼 선행 성분과 후행 성분 간에 '주어-서술어', '목적어-서술어', '부사어-서술어' 관계가 파악된다. (16나)의 ② 입장에서는 논항 전수와 더불어 (18)과 같은 방식으로 [명사+파생 명사]의 두 구성 성분이 논항 관계를 지닌다고 해석 가능할 것이다.

(19) 가. truck-driver, dish-washer, meat-eater
나. fast-acting, hand-written, pan-fried

통합 합성어는 영어에서도 동일하게 관찰할 수 있다. truck-driver를 (16나)의 ①처럼 [[truck+drive]+-er]로 분석할 것인지, 아니면 (16나)의 ②처럼 [truck+[drive+-er]]로 분석할 것인지 두 가능성이 있다. 이들 역시 선행 명사와 후행 동사 사이에서 다양한 의미 관계가 포착된다. (19가)는 명사가 목적어의 역할을 하는 데 반해, (19나)는 부사어의 역할을 하는 것들이다.

(20) 가. 몸놀리-, 줄넘-, 해돋-
나. 놀림, 넘기, 돋이

[명사+동사+접사]([N+V+af]) 복합어 내부에서 관찰 가능한 [N+V] 구성(20가)은 물론이고 [V+af] 구성(20나)도 자립적인 단위로 쓰이지 않

는 경우가 대부분이다. 만약 (20)의 단어 중 일부가 사전 표제어로 등재되어 있다면 이러한 논쟁은 불필요할지 모른다. 일부 연구에서는 (20)의 복합 구성을 '잠재어(potential word)'라고 부르기도 한다. 다만 여기서의 '잠재'는 사전 등재 여부, 공인화 여부를 기준으로 논의되어 왔다는 점에 주목할 필요가 있다. 그러나 사회적 차원의 공인화 여부와 상관없이 (20)의 각 단어는 [N+V]와 [V+af]의 결합을 통해 한국어 화자라면 누구나 만들 수 있을 만한 구성이라고 판단된다. 따라서 (20) 단어들의 실재성은 의심할 여지가 없는바 이때의 '잠재' 개념을 '실재'와 대립된, 가상의 범주로 이해할 필요는 없다.

참고문헌

합성어의 유형

고영근·구본관(2008), 우리말 문법론, 집문당.
구본관·박재연·이선웅·이진호·황선엽(2015), 한국어 문법 총론, 집문당.
김계곤(1996), 현대 국어의 조어법 연구, 박이정.
김일병(2000), 국어 합성어 연구: 국어단어 형성론에 대한 기술을 체계화하기 위한, 역락.

구성성분의 의미 관계

김계곤(1996), 현대 국어의 조어법 연구, 박이정.
김인균(2005), 국어의 명사 문법 1, 역락.
김창섭(1996), 국어의 단어형성과 단어구조 연구, 태학사.
최경봉(1998), 국어명사의 의미연구, 태학사.
최경봉(2015), 어휘의미론: 의미의 존재 양식과 실현 양상에 대한 탐구, 한국문화사.
최현배(1937/1971), 우리말본, 네번째 고침, 정음사.

내심 합성어와 외심 합성어

전상범(1995), 형태론, 한신문화사.
정한데로(2015), 한국어 등재소의 형성과 변화, 태학사.
최형용(2016), 한국어 형태론, 역락.
Allen, M.(1978), Morphological Investigations, Ph.D. dissertation, University of Connecticut.

통합 합성어

김창섭(1983), '줄넘기'와 '갈림길'형 합성명사에 대하여, 국어학 12, 국어학회, 73-99.

송원용(1998), 활용형의 단어형성 참여 방식에 대한 연구, 석사학위논문, 서울대학교.

송철의(1992), 국어의 파생어형성 연구, 태학사.

시정곤(1998), 국어의 단어형성 원리, 수정판, 한국문화사.

연재훈(1986), 한국어 '동사성명사 합성어'(verbal noun compound)의 조어법과 의미 연구, 석사학위논문, 서울대학교.

연재훈(2001), 이른바 '고기잡이'류 통합합성어의 단어형성에 대한 문제, 형태론 3-2, 형태론, 333-343.

이재인(1991), 파생접미사의 기술을 위한 한 방안: '-이, -음, -기'를 중심으로, 석정 이승욱선생 회갑기념논총, 석정 이승욱 선생 회갑기념논총간행위원회, 295-314.

이재인(1995), 국어 잠재어에 대한 고찰, 배달말 20, 배달말학회, 51-80.

전상범(1995), 형태론, 한신문화사.

채현식(2002), '고기잡이'류 복합명사의 형성 문제에 대하여, 형태론 4-1, 형태론, 143-152.

채현식(2003), 대치에 의한 단어 형성, 형태론 5-1, 형태론, 1-21.

하치근(1989), 국어 파생형태론, 남명문화사.

황화상(2009), 잠재어와 접사: '갈림길'형 복합명사를 중심으로, 한말연구 25, 한말학회, 377-398.

제7장
파생어

앞서 살펴 본 합성어와 함께 형태적 복합어를 이루는 또 다른 유형은 바로 '파생어'이다. 이 장에서는 파생어의 하위 유형에는 어떠한 것이 있는지, 그리고 파생어를 구성하는 접사는 어떠한 방식으로 형성되는지 살필 것이다. 아울러 파생어 형성과 관련하여 널리 다루어져 온 두 개념, '생산성'과 '저지'에 대해서도 논의해 보고자 한다.

1. 파생어의 유형

'파생어'는 직접 구성성분이 어근과 접사로 구성된 복합어를 뜻한다. 앞 장에서 논의한 합성어의 직접 구성성분이 어근으로만 이루어진 것과 달리 파생어는 접사가 참여한 구성이라는 점이 가장 큰 특징이다.

(1) 가. 날벼락, 맨손, 풋사과
나. 되감다, 짓밟다; 새빨갛다, 시뻘겋다
다. 덧버선, 덧신, 헛고생, 헛소문; 덧대다, 덧붙이다, 헛디디다, 헛살다

(1가)의 '날-, 맨-, 풋-'은 모두 접두사로서 후행하는 명사 어근에 덧붙어 특정한 의미를 더한다. (1나)의 '되-, 짓-', '새-, 시-'도 이와 유사하게 동사 및 형용사 어간 앞에 덧붙어 의미를 추가한다. (1다)의 '덧-, 헛-'과 같이 명사 어근뿐만 아니라 동사 어근과도 결합 가능한 접두사의 예가 있다. 다만 이러한 모습이 관찰되는 접두사는 그리 많지 않다. 대부분은 (1가), (1나)처럼 각각 명사 또는 동사와 형용사 어간에 한정하여 결합한다.

(2) 가. 나무꾼, 부채질, 잠꾸러기, 겁쟁이, 흙투성이
나. 지우개, 오줌싸개; 길이, 깊이, 크기, 밝기
다. 꾀보, 잠보, 털보; 먹보, 울보, 째보

(2)와 같이 어근 뒤에 덧붙어 특정한 의미를 더하는 접미사의 예도 관찰된다. (2가)의 각 접미사 '-꾼, -질, -꾸러기, -쟁이, -투성이'는 명사와 결합하는 데 반해, (2나)는 동사 또는 형용사 어간에 접미사 '-개, -이, -기'가 결합한다. 그중 '길이, 깊이, 크기, 밝기'는 척도 명사를 파생한 경우이다. 흥미롭게도 (2다)의 '-보'는 '꾀, 잠, 털'과 같은 명사뿐만 아니라 '먹-, 울-, 째-'와 같은 동사 어간과도 결합하는데, 이는 (1다)에서 관찰한 '덧-, 헛-'과 유사하다고 할 수 있다.

(3) 가. 반작용(反作用), 불가능(不可能), 신세대(新世代), 친형제(親兄弟)
나. 건축가(建築家), 봉사심(奉仕心), 애국자(愛國者), 자동화(自動化)

한편, (3)은 한자어 접두사 및 접미사의 예이다. (3가)의 '반(反)-, 불(不)-, 신(新)-, 친(親)-'은 각각 후행하는 어근에 덧붙어 일정한 의미를 부가한다. 반면에 (3나)의 '-가(家), -심(心), -자(者), -화(化)'는 선행 어근에 덧붙는 방식으로 의미를 더한다. 이러한 한자어 접두사와 접미사는 매우 활발하게 새로운 파생어를 형성한다. 사전에 등재되어 있지 않은 단어라 할지라도 단어 형성의 동기만 주어진다면 누구나 쉽게 이들 접사와 어근을 결합하여 새로운 단어를 만들 수 있다.

(4) 가. 놀이, 웃음, 줄넘기
나. 때밀이, 양치기
다. 먹이, 얼음, 돋보기

(4)는 동사 어근에 '-이, -음, -기'의 다양한 접사가 결합한 파생어로서, (4가)는 '행위', (4나)는 '사람', (4다)는 '사물'과 관련한 단어로 분류 가능하다.[1] 앞선 접사들이 '행위'(-질)나 '사람'(-꾼, -쟁이, -보), '사물'(-개)의 일정한 의미를 고정적으로 드러낸 것과 달리 (4)는 동일한 형태의 접사가 결합하여 '행위, 사람, 사물'의 다양한 결과물을 만들어 낸다. 이때 '-음, -기'는 어미로 쓰일 때에도 그 형태가 동일하다는 점에서 과연 (4)의 '-음, -기'를 접사로 볼 것인가에 관한 논쟁도 한때 이루

1 '-음'이 결합한 사람 관련 명사는 쉽게 확인되지 않는다. 다만 '사람'이 역사적으로 '살-+-옴'(사롬) 구성에서 기원하였다는 점에서 이를 관련 단어로 볼 가능성도 있다.

어진 바 있다.[2]

(5) 가. 고기잡이, 총잡이; 감옥살이, 셋방살이; 금붙이, 피붙이
나. 간판장이, 양복장이; 문지기, 산지기; 시골내기, 신출내기

(5가)의 '-잡이, -살이, -붙이'와 같이 [V+-이] 구성이 하나의 접미사처럼 쓰이는 예도 확인된다. 접미사 '-이'를 포함한 [V+-이] 구성이 다시 접미사의 지위를 지니게 된 것이다. [X+잡이], [X+살이], [X+붙이]와 같은 유형의 단어가 다수 형성된 이후 이들 단어 간의 계열관계를 통해 후행하는 [V+-이] 구성이 단일한 접미사의 지위로 변화한 것으로 볼 수 있다. 이러한 예는 (5나)에서도 확인되는데, 다만 이들은 (5가)와 비교할 때에 그 구성의 내부 구조를 분석하기가 쉽지 않다. '-장이'는 '장(匠)+-이', '-지기'는 '직(直)+-이', '-내기'는 '나-+-기'에서 기원하였는데, 이 역시 특정 어휘 형태소와 기존 접미사 '-이, -기'의 결합을 통해 새로운 접미사를 형성한 것이다.

(6) 잠을 자다, 꿈을 꾸다, 춤을 추다, 걸음을 걷다

일부 파생 명사는 (6)과 같이 서술어와 목적어가 쌍을 이룬다. '잠(자-+-ㅁ)을 자다'와 같이 각 동사에 접미사 '-음'을 결합하여 만든 파생 명사(잠, 꿈, 춤, 걸음)가 관련 동사(자다, 꾸다, 추다, 걷다)와 함께 쓰일 수 있는 것이다. 이때의 '잠, 꿈, 춤, 걸음'을 가리켜 '동족목적어(同族目

2 이와 관련해서는 송철의(1992), 시정곤(1998, 1999), 하치근(1999) 등을 참고할 수 있다.

的語)'라고 부른다.

(7) 가. 글썽거리다, 머뭇대다, 반짝이다; 먹이다, 잡히다
나. 어른스럽다, 자유롭다, 정답다; 높다랗다
다. 높이, 멀리, 고이; 조용히, 영원히; 자주

합성어와 마찬가지로 파생어도 그 결과물이 어떠한 품사 범주를 지니는가에 따라서 '파생 동사, 파생 형용사, 파생 부사'의 유형이 세분화된다. 파생 동사인 (7가)는 부사 또는 비자립적 어근과 접미사 '-거리-, -대-, -이-'가 결합하여 동사를 형성한 예, 동사 어근에 '-이-, -히-' 같은 사동·피동 접미사가 덧붙어 사동사와 피동사를 형성한 예이다.[3] (7나)는 파생 형용사로서 명사 어근과 접미사 '-스럽-, -롭-, -답-'이 결합한 예, 형용사 어근과 접미사 '-다랗-'이 결합한 예에 해당한다. 파생 부사인 (7다)는 접미사 '-이, -히' 또는 '-오'(자주<ᄌᆞ조(←ᄌᆞᆽ-+-오))가 결합하여 다양한 유형의 부사를 형성하였다.

(8) 가. 노래하다, 연구(硏究)하다, 쇼핑(shopping)하다
나. 고요하다, 간단(簡單)하다, 타이트(tight)하다

(8)처럼 접미사 '-하-'가 결합한 예도 다수 발견되는데, 파생 동사(8가)와 파생 형용사(8나)가 두루 만들어질 수 있다. 고유어와 한자어는 물론이고 외래어도 활발하게 어근으로서 단어 형성에 참여한다. '노래

3 '글썽거리다, 글썽대다, 글썽이다, 글썽하다'처럼 동일한 어근이 '-거리-, -대-, -이-, -하-' 접사와 모두 결합하는 경우도 있다.

를 하다, 연구를 하다, 쇼핑을 하다'처럼 동사로 쓰인 '하–'와의 관련성도 따져 볼 수 있다.

2. 접사의 형성

접사는 어떻게 만들어질까? 접두사 '헛–'과 접미사 '–꾼'이 어느 날 갑자기 한국어 표현으로 등장하였을까? 계열관계에 있는 단어들이 활발히 형성되기 이전의 최초 단계에도 과연 '헛–'과 '–꾼'이 지금처럼 접사로서의 위상을 지니고 있었을까? 이 절에서는 이러한 물음의 답을 고민해 볼 것이다. 먼저 다음 파생어의 예를 살펴보기로 하자.

(9) [X–꾼] 파생어
  가. 상두꾼: = 상여꾼(상여를 메는 사람)
  나. 노름꾼: 노름을 일삼는 사람
  다. 장꾼: 장에서 물건을 사고파는 사람. 또는 그 무리
  라. 누리꾼: 사이버 공간에서 활동하는 사람 = 네티즌

(9)는 모두 [X–꾼] 구성의 예를 가져온 것으로 이들은 공시적 관점에서 모두 접미사 '–꾼'이 결합한 파생어로 분석된다. 그러나 이들 단어가 문헌에 등장하는 이전 모습을 관찰해 보면 특이한 모습을 확인할 수 있다.

(10) 가. 샹도ㅅ군: 扛擡軍 샹도ㅅ군 〈역어유해(1775) 28a〉
  나. 노롬군: 노롬군 耍軍 〈한불자전(1880) 290〉

다. 장ᄭᅮᆫ: 문밧게 나오랴닛가 <u>장ᄭᅮᆫ</u>들이 와글와글한다 〈靑春(1927) 77〉

라. 누리꾼: <u>누리꾼</u>이 참여하여 좋은 의견을 올려 주었다. 〈한겨레 2004.10.5.〉

(9)의 각 단어가 '샹도ㅅ군, 노롬군, 장ᄭᅮᆫ, 누리꾼'의 형태로 관찰된다는 사실에서 오늘날 '–꾼'이 역사적으로 다양한 변화를 거쳤음을 짐작할 수 있다. 비교적 최근의 '누리꾼' 정도만이 지금과 같은 형태를 보일 뿐이다. 흥미로운 점은 (10가), (10나)에 병기된 것처럼 '군'의 형태가 한자 '軍'에서 기원하였다는 사실이다. 이때의 '군'은 오늘날과 달리 어근으로서 구성에 참여한 것이다. 특히 (10가)는 구성 내 'ㅅ'에서 알 수 있듯이 한때 관형격 조사였던 '–ㅅ'이 관여한 통사적 구성으로 판단된다. 당시의 관점에서 볼 때 이는 통사론적 구성, 또는 통사론적 구성이 단어화한 결과물인 것이다. 이렇게 본다면, 지금의 [X–꾼] 파생어는 이전 시기 [X+軍] 합성어 또는 'Xㅅ 軍'의 통사론적 구성에서 비롯한다.

이상의 사실, 즉 형성 초기에는 합성 명사나 통사론적 구성이었지만 오늘날 파생 명사로 분류되는 단어들이 시사하는 언어학적 의미는 과연 무엇일까? 여기서 우리는 (9)처럼 다수의 계열관계를 보이는 단어군에서 그 단서를 찾을 수 있다.

복합어가 등재부(어휘부)에 어떠한 방식으로 실재할지에 관한 물음을 놓고, 많은 연구자들의 고민이 있었다. 최근 대다수의 연구자들은 복합어가 단일한 하나의 단위(등재소)로 등재부에 저장되어 있다고 본다. 복합어의 형태론적 구조가 투명하게 분석되더라도 등재 차원에서는 복합어 전체가 하나의 덩어리로 기억된다는 것이다. 그리고 각각의 복합어는 다른 단어와 단절된 방식으로 등재부에 실재하는 것이 아니라, 등재부에 저장된 무수한 단어들과 어휘적 관련성(lexical relatedness)을 맺고 있다고 본다. 복잡하게 얽힌 어휘적 연결망(network)을 통해 서로 긴밀하게 연결되어 있다고 파악하는 것이다. 이때 각 단어들의 연결망은 통합관계와 계열관계를 토대로 한다.

(11) 가. 귤나무, 배나무, 사과나무
　　나. 귤나무, 귤껍질, 귤꽃, 귤잎

(11)의 단어들은 각각 독립된 단위, 즉 등재부 내에 독자적인 등재소로서의 지위를 지니지만 그 관계에 있어서는 상호 밀접하게 연결되어 있다. (11가)는 [X나무]의 단어틀에 기초하여 계열관계를 이루고 있는 것들이다. 반면, (11나)는 [귤X]의 단어틀을 기준으로 계열관계를 이룬다. 각 단어가 맺고 있는 계열관계의 기준은 (11가)와 (11나) 사이에 차이가 있지만, 이들 단어는 모두 하나의 단어족(word family)으로 묶일 수 있다. 그리고 그 양상은 다음과 같이 도식화해 볼 수 있다.

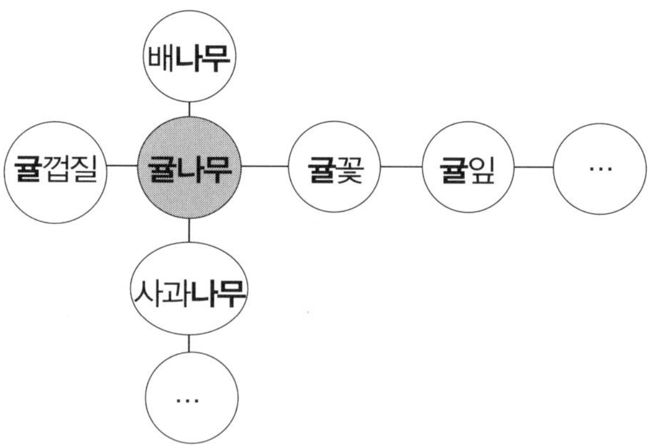

〈그림 1〉 '귤나무'의 등재부 연결망

등재부 내 '귤나무'가 종횡으로 맺고 있는 계열관계 내에서 가장 핵심이 되는 기준은 '귤'과 '나무' 각각이다. 가로로는 선행 성분 '귤'이 축이 되어 [귤X]의 단어가 무수히 형성 가능하며, 세로로는 후행 성분 '나무'가 축이 되어 [X나무]의 단어가 만들어질 수 있다. 이러한 과정이 지속적으로 축적된다면 계열관계의 기준이 되었던 각 구성성분은 높은 생산성을 지니며, 마치 접사와 같은 쓰임을 보이게 된다. 그 과정에서 형태적·의미적 변화까지 겪어 기존 어근과 일정 부분 차이를 보인다면 접사로서의 지위는 더욱 공고해진다.

(10)에서 우리는 초기 '軍'에서 시작하여 '꾼, 꾼'으로의 형태 변화, 그리고 다양한 부가 의미 획득을 통한 의미 변화 과정을 거치며 접미사 '-꾼'이 탄생한 사실을 확인하였다. 그리고 한국어 접사에서 이러한 과정은 폭넓게 관찰된다.[4]

(12) 가. 웃돈, 웃어른; 풋고추, 풋사랑; 헛고생, 헛디디다
　　나. 개꿈, 개죽음; 돌미역, 돌배; 들비둘기, 들소

(12가)의 접두사 '웃-, 풋-, 헛-'은 모두 어근 '웋[上], 풀, 허(虛)'와 관련이 있다. 이들 단어를 중심으로 맺어진 [웋+-ㅅ X], [풀+-ㅅ X], [허+-ㅅ X]의 '단어틀(word schema)'이 일정한 형태 변화를 거쳐 [웃X], [풋X], [헛X]의 계열관계로 굳어진 후, 각각의 접두사 '웃-, 풋-, 헛-'이 탄생하게 되었다.[5] 초기 형성의 결과물이 오랜 시간에 걸쳐 파생으

4　이러한 접사의 형성은 또 다른 시각에서 '분석에 의한 변화'로도 이해된다. 이에 관한 설명은 제10장 '단어의 변화'에서 다시 살펴볼 것이다.

5　'ㅅ'이 관형격 조사로 쓰였던 이전 시기의 언어적 현실을 고려한다면, [웋+-ㅅ

로 변화한 것이다. (12가)가 형태 변화에 따른 접사의 형성을 보여준다면, (12나)는 의미 변화에 따른 접사의 형성에 해당한다. 접두사 '개-, 돌-, 들-'은 각각 '헛된, 쓸데없는', '품질이 떨어지는', '야생으로 자라는'의 뜻을 더하는데 이들 단어 역시 각각의 어근 '개, 돌, 들'이 참여한 [개X], [돌X], [들X] 합성어의 계열관계를 통해 얻어진 새로운 의미이다. 이러한 각 접두사의 의미로 인해 현재 (12나)는 합성어가 아닌 파생어로 분석된다.

(12)의 접두사처럼 접미사에서도 동일한 현상이 두루 관찰된다. 앞서 확인한 '-꾼' 외의 다른 단어들을 확인해 보자.

(13) 가. 장난꾸러기, 욕심꾸러기; 악착빼기, 코빼기; 둘째, 몇째
나. 고물딱지, 심술딱지; 안달머리, 주책머리; 고생바가지, 욕바가지

접미사 '-꾸러기, -빼기, -째'는 모두 이전 시기의 어근 '구러기(구럭+-이), 박이(박+-이), 자히'와 깊은 연관이 있다. 이들 형태가 참여한 [X+-ㅅ+구러기], [X+-ㅅ+박이], [X+-ㅅ+자히]의 구성이 다수의 관련 복합어를 형성한 후, [X+꾸러기], [X+빼기], [X+째]로 새롭게 분석되었다. 그 결과, 접미사 '-꾸러기, -빼기, -째'로 지금의 지위에 이르렀다. (13나)의 '-딱지, -머리, -바가지' 등은 (12나)와 마찬가지로 새로운 의미를 얻으며 접미사가 된 것이다. 이들 역시 관련 단어 간의 계열관계를 통해 특정한 의미를 획득한 결과 현재의 상태에 이르렀다.

+X], [풀+-ㅅ+X], [허+-ㅅ+X]는 '웋ㅅ X, 풀ㅅ X, 허ㅅ X'와 같은 통사적 구성에서 시작하였을 것이다.

'-꾼, -꾸러기' 등의 접미사는 지금의 모습과 기원 형식 간에 형태적 차이가 크기에 둘 사이의 관련성을 포착하기가 쉽지 않지만, 앞서 살펴본 접미사 '-잡이, -살이'는 동사 '잡-, 살-'이 명확하게 분석된다는 점에서 차이가 있다. ≪표준국어대사전≫에 '-잡이, -살이'가 접미사로 등재된 것은 이들의 내부 구조가 투명하게 분석 가능함에도 불구하고 [X잡이], [X살이]의 계열관계가 뚜렷하게 드러나기 때문에, 그리고 선행하는 X의 유형이 다양하게 포착되기 때문에 그러한 언어 현실을 사전에 반영한 결과일 것이다. 일부 연구에서는 이때의 '-잡이, -살이'를 '준접미사'로 부르기도 한다.

(14) 가. 늦공부, 늦가을, 늦더위
　　 나. 처남댁, 철수댁, 안성댁

(14가)는 접두사 '늦-'이, (14나)는 접미사 '-댁'이 결합한 파생어이다. 일단 ≪표준국어대사전≫에 '늦-'과 '-댁'이 모두 접사로 등재되어 있다는 사실을 토대로 이들을 파생어로 볼 수 있을 것이다. 그런데 이들 단어는 언뜻 보기에 동사 '늦-'과 명사 '댁'이 결합한 '동사+명사', '명사+명사' 구성의 합성어로 볼 가능성도 있다. 의미적 차원에서도 각 접사('늦-, -댁')의 의미가 해당 동사('늦-')와 명사('댁')의 의미와 상당히 긴밀하다는 점에서 이들을 파생어로 볼 것인지, 아니면 합성어로 볼 것인지 연구자마다 이견이 있을 법하다. (14) 역시 초기에는 동사 '늦-'과 명사 '댁'을 기준으로 계열관계에 있는 다양한 합성어가 만들어졌을 것이다. 이후, 이들 간의 어휘적 연결망 안에서 관련 단어들의 기준 성분이

되는 '늦-'과 '댁'이 특정 의미를 지닌 접사로 분석되었을 것이며, 이러한 중간 과정을 거쳐 오늘날 접두사 '늦-'과 접미사 '-댁'이 사전에 등재된 것으로 파악 가능하다.

그렇다면 '노래방, 빨래방, 게임방, 비디오방' 등의 '방' 역시 접사로 인정할 법하다. 이들 단어에 공통적으로 포함되어 있는 '가게, 상점'의 의미를 중심으로 명사 '방(房)'과 독립된 수준의 접사 '-방'을 사전에 등재할 수도 있을 것이다. 다만 어떠한 기준에 근거하여 이들을 접사 범주로까지 명확히 분류해 낼 것인지는 구체적인 논의가 필요하다.

지금까지 언급한 대로 접사의 형성은 수많은 관련 단어들의 계열관계를 통해 이루어진다. 그리고 이들 단어의 형성이 처음부터 파생에서 비롯되었다고 볼 수는 없다. 즉, 다수의 복합어들이 〈그림 1〉과 같은 등재소 연결망을 구성하고, 이러한 관계를 통해 접사가 분석되는 방식으로 파생의 해석이 진행된 것이다. 접사의 형성은 곧 이전에 형성된 복합어들의 등재부 연결망에 기반한다.

3. 생산성

파생은 접사를 중심으로 계열관계에 놓인 단어들이 얼마나 활발하게 만들어지는가에 따라 그 상대적 차이, 정도성을 논의할 수 있다. 이른바 '생산성(productivity)'의 관점에서 접사의 단어 형성 양상을 관찰 가능하다. 그렇다면 생산적인 접사는 과연 어떠한 것들일까? 다음 예를 관찰해 보자.

(15) 가. 무덤, 주검
나. 가리개, 감개, 날개, 덮개, 지우개 …
다. 가위질, 걸레질, 부채질; 손가락질, 주먹질; 선생질, 목수질; 싸움질, 자랑질; 물질, 풀질; 딸꾹질, 수군덕질 …

(15)에 제시된 단어를 토대로 접미사 '-엄, -개, -질' 간의 서로 다른 모습을 확인할 수 있다. 일단 '-엄'은 '-개, -질'과 비교할 때, 관련 파생 명사의 수가 지극히 제한적이다. 표기상으로도 '묻엄, 죽엄'의 방식으로 분철되어 있지 않아, 일반 한국어 화자들에게 이때의 '-엄'은 쉽게 분석되지 않는 성분이다. 이들 단어(무덤, 주검)와 관련 동사(묻-, 죽-)의 의미를 하나씩 천천히 짚어 보고서야 비로소 그 상관성을 포착할 수 있을지 모른다.

이에 비하면 '-개, -질'은 훨씬 많은 파생어를 만들어 낸다. 다만 그 수에서는 일부 차이를 보이는데, 상대적으로 [X-개] 파생 명사보다는 [X-질] 파생 명사가 다양한 의미로 많은 양의 단어를 형성한다. 그렇다면 생산성을 판단할 때에는 사전에 등재된, 또는 사람들이 현재 널리 쓰고 있는 단어들을 기준으로 삼으면 될 것인가? 다음 예를 통해 조금 다른 시각에서 파생어의 생산성을 고민해 보자.

(16) 가. 수고롭다, 슬기롭다, 괴롭다, 새롭다 …
나. 어른스럽다, 사랑스럽다, 의아스럽다 …
다. 자유롭다-자유스럽다, 평화롭다-평화스럽다 …

현재 우리가 쓰고 있는 단어 가운데 [X-롭-], [X-스럽-] 구성의 형용사가 적지 않다. 실제로 ≪표준국어대사전≫에서 (16)과 같이 다양한 예를 확인할 수 있다. 언뜻 보기에는 위 두 유형의 파생 형용사가 구성이나 생산성 측면에서 매우 유사한 것으로 여겨진다. 그러나 비교적 최근에 만들어진 신어만을 대상으로 할 때에는 이와는 다른 양상을 발견하게 된다.

(17) 애교스럽다, 소녀스럽다, 전율스럽다, 과장스럽다 …

국립국어원에서 발표한 2005년 신어를 확인해 본 결과, [X-스럽-] 구성의 신어는 총 9개가 관찰된다. 그러나 이와 달리 [X-롭-] 단어는 하나도 확인되지 않는다. 이러한 사실이 의미하는 바가 무엇일까? 이에 대한 답은 그리 어렵지 않게 찾을 수 있다. 오늘날 '-스럽-' 접미사가 새로운 단어를 형성하는 일에 매우 적극적으로 참여하는 데 반해, '-롭-'은 그렇지 못한 것이다. 즉, '-스럽-'과 달리 '-롭-'은 공시적으로 생산성이 거의 없는 접미사이다.

한때 접미사 '-롭-'은 단어를 만드는 데 활발히 참여하였다. 그러나 지금 우리가 쓰고 있는 (16가)의 [X-롭-] 파생어는 이전에 만들어져 지금까지 유지되어 온 것일 뿐, 현 시점에서 접미사 '-롭-'의 생산성은 거의 없다고 할 만하다. (16가)의 '괴롭다(〈고롭다〈苦롭다(←苦+-릫-))'와 '새롭다(〈새룹다(←새+-릫-))'는 공시적으로 설명되지 않는 어근과 접사의 결합을 보여주는데, 이러한 통시적 변화는 마치 접미사 '-롭-'의 오래된 역사를 잘 드러내는 듯하다.

그중 (16다)의 '자유롭다-자유스럽다', '평화롭다-평화스럽다'와 같이 동일한 어근에 접미사 '-롭-'과 '-스럽-'이 결합한 예도 관찰된다. 생산성이 높은 '-스럽-'은 종래 '-롭-'이 결합하여 만들어진 파생어가 있음에도 불구하고 거의 동일한 의미의 단어를 새롭게 만들어 내기도 한다. 이는 접미사 '-롭-'이 차지하고 있던 자리를 생산성 높은 '-스럽-'이 점차 대체하고 있는 것으로 해석 가능하다.

(18) 가. 꽃답다, 정답다, 참답다
　　나. 사람답다, 그림답다, 학생답다

언뜻 보아 (18)의 두 유형은 동일한 접미사 '-답-'의 용례로 판단될지 모르지만, 보다 구체적으로 이들 구성의 문법적 특징을 살펴보면 이들의 상이한 모습을 발견할 수 있다.

(19) 가. 철수는 [나이 많은 사람]<u>답</u>게 행동한다.
　　나. 이것은 [아이가 그린 그림]<u>답</u>지 않게 정교하다.

가장 큰 특징은 (18가)와 달리 (18나)의 파생 형용사에서만 '-답-'이 선행하는 명사구와 결합한다는 사실이다. 즉, (19)의 '-답-'은 명사 '사람, 그림'과 결합한 것이 아닌, [나이 많은 사람], [아이가 그린 그림] 구성 전체와 결합한 것으로 보아야 한다. 하나의 접사가 통사론적 구성을 어근으로 취하는 방식이 일반적이지 않다는 점에서 이는 매우 특이한 현상이다. (18나)의 '-답-'을 과연 접사로 볼 수 있을지 근본적인 물음이 남는다.

김창섭(1984) 이후로 한국어 연구자들은 (18가)와 (18나)의 '–답–'을 구분하여 논의해 왔다. 이때 (18가)의 '–답–'은 더 이상 새로운 단어를 형성하지 않기에 생산성이 없다. 오늘날 만들어지는 [X–답–] 구성의 단어는 (19)와 같이 명사구와 결합한다는 점에서 (18나)와 같은 유형의 '–답–'으로 보기 때문이다. 사실상 (18가)의 '–답–'은 (16가)에서 살펴본 '–롭–'과 한때 이형태 관계에 있던 것으로서 선행 어근의 말음에 따라 교체되며 널리 쓰이던 것이다. 두 형태가 지금은 공통적으로 생산성을 잃어 가고 있음을 알 수 있다.

이렇게 본다면 파생 접사의 생산성을 단순히 사전에 등재된 단어의 양적 기준으로만 판단하는 것은 적절하지 않다. 단어가 지닌 등재의 속성으로 인해 오래 전에 만들어진 단어도 축적되어 유지되어 쓰이기 때문이다. 이에 최근에는 공시적으로 만들어진 단어의 수를 토대로 생산성을 측정하는 것이 일반적이다. 이때 단발어(hapax legomenon)의 개념이 상당히 중요하다.

(20) 가. 작가는 독자를 설득, 감동, 굴복면에서 승리자가 되려고 하고 독자는 내가 쉽게 넘어갈 것 같으냐는 오기를 가질 수 있고 아예 읽지 않겠다고 굽어던지려는 막마음을 가질 수도 있다.

나. 이럴 뿐 아니라 설혹 운석으로 온 것이 사실이라 하더라도 그는 생명의 기원을 정처없는 공중으로 떠밀어 보내었을 뿐이요, 참설명은 못된다.

다. 내가 아는 친지 가운데서만도 돗수 없는 민안경을 쓰고 다니는 인사를 얼른 서넛은 헤아릴 수가 있다.

(20)의 밑줄 친 단어는 말뭉치 자료에서 1회의 출현빈도(token frequency)로 쓰인 단발어들이다.[6] 이들은 사전에 등재되어 있지 않고, 일상에서 자주 쓰이는 단어도 아니다. 그러나 (20)의 예는 말뭉치 자료에서 관찰된, 즉 한국인의 언어생활에 직접 쓰인 단어로서 그 실재성을 분명 인정받을 수 있다. 극히 낮은 출현빈도를 보이는 이들 단어는 공시적으로 만들어졌을 가능성이 높다. 다른 누군가가 만든 단어를 학습하였을 가능성보다는, 해당 화자가 특정 동기에 따라 즉각적으로 만든 임시어로 판단되는 것이다. 이때 각 접사를 중심으로 관찰되는 단발어의 유형이 다양할수록, 즉 유형빈도(type frequency)가 높을수록 해당 접사는 생산성이 높다고 할 것이다. 반면 공시적으로 단발어가 전혀 관찰되지 않는 단어는 앞서 관찰한 '–롭–'과 마찬가지로 생산성이 없는 접사가 된다.

4. 저지

동사 어간과 결합하여 명사를 형성하는 접미사 '–이, –음, –기'는 흥미롭게도 다음과 같은 배타적인 분포를 보인다.

6 이들 자료는 21세기 세종계획의 형태의미 분석 말뭉치를 토대로 논의한 김일환(2009)의 연구 결과를 참고한 것이다.

(21)

		-이	-음	-기
가.	**굽-** **먹-** **몰-** **벌-**	구이 먹이 몰이 벌이	- - - -	- - - -
나.	**믿-** **얼-** **웃-** **죽-**	- - - -	믿음 얼음 웃음 죽음	- - - -
다.	**달리-** **더하-** **보-** **읽-**	- - - -	- - - -	달리기 더하기 보기 읽기

각각의 어근과 결합하는 접사의 유형을 살펴보면, 오직 1개의 접미사만이 파생 명사를 만드는 데 관여한다는 사실을 알 수 있다. 어근 '먹-, 벌-' 등은 접미사 '-이'와만 결합할 뿐, 나머지 두 접미사 '-음, -기'는 '*먹음, *먹기', '*벌음, *벌기'와 같이 파생 명사를 형성하지 못한다.

(22) 가. 민지가 강아지에게 먹이를 주었다.
　　나. 민지가 짜장면을 먹기에 바빴다.

일견 (22)의 예를 통해 '먹이'뿐만 아니라 '먹기'와 같은 단어 형성이 가능하다고 생각할 수도 있다. 그러나 (22나)의 '먹기'는 파생 명사로 볼 수 없다. 사전에 등재되어 독립된 지위를 지닌 단어, 즉 '명사'가 아니라, 동사 어간 '먹-'에 어미 '-기'를 결합하여 만들어진 '명사형'으로 보아야 한다. 이때의 '-기'는 선행하는 절 [민지가 짜장면을 먹-]과 결합하여 이를 명사의 속성으로 전환하는 '전성 어미'의 역할을 하고 있기 때문이다. (22가)의 '먹이'가 선행하는 문장 성분과는 독립된 별개의 단위인 것과 차이가 있다.

(21)과 같이 하나의 어근에 특정한 접미사만이 독점적으로 결합 가능한 현상은 어떠한 이유로, 왜 나타나는 것일까? 이에 관한 몇 가지 접근이 가능할 듯한데, 일단 이러한 언어학적 관찰은 일찍이 '저지(blocking)'라는 이론적 기제를 통해 설명된 바 있다.

한때 단어형성론의 주류를 이끌었던 생성형태론(generative morphology)에서는 규칙(rule)과 제약(constraint)을 활용하여 단어의 형성 원리를 밝히고자 하였다. 'X+–이 → X이'와 같이 입력물로부터 출력물로의 도출(derivation)을 강조하며, X에 입력된 성분을 통해 자동적으로 'X이'와 같은 결과물을 얻어낼 수 있다고 본 것이다. 그리고 이러한 일련의 과정인 '규칙'이 인간의 언어능력에 기초한다고 판단하였다. 반면에 (21가)의 '*먹음, *먹기'와 같은 빈칸은 '제약'을 통해 설명하였다.

초기 생성형태론의 대표적 연구인 Aronoff(1976)에서는 형용사를 어근으로 하는 두 명사 파생 접미사 '–ity'와 '–ness'의 배타적인 분포를 통해 저지(blocking)의 개념을 도입한다. 그리고 생성형태론에 기반한 다수의 한국어 연구에서 (21)과 같은 '–이, –음, –기'의 상관관계가 저지로 설명되어 왔다. 저지는 기존에 규칙을 적용하여 파생어를 만들어 낸 바 있는 어근에는 다른 접미사가 규칙에 입력될 수 없다고 보는 제약의 한 유형이다.

그러나 (21)과 달리 '–이, –음, –기' 접사가 결합한 단어 가운데 저지를 벗어나는 예도 확인된다.

(23) 가. 걸음 – 걷기
나. 나눔 – 나누기
다. 놀이 – 놀음

일견 (23)의 각 단어 쌍은 그 의미가 유사하게 여겨진다. 그러나 이들 단어의 쓰임을 구체적으로 관찰해 보면, 위 단어가 각 상황에서 미세하게 다른 용법으로 쓰인다는 것을 알 수 있다. 즉, 각 쌍의 단어가 온전한 동의어 관계에 있지는 않으며, 따라서 (23)은 (21)과 같은 저지의 대상이 아니다. 동일한 어근에 '–이, –음, –기'의 접사가 교차 결합하여 관련 파생 명사를 형성하기는 했으나, 의미상으로는 그 차이를 분명히 함으로써 저지의 대상이 되지 않은 것이다.

여기서 우리는 생성형태론에서 말하는 저지 현상의 본질적인 의미에 대해서 다시 생각해 보게 된다. 저지 현상이 정말 규칙을 위한 입력 과정에 적용된 제약의 유형일까? 이에 대해서는 다소 비판적인 태도로 이론을 바라볼 필요가 있다. 특정 대상을 명명하고자 할 때 만약 이에 해당하는 단어가 이미 실재한다면, 화자는 굳이 동일한 어근을 활용하여 같은 의미의 단어를 만들 필요가 없다. 그렇다면 저지라는 개념은 사실상 단어 형성의 '동기'가 작동하지 않아 발생한 자연스러운 현상일 수 있다. 즉, 저지는 동일한 의미의 서로 다른 형태의 파생어가 실재하지 않는 언어현실을 결과적 차원에서 기술하는 과정에 도입된 이론적 기제에 불과할지 모른다.

(24) 가. 꾀보–꾀쟁이, 느림뱅이–느림보, 안경잡이–안경쟁이, 장사꾼–장사치

나. 경호인–경호원, 보험액–보험금, 이발관–이발소, 통행권–통행증

다. 대장장이–대장공, 밀렵꾼–밀렵자, 벌목꾼–벌목공, 조각장이–조각가

(24)와 같은 예를 통해서 '동의파생어'라고 할 만한 단어가 동시에 실재하는 현상도 두루 관찰할 수 있다(최형용 2008). (24가)는 서로 다른 고유어 접사가 결합한 예, (24나)는 서로 다른 한자어 접사가 결합한 예, (24다)는 고유어 접사와 한자어 접사가 각각 결합한 예이다. 이들 간에는 미세한 의미 차이도 발견하기가 어렵다. 이렇듯 의미가 같은 단어가 매우 다양한 방식으로 공존한다는 사실은 등재부의 잉여적 특징을 잘 드러내며, 이는 앞서 언급한 '저지'를 반증하는 것이기도 하다. 즉, 새로운 단어 형성에 관한 화자의 '동기'가 주어진다면 동일한 의미의 단어도 충분히 형성될 수 있다.

참고문헌

파생어의 유형

고영근·구본관(2018), 우리말 문법론, 개정판, 집문당.
구본관·박재연·이선웅·이진호·황선엽(2015), 한국어 문법 총론, 집문당.
송철의(1992), 국어의 파생어형성 연구, 태학사.
시정곤(1998), 국어의 단어 형성 원리, 수정판, 한국문화사.
시정곤(1999), 'X+음'의 정체는 무엇인가, 형태론 1-1, 형태론, 133-141.
하치근(1999), '-음' 접사의 본질을 찾아서, 형태론 1-2, 형태론, 359-369.

접사의 형성

고영근(1999), 국어형태론연구, 증보판, 서울대학교 출판부.
김창섭(1996), 국어의 단어형성과 단어구조 연구, 태학사.
노명희(2010), 혼성어 형성 방식에 대한 고찰, 국어학 58, 국어학회, 255-281.
정한데로(2010), 복합어 분석에 의한 단어의 변화, 어문연구 38-3, 한국어문교육연구회, 103-128.
정한데로(2015), 한국어 등재소의 형성과 변화, 태학사.
최형용(2003), 국어 단어의 형태와 통사, 태학사.
최형용(2016), 한국어 형태론, 역락.

생산성

김민국(2011), 파생접사의 사용 양상과 생산성: 문어 사용역간의 빈도 비교를 중심으로, 형태론 13-1, 형태론, 53-84.
김성규(1987), 어휘소 설정과 음운현상, 석사학위논문, 서울대학교.
김일환(2009), 단발어에 대하여: 단발 명사를 중심으로, 국어학 55, 국어학회, 239-275.
김창섭(1984), 형용사 파생 접미사들의 기능과 의미: '-답-, -스럽-, -롭-, 하-'와 '-적'의 경우, 진단학보 58, 진단학회, 145-161.

송철의(1992), 국어의 파생어형성 연구, 태학사.
시정곤(2006), 국어 형태론에서의 '생산성' 문제에 대한 연구, 형태론 8-2, 형태론, 257-276.
이광호(2009), 국어 파생 접사의 생산성과 저지에 대한 계량적 연구, 태학사.
차준경(2011), 형태적 생산성과 저지 현상, 형태론 13-1, 형태론, 125-145.
최정도·김민국(2010), 생산성 측정에 대한 몇 문제: 이론과 실제, 그 응용을 중심으로, 형태론 12-1, 형태론, 121-132.
Aronoff, M. & Anshen, F.(1998), Morphology and the Lexicon: Lexicalization and Productivity, In Spencer, A. & Zwicky, A. M.(eds.), *The Handbook of Morphology*, Blackwell, 237-247.
Bauer, L.(2001), *Morphological Productivity*, Cambridge University Press.
Baayyen, R. H.(1989), A Corpus-Based Approach to Morphological Productivity, Statistical Analysis Psycholinguistic Interpretation, Dissertation, Vrije University, Amsterdam.

저지

김창섭(1984), 형용사 파생 접미사들의 기능과 의미: '-답-, -스럽-, -롭-, 하-'와 '-적'의 경우, 진단학보 58, 진단학회, 145-161.
송철의(1992), 국어의 파생어형성 연구, 태학사.
전상범(1995), 형태론, 한신문화사.
정한데로(2009), 국어 복합어의 등재와 어휘화 연구, 석사학위논문, 서강대학교.
정한데로(2010), 문법 차원의 등재에 대한 연구, 형태론 12-1, 형태론, 1-22.
차준경(2011), 형태적 생산성과 저지 현상, 형태론 13-1, 형태론, 125-145.
채현식(2003), 유추에 의한 복합명사 형성 연구, 태학사.
최형용(2008), 국어 동의파생어 연구, 국어학 52, 국어학회, 27-53.
Aronoff, M.(1976), *Word formation in Generative Grammar*, The MIT Press.

제8장

단어 유형의 다양성

형태적 복합어인 '합성어'와 '파생어' 외에도 공시적으로 만들어진 다양한 방식의 단어들을 발견할 수 있다. 이 장에서는 형태적 복합어와 대응을 이루는 통사적 복합어, 즉 통사론적 구성이 단어화한 예를 살펴보고자 한다. 아울러 축약어, 혼성어 등 그 밖의 단어 유형도 함께 논의할 것이다.

1. 통사적 복합어

그동안 다수의 연구자들이 (1)의 단어에 대해 상당히 많은 관심을 가져 왔다. 다양한 접근을 통해서 이들이 어떠한 과정을 거쳐 만들어졌을지 연구를 진행하였다.

(1) 가. 어린이, 진흙
나. 건널목, 디딜방아

(1)에 제시된 단어들의 형성 원리는 무엇일까? '어린이, 건널목'은 그 구조가 '어린 이', '건널 목'의 통사론적 구성과 유사하다는 이유로 오랜 기간 동안 '통사적 합성어'로 불려 왔다. '귤나무', '나무꾼'과 같은 일반적인 합성어, 파생어와 달리 이들은 '-ㄴ, -ㄹ'의 어미가 관여한 구성으로 판단되었기 때문이다. 이러한 특징은 (2)의 예에서도 비슷한 모습으로 드러난다.

(2) 가. 끼어들-, 들어가-, 막아서-
나. 갈고닦-, 먹고살-, 치고받-

(2)의 합성 동사는 단어 구성 내부에 '-어/아'와 '-고'의 형태가 관찰된다. '끼어 들-, 갈고 닦-'과 같은 통사론적 구성과 유사한 모습을 띠는데, 이 역시 두 구성성분(끼-, 들-; 갈-, 닦-)이 직접 결합하지 않고 중간에 어미 '-어/아, -고'를 포함한 점에서 (1)과 동일하게 '통사적 합성어'로 불리는 것이 일반적이다.

이들 구성을 바라보는 시각은 크게 두 가지 기준에 따라 더욱 구체적으로 논의된다. 첫째 기준은 (1), (2)의 단어가 통사론적 원리에 따라 만들어진 것인가, 아니면 형태론적 원리에 따라 만들어진 것인가 하는 것이다. 이미 앞서 우리는 '통사적 합성어'를 언급하며 이들 구성을 통사론적 구성과 관련지어 논의하였다. 그러나 사실상 이에 관한 연구는 통사론적 접근뿐만 아니라 형태론적 접근에서도 이루어진 바 있는

데, 형태론적 입장에서는 이들 '–ㄴ, –ㄹ, –어, –고'를 접사의 일종으로 파악한다. 일단 이 책에서는 통사론적 관점에서 (1), (2)의 대상을 논의하고자 한다.[1] '–ㄴ, –ㄹ, –어, –고'의 형태는 문장 구성에 쓰이는 어미와 그 모습이 같다. 또한 '끓는점, 녹는점, 듣는힘, 맺는말, 받는이; 늙으신네, 어르신네, 젊으신네; 섰다판' 등처럼 선어말 어미('–는–, –으시–, –었–')가 참여한 예까지 고려한다면 (1), (2)의 '–ㄴ, –ㄹ, –어, –고'를 접사보다는 어미로 보는 것이 적절하다는 판단이다.

(1), (2)를 통사론적 구성에서 만들어진 단어로 파악한다면 이는 '통사론적 구성의 단어화'에 따른 결과물이라 할 만하다. 즉, 문장 형성 원리에 따라 만들어진 구성이 특정한 시점에 단어의 지위를 새롭게 획득한 것으로 이해하는 것이다. 여기서 두 번째 기준에 대해 고민해 볼 수 있다. 바로 이들 단어가 통시적으로 형성되었는가, 아니면 공시적으로 형성되었는가 하는 것이다.

(3) 가. 운동장에 어린 이가 많다.
    나. 운동장에 어린이가 많다.

(4) [어린 이]$_{NP}$ 〉 [어린이]$_{N}$

단어 '어린이'가 통시적으로 형성되었다고 보는 입장은 (3가)와 같은 문장이 자주 쓰이다가 '어린 이'의 통사론적 구성이 점차 하나의 단어로 굳어지면서 결과적으로 (3나)의 '어린이'가 만들어졌다고 파악한다. 그

1 선행 논의에 관한 구체적인 사항은 정한데로(2018)에서 정리된 바 있다.

과정이 (4)와 같이 정리되는데, 이는 이른바 '통시적 차원'의 '통사론적 구성의 단어화'라고 할 수 있다.

반면, '공시적 차원'의 '통사론적 구성의 단어화'도 가능하다. 앞서 설명한 통시적 차원의 접근과는 달리, 특정 시점에 화자의 의도에 따라 즉각적으로 통사론적 구성이 단어가 되었다고 파악하는 것이다.

(5) 가. 운동장에 [?] 가 많다.
나. 운동장에 어린이가 많다.

(6) [어린 이]$_{NP}$ → [어린이]$_{N}$

(5가)처럼 방금 운동장에서 확인한 대상을 가리키며 이들을 부르고자 하는 상황을 상상해 보자. 특정한 명명 동기에 따라 화자는 형태론적 방법에 따라 어근과 어근을 결합하여 새로운 단어를 만들 수도 있지만, 때에 따라서는 통사론적 방법을 활용하여 목표한 단어를 형성할 수도 있다. 이때 화자는 '어린 이'의 통사 구성을 떠올린 후 이를 즉각적으로 단어화하여 대상을 명명함으로써 (5나)의 문장을 완성할 수 있다. 그 과정은 (6)으로 정리되는데, 이는 통시적 차원의 단어화가 아닌 즉각적인, 공시적 차원의 단어화라는 점에서 (4)와 명확히 구분된다.

(7) 통사론적 구성의 단어화 (이상욱 2004: 69)

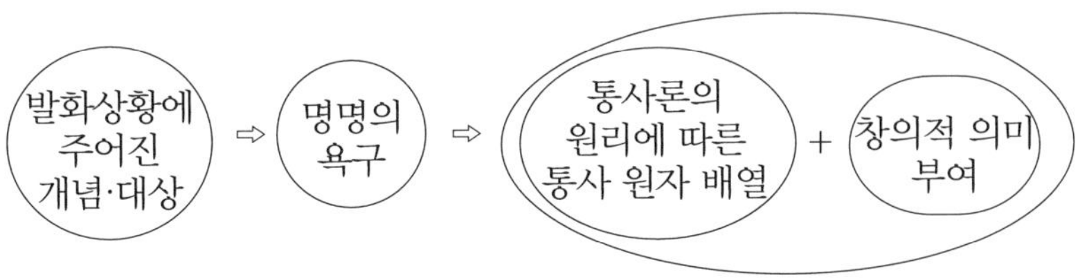

'통사론적 구성의 단어화'는 (7)의 과정으로 진행된다. 화자가 어떠한 개념이나 대상을 명명하고자 한다면, 그것이 동기가 되어 화자가 즉각적으로 단어를 만들 수 있다. 이때 형태론적 원리도 활용 가능하지만, 통사론적 원리에 따라 통사 원자를 배열하고 이에 창의적 의미를 부여함으로써 새로운 단어를 형성할 수도 있는 것이다. '어린이, 건널목' 역시 이러한 원리에 따라 형성 가능하다.

(8) 가. 뜨는곳[2], 맑은탕[3], 앞선사용자[4], 열린가격제[5], 열린장터[6]
나. 받아막기[7]
다. 이래서야정국[8]; 일하기싫어병[9]
라. 나도족[10], 우리가남이냐족[11]

비교적 최근에 만들어진 신어 자료에서도 통사론적 구성이 단어화한 예를 다수 관찰할 수 있다. (8)은 국립국어원에서 공식적으로 발표한 다듬은 말과 신어의 예이다. (8)의 각 단어를 살펴보면, 관련 통사 구

2 '핫 플레이스(hot place)'의 다듬은 말. (2013.9.3. 발표)

3 '지리(ちり)'의 다듬은 말. (2013.5.2. 발표)

4 '얼리 어답터(early adopter)'의 다듬은 말. (2012.5.7. 발표)

5 '오픈 프라이스제(open price 制)'의 다듬은 말. (2011.9.14. 발표)

6 '오픈 마켓(open market)'의 다듬은 말. (2010.9.15. 발표)

7 '디그(dig: 배구에서, 상대방의 스파이크, 스매시, 킬 등을 받아내는 일을 가리킴)'의 다듬은 말. (2008.3.4. 발표)

8 정치, 경제, 사회의 전반적인 상황이 못마땅하여 '이래서야'라는 말이 자주 나오고 있는 상황을 비유적으로 이르는 말. (2004년 신어)

9 직장 생활에 대한 불만으로 직장 일을 소홀히 하는 증세. (2003년 신어)

10 은퇴 후 다른 직업을 찾지 않고 집에만 머무르는 중년 남성. 또는 그런 무리. 아내 뒤를 따라다니며 무슨 일이든 함께 하려 한다는 의미로 '나도 함께 하자'가 줄어 만들어진 말이다. (2007년 신어)

11 퇴근 후에 직장 동료나 친구들과 어울려 시간을 보내는 무리. (2002년 신어)

성이 꾸준히 쓰이면서 단어로 굳어졌다고 보기보다는 명명의 동기가 있을 때에 화자가 즉각적으로 이들을 만들었다고 보는 것이 적절하다고 판단된다. 어미 '-ㄴ, -아, -어야, -어, -냐'가 참여한 구성은 물론, '-도, -가'처럼 조사가 참여한 예도 확인된다. (8)의 최근 사례를 참고한다면 공시적 차원에서 통사론적 구성의 단어화가 활발히 진행되고 있음을 알 수 있다.

이 책은 용어 사용에 있어서 종래의 '통사적 합성어'가 아닌, '통사적 복합어'로 (1), (2)의 단어를 설명하고자 한다. '통사적 합성어'는 '어린+이'의 형태론적 합성(용언의 활용형+명사)을 통해 '어린이'를 만들었다고 보는 태도가 전제된 용어라는 점에서 문제가 있다고 보기 때문이다. 우리는 통시적 차원에서든, 공시적 차원에서든 통사론적 구성으로부터 '어린이'가 만들어졌다는 점에 주목하여, 이를 '합성어'보다 포괄적인 '복합어' 층위에서 이해하는 것이 바람직하다는 입장에 있다. 이에 제3장에서 우리는 '합성어'와 '파생어'를 아우르는 '형태적 복합어'와 대등한 층위에서 '통사적 복합어'를 논의하였던 것이다.

2. 축약어

아래와 같이 원래의 형식으로부터 줄어든 방식으로 쓰이는 단어들을 우리 주변에서 종종 발견하게 된다.

(9) 가. 낼(내일), 담(다음), 맘(마음), 첨(처음)

나. 새(사이), 애(아이), 사내(사나이)

(9)는 모두 ≪표준국어대사전≫에 등재된 것들로, 사전에서는 원형식보다 음절 수가 줄어든 이들 유형을 '준말'로 기술하고 있다. 주로 모음과 모음이 직접 연쇄된 환경에서 이러한 음운론적 현상이 나타나는데, (9가)는 모음 탈락, (9나)는 모음 축약(contraction)에 따른 결과이다.

(10) 가. 갈치다(가르치다), 건들다(건드리다)
나. 갖가지(가지가지), 엊저녁(어제저녁)

(10)의 단어들도 일상에서 두루 관찰된다. 이들도 모두 사전에 준말로 등재되어 있는데, 구성 내 특정 모음이 탈락하여 음소 수가 줄면서 음절 수도 함께 줄어든 것이다. 그중 (10가)는 (9)와 마찬가지로 하나의 형태소 내부에서 음절 수가 줄어든 것인 반면, (10나)는 두 형태소가 결합하는 과정에서 일부 음소 및 음절이 줄어든 것이므로 분명한 차이가 있다. 이와 같은 언어 현상은 최근에도 꾸준히 진행되고 있다. 다음 단어를 관찰해 보자.

(11) 가. 섬(시험), 셩장(수영장), 샘(선생님), 일욜(일요일), 얼집(어린이집)
나. 닉넴(닉네임), 이멜(이메일), 탐라인(타임라인)

(11)은 ≪표준국어대사전≫에 등재되어 있지 않지만, 주변에서 널리 쓰이는 신어 유형에 해당한다. '셩장, 얼집'은 국립국어원에서 발표한 2014년 신어 자료집에 오르기도 하였다. 이때 이들 구성에 대해 새로운 단어가 만들어진 결과라고 할 수 있을까? 다시 말해서, '낼'과 '내일',

'샘'과 '선생님'은 서로 다른 단어인가? 이에 대해서는 연구자마다 조금씩 입장 차이를 보이는 듯하다.

만약 의미 면에서 '낼'과 '내일' 사이에 별다른 차이가 없다고 보아, 이때의 '낼'을 새로운 단어로 보지 않을 수도 있다. 이와는 반대로, 비록 '낼'이 준말이라고 할지라도 형태론적 기준에서 볼 때에 이는 분명 새로운 형태의 출현이기 때문에 별도의 단어인 신어로 보아야 한다는 입장이 가능하다. '샘'과 '선생님'의 경우는 미세한 의미 차이가 있다고 볼 수도 있다. 전자가 더 친근감을 더한 표현이라고 보아 동일한 조건 환경에서 항상 교체 가능한 것은 아니라는 주장이 성립하기 때문이다. 또한 새로 출현한 준말이 언어 공동체에 따라서 사회적 지위, 즉 공인화 정도에서 차이를 보인다면, 이는 전형적인 신어의 특징을 보이는 것이기 때문에 준말도 신어의 한 유형으로 보고 별도의 단어로 인정하자는 입장도 가능하다.

음운론적 차원에서는 음소나 음절 수가 줄어든 준말까지도 넓은 의미에서 축약의 결과로 볼 수 있다. 다만 단어형성론에서 더욱 관심 가질 만한 대상은 일반적인 단어 형성과 유사한 방법, 즉 형태소(또는 형태소의 일부가 절단된 대상) 간 결합을 통해 새로운 단어가 만들어지는 경우에 해당한다. 이 책에서는 단어형성론과 직접적으로 관련된 유형에 더 주목하기 위해, 형태소 결합 과정에서 두 음소나 음절이 한 음소나 음절로 줄어든 단어를 중심으로 '축약어(abbreviation)'를 논의하고자 한다.[12]

---

12 후술할 '절단어'의 경우는 형태소 결합 과정 없이 기존 단어의 일부 형태가 절단되는 방식으로 축약된 것이다. 따라서 이 책은 축약어의 외연을 형태소 결합의

(12) 가. 노조(노동조합), 사대(사범 대학), 전경련(전국 경제인 연합회)
나. 난쏘공(난장이가 쏘아 올린 작은 공), 노사모(노무현을 사랑하는 사람들의 모임)

(12)는 가장 전형적인 축약어라 할 수 있다. 이는 명사 또는 명사구에서 일부 음절만을 따로 결합함으로써 새로운 단어를 만들어내는 방식이다. 그중에서 (12가)와 같이 각 첫 음절로 구성된 단어는 '두음절어(acronym)'라고 부른다. 영어에서 'UN(United Nations), NATO(North Atlantic Treaty Organization)' 등의 '두문자어'가 음소 기준으로 새로운 단어를 만드는 것과 달리, 한국어는 음절 단위를 결합하는 것이 일반적이다.[13] (12나)는 구 구성 내의 일부 음절이 선택적으로 두음절어 형성에 참여한 경우이다. 첫 음절만의 결합체라는 점에서 두음절어로 볼 수는 있으나 (12가)와 분명한 차이가 관찰된다.

신어 중에는 이러한 방식으로 만들어진 단어들이 여럿 발견된다.

(13) 가. 남사친(남자 사람 친구), 마상(마음의 상처), 불금(불타는 금요일), 차도남(차가운 도시 남자); 넘사벽(넘을 수 없는 사차원의 벽), 혼밥(혼자 먹는 밥)
나. 답정너(답은 정해져 있고 너는 대답만 하면 돼), 별다줄(별것을 다 줄인다), 할많하않(할 말은 많지만 하지 않겠다)

결과로만 한정하지는 않는다.

13 영어의 경우에 'UN(United Nations)'과 같이 개별 알파벳을 그대로 발음하는 경우는 '두문자약어(initialism)'로, 'NATO(North Atlantic Treaty Organization)'와 같이 알파벳을 결합하여 한 단어로 발음하는 경우는 '두문자어(acronym)'로 구분하기도 한다.

(13가)처럼 명사구가 줄어든 구성, (13나)처럼 문장 구성이 줄어든 구성을 모두 관찰할 수 있다. '남사친, 마상, 별다줄' 등의 단어는 각 어절의 모든 첫 음절을 결합하여 형성되지만, '넘사벽, 혼밥, 답정너' 등의 단어는 여러 어절 가운데 일부 어절의 첫 음절만을 활용하여 이루어진다.

(14) 가. 뮤비(뮤직비디오), 셀카(셀프 카메라)
나. 몰카(몰래카메라), 돌싱(돌아온 싱글)
다. 멘붕(멘탈 붕괴), 최애캐(최고로 애정하는(사랑하는) 캐릭터)

이러한 단어 형성은 외래어가 참여한 경우에도 활발하게 나타난다. 외래어만(14가)으로 구성된 단어도 있지만, 외래어와 고유어(14나), 외래어와 한자어(14다)의 첫 음절이 결합하여 구성된 축약어도 두루 관찰된다.

(15) 가. 임란(임진왜란), 학관(학생 회관), 노통(노무현 대통령)
나. 전교조(전국 교직원 노동조합), 식약처(식품의약품안전처)

그런데 (15)는 원형식이 줄어든 형태라는 점에서는 축약어임이 분명하나, 각 단어 첫 음절만의 결합체가 아니라는 점에서 이들을 두음절어라고 보기는 어렵다. 일부 단어는 뒤에서 논의할 '혼성어'와도 유사하게 여겨진다.

한편, 원형식의 일부를 절단(clipping)함으로써 축약어를 만들기도 한다. 앞서 살펴본 두음절어 등은 둘 이상의 형태소로 구성된 단어(복합어), 구, 절 단위가 하나의 단어로 축약된 것이지만, '절단어(clipped word)'는 한 단어에서 일부가 잘려 나간 축약 과정이라는 점에서 차이가 있다.

(16) 가. 고속철(고속철~~도~~), 대검(대검~~찰청~~), 존심(~~자~~존심)
　　나. 내비(내비~~게이션~~), 슈퍼(슈퍼~~마켓~~), 드라이버(~~스크루~~드라이버)

(16가)와 (16나)는 각각 한자어와 외래어의 예에 해당하는데, '고속철, 대검, 내비, 슈퍼'처럼 후행 형태 일부가 절단된 예뿐만 아니라, '존심, 드라이버'처럼 선행하는 형태 일부가 절단된 예도 있다.

축약 전후의 대상, 즉 원형식과 축약어 사이에서 포착된 형태적 차이와 더불어 두 대상 간의 의미적 차이 역시 생각해 볼 만하다. 선행 연구에서는 이러한 양상을 크게 3가지 유형으로 구분하여 논의한 바 있다(김혜지 2016).

(17) 가. 감튀(감자튀김), 문상(문화 상품권), 뿌염(뿌리 염색), 친추(친구 추가)
　　나. 별다줄(별것을 다 줄인다), 할많하않(할 말은 많지만 하지 않겠다)

먼저 위 단어들은 원형식과 축약어 사이에 특별한 의미 차이가 관찰되지 않는 듯하다. 문장을 구성할 때에 축약 전후 대상을 교체하더라도 개념적 의미가 달라지지 않기 때문이다. 그러나 다음 예들은 조금 다른 모습을 보인다.

(18) 가. 숨멎(숨이 멎을 만큼 멋지거나 아름다움), 심쿵(심장이 쿵할 정도

로 귀엽거나 설레거나 무섭다)

나. 운도녀(운동화를 신고 출퇴근하는 도시의 여자), 쩍벌남(다리를 쩍 벌리고 앉아서 다른 사람에게 피해를 주는 남자)

(18)의 예는 형태로 드러난 것 외에 추가적으로 부가되어 있는 의미에 주목할 필요가 있다. 가령 '숨멎'은 단순히 '숨이 멎다'를 줄인 표현이 아니라, '멋지거나 아름다움'을 표현하기 위한 명명 동기에 따라 만들어진 것이기 때문에 '숨멎'의 의미를 제대로 이해하기 위해서는 부가된 의미를 반드시 알아야 한다.

(19) 가. 스압(스크롤의 압박 → 긴 글), 밀당(밀고 당기기 → 연애를 할 때 잘해줬다가 무관심했다가를 반복하는 행위)

나. 엄친아(엄마 친구 아들 → 잘난 남자)

앞서 살펴본 두 예와 달리, 축약어의 형태로부터 전혀 그 의미를 포착해 내기 어려운 예도 확인된다. (19)의 '스압'은 '스크롤의 압박'을 줄인 표현으로, 이 형태만으로는 '긴 글'이라는 의미를 전혀 도출해 낼 수 없다. '엄친아' 역시 '잘난 남자'를 의미하는 축약어이기 때문에 원형식인 '엄마 친구 아들'과는 그 관련성을 거의 찾아보기 어렵다.

제5장에서 우리는 단어의 형성을 논의하면서 화용적 맥락(context)에 주목한 바 있다. 형태만으로 포착되지 않는 화용적 맥락을 제대로 이해할 때에 비로소 그 단어의 의미를 온전하게 파악했다고 할 수 있는 것이다. 이들 축약어의 형성 과정 역시 일반적인 단어 형성과 크게 다르지 않다는 사실을 발견할 수 있다.

3. 혼성어

앞서 살펴본 두음절어, 절단어 등의 축약어는 기존 단어 또는 문장 구성을 부분적으로 변형하여 새로운 형태를 형성한 것이다. 특히 그중에서도 두음절어는 각 구성의 일부만을 결합한 결과라는 점에서 이제부터 살펴볼 '혼성어(blend)'와 상당히 유사한 모습을 띤다.

(20) 가. 라볶이(라면+떡볶이), 엄빠(엄마+아빠), 칼제비(칼국수+수제비)
　　나. 뇌피셜(뇌+오피셜), 팩력배(팩트+폭력배), 호캉스(호텔+바캉스)

혼성(blending)이란 두 단어의 일부를 절단한 후에 이를 결합함으로써 새로운 단어를 만드는 형태론적 과정을 뜻한다. (20)의 '라볶이, 뇌피셜' 등에서 선행 성분과 후행 성분 중 일부가 절단된 후에 결합한 사실을 관찰할 수 있다. (20가)의 두 성분이 계열관계에 있는 것과 달리 (20나)는 통합관계를 보이는데, 이러한 속성을 근거로 '계열적 혼성어'와 '통합적 혼성어'가 구분되어 쓰이기도 한다.

(21) 가. brunch(breakfast+lunch), smog(smoke+fog)
　　나. motel(motorist+hotel), positron(positive+electron)

이러한 혼성 과정은 'brunch, smog, motel, positron'과 같이 영어에서도 폭넓게 관찰된다. (20)과 마찬가지로 결합한 두 성분이 'brunch, smog'는 계열관계에, 'motel, positron'은 통합관계에 있다는 점에서 (21가)와 (21나)를 상이한 유형으로 구분할 수도 있다.

앞서 살펴본 두음절어는 어절 내 하나의 음절만이 선택되어 새로운 단어를 형성하지만, 혼성어는 이러한 제약이 관찰되지 않는다는 점에서 두 개념 간에 분명한 차이가 있다. 두음절어와 비교할 때에 혼성어는 훨씬 다양한 방식으로 형성 가능하다.

(22) 가. AB+CD→AD형: 개그운서(개그맨+아나운서), 액티즌(액션+시티즌)
나. AB+CD→ABD형: 김치우드(김치+할리우드), 헬스로빅(헬스+에어로빅)
다. AB+CD→ACD형: 컴도사(컴퓨터+도사), 스폰매니저(스폰서+매니저)
라. AB+CD→BD형: 줌마렐라(아줌마+신데렐라)

혼성어는 구성적 특징에 따라서 몇 가지 구체적인 유형으로 구분된다(노명희 2010). 그리고 이러한 단어 유형은 최근에도 지속적으로 다양한 신어 자료를 통해 확인된다.

(23) 가. AD형: 갈겹살(갈비+삼겹살), 뮤런트(뮤지컬+탤런트), 팩력배(팩트+폭력배)
나. ABD형: 고통철(고통+지하철), 댄스돌(댄스+아이돌), 어른이(어른+어린이)
다. ACD형: 닥버로우(닥치-+버로우), 레전설(레전드+전설), 토페인(토익+페인)
라. BD형: 줌마로그(아줌마+블로그), 저씨테이너(아저씨+엔터테이너)

AD형과 BD형은 앞뒤 두 단어에서 모두 절단이 일어난 반면, ABD형과 ACD형은 선행 또는 후행 성분이 그대로 유지된 채 다른 한 성분에서만 절단이 일어난다. 이중 AD형과 ABD형은 후행 성분인 CD가 일부 절단되어 D로만 실현된다는 점에서 점차 접사로 발전하기도 하는데, 아래 제시된 예에서 이러한 특징을 관찰할 수 있다.

(24) 가. 카파라치(카+파파라치), 쓰파라치(쓰레기+파파라치), 표파라치(표+파파라치)
나. 의느님(의사+하느님), 치느님(치킨+하느님), 유느님(유재석+하느님)
다. 라볶이(라면+떡볶이), 쫄볶이(쫄면+떡볶이), 우볶이(우동+떡볶이)
라. 숲세권(숲+역세권), 스세권(스타벅스+역세권), 몰세권(쇼핑몰+역세권)
마. 오피스텔(오피스+호텔), 고시텔(고시+호텔), 원룸텔(원룸+호텔)
바. 소개팅(소개+미팅), 번개팅(번개+미팅), 사진팅(사진+미팅)

(24)에 제시된 혼성어는 유사한 계열관계에 있는 단어들이 적지 않다는 점에 주목할 수 있다. 이렇듯 유형 빈도가 높은 혼성어의 경우는 후행하는 성분을 접사로 파악할 수 있다. 'X파라치, X느님, X볶이, X세권, X텔, X팅' 구성으로 일반화되면서 '-파라치, -느님, -볶이, -세권, -텔, -팅'이 접사화되는 양상을 띠게 된 것이다. 특히 (24마)와 (24바)는 선행 성분(오피스, 고시, 원룸; 소개, 번개, 사진)이 절단되지 않고 그대로 단어 형성에 참여했다는 점에서 어근에 접사가 결합한 구성과 유사한 결과로 판단된다.

(25) 치맥(치킨+맥주), 튀맥(튀김+맥주), 피맥(피자+맥주)

끝으로 (25) 유형의 단어들이 차지하는 지위에 대해서 살펴보고자 한다. (25)는 (20나)에서 혼성어의 예로 제시한 '뇌피셜(뇌+오피셜), 팩력배(팩트+폭력배), 호캉스(호텔+바캉스)'와 같이 구성성분 간 통합관계가 확인된다. 그런데 한편으로는 (25)가 각 구성성분의 첫 음절을 결합해 만든 단어라는 점에서 (17가)의 두음절어, '감튀(감자튀김), 문상(문화 상품권), 뿌염(뿌리 염색)'와도 형식상 동일하다.

(26) 가. 뇌피셜(뇌+오피셜), 팩력배(팩트+폭력배), 호캉스(호텔+바캉스)
　　나. 감튀(감자튀김), 문상(문화 상품권), 뿌염(뿌리 염색)

그렇다면 이제 (25)는 어떻게 분석해야 할 것인가? (25)를 (26가)와 같은 '통합적 혼성어'로 보아 (22)의 새로운 혼성어 유형 중 하나인 AC형으로 파악하는 입장이 있는가 하면, (25)를 (26나)와 함께 모두 두음절어로 파악하는 입장도 가능할 것이다.

참고문헌

통사적 복합어

구본관(1992), 생성문법과 국어 조어법 연구 방법론, 주시경학보 9, 주시경연구소, 50−77.

송원용(1998), 활용형의 단어 형성 참여 방식에 대한 연구, 석사학위논문, 서울대학교.

송원용(2005), 국어 어휘부와 단어 형성, 태학사.

오규환(2008), 현대 국어 조사 결합형의 단어화에 대한 연구, 석사학위논문, 서울대학교.

이상욱(2004), '−음', '−기' 명사형의 단어화에 대한 연구, 석사학위논문, 서울대학교.

정한데로(2011), 임시어의 형성과 등재: '통사론적 구성의 단어화'를 중심으로, 한국어학 52, 한국어학회, 211−241.

정한데로(2018), 통사론적 구성과 단어 형성: '통사적 합성어'와 '통사론적 구성의 단어화'를 중심으로, 어문연구 46−3, 한국어문교육연구회, 91−123.

최형용(2003), 국어 단어의 형태와 통사, 태학사.

축약어

김혜지(2016), 축약형 단어와 유추, 형태론 18−2, 형태론, 183−216.

노명희(2010), 혼성어(混成語) 형성 방식에 대한 고찰, 국어학 58, 국어학회, 255−281.

송원용(2007), 국어의 단어형성체계 재론, 진단학보 104, 진단학회, 105−126.

송철의(1993), 준말에 대한 형태 음운론적 고찰, 동양학 23−1, 단국대학교 동양학연구소, 25−49.

이영제(2015), 한국어의 두음어화 연구: 통사적 구성의 두음어화를 중심으로, 한국어학 69, 한국어학회, 165−198.

이은섭(2007), 형식이 삭감된 단위의 형태론적 정체성, 형태론 9-1, 형태론, 93-113.

이주영·김정남(2014), 형태 축소를 통한 한국어 신어 형성 연구, 형태론 16-1, 형태론, 46-66.

이지양(1998), 국어의 융합현상, 태학사.

이지양(2003), 국어 준말의 성격, 성심어문논집 25, 성심어문학회, 285-316.

이호승(2011), 절단어와 혼성어에 관련된 몇 문제, 개신어문연구 33, 개신어문학회, 79-103.

이호승(2014), 국어 혼성어와 약어에 대하여, 개신어문연구 39, 개신어문학회, 49-73.

Bauer, L.(1983), *English Word-formation*, Cambridge University Press.

혼성어

곽유석(2017), 혼성어 형성에 관한 소고, 형태론 19-1, 형태론, 1-24.

노명희(2010), 혼성어(混成語) 형성 방식에 대한 고찰, 국어학 58, 국어학회, 255-281.

이선영(2016가), 신어에서의 약칭어와 혼성어에 대하여, 한국학연구 41, 인하대학교 한국학연구소, 269-291.

이선영(2016나), 혼성어의 위상에 대한 일고찰, 어문연구 44-3, 한국어문교육연구회, 47-66.

이찬영(2016가), 현대 한국어 혼성어 연구, 석사학위논문, 연세대학교.

이찬영(2016나), 혼성어 형성에 대한 인지적 고찰, 형태론 18-1, 형태론, 1-27.

이호승(2011), 절단어와 혼성어에 관련된 몇 문제, 개신어문연구 33, 개신어문학회, 79-103.

이호승(2014), 국어 혼성어와 약어에 대하여, 개신어문연구 39, 개신어문학회, 49-73.

임지룡(1996), 혼성어의 인지적 의미분석, 언어연구 13, 언어과학회, 191-214.

Bauer, L.(1983), *English Word-formation*, Cambridge University Press.

제4부

단어의 삶

우리가 쓰는 모든 단어들은 세상에 등장한 탄생의 첫 순간을 지니고 있다. 형성의 시작과 함께 각 단어들은 여러 화자들 사이에서 널리 퍼지며 더 넓은 영역으로 확산된다. 일부 단어는 시간이 흐르면서 조금씩 변화를 겪기도 하고, 또 어떤 단어는 소멸의 길을 가기도 한다. 이러한 단어의 탄생과 소멸 과정은 마치 한 사람의 일생과도 유사하게 여겨진다. 제4부에서는 '단어의 등재, 단어의 변화, 단어의 공인화'라는 세 가지 주제를 중심으로 '단어의 삶'에 관해 논의하기로 한다.

제9장

단어의 등재

단어 연구에서 '등재' 개념이 주목받기 시작한 것은 '형성'이나 '변화' 같은 다른 주제와 비교할 때 그리 오래되지 않았다. 이 장에서는 어떠한 배경에서 단어형성론의 등재가 주목을 받기 시작하였는지, 그리고 등재의 기본 단위로는 어떠한 것들이 있는지, 이들 단위가 등재부(어휘부) 내에서 어떠한 방식으로 실재하는지 살피고자 한다. 아울러 이 책의 중요한 기본 태도 가운데 하나인 '미시적 차원'과 '거시적 차원'의 균형적 접근을 통해 단어의 등재 문제를 논의할 것이다.

1. 단어 연구와 등재

사전에 표제어로 올라와 있는 많은 단어들은 문법 연구의 중요한 대상이 된다. 이들은 한국어 언어 공동체에서 실제 쓰이고 있는 어휘 목록으로서 오랜 시간에 걸쳐 한국 사회에 수용된 결과물이기 때문이다. 이에 구조주의적 방법에 기초한 단어 형성 연구에서는 이들 단어를 분석하고 비교하면서 한국어 단어의 구조적 특징을 다루어 왔다. 그 과정에서 사전에 등재된 표제어 목록은 자연스럽게 단어 연구의 기본 자료로 자리 잡게 되었다.

이후, 인간의 언어 능력에 기초하여 문법을 탐구하고자 한 생성 문법(generative grammar)에서는 인간의 문법 체계 내에 추상적인 사전을 상정함으로써 단어를 등재하기 위한 공간을 마련하였다. 이러한 인간의 머릿속 사전은 일반적으로 '어휘부(lexicon)' 또는 '등재부', '저장부'라고 불리며 인간의 단어 형성 및 문장 형성을 위한 기본 재료를 저장해 놓는 곳으로 널리 받아들여졌다. 물론 물리적 차원의 종이 사전과 인간의 머릿속에 존재하는 심리적 차원의 등재부(어휘부)가 실체적 특징에서는 큰 차이를 보인다. 그렇지만 두 사전 모두 하나의 언어 공동체가, 그리고 한 명의 언어 화자가 지닌 어휘 정보의 총체적 저장 영역이라는 점에서 기본 속성은 동일하다.

등재부의 등장과 함께 연구자들 사이에서 널리 쓰이기 시작한 '등재(listedness, listing)'라는 용어도 주목된다. 원래 '등재'라는 것이 종이 사전에 새로운 표제어를 올릴 때 쓰던 용어이지만, 인간의 머릿속 사전에 새로운 단어를 저장하는 과정에도 비유적으로 쓰게 된 것이다. 다만 종이 사전과 머릿속 사전은 대상이나 방법에 있어 분명한 차이가 있기에, 머릿속 사전을 위한 등재 개념을 제대로 정리할 필요가 있다.

(1) 등재란 언어 단위의 등재부 내 고정화(fixation) 작용, 또는 그 작용의 결과이다.

위와 같이 등재를 정의한다면, 화자가 스스로 만들어 낸 단어나 새롭게 들어 알게 된 단어를 기억하는 과정을 '고정화'라는 용어로 달리 표현해 볼 수 있다. 종이 사전에 오른 단어가 각각의 뜻풀이와 함께 고정화된 것과 마찬가지로, 우리 인간의 머릿속 사전에도 다양한 언어 단위가 기억의 방식으로 고정화된다. 반면 더 이상 쓰이지 않는 단어가 표제어 목록에서 삭제되듯이 등재부 내 단어도 망각의 과정을 거칠 수 있다. '등재'는 기억되는 과정적 측면(listing)에서 쓰일 수도 있지만, 한편으로는 등재된 상태를 의미하는 결과적 측면(listedness)에서도 사용 가능하다.

한국어 단어형성론은 1990년대에 들어 화자의 등재부(어휘부)에 크게 관심을 갖고, 등재부의 문법적 기능과 역할에 대해 논의하기 시작하였다. 초기에는 주로 등재부에 기억되는 단위가 무엇인지 밝히는 데 초점이 맞춰졌다. 특히 그중에서도 복합어가 등재 단위인가에 관한 여러 입장들이 등장한다. 예를 들어 '나무꾼'이 등재부에 저장되는지에 대해 질문해 볼 수 있다.

(2) 가. 나무, -꾼
나. 나무, -꾼, 나무꾼
다. 나무, 나무꾼

'나무꾼'은 복합어 그대로 등재부에 기억되는 것일까? 아니면 '나무,

–꾼'이 따로 저장되는 것일까? 등재부에 저장되는 목록에 관한 입장은 (2)와 같이 다양하게 나타난다. (2가)는 등재부에 복합어 '나무꾼'을 저장할 필요는 없고, 형태소 '나무'와 '–꾼'만을 저장해 놓고 필요에 따라서 이들을 결합하여 '나무꾼'을 쓸 수 있다는 입장이다. 최소의 단위만을 기억한다는 점에서 '최소 등재'라고 이름을 붙여 볼 수 있다. 한편, (2나)는 '나무, –꾼'과 별개로 등재부에 복합어 '나무꾼'도 저장되어 있다고 본다. (2가)처럼 필요에 따라 즉각적으로 '나무'와 '–꾼'을 결합하여 단어를 만들 수도 있겠지만, 비록 잉여적이라 할지라도 '나무꾼'도 등재부에 저장되어 있을 것이라는 관점이다. 이는 (2가)와 달리 잉여적인 단어도 모두 등재한다는 점에서 '완전 등재'라고 이름 붙일 수 있다. 또 다른 관점으로 (2다)도 가능하다. (2다)에서 관찰되는 (2가), (2나)와의 가장 큰 차이는 '–꾼'이 등재 단위가 아니라는 점이다. (2다)는 '나무, 나무꾼'과 같은 단어만 등재부에 저장된다는 관점으로, 이 입장에서는 형태소가 등재부 내 등재 단위가 되지 않는다. '–꾼'과 같은 비자립적 형식은 '나무'와 '나무꾼'의 관계를 통해서만 포착 가능하다고 파악한다.

(2가)는 등재부에 저장할 대상의 수를 최소화하여 경제적 측면을 우위에 둠으로써 필요할 때마다 연산을 통해 단어 형성을 설명하려 한 것이다. 반면, (2나)와 (2다)는 등재부의 기억 속성을 극대화하여 많은 단어를 모두 등재부에 저장함으로써 불필요한 단어 형성 과정을 줄이고자 하였다. 전자가 이른바 단어 형성 규칙(word formation rule)에 기초한 형성에 관심을 두었다면, 후자는 완전 등재된 단어 간 연결 관계에 따른 등재부 연결망(network)에 더 많은 관심을 두었다고 할 수 있다.

특히 (2나)와 (2다)의 관점에서는 단어의 출현빈도가 중요한 기준이 된다. 높은 빈도로 출현하는 단어일수록 등재부 내에서 더욱 단단한 입지를 다지게 되어 긴밀한 등재부 연결망을 확보할 수 있기 때문이다. (2가)와 (2나)에서 결합의 규칙(rule)을 강조한다면, (2나)와 (2다)에서는 빈도(frequency)가 핵심적인 설명의 근거가 된다.

'규칙'과 '빈도'는 '등재'를 설명하는 데 가장 중요한 요소이다. 다음과 같이 등재 연구의 커다란 두 줄기를 대표한다고 할 수 있기 때문이다.

(3) 가. '언어 능력'에 기반한 '언어 내적 등재'
　　나. '언어 수행'에 기반한 '언어 외적 등재'

'언어 내적 등재' 기준과 '언어 외적 등재' 기준은 각각 '규칙'과 '빈도'에 대응한다. (3가)는 '규칙'으로 설명 불가능한 단위는 등재한다고 보는 기본 입장을 취한다. 만약 '나무'와 '-꾼'의 결합만으로 복합어 '나무꾼'의 형태와 의미를 온전하게 담아낼 수 없다면, '나무꾼'은 등재 대상이 되어야 한다. 반대로 두 구성성분만으로 복합어의 형태와 의미가 항상 동일하게 예측 가능하다면 그 단어는 등재할 필요가 없을 것이다.

한편, (3나)는 '빈도'를 기준으로 삼아, 자주 출현하는 단어라면 등재부의 등재 단위가 된다고 파악하는 입장이다. 따라서 이는 언어의 수행적 측면을 강조한다. 실제 화자가 얼마나 높은 빈도로 단어를 사용하였는지가 등재 여부를 결정하기 때문에 이는 '언어 외적 기준'이라고 할 수 있다.

단어형성론에서 등재부 저장에 관한 연구가 밀도 있게 이루어지기 위해서는 (3가)와 (3나)의 두 접근이 균형적으로 고려되어야 한다. 두 입장이 상호보완적으로 설명될 때 등재에 대한 더욱 정밀한 분석이 가능하다. 그런데 이러한 연구 방법만으로 등재부 연구가 완전하다고 할 수는 없다. 앞서 언급한 등재부 저장 단위에 관한 논의가 자칫하면 다소 이론적이고 추상적인 수준의 입장 대결로만 흐를 가능성이 있기 때문이다. 따라서 보다 실제적이고 경험적인 차원에서 등재부 저장에 관해 탐구할 필요성이 제기된다. 최근 심리언어학적 실험에 기반한 등재부 연구는 이러한 기존 등재부 연구의 한계를 보완하는 연구 방법이라는 점에서 주목할 만하다.

혹자는 종래 등재부 연구가 보여준 다소 이론적인 태도를 비판하며, 물리적이고 실제적인 연구 방법만을 강조할지 모른다. 과연 실험적 방법론을 적용하지 않은 기존의 등재부 연구는 그 의의를 발견하기 어려운 것일까? 그렇지 않다. 그간의 한국어 단어 연구를 구체적으로 살펴보면, 문법 내 등재부의 지위는 일찍부터 많은 연구자들 사이에서 암묵적으로 널리 받아들여져 왔다. 다만 '등재' 또는 '등재부'라는 용어를 활용하여 전면에서 다루어지지 않았을 뿐이다. '형성'과 '변화'라는 두 연구 영역이 곧 '등재'와 떼려야 뗄 수 없는 대상이기 때문이다.

(4) 가. 형성의 도착점
　　나. 변화의 출발점

새로운 단어를 만들면 우리는 그 단어를 지속적으로 쓰기 위해 기억한다. 내가 만든 단어가 아닐지라도 누군가가 만든 새 단어를 내 머릿속에 저장해 놓고 상대와의 대화 상황에서 그 단어를 꺼내어 쓴다. 이렇게 본다면 단어 형성의 목표, 즉 도착점은 바로 저장 단계인 등재라고 할 수 있다. 우리가 쓰고 있는 모든 단어는 형성 이후에 반드시 등재 과정을 거친 것들이다. 만들어진 후 등재되지 못한 단어는 곧바로 사라져 버려 그 흔적을 찾기 어렵기 때문이다.

한편, 등재는 변화의 출발점이기도 하다. 어떠한 언어 단위가 변화한다는 것은 무엇을 의미하는가? 이전과 다른 형태나 의미로 바뀐다는 사실은 그 언어 대상이 변화 이후뿐만 아니라 변화 이전에도 고정된 형태나 의미를 지녔다는 것을 전제한다. 변화 이전의 고정된 실체가 없다면 그 어떤 언어 단위도 변화한 결과라고 보기 어렵다. 변화는 이전과 이후의 비교를 통해서만 포착 가능한 것이기 때문이다.

(5) 형성 → 등재 → 변화

(4가)와 (4나)는 곧 (5)와 같은 '형성, 등재, 변화'의 단계적인 세 과정을 구축한다. 한국어뿐만 아니라 그간의 많은 문법 연구가 '형성'과 '변화'를 주요 주제로 다루어 왔다는 사실을 고려하면, 형성과 변화 연구 한가운데에 '등재'가 자리 잡고 있다는 사실을 발견하게 된다. 즉 그동안 형성 연구도, 변화 연구도 직접 언급하지만 않았을 뿐이지 모두 '등재'를 전제하고 각각의 연구를 전개해 온 것이다. 이렇게 본다면 '등재'는 문법 연구에서 반드시 다루어져야 할 대상임이 분명하다.

2. 등재소의 발견

문법 연구에 등재부(어휘부)라는 새로운 영역이 등장한 후, 단어와 문장 형성 과정에 관여하는 등재부의 역할이 더욱 중요하게 다루어지기 시작하였다. 이와 더불어 '등재부에 어떠한 단위가 저장되는가?'라는 물음에 대한 연구자들의 관심도 높아졌다.

의미를 지닌 최소의 단위를 '형태소(morpheme)'라고 부르듯이 등재부에 저장되는 기본 단위를 가리켜 '등재소(listeme)'라고 부르는 것이 일반적이다. 이때 등재소는 등재부 기억과 관련한 개념이라는 점에서 '어휘소(lexeme)'와는 분명하게 구분될 필요가 있다. 어휘소는 여러 가지 방식으로 실현 가능한 '단어형(word form)'을 대표하는 단위이기에 등재부 저장이 기준이 되지는 않기 때문이다. 인간이 기억하는 단위가 무엇일지 생각해 보면, 이는 단순히 단어에 국한되지 않는다. 속담과 같은 긴 표현을 관습적으로 기억하기도 하고, '새해 복 많이 받으세요'와 같이 특정 문장을 필요에 따라 통째로 외우기도 하는 등 등재소의 외연은 단어 이상의 단위에도 적용 가능하다. 이를 통해 등재소가 단어(또는 어휘소), 문장 등과는 다른 층위의 문법 단위라는 사실을 거듭 확인할 수 있다.

등재소의 가장 대표적인 단위는 단연 '단어'라 할 만하다. 단어의 연쇄를 통해 문장이 실현된다는 점에서, 문장 형성을 위해서라도 단어는 반드시 등재부에 저장되어야 할 단위임이 분명하다. 그렇다면 자립성이 없는 형태소는 어떠할까? (2)에 제시한 세 입장 가운데 (2다)는 (2가), (2나)와 달리 '–꾼'을 등재부 저장 단위, 즉 등재소로 인정하지 않았다. 서로 가장 반대편에 서 있는 두 입장인 (2가)와 (2다)를 비교해 보자면,

(2가)는 '나무, -꾼'과 같은 형태소를 등재부 기본 단위로 파악하는 데 반해, (2다)는 '나무, 나무꾼'과 같은 단어를 등재부 기본 단위로 이해한다. 그렇다면 '나무, -꾼, 나무꾼'을 모두 등재소로 보는 (2나)의 입장은 어떠할까? '나무, -꾼'은 형태소 영역으로, '나무, 나무꾼'은 단어 영역으로 구분되는바 이는 형태소와 단어를 모두 등재소로 파악하는 포괄적 입장에 해당한다.

(6) 가. 형태소 (나무, -꾼)
　　나. 단어 (나무, 나무꾼)

이 책은 (2나)의 태도, 즉 포괄적 입장에서 등재소를 바라보고자 한다. 따라서 (6)에 제시한 형태소와 단어 모두 등재소라는 입장을 취한다. 이때의 (6)은 형태론적 차원의 등재소라 할 수 있는데, 비자립적인 형태소(-꾼), 자립적인 형태소이자 단일어(나무), 복합어(나무꾼) 모두 등재소로 볼 만한 형태론적 단위에 해당한다. '나무'와 같은 단일어는 단어이면서 동시에 형태소라는 점에서 (6가)와 (6나)에 모두 포함된다.

한편, 위와 대등하게 통사론적 차원에서도 등재소를 상정해 볼 수 있다. 일반적으로 우리가 쓰는 연어 구성(collocation), 숙어 구성(idiom)이나 속담 등의 관용 표현(conventional expression)이 이에 해당한다.

(7) 가. 연어 구성 (속이 보이다, 나이를 먹다, 뒤를 밟다, 개가 짖다 등)
　　나. 숙어 구성 (미역국을 먹다, 국수를 먹다, 학을 떼다 등)
　　다. 속담 (백지장도 맞들면 낫다, 세 살 버릇 여든까지 간다 등)

관용 표현은 숙어 구성처럼 의미론적으로 달리 고정화된 대상뿐만 아니라, 연어 구성처럼 통사론적으로 자주 어울려 쓰이는 대상들까지 포함하는 넓은 개념이다. 연어 구성의 경우, 높은 빈도로 쓰여 언어 외적 등재(3나) 과정을 거쳐 등재소가 된 대상을 포함한다. 온전한 문장 형식을 띠는 속담의 경우도 등재부 저장 단위가 된다는 점에서 등재소로 볼 수 있다.

이들은 '속이 잘 보였다, 미역국도 드디어 먹겠네? 백지장도 같이 들면 낫다던데? 정말 여든까지 세 살 버릇이 가더라' 등과 같이 조사와 어미는 물론 일부 어휘까지 다양하게 교체할 수 있고, 중간에 부사어를 삽입하거나 어순까지 바꾸어 쓸 수 있다는 특징이 확인된다. 구성성분의 형태만으로는 예측 불가능한 전체 구성의 의미, 구성의 고정된 쓰임 등을 고려할 때 이들이 등재소임은 분명해 보이지만, 이러한 가변적인 모습이 관찰된다는 점은 매우 흥미롭다.

어휘적 의미를 드러내는 위 예들뿐만 아니라, 특정 어미를 포함하여 고정된 방식으로 문법적·어휘적 기능을 담당하는 아래의 구성도 등재소로 볼 만하다.

(8) 가. 의존 동사 구성 (-어 보-, -고 있- 등)
　　나. 의존 명사 구성 (-ㄹ 것이-, -ㄴ 바람에 등)

(8가)의 의존 동사(보조 용언)를 포함하는 '-어 보-, -고 있-' 구성에서 각 구성성분만으로는 해석 불가능한 '시험', '진행'의 의미가 드러난다. (8나)의 의존 명사 역시 '-ㄹ 것이-, -ㄴ 바람에'처럼 구성성분만으

로 해석되지 않는 '추측', '원인'의 고정된 의미가 포착된다. 이러한 구성의 의미 파악 및 원활한 사용을 위해서는 이들 구성 전체가 등재부에 기억되어 있어야 한다.

(9) 가. 스승의 날, 가정의 달, 부처님 오신 날
나. (약도의) 오시는 길, (지하철역의) 나가는 곳

평소 우리가 자주 쓰는 표현들을 관찰해 보면, 사실상 더 많은 등재소를 발견할 수 있다. 일상 속에서 (9)의 예들이 쉽게 확인되는데, 이들 역시 하나의 단위로 한국어 화자들에게 기억되고 쓰인다는 점에서 등재소로 보아야 할 것이다. 특히 (9가)는 ≪표준국어대사전≫에 등재되어 있는 예인데, [뜻깊은 [스승의 날]]은 가능하지만 [스승의 [뜻깊은] 날]이 불가능한 사실에서도 (9)의 각 구성이 고정된 한 단위를 이룬다는 사실을 알 수 있다.

(10) 가. 신과 함께, 바람과 함께 사라지다
나. 무궁화 꽃이 피었습니다, 우리 집에 왜 왔니

영화 제목이나 놀이 이름에서 쉽게 관찰되는 위 구성도 당연히 등재소에 포함된다. 다만 이들은 구 또는 문장의 형식을 하고 있지만 마치 하나의 단어처럼 쓰이면서 문장 내에서 통사 원자로 기능한다. '친구랑 오늘 [신과 함께]를 보았어.'와 같이 이 문장 내에서 '신과 함께'는 목적격 조사가 결합한 단어처럼 여겨진다. (9)와 마찬가지로 (10)도 '신이랑 함께, 바람도 함께 사라졌다, 무궁화 꽃도 빨리 피었습니까, 우리 집에

네가 왜 왔어' 등처럼 다른 단어가 개입하거나 일부 조사나 어미 등을 교체할 경우에 원래의 고정된 의미가 사라진다. 이러한 사실은 (7)의 연어 구성, 숙어 구성, 속담과 비교할 때 큰 차이를 드러낸다.

고정된 쓰임만을 보이는 (9), (10)과 달리, 조사 교체, 어미 교체, 부사어 삽입, 어순 교체 등 역동적인 변화를 보이는 (7)의 구성들이 과연 등재부에 어떠한 방식으로 저장되어 있을지 고민해 볼 수 있다. 의미는 상대적으로 고정되어 있을지 몰라도, 형태 및 통사의 측면에서 이들 등재소가 어떠한 과정을 거쳐 문장 형성에 관여하는지 탐색 가능하다.

3. 등재부 연결망

화자의 등재부(어휘부) 내 등재소는 과연 어떠한 모습을 하고 있을까? 초기 생성 문법에서의 등재부는 불규칙한 어휘들을 모아 놓은 저장소에 불과하였다. 일련의 규칙으로 설명 불가능한 것들을 저장해 놓았다가 필요에 따라 그대로 꺼내 쓴다는 취지에서 등재부라는 부문을 문법 내에 마련하였기 때문이다. 최소 등재의 입장에서도 (11)과 같이 그 의미가 예측되지 않는 단어들은 반드시 등재부에 저장해야 한다고 보았다.

(11) 가. 깜둥이꾼: 도둑질하여 온 표를 사는 사람을 이르는 말.
나. 꽁치꾼: 밀수를 같이 하고 혼자 가로채어 도망친 사람을 이르는 말.

다. 먹꾼: 이야기를 듣는 사람.
라. 티꾼: '도둑놈, 밤도둑'을 이르는 말.

(11)에 제시된 'X+—꾼' 유형의 단어는 선행 성분(X)의 의미만으로 전체 단어의 의미를 파악하기 어렵다. 따라서 이들 단어가 실제 의사소통 과정에 제대로 쓰이기 위해서는 반드시 형태와 의미가 명시된 하나의 단위로 각 단어 전체를 등재부에 저장해야 한다. 다시 말해서, (11)의 단어는 등재소로 볼 수밖에 없다.

한편, (11)과 달리 '나무꾼'처럼 비교적 그 의미가 투명한 단어들도 모두 등재소로 인정하는 완전 등재의 입장이 주목을 받으면서, 이들 단어의 등재부 내 지위에 관한 관심도 활발해지기 시작하였다. 특히 이들 단어 간의 계열관계가 가장 핵심적인 주제로 떠올랐다.

(12) 가. 나무꾼, 가마꾼, 씨름꾼, 장사꾼
나. 나무바가지, 나무배, 나무상자, 나무젓가락

등재부 저장에 관한 대부분의 연구에서 (12)와 같은 단어는 보통 '규칙적인 복합어'로 분류된다. 이때의 '규칙적(regular)'은 형태 구조만큼이나 의미 해석 역시 투명하게 분석된다고 파악한 결과이다. 그러나 엄밀한 관점에서 다시 살펴본다면, (12)의 단어 역시 그 의미가 명확히 투명하게 해석된다고 보기는 어렵다. 예컨대, '나무꾼'은 '산에서 나무를 패는 사람', '시장에서 나무를 파는 사람', '나무를 키워 가꾸는 사람' 등 다양한 의미 가능성을 지니고 있기 때문에 구성성분만으로는 그 의미가 예측되지 않는다. 즉, 우리가 현재 쓰는 '나무꾼'의 의미는 다양한 가능성 중 하나가 언어 공동체 내에서 합의된 방식으로 고정되어 쓰이는 결과라는 점에서 이는 등재부에 저장되어 있는 정보인 것이다. 만약 공인화된 의미를 제대로 알고 있지 않다면, '나무꾼'을 처음 들은 사람은 그 의미를 완벽하게 이해하기 어렵다. 이러한 특징은 (12가)의 파생어는 물론이고, '나무'가 관여한 (12나)의 합성 명사에서도 동일하게 드러난다.

이렇듯 (12)의 각 단어가 등재소라면 이들 단어는 과연 어떠한 방식으로 등재부에 저장되어 있을까? 등재부의 잉여성을 수용하여 (12)와 같은 복합어를 모두 등재소로 파악하는 입장에서는 이들 간의 계열관계를 토대로 연결망(network)을 상정한다. 그 대표적인 예가 다음의 두 [X-보] 파생어의 관계를 표현한 그림이다.

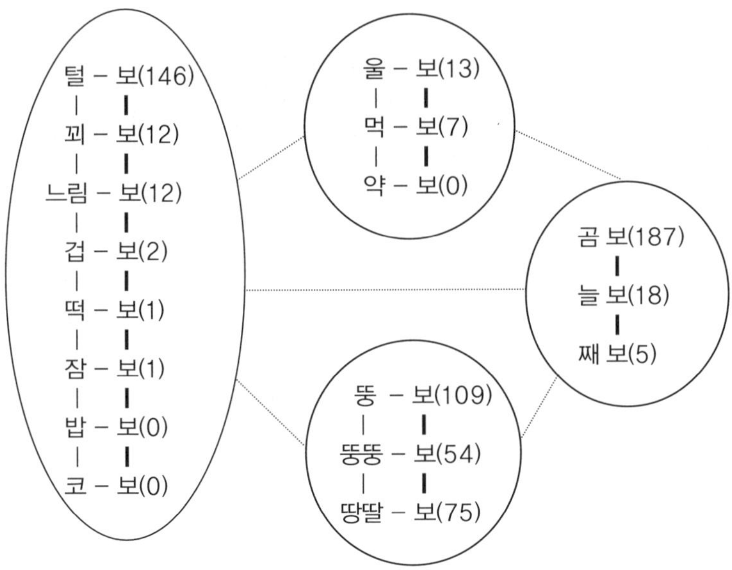

〈그림 1〉 채현식(2003)의 등재부(어휘부) 연결망

〈그림 1〉은 한국어 단어형성론에서 본격적으로 등재부 연결망을 제시한 초기 연구이다. [X–보] 구성의 여러 단어가 각각의 긴밀한 관계를 바탕으로 연결되어 있는 모습을 확인할 수 있다. 묶음을 지어 달리 분류되어 있는 각각의 원형은 어근에 따른 [X–보] 유형을 드러낸다. '털, 꾀, 느림' 등의 명사 , '울–, 먹–, 약–'의 동사, '뚱, 뚱뚱, 땅딸'의 비자립적 어근 등이 각기 다른 범주에서 실선으로 연결되어 있는 모습이 관찰된다. 특히 접사 '–보'는 굵은 실선을 통해 더욱 긴밀한 연결 관계를 보여준다. '곰보, 늘보, 째보'처럼 어근을 명확히 밝히기 어려운 예들은 어근을 위한 별도의 실선을 찾기 어렵다. 이들 단어가 유형별로 긴밀하게 연결되면서, 그와 동시에 접사 '–보'를 중심으로 한 전체적인 연결망이 완성된다.

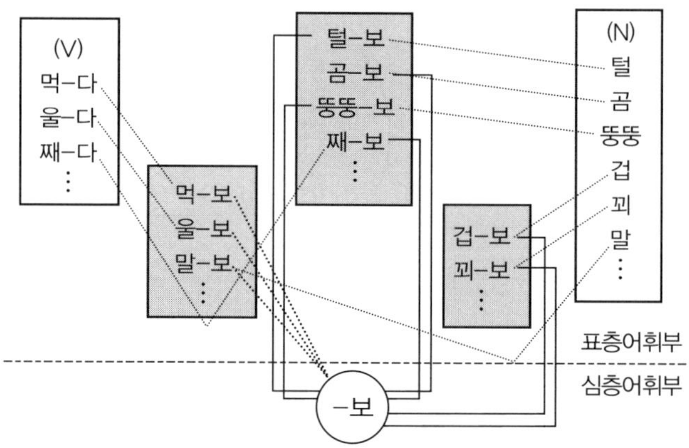

〈그림 2〉 나은미(2009)의 등재부(어휘부) 연결망

〈그림 2〉는 〈그림 1〉의 기본 입장을 토대로 몇 가지 논의를 보완한 것이라고 할 수 있다. 먼저, 심층어휘부와 표층어휘부를 구분한 기존

연구 성과를 반영한 점이 주목된다. 인지형태론에서는 자립적인 단어가 비자립적인 형태소보다 우선적으로 인식된다는 점에 주목하여 접사('-보')를 심층어휘부의 항목으로 이해한다. 반면 단어는 표층어휘부에 등재되어 있어 문장을 형성할 때 직접적으로 인출 가능한 곳에 분포한다고 본다.

〈그림 2〉는 〈그림 1〉과 달리 어근의 품사가 다른 경우에도 동일한 유형으로 묶어 제시한 점이 특징적이다. '먹보, 울보'와 함께 연결되어 있는 '말보'가 대표적이다. 즉, 〈그림 1〉에서는 어근의 품사가 등재소 간의 긴밀한 관계를 형성하는 중요한 기준이라고 보았지만, 〈그림 2〉는 이러한 품사 기준이 연결망을 구축하는 1차적 기준은 아니라고 파악한 것이다.

〈그림 1〉이 등장한 이후에 어근의 형태론적 정보라 할 수 있는 품사가 과연 단어들 간의 연결 관계를 드러내는 1차적인 기준인가에 대한 물음이 있었고, 복합어 간 의미 관계가 오히려 연결망의 주요한 기준이 되어야 한다는 연구가 이어졌다. 〈그림 2〉는 그러한 의견이 반영된 결과이다. 명사 '말'은 동사 어간 '먹-, 울-'과 분명 다른 형태론적 범주에 속하지만 이들 단어가 참여한 [X-보] 구성의 '먹보, 울보, 말보'가 'X를 하기 좋아하는 사람'을 뜻한다는 점에서 그 의미를 고려해 등재부 연결망 내에 긴밀한 관계로 표시되었다. '겁보, 꾀보'는 'X가 많은 사람' 정도로 해석 가능한 하위 유형들이다. 이렇듯 'X'가 아닌 복합어 전체의 의미가 등재소 간 어휘적 관련성을 보여주는 기준으로 부상하였다.

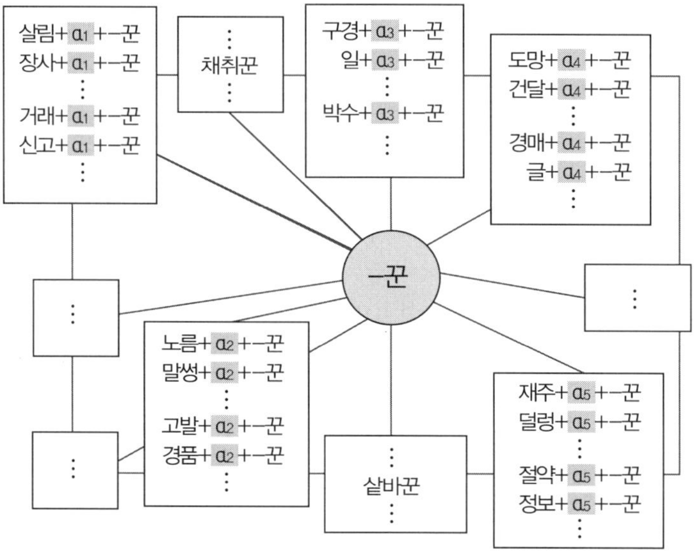

〈그림 3〉 정한데로(2015)의 등재부(어휘부) 연결망

이후 등재소 연결망에 관한 그림은 〈그림 3〉으로도 제안된다. 〈그림 3〉은 복합어 내 어근 간의 형태론적 연결 관계보다는 각 복합어가 지닌 의미 관계에 초점을 두고 있다는 점에서 〈그림 2〉와 유사한 입장에 있다. 다만 〈그림 3〉은 이들 복합어 의미의 내부 분석을 통해 'α1, α2, α3' 등으로 각 계열관계를 드러내고 있다는 점이 특징적이다.[1] 가령 [X–꾼] 구성의 복합어인 '살림꾼, 장사꾼'은 'X를 전문적으로 하는, 또는 X를 잘하는 사람', '노름꾼, 말썽꾼'은 'X를 습관적으로 하는, 또는 X를 즐겨 하는 사람'을 의미한다는 점에서 공통적이다. 이러한 특징은 실제 사전에서 다음과 같이 기술된다.

1 단어 간 계열관계 내에서의 의미 문제는 제5부 제12장의 '단어 형성과 의미'를 참고할 수 있다.

(13) ≪표준국어대사전≫의 접사 '–꾼' 뜻풀이

가. '어떤 일을 전문적으로 하는 사람' 또는 '어떤 일을 잘하는 사람'의 뜻을 더하는 접미사

예 모사꾼, 살림꾼, 소리꾼, 심부름꾼, 씨름꾼, 장사꾼

나. '어떤 일을 습관적으로 하는 사람' 또는 '어떤 일을 즐겨 하는 사람'의 뜻을 더하는 접미사

예 낚시꾼, 난봉꾼, 노름꾼, 말썽꾼, 잔소리꾼, 주정꾼

다. '어떤 일 때문에 모인 사람'의 뜻을 더하는 접미사

예 구경꾼, 일꾼, 장꾼, 제꾼

라. '어떤 일을 하는 사람'에 낮잡는 뜻을 더하는 접미사

예 과거꾼, 건달꾼, 도망꾼, 뜨내기꾼, 마름꾼, 머슴꾼

마. '어떤 사물이나 특성을 많이 가진 사람'의 뜻을 더하는 접미사

예 건성꾼, 꾀꾼, 덜렁꾼, 만석꾼, 재주꾼, 천석꾼

접사 '–꾼'의 다양한 의미가 사전에 기술되어 있지만, 사실상 '–꾼'의 이러한 의미는 (13)에 제시된 다수의 [X–꾼] 복합어를 통해 귀납적으로 정리된 결과이다. 그리고 사전 기술 과정에서 〈그림 3〉 내 회색 음영의 'α1, α2, α3'가 마치 접사 '–꾼' 의미의 일부인 것처럼 표현되었다. 이후, 이렇게 만들어진 접사 '–꾼'은 의미적 관련성이 있는 새로운 단어, 즉 신어의 형성 과정에도 지속적으로 관여한다.[2]

앞서 제시한 〈그림 1〉~〈그림 3〉은 모두 화자 개인의 등재부를 둘러싼 기존의 연구 성과를 정리한 결과라는 점에서 '미시적 차원의 등재'에 관한 것이다. 그러나 제1장에서 강조한 바와 같이 '개인'을 넘어서는

2 이러한 귀납화 과정을 거친 '접사의 형성' 문제는 제7장 '파생어'의 내용을 참고할 수 있다.

'사회'로까지 단어 연구의 영역을 넓힌다면, 단어의 등재 역시 더욱 확장된 관점에서 이해할 수 있다.

(14) 가. 미시적 차원: '개인 화자'의 등재부
나. 거시적 차원: '사회 구성원'의 등재부

한 개인의 등재부가 그 화자를 둘러싼 사회의 모든 어휘들을 담고 있기는 어렵다. 반대로 모든 사회 구성원이 합의할 만한 공통된 등재부가 개별 화자들의 등재부를 모두 포함한다고 할 수 없다. 따라서 (14)의 두 차원은 단순한 총합만으로 설명되기 어려운 개념이다.

사실상 (14가)는 (14나)의 테두리 안에서 어린 시절부터 자연스럽게 학습한 언어 지식을 통해 구축된다. (14가)와 (14나)의 상호의존적인 관계를 무시할 수 없음에도 불구하고, 그동안 한국어 단어형성론에서는 (14가)에 주목해 왔을 뿐, (14나)에는 큰 관심을 기울이지 않았다. 그러나 (14)의 두 대상에 관한 균형적인 연구가 필요하다. 임시어 연구와 인지 언어학의 실험 연구가 (14가)의 한 방법이 될 수 있다면, (14나)에서는 사회언어학적 방법론을 활용한 연구가 가능하다.

4. 개인어와 사회어

'구조주의 형태론'의 연구 대상은 오직 사회적으로 승인된 단어, 즉 공인어로 국한되었다. 개인이 쓰는 단어라 할지라도 사전 표제어로 올라와 있지 않은 단어는 본격적인 연구 대상에 포함하지 않았다. 이후,

화자의 언어 능력을 강조한 생성 문법에 기반하여 '생성형태론'이라는 새로운 학문적 흐름이 등장하였지만 연구자들의 관심은 여전히 사전 등재어에 머물러 있었다. 사전에 없는 단어는 존재하지 않는 단어, 즉 '비실재어'로 분류한 나머지 이들의 연구 가치를 발견하지 못하였기 때문이다. 이렇게 볼 때, '구조주의 형태론'과 '생성형태론'은 모두 사회적 승인의 문제를 연구 대상 선정의 중요한 기준으로 삼았다는 점에서 공통적이다.

이와 비교할 때, '인지형태론'은 개별 화자의 인지적·심리적 단어 형성 과정에 집중함으로써 단어 형성의 문제를 사회적 승인 문제와 명확히 구분하였다. 단어형성론의 핵심은 개별 화자가 단어를 만드는 과정을 탐구하는 데에 있기 때문에, 단어에 대한 언중의 수용 여부는 핵심을 벗어난 문제라고 본 것이다.

(15)

	사회적 형성	개인적 형성
가. 구조주의 형태론	사전등재어	-
나. 생성형태론	사전등재어	단어 형성 원리
다. 인지형태론	-	단어 형성 원리

이상의 내용은 (15)로 정리된다. 사회적 승인을 거친 단어가 언어 공동체 내에서 온전한 단어로 인정받는 과정을 일종의 '사회적 형성'으로 이해한다면, 구조주의 형태론(15가)과 생성형태론(15나)은 이 과정을 거친 단어만을 단어형성론의 대상으로 파악하였다. 반면, (15다)의 인지형태론은 사회적 승인의 문제를 단어형성론 영역 밖으로 밀어냄으로써 오직 단어의 '개인적 형성'에 초점을 둔다. 이때의 '사회적 형성'은 거시

적 차원의 단어 형성, '개인적 형성'은 미시적 차원의 단어 형성이라 할 만하다.

앞서 우리는 등재의 개념을 설명하면서 '종이 사전의 표제어 등재'와 '화자 머릿속 사전의 등재소 등재'를 구분하였다. 이때 전자는 사회적 차원의 등재로, 후자는 개인적 차원의 등재로 볼 가능성이 있다. 물론 사회적 차원의 등재를 단순히 종이 사전에 국한하여 볼 수만은 없을 것이다. 사전등재어는 아니지만 화자들 사이에서 널리 쓰이는 단어도 실재하기 때문이다. 따라서 사회적 차원의 등재가 지닌 외연은 더욱 확장 가능하다. 즉, 사전에 없더라도 사회적으로 수용되어 공인된 단어를 모두 포함할 만한 개념이 필요한데, 이러한 배경에서 '사회 등재부(어휘부)'와 '개인 등재부(어휘부)'의 용어가 도입될 수 있다.

특정 언어 공동체에서 공인된 단어들의 집합이 '사회 등재부(어휘부)'에 저장된다면, '개인 등재부(어휘부)'는 이름 그대로 구성원 각자의 머릿속 사전을 뜻한다. 화자 개인마다의 등재부가 다른 만큼, 각 언어 공동체마다의 등재부 역시 차이를 보일 것이다. 미시적·심리적 수준의 개인 등재부가 역동적으로 구성되는 만큼, 거시적·사회적 수준의 사회 등재부 역시 끊임없이 변화한다는 점에서 공통적이다.

이렇게 보면, 앞서 제시한 '등재'의 개념은 미시적 차원과 거시적 차원의 두 기준에서 동시에 사용될 수 있다. 종이 사전에 빗대어 머릿속 사전에 단어가 저장되는 과정을 '등재'라고 불렀듯이 새로운 단어가 사회 등재부에 편입되는 과정 역시 '등재'로 부른다면, 개인과 사회 두 층위에서 균형적인 용어 사용이 가능해진다. 이에 우리는 특정 단어가 화자의 개인 등재부 내 등재소가 되는 과정을 '미시적 차원의 등재'로, 특정 단어가 해당 언어 공동체의 사회 등재부로 편입되는 과정을 '거시적 차원의 등재'로 파악하고자 한다. 그리고 지금까지의 논의는 아래의 표로 정리된다. 등재 수준에 따라 '등재소, 등재부' 모두 각각 '개인/사회 등재어, 개인/사회 등재부(어휘부)'의 체계를 지니게 된다.

(16)

	등재소	등재부(어휘부)	등재 수준
가. 화자 개인	개인 등재어	개인 등재부	미시적 차원의 등재
나. 언어 공동체	사회 등재어	사회 등재부	거시적 차원의 등재

'우리가 쓰는 단어는 어디에서 왔는가?', '나는 이 단어를 어떻게 알게 되었는가?' 이러한 물음의 답을 찾다 보면 결국 그 답은 가족, 학교, 나라 등처럼 나를 둘러싼 언어 공동체에서 발견하게 된다. 개인이 평생 동안 얼마나 많은 단어를 스스로 만들어 쓸지 생각해 본다면 사실상 그 수는 극히 드물다. 대부분의 사람들은 자신이 만든 새로운 단어 하나 없이, 이미 누군가가 만든 단어를 익히고 이를 관습적으로 쓰다가 생을 마감할 것이다.

만약 어느 누군가가 새로운 단어를 형성했다면, 그가 과연 100% 순수한 방식으로 전에 없던 결과물을 만들어 내었을까? 그렇지 않다. 그 역시 사회로부터 학습한 단어들을 기초 자료로 삼아 이들을 결합하고 대치하면서 새로운 단어를 만든 것이다. 그 과정에는 자신의 등재부에 저장되어 있는 다양한 단어들을 탐색하고 서로 비교하는 방법도 동원할 것이다. 즉, 새로운 단어를 만들 때 우리는 언어 공동체가 승인한 공인어로부터 절대 자유로울 수 없다.

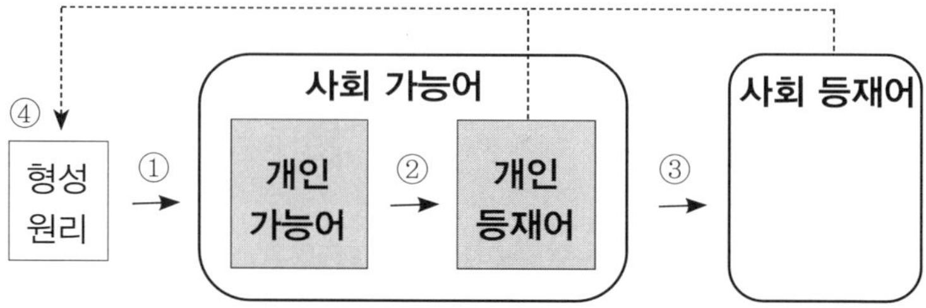

〈그림 4〉 단어의 '형성'과 '등재'

단어의 형성 과정을 순차적으로 도식화한 〈그림 4〉는 단어 형성이 사회의 공인어와 매우 밀접하게 연결되어 있음을 보여준다.[3] 단어 형성은 '형성 원리'에서 시작하여 개인 내부의 '가능어' 형성 과정(①)과 '등재어' 저장 과정(②)을 거친다. 이를 거시적 측면에서 보자면, 특정 개인의 형성 및 등재 과정은 전체 체계상 사회의 '가능어' 형성 과정에 해당한다. 그리고 이러한 단어가 사회적 합의(③)에 이르러 공인어가 되면 사회적 차원의 '등재어'가 된다고 할 수 있다. 주목할 사항은 사회적 수준의 등재어가 다시 새로운 단어를 형성할 때에 활용된다(④)는 점이다.

이상의 고민을 단어형성론에 그대로 가져온다면, '단어형성론의 연구 대상은 무엇인가?'라는 물음에 대해 다양한 차원의 접근이 필요하다는 사실을 발견하게 된다. 즉, 특정 개인이 어떻게 단어를 만들어 내는지에 관한 고민은 물론, 특정 개인을 둘러싼 사회가 어떻게 그 단어를 수용하고 이를 지속하는가에 관한 고민도 필요하다. 구조주의 형태론이 전자를 고려하지 않고 사회에 수용된 단어들의 결과적 측면만을 보고자 하였다면, 생성형태론은 전자에 관한 관심이 있기는 했으나 그 대

3 이에 관한 보다 자세한 설명은 정한데로(2015)를 참고할 수 있다.

상과 방법에 있어서는 여전히 구조주의 형태론처럼 공인어와 같은 사회적 승인의 결과만을 다루고자 하였다. 인지형태론은 전자와 후자의 구분을 보다 명확하게 구분하면서 후자는 단어형성론의 연구 대상이 아니라고 분명히 하였다. 우리는 개인의 단어 형성이 사회와 따로 있을 수 없다는 기본 입장에서 '개인'과 '사회'의 균형적인 접근을 강조하고자 한다. 단어 형성과 관련한 개인과 사회의 문제는 제11장 '단어의 공인화'에서 다시 논의할 것이다.

참고문헌

등재소

김성규(1987), 어휘소 설정과 음운현상, 석사학위논문, 서울대학교.

시정곤(2004), 등재소 설정 기준에 대한 연구, 한국어학 22, 한국어학회, 185-214.

정한데로(2010), 문법 차원의 등재에 대한 연구, 형태론 12-1, 형태론, 1-22.

정한데로(2015), 한국어 등재소의 형성과 변화, 태학사.

채현식(1994), 국어 어휘부의 등재소에 관한 연구, 석사학위논문, 서울대학교.

채현식(2003), 유추에 의한 복합명사 형성 연구, 태학사.

Di Sciullo A-M. & Williams, E.(1987), *On the Definition of Word*, MIT.

등재부(어휘부) 모형

구본관(1990), 경주 방언 피동형에 대한 연구, 석사학위논문, 서울대학교.

김의수(2013), 어휘부와 통사론, 국어학 66, 국어학회, 415-443.

김인균(1999), 국어의 사전(LEXICON)과 형태부(MORPHOLOGY), 서강어문 15, 서강어문학회, 29-56.

박진호(1994), 통사적 결합 관계와 논항구조, 석사학위논문, 서울대학교.

송원용(1998), 활용형의 단어 형성 참여 방식에 대한 연구, 석사학위논문, 서울대학교.

송원용(2005), 국어 어휘부와 단어 형성, 태학사.

시정곤(1998), 국어의 단어형성 원리(수정판), 한국문화사.

시정곤(2001), 국어의 어휘부 사전에 대한 연구, 언어연구 17-1, 한국현대언어학회, 163-184.

전상범(1995), 형태론, 한신문화사.

정한데로(2015), 한국어 등재소의 형성과 변화, 태학사.

채현식(1994), 국어 어휘부의 등재소에 관한 연구, 석사학위논문, 서울대학교.

채현식(2003), 유추에 의한 복합명사 형성 연구, 태학사.

채현식(2013), 어휘부란 무엇인가, 국어학 66, 국어학회, 307−333.
황화상(2001), 국어 형태 단위의 의미와 단어 형성, 월인.
Aronoff, M.(1976), *Word formation in Generative Grammar*, The MIT Press.
Halle, M.(1973), Prolegomena to a theory of word−formation, *Linguistic Inquiry* 4−1, 3−16.
Scalise, S.(1984), Generative Morphology, Foris, Dordrecht. [전상범 역(1987), 생성형태론, 한신문화사.]

등재부(어휘부) 연결망

나은미(2009), (연결주의 관점에서 본) 어휘부와 단어 형성, 박이정.
시정곤(2001), 국어의 어휘부 사전에 대한 연구, 언어연구 17−1, 한국현대언어학회, 163−184.
이광호(2005), 연결망과 단어 형성, 국어학 46, 국어학회, 125−145.
정한데로(2015), 한국어 등재소의 형성과 변화, 태학사.
채현식(2003), 유추에 의한 복합명사 형성 연구, 태학사.
Bybee, J. L.(1985), *Morphology: a Study of the relation between Meaning and Form*, Benjamins.
Bybee, J. L.(1988), Morphology as lexical organization, In Hammond, M. & Noonan, M.(eds.), *Theoretical Morphology*, Academic Press, 119−141.

인지적·실험적 방법을 활용한 등재부(어휘부) 연구

송원용(2005), 신어의 어휘부 등재 시점 연구: 어휘 지식 유무 검사를 통한 검증, 국어학 46, 국어학회, 97−123.
송원용(2009), 국어 선어말어미의 심리적 실재성 검증, 어문학 104, 한국어문학회, 83−102.
송원용(2011가), 한자계 어근 분류 방식의 심리적 실재성, 형태론 13−2, 형태론, 225−244.
송원용(2011나), 불규칙적 고유어 어근의 심리적 실재성, 국어국문학 159, 국어국문학회, 5−30.
송원용(2015), 복합어의 심리적 실재성 검증, 형태론 17−1, 형태론, 1−21.
송원용(2016), 활용형의 적형성과 심리적 실재성, 형태론 18−2, 형태론,

163−182.
안소진(2014), 심리어휘부에 기반한 한자어 연구, 태학사.

개인어와 사회어

정한데로(2011), 임시어의 형성과 등재: '통사론적 구성의 단어화'를 중심으로, 한국어학 52, 한국어학회, 211−241.
정한데로(2015), 단어의 공인화에 관한 고찰, 국어학 74, 국어학회, 233−266.
Bauer, L.(1983), *English Word-formation*, Cambridge University Press.
Hohenhaus, P.(2005), Lexicalization and institutionalization, In Štekauer, P. & Lieber, R.(eds.), *Handbook of Word-Formation*, Springer, 353−373.
Lipka, L.(1992a), *An Outline of English Lexicology: Lexical Structure, Word Semantics, and Word-Formation*, 2nd edition, Walter de Gruyter.
Lipka, L.(1992b), Lexicalization and institutionalization in English and German, *Linguistica Pragensia* 1, 1−13.
Lipka, L., Handl, S., & Falkner W.(2004), Lexicalization & institutionalization: The state of the Art in 2004, *SKASE Journal of Theoretical Linguistics* 1, 2−19.

제10장
단어의 변화

단어는 형성 이후에 어떠한 삶을 살아갈까? 잘 알려져 있듯이 언어는 끊임없이 변화한다. 한번 만들어진 단어의 형태와 의미는 처음 모습 그대로 유지되지만은 않는다. 화자들의 실제 쓰임 안에서 상황적 맥락에 따라 역동적인 양상을 보이기 때문이다. 이 장에서는 어떠한 동기로 단어가 변화하는지 고민하면서 몇 가지 원리를 통해 단어의 변화 기제를 정리할 것이다.

1. 변화의 동기와 과정

제5장에서 우리는 단어 형성의 동기와 과정을 논의한 바 있다. 새로운 단어의 형성이 특정 화자의 '명명' 동기에서 시작한다는 사실을, 그

리고 그 과정이 화자를 둘러싼 화용적 맥락과 밀접하다는 사실을 발견하였다. 우리는 변화의 동기와 과정 역시 형성과 크게 다르지 않다고 파악한다. 구체적인 자료를 통해 그 모습을 살펴보기로 하자.

(1) 가. 벼락과 천둥, 번개로 잠을 못 이루었다.
나. 아버지의 벼락을 조용히 기다렸다.
다. 샤워 꼭지를 틀었다가 찬물 벼락을 맞았다.

(1)에 밑줄 친 '벼락'의 모습을 관찰해 보자. 먼저 (1가)의 '벼락'은 자연 현상으로서 '벼락'의 가장 기본적인 의미를 드러낸다. 그러나 (1나)의 '벼락'은 분명 (1가)와는 다른 의미로 쓰인 것이다. 특정 화자가 아버지로부터 꾸중을 들은 상황을 비유적으로 표현하기 위해 '벼락'이라는 단어를 가져온 것일 뿐이지 (1나)의 '벼락'이 (1가)와 같은 자연 현상을 지시하지는 않는다. 경우에 따라서는 (1다)와 같이 물을 뒤집어 쓴 상황을 표현하기 위해 화자의 의도에 따라 '벼락'이 쓰일 수도 있다. 결국 (1나)와 (1다)는 한 화자가 특정한 맥락 안에서 '몹시 호된', '무언가를 맞은'의 각 속성을 표현하기 위해 '벼락'이라는 단어를 문장 내에 비유적으로 활용한 것이다. 이들 '벼락'은 '맥락적 변이(contextual variation)'로서 임시적으로 문장 내에 쓰였다.

(2) '변이'와 '변화'의 속성

	변이	변화
공시성·통시성	공시적	통시적
의미 고정성	유동적	고정적
맥락관련성	맥락의존	맥락자유
등재성	비등재	등재

(2)는 '변이(variation)'와 '변화(change)'의 기본 속성을 표로 정리한 것이다. 변이는 상황에 따라 달리 기술 가능하다는 점에서 공시적인 속성을 띠는 데 반해, 변화는 특정 시점의 전후 비교를 통해 그 차이에 주목한다는 점에서 통시적 속성을 지닌다. 특히 의미 해석과 관련하여 변이는 고정적이지 않은 유동적 특징이 있지만, 변화는 이미 관련 해석이 고정화된 이후라는 점에서 변이와 차이가 있다. 변이는 각각의 상황과 맥락에 의존적인 데 반해, 변화는 과정 완료 후 고정화된 의미를 부여받은 상태이므로 맥락으로부터 자유롭다. 변이는 공시상의 역동적인 현상이라는 점에서 굳이 등재할 필요가 없지만, 변화는 등재부(어휘부) 저장을 통해 고정화된 결과를 등재해야만 한다.

변이와 변화의 속성을 참고해 보자면, (1나)와 (1다)의 초기 쓰임은 분명 맥락에 따라 달리 해석 가능한 변이 차원의 결과였을 것이다. '벼락'을 활용한 참신한 비유 과정을 거쳐 (1나)와 (1다)의 각 문장이 해석되었을 것이 분명하다. 그러나 (1나)와 (1다)의 쓰임이 반복적으로 지속된다면 이들 역시 '벼락'의 또 다른 의미로 추가될 가능성이 있다. 다시 말해서, (1나)와 (1다)에서 '벼락'이 지시하였던 의미가 맥락을 벗어난 상황에서도 독자적으로 고정된 방식으로 쓰이게 되는 것인데, (2)의 '변화' 단계가 바로 이에 해당한다.

(3) 벼락01

① 공중의 전기와 땅 위의 물체에 흐르는 전기 사이에 방전 작용으로 일어나는 자연 현상

② 몹시 심하게 하는 꾸지람이나 나무람을 비유적으로 이르는 말

③ 매우 빠름을 비유적으로 이르는 말

④ 예기치 않게 물 따위를 뒤집어씀을 비유적으로 이르는 말

(1나)와 (1다)의 '벼락'은 (3)의 ②와 ④의 의미로 각각 해석된다. 이렇게 ≪표준국어대사전≫에 해당 의미가 기술되어 있다는 사실은 이러한 비유적 의미가 더 이상 임시적이지 않다는 것을 뜻한다. 즉 이는 맥락적 변이를 탈피한 변화의 결과로 파악된다. 그 과정을 아래 그림으로 정리해 볼 수 있다.

<table>
<tr><th>변이</th><td></td><th>등재</th></tr>
<tr><td>[A]+ α →A′
[A]+ α′ →A″
[A]+ α″ →A‴</td><td>→
고정화</td><td>[A′]
[A″]
[A‴]</td></tr>
<tr><th colspan="3">변화</th></tr>
<tr><td colspan="3">[A]〉[A′]
[A]〉[A″]
[A]〉[A‴]</td></tr>
</table>

〈그림 1〉 변화의 과정

〈그림 1〉에서 보듯이 변이는 다양한 화용적 맥락(α)에서 이전과 다른 방식으로 표현 가능하다. 가령 [A]라는 등재소는 A′로 달리 실현될 수 있는데 만약 맥락적 변이로 쓰인 A′가 점차 고정화되어 [A′]라는 등재소가 된다면, 이는 '[A]〉[A′]'와 같은 변화로 이해될 수 있다. 등재소 [A]가 각기 다른 화용적 맥락(α′, α″)에서 A″, A‴로 쓰이다가 이들이 고정화되어 [A″], [A‴]의 새로운 단어가 된다면 이 역시 '[A]〉[A″]', '[A]〉[A‴]'의 각 변화를 거친 것이다.

흔히 우리가 '변화'를 이야기할 때에는 그 결과적 측면만을 보고 논의하는 경우가 대부분이다. 그러나 변화의 시작과 중간 과정에 대해 고민해 본다면, 그 시작점은 바로 특정 화자에 의한 '변이'에서 찾을 수 있다. 그러한 변이가 시간적 흐름에 따라 점차 고정화되었다면, 그 시작과 끝을 모두 포함하여 총체적으로 담아 낸 결과가 바로 '변화'인 것이다.

2. 형태 변화와 의미 변화

제2장에서 논의한 것처럼 단어는 '형태'와 '의미'라는 두 가지 속성을 모두 지닌다. 이에 단어의 형성에 관한 연구가 '형태 정보'와 '의미 정보'를 모두 고려하여 진행될 수 있음을 제5장에서 살펴본 바 있다. 단어의 변화도 형성과 평행한 관점에서 '형태 변화'와 '의미 변화'로 구분하여 구체적인 모습을 관찰해 보고자 한다.

(4) 가. 마음: ᄆᆞᅀᆞᆷ 〉 ᄆᆞᄋᆞᆷ 〉 ᄆᆞ음 〉 마음
　　나. 어리-: '어리석다' 〉 '나이가 많지 않다'

(4)는 형태 및 의미 변화가 확인되는 대표적인 단일어의 예이다. 오늘날의 '마음'은 이전 시기부터 (4가)와 같은 통시적 형태 변화를 거쳐 지금에 이르렀다. 반치음(△)과 아래아(•)의 소멸에 따라 점진적으로 형태가 변화한 모습이 관찰된다. 한편, '어리-'는 '나이가 많지 않다'의 의미로 쓰이는 지금과 달리 이전 시기에는 '어리석다'의 의미로 사용되었

다. 지금과 비교할 때 형태 변화는 없지만 의미에 있어서는 큰 차이를 보인다.

(5) 가. 아프-: 알ᄑᆞ-(앓-+-ᄇᆞ-) 〉 아프-
　　나. 노름(놀-+-음): '놀이' 〉 '도박'

이러한 양상은 복합어에서도 동일하게 관찰된다. 형용사 어간 '아프-'는 현대 한국어 화자들에게 보통 단일어로 인식되는 것이 일반적이다. 그러나 '아프-'는 (5가)와 같이 이전 시기에 활발하게 나타나던 'ㄹ' 탈락, 아래아(ㆍ) 소실 단계를 거쳐 현재에 이르렀다. 특히 이전 시기의 '알ᄑᆞ-'는 동사 어간 '앓-'과 형용사 파생접사 '-ᄇᆞ-'가 결합한 파생 형용사의 지위에 있었지만, 위와 같은 형태 변화를 거쳐 지금은 더 이상 파생어의 흔적을 찾아보기 어렵다.

오늘날 '노름'은 '돈이나 재물 따위를 걸고 하는 내기'를 뜻하는 의미로 쓰인다. '노름'은 '놀-+-음' 구성의 복합어에서 기원한 것으로, 각 구성성분의 형태가 의미에 투명하게 반영되었다면 '노는 행위, 노는 활동' 정도의 뜻으로 쓰일 법하다. 그러나 오늘날 '노름'이라는 단어는 '도박'의 의미로 쓰이는 것이 특징적인데, 그 중간 과정에 일련의 의미 변화가 진행되었음을 알 수 있다. 일반 한국어 화자라면 (5)의 '아프-'와 '노름'에서 '앓-, -ᄇᆞ-'의 형태나 '놀-'의 의미를 인식하지 못할 가능성이 높다. 이는 언어학적 분석을 통해 구체적으로 자료를 관찰할 때에 비로소 발견 가능한 사실이다.

단어의 형태 및 의미 변화는 또 다른 기준에 따라 그 유형을 구분할 수 있다. 변화는 등재부에 저장된 단어들, 즉 등재소를 중심으로 이루어진다는 점에서 등재부 내 '등재소 자체의 변화'도 논의 가능하지만, 고정된 등재소 외의 '외부 변화'로 인한 경우도 함께 다룰 필요가 있다. 달리 말해서, 등재소 내부의 변화로 인해 더 이상 공시적으로 설명이 불가능한 경우, 그리고 등재소 외부의 변화로 인해 공시적으로 설명 불가능한 경우로 변화의 두 유형이 구분된다. 전자는 '등재소 내적 변화', 후자는 '등재소 외적 변화'에 해당한다.

(6) 가. 갓가ᄫᅵ 〉 가까이
　　나. 굳이(①) 〉 굳이(①, ②)

(6가)의 '갓가ᄫᅵ'가 오늘날 '가까이'의 형태로 모습을 달리하게 된 것은 이전 시기 순경음 비읍(ㅸ)이 실재하던 시기에 만들어진 복합어가 내부에서 진행된 내적 형태 변화를 겪었기 때문이다. (6나)의 '굳이'는 오늘날 '① 단단한 마음으로 굳게, ② 고집을 부려 구태여'의 두 의미로 해석되는데, 이때 ②의 의미는 ①보다 후대에 만들어진 것이다. 초기 ①의 의미로만 쓰이던 '굳이'가 지금 ①과 ②의 의미로 동시에 쓰여 의미 확장을 경험한 것은 복합어 내부에서 진행된 의미 변화로 파악 가능하다.

(7) 가. 그듬 (그믈- + -ㅁ)
　　나. 한바탕 (하- + -ㄴ + 바탕)

(6)이 복합어 등재소 내부의 형태 및 의미 변화를 보여준다면, (7)은

복합어 외적 요인에 따라 해당 단어가 변화한 것이다. (7가)의 '그믐'은 공시적으로 그 구성을 설명하기 어렵다. 이는 이전 시기에 '그믈-+-ㅁ'의 결합을 통해 만들어진 단어이지만, 현재 '그믈-'과 같은 어근이 실재하지 않기 때문에 '그믐'은 더 이상 복합어로 인식되지 못하는 수준에 있다. 즉 복합어 '그믐'과는 별도의, 어근 '그믈-'의 변화에 따른 등재소 외적 변화에 해당한다. 한편, 의미적 측면에서도 등재소 외적 변화를 발견할 수 있다. (7나)의 '한바탕'은 '한 번 일이 크게 벌어진 판'의 의미로 쓰이는데, 이 단어는 형성 당시 '하-+-ㄴ+바탕'의 구성 의미 그대로 복합어의 의미를 유지하고 있다. 과거에 '크-'[大]의 의미를 지니던 '하-'는 현재 더 이상 쓰이지 않고, 과거에 '마당'[場]의 의미로 쓰였던 '바탕(>바탕)'은 그 의미가 변화하였다. 따라서 공시적 언어 해석만으로는 앞서 제시한 복합어 '한바탕'의 의미가 충분히 파악되지 않는다. 이러한 점에서 각 구성성분의 변화에 따른 등재소 외적 변화에 해당한다.

(8) 가. 알ᄑᆞ-(잃-+<u>-ᄇᆞ-</u>) > 아프-
　　나. 이바디(<u>이받-</u>+-이) > 이바지

경우에 따라서는 '등재소 내적 변화'와 '등재소 외적 변화'를 모두 경험한 단어도 발견된다. 앞서 관찰한 바 있는 (8가)의 형용사 '아프-'는 '잃-+-ᄇᆞ-'의 복합 구성에서 기원하였는데, 등재소 내적으로는 아래아가 소실됨에 따라 '알ᄑᆞ->아ᄑᆞ->아프-'의 음운 및 형태 변화를 거쳤다. 그와 동시에 형용사 파생접사 '-ᄇᆞ-'의 소실에 따른 등재소 외적 변화도 확인된다. 한편, (8나)의 '이바지'는 '대접하-, 봉양하-'를 의미하던 동사 어간 '이받-'으로부터 파생한 명사이다. 그러나 독립된 동사로서 '이받-'이 자취를 감춘 결과로 등재소 외적 변화가 진행되었고, '이바지'의 의미 역시 예전과는 달리 '도움이 되게 함', '정성을 들여 음식 같은 것을 보내 줌. 또는 그 음식'으로 쓰인다는 점에서 등재소 내적 변화를 거쳤다고 할 수 있다.

이상의 내용을 정리해 보면, 단어의 변화는 '형태, 의미'의 층위뿐만 아니라, '등재소 안팎'의 층위에서도 역동적으로 실현되고 있음을 알 수 있다. 변화에 관한 정밀한 관찰과 분석을 통해 각 현상을 체계화한 후 자료 간의 상관성을 밝히는 작업이 제대로 이루어질 때에 비로소 '단어의 변화'에 한 발짝 더 다가갈 수 있을 것이다.

3. 분석에 의한 변화

한때 복합어를 이루던 구성성분을 대상으로 새로운 구조적 재해석이 이루어지면 해당 단어는 공시적으로 달리 이해될 가능성이 있다. 단어의 변화 연구는 이러한 과정을 고려하여 두 가지 유형으로 구분된다. 하나는 복합어를 새롭게 '분석'하여 이전과 다른 결과물을 얻어내는 방식이다. 다른 하나는 둘 이상의 구성성분으로 이루어진 대상이 '단일화'되어 마치 하나의 단위처럼 인식되는 경우이다. 이 두 과정은 '분석' 그리고 '단일화'의 방식을 취한다는 점에서 정반대의 양상을 보이는 변화 유형이라고 할 수 있다.

먼저 살펴볼 복합어 등재소의 '분석'에 의한 변화 역시 형태 변화와 의미 변화의 두 차원에서 접근 가능하다. 먼저, 형태를 기준으로 분석에 의한 변화의 세 가지 유형을 살펴보고자 한다. 첫째 사례는 '[X-ㅅ]류 접두사'의 예이다.

(9) 가. 웃-: 웋+-ㅅ+N → 웃N → 웃-N
　　나. 풋-: 풀+-ㅅ+N → 풋N → 풋-N
　　다. 헛-: 허(虛)+-ㅅ+N → 헛N → 헛-N

(9)의 세 형태 '웃-, 풋-, 헛-'은 오늘날 접두사로 분류되지만, 사실 이들 형태는 복합어의 한 구성성분으로 새롭게 분석되면서 접사의 지위를 획득한 것들이다. 먼저 (9가)의 예를 살펴보자. '웋'[上]과 후행하는 명사가 결합하는 과정에 당시의 관형격 조사 '-ㅅ'이 구성 내부에 포함되었다. 이렇게 만들어진 '웃N' 유형의 통사적 복합어가 일반화되는 과정에서 계열관계를 통해 '웃-'이 재해석되었고, 그 결과 '웃-'은 접두사라는 새로운 형태로 분석되기에 이르렀다. 이는 '웃N'의 복합어를 이전과 다른 방식으로 '분석'함으로써 얻어 낸 새로운 접사 '웃-'의 형성이면서, 그와 동시에 '웋 〉 웃-'과 같은 이전 형태에서 새로운 형태로의 '변화'라고도 할 수 있다. 이는 (9나)와 (9다)에도 동일하게 적용 가능하다. 접미사 '풋-'은 명사 '풀'과, 접미사 '헛-'은 한자 어근 '허(虛)'와 관련이 있다.

(10) 가. 웃사ᄅᆞᆷ 〈석보상절(1447) 9:14a〉, 웃옷 〈법화경언해(1463) 2:46a〉, 웃머리 〈법화경언해(1463) 4:28b〉

나. ᄑᆞᆺ나모 〈신전자초방언해(1698) 9a〉, 草氣 ᄑᆞᆺ내 〈역어유해보(1775) 31b〉, ᄑᆞᆺᄃᆡ쵸 〈규합총서(1869) 12b〉

다. 虛ㅅ想 〈능엄경언해(1461) 8:70a〉, 헛일 〈정속언해(1518) 17b〉, 헛말 〈계축일기(16**) 상:47a〉

(10)의 각 예를 통해 어근 '울, 풀, 허(虛)'와 후행 명사 사이의 'ㅅ' 형태를 공통적으로 확인할 수 있다. 각 복합어의 분석 과정을 거치면서 선행하는 '웃-, 풋-, 헛-'이 독립된 접두사의 지위를 얻게 되었다.

이와 유사한 양상을 '[X-ㄴ]류 접두사'의 예에서도 확인할 수 있다. (11) 역시 통사적 복합어의 한 구성성분이 접두사로 새롭게 재해석되어 지금에 이른 것이다. 앞서 살펴본 '[X-ㅅ]류 접두사'와의 차이가 있다면, (11)은 용언 어간과 관형사형 어미 '-ㄴ'이 참여한 구성이라는 점이다.

(11) 가. 민-: 믜-+-ㄴ+N → 믠N → 민-N
나. 한-: 하-+-ㄴ+N → 한N → 한-N
다. 선-: 설-+-ㄴ+N → 선N → 선-N
라. 잔-: 잘-+-ㄴ+N → 잔N → 잔-N

기본적인 형성 방식은 동일하다. (11가)의 경우, 이전 시기에 '머리털 따위가 빠지-'를 뜻하던 동사 '믜-'가 어미 '-ㄴ'을 포함하여 통사적 복합어를 형성하였다. 그리고 복합어 '믠N'의 계열관계를 토대로 선행 성분 '믠-'이 지금의 접두사 '민-'으로 새롭게 분석되었다. (11나)의 '하-'는 중세 한국어의 형용사 '하-'와 관련이 있는데, 이 역시 현재 접두사 '한-'으로 쓰이며 후행하는 어근에 '큰'의 의미를 더한다. (11다)의 '설-',

(11라)의 '잘–'은 오늘날 각각 '서툰, 충분치 않은'을 뜻하는 접두사 '선–', '가늘고 작은, 자질구레한'을 뜻하는 접두사 '잔–'과 깊이 관련되어 쓰이고 있다. 이들 단어의 실제 모습은 아래의 자료에서 구체적으로 확인 가능하다.

(12) 가. 믠비단 〈번역노걸대(1517) 하:24a〉, 믠머리 〈역어유해(1690) 상:29a〉, 믠산 〈몽어유해보(1790) 3a〉
나. 한쇼 〈용비어천가(1447) 87〉, 한숨 〈석보상절(1447) 19:14b〉, 한믈 〈훈몽자회(1527) 하:15a〉
다. 선잠 〈해동가요(1718)〉, 선우숨 嚅唲 〈한영자전(1911) 528〉
라. 잔소리 細語 〈국한회어(1895) 249〉, 잔병 多病 〈국한회어(1895) 249〉

끝으로, '[ㅅ–X]류 접미사'의 예도 확인된다. 앞의 두 예와 달리 이는 접미사의 경우인데, 관형격 조사 '–ㅅ'이 참여한 통사적 복합어로부터 분석된 일부 형태가 접사로 굳어졌다는 점에서 (9)의 유형과 관련이 있다.

(13) 가. –꾼: N+–ㅅ+군(軍) → Nᄭᅮᆫ → N–꾼
나. –꾸러기: N+–ㅅ+구러기(구럭+–이) → Nᄭᅮ러기 → N–꾸러기
다. –빼기: N+–ㅅ+박이(박–+–이) → Nᄲᅢ기 → N–빼기
라. –째: N+–ㅅ+자히 → Nᄶᅢ → N–째
마. –쯤: N+–ㅅ+즈음 → N쓰음 → N–쯤

(13가)에서 어근 '군(軍)'이 선행 명사 N과 함께 통사적 복합어를 이루

는 과정에 관형격 조사 '-ㅅ'이 포함된 채로 'Nᄭᅮᆫ'이 완성되었다. 이 경우도 앞서 확인한 두 유형의 접사와 마찬가지로 관련 단어들 간의 계열 관계를 통해 접미사 '-꾼'이 새롭게 분석된 것이다. 접미사 '-꾸러기, -빼기, -째, -쯤'도 동일한 방식으로 형성되었다. 다음의 예처럼 다수의 관련 용례가 확인된다.

(14) 가. 샹도ㅅ군 〈역어유해보(1775) 28a〉, 구경ᄭᅮᆫ 〈신학월보(1902) 2:542〉
나. 눈칫구러기 〈소상강 구활자본고전소설전집 26〉, 비ㅅ구러기 〈몽어유해보(1790) 28b〉, 걱정ᄭᅮ럭이 〈한불자뎐(1880) 143〉
다. 고ᄌᆞᆺ바기 〈동의보감(1613) 2:30b〉, 니마ᄲᅡᆨ이 〈한영자전(1911) 196〉
라. 세 힛자히 〈월인석보(1459) 2:65b〉, 둘째 〈박통사언해(1677) 下:20a〉
마. 孟季ㅅ즈음 〈선종영가집언해(1464) 下:46b〉, 모뢰ᄡᅳ음 〈첩해신어(1676) 初4:7a〉, 십리쯤 〈뎐로력뎡(1894) 2〉

이상의 '[X-ㅅ]류 접두사', '[X-ㄴ]류 접두사', '[ㅅ-X]류 접미사'는 형태 차원에서 '분석'에 의한 접사의 형성을 발견할 수 있는 예이다. 복합어 이전의 각 구성성분과 다른 별도의 새로운 형태가 등장하였다는 점에서 '접사의 형성'이라고 할 수 있지만, 한편으로는 '옿 〉 웃-', '믜- 〉 민-', '군(軍) 〉 -꾼'과 같은 기존 형태의 문법적 범주 '변화'로도 볼 수 있을 것이다.

그렇다면 의미 차원에서 적용된 '분석'에 의한 변화의 결과는 어떠한 것들이 있을까? 기본 접근 방식은 앞의 예들과 다르지 않다.

(15)

'들' 〉 '들–'(**야생의**)
'들'…야생의+'N' → '들N'(들에서 자란 야생의 N) → '들–'(**야생의**)+'N'

먼저, (15)의 예에서 관련 현상을 발견할 수 있다. 복합어 '들비둘기, 들소, 들오리'에서 관찰되는 접두사 '들–'은 '야생에서 자라는'의 뜻을 지닌다. 이때 '야생'의 의미는 어떻게 획득된 것일까? 이 역시 (15)와 같은 분석 과정을 상정해야만 한다. 초기 '야생에서 자라는 동물'을 명명하고자 할 때, 특정 화자가 '들'이라는 단어를 가져와 '들N' 복합어를 형성하였을 것으로 추정 가능하다. 야생을 의미하는 다양한 공간 명사가 있었을 텐데 그중 대표적인 '들'을 활용한 것이다. 유사한 계열관계의 단어가 활발히 만들어지고 나면 이때 '들N' 구성 내의 '들–'은 마치 '야생에서 자라는'의 의미를 더하는 접두사로 화자들 사이에서 인식될 수 있다.

(16) 가. 개꿀, 개떡, 개살구; 개꿈, 개수작, 개죽음; 개고생, 개꼴, 개망신
나. 돌배, 돌미역, 돌조개
다. 맏나물, 맏배

(17) 가. 개–: ① '야생 상태의' 또는 '질이 떨어지는', ② '헛된', '쓸데없는', ③ '정도가 심한'의 뜻을 더하는 접두사
나. 돌–: '품질이 떨어지는' 또는 '야생으로 자라는'의 뜻을 더하는 접두사
다. 맏–: '그해에 처음 나온'의 뜻을 더하는 접두사

(16)의 '개-, 돌-, 맏-' 모두 (15)의 '들-'과 유사한 방식으로 오늘날 접두사의 지위에 오른 것이다. 명사 '개, 돌, 맏'이 참여한 '개N', '돌N', '맏N' 유형의 복합어가 다수 출현하였고, 이들 간 계열관계를 통해 분석된 일부 형태가 각각 (17)처럼 접두사로 자리를 잡았다. 복합어 '개N', '돌N', '맏N' 형성 과정에 추가적으로 도입된 '야생 상태의' 또는 '질이 떨어지는', '품질이 떨어지는', '그해에 처음 나온' 등의 의미가 접두사 분석 과정에 접사의 의미로 재조정된 것이다.

그렇다면 이와 동일한 방식으로 형성된 접미사의 예는 없을까? 앞서 언급한 바 있는 접미사 '-꾼'에서 그 모습을 확인할 수 있다.

(18) 복합어 분석에 의한 접사 '-꾼'의 형성

	① 형성		② 분석
살림꾼	살림 + 전문적으로 하는 + 사람 [A] α [B]	→	살림 + 전문적으로 하는 사람 [A] + [α +B]
낚시꾼	낚시 + 습관적으로 하는 + 사람 [A] α [B]	→	낚시 + 습관적으로 하는 사람 [A] + [α +B]
싸움꾼	싸움 + 때문에 모인 + 사람 [A] α [B]	→	싸움 + 때문에 모인 사람 [A] + [α +B]

분석을 통한 접두사 '들-, 개-, 돌-, 맏-'의 형성 과정에 '들N, 개N' 등과 같은 복합어가 전제되었다. 그리고 복합어 형성 과정에 도입된 추가 의미가 접사의 형성과 함께 각 접사의 내부 의미로 포함된 것을 확인하였다. 이는 (18)의 'N꾼' 복합어에도 동일하게 적용된다. (18)의 '살림꾼, 낚시꾼, 싸움꾼' 복합어 형성 과정에 '전문적으로 하는, 습관적으로 하는, 때문에 모인'의 의미가 각각 추가된다. 이후, 이들 세 복합

어를 분석하는 과정에서 각 접미사 '-꾼'은 어근을 제외한 모든 의미를 포함하게 된다. 즉, '살림꾼'의 '-꾼'은 '전문적으로 하는 사람'을, '낚시꾼'의 '-꾼'은 '습관적으로 하는 사람'을, '싸움꾼'의 '-꾼'은 '때문에 모인 사람'을 의미하는 접미사로 분석되는 것이다. 이러한 접미사의 의미 역시 복합어의 분석을 통해서 설명 가능하다.

4. 단일화에 의한 변화

앞서 살펴본 복합어의 '분석'과 달리, 복합어의 '단일화' 과정을 통해서도 변화의 일면을 발견할 수 있다. 둘 이상의 구성성분으로 이루어진 대상이 특정 시기에 이르러 더 이상 두 성분으로 파악되지 않는 경우가 이에 해당한다. (5)에서 '알ᄑᆞ- 〉 아프-'의 형태 변화를 거친 단어가 현대 한국어 화자들에게 복합어로 인식되기 어렵다는 사실을 언급한 바 있다. 이것이 바로 전형적인 단일화의 예이다. 그동안 형태론 연구에서는 이러한 단일화 과정을 '어휘화(lexicalization)'로 불러 왔다.

(19) 단일화의 두 유형
가. 어휘화: 알ᄑᆞ-(앓-+-ᄇᆞ-) 〉 아프-
나. 문법화: -어 잇- 〉 -었-

단일화라는 용어는 어휘화보다 그 외연이 더 넓다. 즉, 어휘화는 단일화의 한 유형으로 이해된다. 둘 이상의 성분으로 구성된 대상이 단일한 어휘 형태로 변화한 것을 '어휘화'라고 하는 것과 대등하게, 단일한 문법 형태로의 변화는 '문법화(grammaticalization)'로 부를 수 있다. (19가)의 '알ᄑᆞ-'가 한때 어근 '앓-'과 접사 '-ᄇᆞ-'의 결합을 통해 만들어진 파생어였으나, 통시적 과정에서 '아프-'는 하나의 단어로 단일화, 즉 어휘화되었다. 한편, (19나)는 현대 한국어의 과거 시제 선어말 어미 '-었-'이 역사적으로 '-어 잇-'의 통사 구성에서 기원하였음을 보여 준다. 문법 형태소인 어미 '-어'를 포함한 우언적 구성(periphrastic construction)이 '-엣- 〉 -엇-'의 중간 과정을 거쳐 현재의 '-었-'에 도달한 것이다. 이 과정은 문법화로 설명 가능하다. 관련 대상에 있어서는 차이가 있지만, (19가)의 어휘화와 (19나)의 문법화는 모두 둘 이상의 형태소가 결합한 복합 구성이 시간의 흐름에 따라 단일화한 점에서 공통적이다.

그중에서도 우리는 복합어를 대상으로 한 어휘화에 더욱 주목하고자 한다. 어휘화의 모습을 구체적으로 살펴보면 형태와 의미 차원에서 각각 그 유형을 달리 확인할 수 있다.

(20) 가. 그믐, 무덤
　　나. 기쁘-, 슬프-

(20)은 형태 차원에서 어휘화를 겪은 예이다. 앞서 언급한 것처럼 (20가)의 '그믐'은 한때 '그믈-+-ㅁ'의 결합을 통해 만들어진 복합어이지만, 현재 공시적으로 어근 '그믈-'이 남아 있지 않기에 이들 구성을 복합어로 인식하기는 쉽지 않다. 같은 맥락에서 '무덤' 역시 '묻-+-엄'의 복합 구성에서 기원하였지만, 접사 '-엄'이 '무덤, 주검' 등의 일부 단어

내부에서만 관찰될 뿐 더 이상 생산적인 모습을 보이지 않는다는 점에서 '무덤'은 단일어로 파악하는 것이 일반적이다.

(20나)의 형용사 '기쁘-'는 동사 '깄-'에 형용사 파생접사 '-브-'가 결합하여 만들어진 복합어 '깃브-'로부터 변화한 것이다. 그리고 형용사 '슬프-' 역시 동사 '슳-'과 형용사 파생접사 '-브-'가 결합한 결과로 만들어졌다. 이들은 어근과 접사 모두 현재 그 쓰임을 관찰하기 어렵기 때문에 오늘날 '기쁘-'와 '슬프-'를 복합어로 분류하는 것은 불가능하다. 이미 단일어로 어휘화한 것이다.

(21) 가. 좁쌀, 햅쌀; 입때, 접때
　　나. 괴롭-, 새롭-

(21가)는 구성성분 간의 공시적인 결합으로 설명하기 어렵다. 가령 '좁쌀'이 '좁+쌀'의 결합이라면 '좁'이 무엇인지 쉽게 설명되지 않고, 그것이 '조+ㅂ+쌀'의 결합이라면 이때 관찰되는 'ㅂ'의 지위를 명확히 알기 어렵기 때문이다. '입때, 접때'도 공시적으로 구성 내 'ㅂ' 형태를 설명할 수가 없다. 그렇다면 이들은 단일어로 분류되는 것인가? '좁쌀'의 '쌀', '입때'의 '때'가 명확하게 분석되기에 단순히 이들을 단일어로 보기에도 어려움이 있다. 이들은 각각 '쌀'과 '때'의 형태 변화, 즉 'ᄡᆞᆯ 〉 쌀'과 'ᄣᅢ 〉 때'와 관련이 깊은데, '쌀'과 '때'의 형태 변화 이전에 만들어진 복합어 '조ᄡᆞᆯ', '이ᄣᅢ'가 이전 형태의 모습을 유지한 채 'ㅂ'을 마치 화석처럼 내부에 포함하게 된 것이다.

이러한 어려움은 (21나)에서도 확인된다. 형용사 '괴롭-'과 '새롭-'

은 한때 '고(苦)+-롭-', '새+-롭-'의 결합을 통해 만들어졌다. 그런데 두 단어 내부의 어근으로 볼 만한 '괴, 새'로 인해 공시적으로 이들 구성의 형성은 설명되지 않는다. 시간의 흐름에 따라 '고 〉 괴'의 형태 변화가 이루어졌고, 또 현대 한국어 관형사 '새'가 명사의 용법을 보이던 시기에 '새롭-'이 만들어졌기 때문에 지금은 이들 단어의 형성이 불가능하다. 그렇다면 이 역시 어휘화를 거친 단일어로 볼 만하다. 그러나 (21가)와 마찬가지로 '괴롭-, 새롭-'도 접사 '-롭-'이 명확히 분석된다는 점에서, 계열관계에 있는 다른 단어를 고려할 때 (21나)를 단일어로 보기에 어려움이 있다. 이러한 문제의 원인은 분석 방식에 기초한 형태소 개념이 지닌 한계 때문이다. 이에 대해서는 앞서 제4장에서 살펴본 바 있다.

(22) 가. 한바탕, 더운물
　　나. 땔나무꾼, 약장수

다음으로 의미 차원에서 어휘화한 예를 확인해 보자. (22가)의 '한바탕, 더운물'은 ≪표준국어대사전≫에 다음과 같이 각각의 의미가 기술되어 있다.

(23) 가. 한바탕: 크게 벌어진 한 판. (=일장(一場))
　　나. 더운물: 따뜻하게 데워진 물. (≒온수(溫水))

(23)에 제시된 '한바탕, 더운물'의 의미는 몇 가지 설명하기 어려운 현상을 보여 준다. 앞서 (7)에서 살펴본 바와 같이 '한바탕'을 구성하는

구성성분 '하-, -ㄴ, 바탕'을 통해 (23가)의 의미를 포착해 내기 어렵기 때문이다. '더운물' 역시 '덥-'의 의미로는 '따뜻하게'가 명확하게 해석되지 않는다. 이는 이들 구성성분의 통시적인 의미 변화와 관련이 깊다. 이전 시기에 '크-'[大]를 의미하던 '하-', '마당'[場]을 의미하던 '바탕(>바탕)'이 복합어를 형성한 후, 각 구성성분의 개별 의미가 변화하는 과정에서도 등재소인 복합어는 이전의 의미를 그대로 유지한 것이다. '더운물'은 이전 시기에 '덥-'[暑]뿐만 아니라 '뜨겁-'[熱]의 의미도 지니고 있었던 '덥-'의 의미 변화와 관련이 있다. '덥-'의 의미 영역이 '덥-'[暑]만으로 축소되면서, 이제는 '더운물'의 의미를 공시적인 구성성분의 결합만으로 해석하기가 다소 어려워졌다.

한편, (22나)의 '땔나무꾼, 약장수'는 다른 차원에서 의미론적 어휘화를 거친 단어로 볼 만하다. 이들의 ≪표준국어대사전≫ 내 뜻풀이 기술은 다음과 같다.

(24) 가. 땔나무꾼:
① 땔나무를 베거나 주워 모으는 것을 직업으로 하는 사람.
② 아주 순박하고 꾸밀 줄 모르는 사람을 낮잡아 이르는 말.
나. 약장수:
① 약 파는 일을 직업으로 하는 사람.
② 이것저것 끌어대어 이야기를 잘하는 사람을 놀림조로 이르는 말.

(24)의 의미 기술 가운데 밑줄 친 각각의 ② 의미가 주목된다. 비교적 투명하게 의미가 해석되는 ①과 달리, ②는 각 복합어의 구성성분만

으로 의미 해석이 불가능하다. 즉, '땔나무, 약'의 의미가 밑줄 친 ②에서 포착되지 않는 것이다. 이때 ②의 의미를 고려한다면 '땔나무꾼, 약장수'는 분명 어휘화한 복합어로 보아야 할 것이다.

(25) 가. 깜둥이꾼: 도둑질하여 온 표를 사는 사람.
　　나. 꼴뚜기장수: 재산이나 밑천 따위를 모두 없애고 어렵게 사는 사람을 비유적으로 이르는 말.

더 나아가, (25)는 각 구성성분으로 볼 만한 형태의 의미가 복합어 전체 의미에서 전혀 관찰되지 않는다. (24)의 두 ②처럼 구성성분만으로는 의미 해석이 불가능한 단어들이다. 이들은 의미론적으로 어휘화한 것으로 볼 만한데, 각 단어가 초기 형성 과정에 어떠한 의미로 쓰였을지 추정하기가 쉽지 않다.

지금까지 형태 및 의미 차원에서 어휘화한 단어들을 살펴보았다. 이들은 모두 각 구성성분의 합을 통해 공시적으로 설명 불가능하다는 점에서 공통된 모습을 보였다. 이전 시기의 복합어가 단일화하는 과정 역시 대표적인 변화의 한 유형이다.

참고문헌

변화의 동기와 과정

송철의(1992), 국어의 파생어형성 연구, 태학사.
정한데로(2012), 어휘 변화의 세 방향: '보-'를 중심으로, 형태론 14-1, 형태론, 25-52.
정한데로(2015), 한국어 등재소의 형성과 변화, 태학사.

형태 변화와 의미 변화

구본관(2005), 어휘의 변화와 현대국어 어휘의 역사성, 국어학 45, 국어학회, 337-372.
송철의(1992), 국어의 파생어형성 연구, 태학사.
정한데로(2009), 국어 복합어의 등재와 어휘화 연구, 석사학위논문, 서강대학교.

분석 및 단일화에 의한 변화

송철의(1992), 국어의 파생어형성 연구, 태학사.
이지양(1996), 국어의 융합현상, 태학사.
정한데로(2010), 복합어 분석에 의한 단어의 변화, 어문연구 38-3, 한국어문교육연구회, 103-128.
정한데로(2012), 어휘 변화의 세 방향: '보-'를 중심으로, 형태론 14-1, 형태론, 25-52.
정한데로(2015), 한국어 등재소의 형성과 변화, 태학사.
최형용(2003), 국어 단어의 형태와 통사, 태학사.

어휘화

송철의(1983), 파생어형성과 통시성의 문제, 국어학 12, 국어학회, 47-72.
송철의(1992), 국어의 파생어형성 연구, 태학사.

송철의(1993), 언어 변화와 언어의 화석, 국어사 자료와 국어학의 연구, 문학과 지성사, 352-370.
오규환(2013), 단어 형성 과정으로서의 어휘화, 국어학 68, 국어학회, 323-366.
정한데로(2009), 국어 복합어의 등재와 어휘화 연구, 석사학위논문, 서강대학교.
정한데로(2012), 어휘 변화의 세 방향: '보-'를 중심으로, 형태론 14-1, 형태론, 25-52.
Bauer, L.(1983), *English Word-formation*, Cambridge University Press.
Brinton, L. & Traugott, E. C.(2005), *Lexicalization and Language* Change, Cambridge University Press.
Hohenhaus, P.(2005), Lexicalization and institutionalization, In Štekauer, P. & Lieber, R.(eds.), *Handbook of Word-Formation*, Springer, 353-373.
Lipka, L.(1992), Lexicalization and institutionalization in English and German, *Linguistica Pragensia* 1, 1-13.
Lipka, L.(2002), *English Lexicology: lexical structure, word semantics and word-formation*, Gunter Narr.

문법화

김민국(2011), '말이다' 구성의 문법화와 화용화, 국어학 62, 국어학회, 73-106.
김현주(2018), 문법론적 변이와 변화, 한국어학 80, 한국어학회, 1-32.
남미정(2010), 국어의 문법화에 대한 재고, 한국어학 49, 한국어학회, 209-233.
안주호(1997), 한국어 명사의 문법화 현상 연구, 한국문화사.
오규환(2008), '같-'의 활용형의 문법화와 관련된 몇 문제, 형태론 10-2, 형태론, 353-372.
이성하(2006), 문법화의 이해, 한국문화사.
이지양(2003), 문법화의 이론과 국어의 문법화, 정신문화연구 26-3, 정신문화연구원, 211-239.

정한데로(2012), 어휘 변화의 세 방향: '보-'를 중심으로, 형태론 14-1, 형태론, 25-52.

Brinton, L. & Traugott, E. C.(2005), *Lexicalization and Language Change*, Cambridge University Press.

Heine, B., Claudi, U., & Hünnemeyer, F(1991), From cognition to grammar: Evidence from African languages, In Traugott, E. C. & Heine, B. (eds.)(1991), *Approaches to Grammaticalization, 2 vols.*, John Benjamins Publishing Company, 149-187.

Norde, M.(2002), The final stages of grammaticalization: affixhood and beyond, In Wischer, I. & Diewald, G.(eds.), New Reflections on *Grammaticalization*, John Benjamins Publishing Company, 45-65.

Traugott, E. C. & König, E.(1991), The semantics-progmatics of grammaticalization revisited, In Traugott, E. C. & Heine, B.(eds.)(1991), *Approaches to Grammaticalization, 2 vols.*, John Benjamins Publishing Company, 189-218.

융합

김현주(2010), 국어 대우법 어미의 형태화 연구, 박사학위논문, 고려대학교.

이승재(1992), 융합형 형태분석과 형태의 화석, 주시경학보 10, 주시경연구소, 59-79.

이지양(1996), 국어의 융합현상, 태학사.

최형용(2015), 형태론의 융합과 유형, 국어국문학 170, 국어국문학회, 139-177.

제11장
단어의 공인화

단어 연구에서 공인화라는 주제는 그동안 연구자들의 관심을 거의 받지 못하였다. 그러나 이 책은 단어의 형성을 다루는 데 있어서 공인화가 상당히 중요한 영역을 차지한다고 판단한다. 화자가 새로운 단어를 만들 때에 기본 재료가 되는 것은 어렸을 때부터 듣고 따라하며 학습해 온 언어 단위들이며, 그 대부분은 이미 공인어의 지위에 있는 대상이기 때문이다. 이 장에서는 공인화와 관련한 몇 가지 기초 개념을 정리하고, 신어 및 사전등재어의 상관관계에 대해서 함께 논의할 것이다.

1. 공인화의 유형

단어는 어떠한 삶을 사는가? 일찍이 Bauer(1983)은 아래와 같이 '단어의 역사'(history of a lexeme)를 제시한 바 있다.

(1) 단어의 역사
　1 임시어 형성 → 2 공인화 → 3 어휘화

(1)은 즉각적인 명명 동기에 따라 화자가 단어를 형성한 후, 해당 단어가 공인화(institutionalization)를 거쳐 사회적으로 수용되는 단계를 순차적으로 표현한 것이다. 이후 일부 단어는 시간의 흐름에 따라 어휘화, 즉 변화를 겪는다. 한국은 물론 국외의 많은 단어 연구자들 사이에서 1과 3, 즉 '형성'과 '변화'는 주요 연구 대상으로 많은 관심을 받아 왔다. 이에 비하면 2의 '공인화'에 관한 연구는 국내는 물론 국외에서도 그 연구 성과를 발견하기가 쉽지 않다. 특정 단어가 어떠한 영역에서, 어떠한 방식으로 언어 공동체 내에 수용되는지 밝히는 작업이 전혀 간단하지 않기에 그만큼 이에 관한 연구도 충분히 이루어지지 못했던 것이다.

공인화 개념에 관한 기존 연구들을 검토해 보면 '임시어가 다른 화자들에게 잘 알려진 어휘 항목으로 수용되는 과정'(Bauer 1983), '특정 언어 공동체의 구성원에게 단어가 친숙해지는 과정'(Lipka et al. 2004 참고) 등의 기술이 관찰된다. 그러나 주지하듯이 이미 실재하던 단어가 전과 다른 의미로 쓰이며 새롭게 신어가 되는 경우도 있다. 이 책에서는 기존에 있던 단어가 일부 형태 변화를 겪거나 새로운 의미를 얻어 언어 공동체에 확산된 과정까지 포함하여 공인화를 정의하고자 한다.

(2) 공인화란 새로 형성된 단어 또는 새로운 형태·의미 변화를 겪

은 기존 단어가 언어 공동체 내에서 수용되는 과정이다.

공인화를 거친 단어는 곧 공인어가 된다. 따라서 우리의 실제 언어 생활을 구성하는 단어 대부분은 공인어에 해당한다. 사회라는 테두리 안에서 나 혼자가 아닌 특정 상대와의 의사소통을 위한 도구로 단어를 사용하고자 한다면, 반드시 이들은 합의된 언어적 결과이어야 하기 때문이다.

일부 예를 통해 공인화의 구체적인 양상을 검토해 보기로 하자. 우리는 ≪표준국어대사전≫에 등재되어 있는 두 단어, '한란계'와 '온도계'를 대상으로 각 단어의 출발과 그 이후의 모습을 관찰해 보고자 한다.

(3) 가. 한란계: 사람이 일상생활을 할 수 있는 범위 내의 온도를 측정하도록 눈금을 설정한 온도계.
나. 온도계: 물체의 온도를 재는 계기.

현재 두 단어는 위와 같이 조금 다른 방식으로 사전에 올라와 있다. 기술된 뜻풀이 간의 미세한 차이를 통해 '한란계'를 '온도계'의 한 유형으로 파악할 가능성도 있겠지만(밑줄 참고), 한편으로는 '한란계'의 의미가 사실상 평소 우리가 쓰는 '온도계'의 의미와 거의 다르지 않다는 점에서 두 단어를 대등하게 이해할 수도 있을 듯하다. 다만 사전에는 두 단어 사이에 동의어, 비슷한 말, 참고 어휘와 같은 어휘 정보를 별도로 제시하고 있지 않다.

이렇게 현재의 시각, 즉 공시적 관점에서 두 단어를 바라보는 방법 외에 또 다른 방식으로 이들 단어를 관찰해 볼 수 없을까? 다시 말해서 역사적 접근, 즉 통시적 관점에서 두 단어의 상관관계를 조사해 보는 방법도 가능할 것이다. 가령 이들 단어가 처음 한국 사회에 등장한 시기는 언제이며, 당시 이들의 실제 쓰임은 어떠했으며, 한국 사회에서 각 단어가 차지한 사회적 지위는 어떠했을지 등의 물음이 있을 수 있다. 이러한 정보를 간접적으로 관찰하기 위해서는 과거의 신문이나 잡지, 소설 자료 등을 활용할 수밖에 없다. 그중 우리는 신문 자료를 토대로 두 단어의 이전 양상을 살펴보고자 한다.

(4) 가. 한란계가 발서 화씨 구십도 이상을 가라치게 되고 작일의 더위는 그야말로 정말 여름인 듯하얏다 〈1922.6.21. 3면 사회〉

가'. 삼일날 그네들 죽을 때에 우리 총독 각하 게신방에 잇는 난로(煖爐) 엽헤 걸닌 한난계의 온도는 몃 도나 되얏스며 〈1921.12.7. 4면 사회〉

나. 장마가 끝난 후 금년 여름 들어 처음 보는 더위가 맹위를 부리기 시작 – 六일 하오 一시 반 현재 중앙관상대의 온도계는 F 九二도를 가르키고 있다 〈1954.8.7. 2면 사회〉

나'. 요지음 긔온을 작년과 비교하면 좀 서늘한 듯하나 온도게(溫度計)로 보면 그다지 변함은 업다 〈1931.8.30. 2면 사회〉

네이버의 '뉴스라이브러리'(http://newslibrary.naver.com)를 통해 1920년부터 1999년까지 〈동아일보〉 기사에서 관찰되는 '한란계'와 '온도계'의 모습을 확인한 결과, 두 단어는 (4)와 같이 언론에 등장하기 시작하였다. 다양한 이형태를 모두 고려하여 이들의 출현 양상을 조사하였더니 1920년대와 1930년대부터 각 단어의 용례가 확인된다. 한자 표기 및 한글 표기의 관련 예를 전수 조사하여 각 유형별 출현빈도를 정리하

면 (5)의 결과를 얻어낼 수 있다.[1]

(5) '한란계'류 및 '온도계'류 형태 출현빈도

<table>
<tr><th></th><th>'한란계'류</th><th>출현빈도</th><th>백분율</th><th></th><th>'온도계'류</th><th>출현빈도</th><th>백분율</th></tr>
<tr><td>1</td><td>寒暖計</td><td>84</td><td>50.3%</td><td>1</td><td>溫度計</td><td>32</td><td>12.2%</td></tr>
<tr><td>2</td><td>한란계</td><td>12</td><td rowspan="4">49.7%</td><td>2</td><td>온도계</td><td>227</td><td rowspan="2">87.8%</td></tr>
<tr><td>3</td><td>한란게</td><td>24</td><td>3</td><td>온도게</td><td>4</td></tr>
<tr><td>4</td><td>한난계</td><td>14</td><td></td><td></td><td></td><td></td></tr>
<tr><td>5</td><td>한난게</td><td>33</td><td></td><td></td><td></td><td></td></tr>
<tr><td></td><td>계</td><td>167</td><td>100%</td><td></td><td>계</td><td>263</td><td>100%</td></tr>
</table>

위 표를 통해 몇 가지 특징이 확인된다. 먼저, 전체 출현빈도 비교에 있어서 '온도계'류(263)가 '한란계'류(167)보다 높은 값을 보인다. 오늘날 일반 한국어 화자들에게 '한란계'보다는 '온도계'가 더 친숙한 단어라는 점에서 이러한 사실이 그리 이상한 결과는 아니다. 조금 더 구체적으로 한자 표기와 한글 표기의 수치를 비교해 보자. '한란계'류는 한글 표기 비율이 49.7%로 절반 수준 값을 보이는 데 반해, '온도계'류는 87.8%의 한글 표기가 압도적으로 높은 값을 띤다. 이러한 결과가 의미하는 바는 무엇일까? 아마도 이는 〈동아일보〉라는 매체의 편집 방식과도 밀접할 것이다. 최근의 신문 자료일수록 한자보다는 한글 방식으로 발행된 사실, 즉 언어 외적 요인이 이러한 분포 결과에 관여한 것으로 볼 수 있다.

1 이에 관한 더욱 구체적인 내용은 정한데로(2015)를 참고할 수 있다.

그러나 (5)의 결과는 두 유형의 시기별 간격을 고려하지 않고 이를 평면적으로 수량화한 점에서 공인화 연구에 큰 도움이 되지는 않는다. 이에 우리는 각 단어가 출현한 시기의 정보 비교를 통해 보다 입체적으로 두 유형의 통시적 출현빈도 양상을 관찰해 보고자 한다.

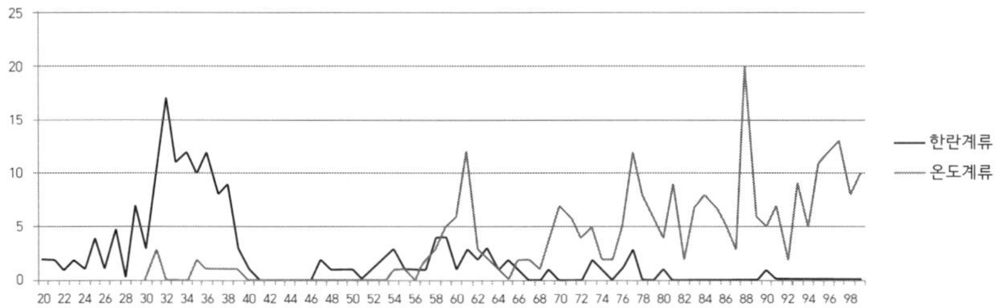

〈그림 1〉 '한란계'류와 '온도계'류의 통시적 분포

위 〈그림 1〉에서 1920년대 초부터 1990년대 말까지 '한란계'류와 '온도계'류의 상반된 출현빈도 변화를 확인할 수 있다. 1940년대까지만 해도 폭넓은 쓰임을 보였던 '한란계'류 단어의 출현빈도가 급격히 줄면서 1970년대 이후로는 거의 관련 예를 찾아보기 어렵게 되었다. 반면에 '온도계'류 단어는 1960년대부터 그 수가 점차 높은 값을 띠더니 1970년대부터는 확실하게 '한란계'류보다 높은 출현빈도를 보인다. 이는 마치 '한란계'류의 단어가 '온도계'류 단어로 대체되는 양상을 보여주는 듯하다.

이러한 모습이 왜 나타난 것일까? 이는 한국 사회를 구성하는 개별 화자들의 선호에 따른 결과이기 때문에 그 원인을 언어 내적 요인만으로 밝히기는 어렵다. 대신 언어 외적 요인에서 그 답을 발견할 수 있을지 모른다. 가장 큰 요인은 1945년, 즉 해방을 전후로 한 사회적 변화에 있다고 여겨진다. 일본어의 영향으로 한국 사회에서 쓰이기 시작한

'한란계'류가 일제강점기에는 공인어로서 활발한 모습을 보였으나, 해방 후에는 일본색이 짙은 단어 사용이 기피되면서 이를 대신할 '온도계'류가 기존 '한란계'류의 자리를 차지한 것으로 해석 가능하다.

여기서 우리는 '한란계'와 '온도계'의 비교를 통해 공인화에 관해 조금 더 깊이 논의해 볼 수 있다. 현재 ≪표준국어대사전≫에 두 단어가 모두 등재되어 있다는 점에서 두 단어는 모두 공인어로 인정된다. 그러나 각 단어의 구체적인 출현빈도가 상이하다는 사실을 고려하면, 두 단어 간 공인화 정도에 있어서 분명한 차이가 있을 것이라는 판단이 가능하다. 즉, 사전에 올라 있는 단어들이 공인어라는 점에서는 동일한 지위에 있으나, 각 단어의 공인화 정도는 사전 등재 여부와는 별개로 볼 수 있다는 것이다. 극단적으로는 사전에 등재된 단어이기는 하지만, 최근 한국 사회에서 한 번도 쓰이지 않은 단어가 있을 수 있다. 그렇다면 이러한 단어도 과연 공인어로 보아야 할지 물음이 남기 마련이다.

이러한 물음으로부터 우리는 공인화를 두 가지 유형으로 구분할 가능성을 모색하게 된다. 즉 화자들에게 얼마나 많이 쓰이는가가 하나의 공인화 기준이 될 수 있다면, 사전에 등재되었는지 여부가 또 다른 공인화 기준이 될 수 있다. 전자를 '양적 공인화'로, 후자를 '질적 공인화'로 부른다면 공인화 유형은 다음과 같이 정리된다.

(6) 공인화의 두 유형
  가. 양적 공인화(친숙화): 높은 출현빈도로 인한 언어 공동체의 수용
  나. 질적 공인화(규범화): 공식 발표(사전 등재, 다듬은 말, 국립국어원 신어 등)를 통한 언어 공동체의 수용

양적 공인화는 달리 보아 '친숙화'라고도 할 수 있다. 자주 출현하는 단어일수록 화자들에게 더욱 친숙한 단어가 되기 때문에, 이러한 단어 확산 과정은 언중들의 선호 및 사회적 승인과 밀접하다. 한편, 질적 공인화는 '규범화'의 방식으로 이해된다. 규범화의 정도는 다양한 기준에 따라 달리 판단 가능할 것이다. 가장 대표적인 것은 국립국어원의 ≪표준국어대사전≫과 같은 사전 표제어로 등재되는 것이지만, 꼭 사전이 아니더라도 특정 기관이나 집단에서 발표하여 공식화된 것들을 모두 질적 공인화의 범위에 넣을 수 있다.

⑹의 두 용어를 활용하여 앞에서 언급한 '한란계'와 '온도계'를 다시 정리한다면, 두 단어는 모두 질적 공인화, 즉 규범화의 측면에서 공인어라 할 만하다. 한편, 양적 공인화, 즉 친숙화의 측면에서는 상대적인 차이를 보인다. 현재의 한국어 화자들에게 '온도계'는 매우 친숙한 양적 공인화된 단어이지만, '한란계'는 그에 비해 양적 공인화 정도가 훨씬 떨어지는 단어이다. 질적 공인화의 경우는 사전과 같은 명확한 판단 기준이 있으나, 양적 공인화는 어떠한 기준을 근거로 판단해야 할 것인지 어려움이 있을 수 있다. 이에 대해서는 보다 더 구체적인 연구가 필요해 보인다.

한편, 두 가지 유형의 공인화가 어떠한 상관관계를 지니는지에 대해서도 고민해 볼 수 있다. 양적 공인화, 즉 언중들에게 친숙한 단어가 질적 공인화의 측면에서도 반드시 사전에 등재되는 것일까? 아니면 반대로 질적 수준에서 공인어인 단어가 양적 차원에서도 화자들 사이에서 높은 빈도로 쓰이는 것일까?

(7) 공인화의 두 방향
가. 양적 공인화 → 질적 공인화
나. 질적 공인화 → 양적 공인화

우리는 (7)의 두 가지 방향에 해당하는 상황을 모두 가정해 볼 수 있다. 먼저 (7가)의 방향은 새롭게 등장한 신어가 사전에 등재되는 과정을 의미한다. 특정 누군가가 처음 만들어 쓰기 시작한 단어가 사람들 사이에서 점차 높은 빈도로 쓰이게 되고, 그 단어의 사용이 장기간에 걸쳐 지속된다면 ≪표준국어대사전≫은 일정한 기준에 따라 해당 단어를 표제어로 등재한다. 그렇다면 그 단어는 양적 공인화에서 출발하여 질적 공인화까지 확보하게 되는 것이다.

(7나)와 같은 정반대의 상황은 어떠할까? 앞에서 우리는 사전 표제어 등재로만 국한하지 않고 특정 기관이나 집단에서 공식화한 것들까지도 모두 질적 공인화 범위에 포함하였다. 이는 고유명사가 만들어져 공식화되는 상황에서 자주 볼 수 있다. 새로운 제품이나 공간에 이름을 부여함으로써 모두 정해진 방식으로 명명하게 되는 과정이 대표적인 질적 공인화 예에 해당한다.

(8) 가. 동대문역사문화공원, 공항철도, 올림픽대로
나. 래미안(來美安), 나이키, 파리바게트, 초코파이
다. 흰이마기러기, 검은띠꼬마잎벌레, 사자자리별똥별

(8가)의 역사 이름이나 도로 이름, (8나)의 제품 이름, (8다)의 동식물 이름 모두 특정 시점에 공식적으로 발표된 후 해당 단어가 언어 공동체

사이에서 확산된 경우이다. (7나)에 제시한 질적 공인화에서 양적 공인화 방향으로 진행된 예라 할 수 있다.

이렇게 볼 때 공인화의 두 유형은 양방향 상호보완적인 관계를 통해 언어 공동체 내에서 작동한다. 새로운 단어가 만들어져 사람들 사이에서 높은 빈도로 쓰이게 된 후 국립국어원이 이를 신어로 발표한다면 그 영향으로 해당 신어의 출현빈도는 더욱 높아질 수 있다(양적 공인화 → 질적 공인화 → 양적 공인화). 또한 새로이 발표된 지역 이름이 공식화되어 사람들 사이에서 점차 자주 쓰이다 보면 그 이름은 추후에 사전 표제어로까지 오를 가능성이 있다(질적 공인화 → 양적 공인화 → 질적 공인화). 두 유형의 공인화는 상호 밀접한 관계 속에서 진행된다.

2. 언어 공동체

지금까지 공인화의 개념과 유형을 살펴보는 과정에서 지속적으로 '언어 공동체'라는 표현이 활용되었다. 그런데 이때 언어 공동체는 과연 어떠한 영역을 의미하는 것일까? 한국어를 쓰는 한국 사회 전체를 가리키는 것일까? 그 답을 찾기 위해 사회적 차원에서 언어를 나누어 살펴보고자 한다. 언어는 사용 집단의 규모에 따라서 다음과 같이 정리해 볼 수 있다.

(9) 가. 개인어(idiolect)
　　나. 방언(dialect)

다. 특정 언어(language)

(9가)의 '개인어'는 개별 화자, 즉 1인의 화자가 사용하는 언어를 말한다. 앞서 등재를 논의하면서 언급한 '개인어—사회어' 기준을 통해서도 그 변별적 양상을 확인할 수 있는데, 개인어는 '사회'적 관계가 배제된 개념이다. 이보다 더 넓은 관점에서는 사회적 측면이 고려된 (9나)의 '방언'을 떠올려 볼 수 있다. 이때 방언은 공간적 영역을 기준으로 한 '지역 방언'뿐만 아니라, 사회적 요인에 따라 분화된 '사회 방언'까지 포함한다. 더 나아가 (9다)는 한국어, 영어, 중국어 등처럼 특정한 하나의 언어를 의미한다. 이는 앞에서 소개한 '개인어, 방언'과 비교할 때에 훨씬 넓은 영역을 포괄한다. 그렇다면 이들 셋 가운데 '언어 공동체'에 대응될 만한 범위의 언어는 과연 무엇일까? (9가), (9나), (9다)를 모두 합한 영역일까? 아니면 (9다)로만 한정된 영역일까? 또 다른 범위의 언어 공동체는 없을까?

(10) 가. 두 사람(couples)
나. 한 가족, 소수 집단(가까운 직장 동료, 탐험 원정대의 작은 팀원 등)
다. 다수 집단((전문 용어를 쓰는) 전문 직업인, (은어를 쓰는) 특정 세대)
라. 특정 언어를 쓰는 언어 공동체(the speech community of a language)

(9)를 토대로 언어 공동체에 관한 보다 구체적인 영역을 탐색해 보면 (10)처럼 다양한 유형의 언어 공동체가 실재한다는 사실을 발견하게 된다. 먼저 (10가)의 '두 사람'도 언어 공동체의 한 유형이 될 수 있다. 비

록 두 명의 극히 적은 인원이라 할지라도 두 사람 사이에서만 약속된, 즉 공인화된 단어가 가능하기 때문이다. 따라서 이는 규모가 가장 작은 수준의 언어 공동체가 될 것이다. 이보다 더 큰 단위로 (10나)의 가족, 회사 내 소속 부서 등이 있을 수 있다. 특정 가족 구성원 사이에서만 쓰는 단어, 회사 내 특정 부서 구성원 사이에서만 쓰는 단어가 충분히 가능하기 때문이다. 더 넓은 범위의 언어 공동체로는 의사나 변호사 같은 전문 직업인, 인터넷 공간의 커뮤니티처럼 커다란 집단을 이루는 (10다)의 유형이 있다. 그리고 최종적으로 (10라)처럼 한국어, 영어, 중국어 등 하나의 특정 언어를 공유하는 언어 공동체가 가장 큰 규모를 이룬다.

일상생활 속 우리 각자의 모습을 떠올려 보자. 나는 어떠한 언어 공동체에 속해 있는가? 우리는 곧장 (10)에 제시한 모든 언어 공동체에 내가 속해 있다는 사실을 발견하게 된다. 더 나아가 현실 속 언어 공동체라는 것이 하나의 집단에만 국한되지 않으며, 매우 다양한 집단이 복잡하게 교차된 방식으로 언어 공동체를 구성하고 있다는 사실을 알 수 있다. 예를 들어, 내가 회사에서 쓰는 용어를 가족들과의 대화에서 쓰기는 어렵다. 회사 내 공인어가 가정 안에서는 공인어일 수 없기 때문이다. 반대로 우리 가족들끼리만 이해할 법한 단어를 회사로 가져와 쓰는 것 역시 적절하지 않다. 결국 우리의 언어 공동체는 아래의 〈그림 2〉처럼 매우 다차원적인 양상을 띤다.

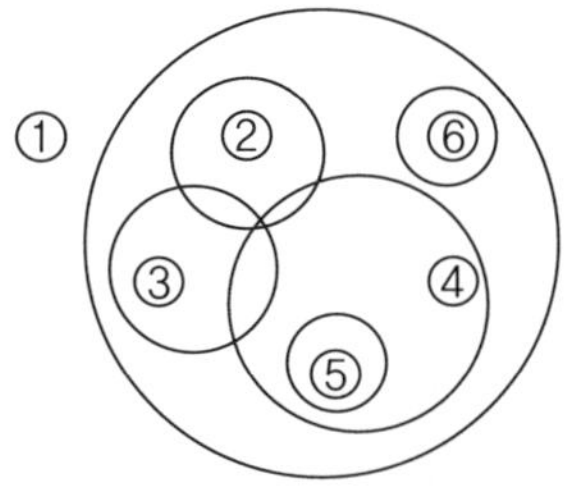

〈그림 2〉 '언어 공동체' 층위별 공존 양상

(10라)처럼 가장 넓은 범위의 언어 공동체를 〈그림 2〉의 ①에 대응해 본다면, 그 안에서 ②~⑥의 또 다른 언어 공동체를 찾을 수 있다. 상황에 따라서 ②와 ③처럼 일부 영역이 중복될 수도 있고, ④와 ⑤처럼 상호 포함관계에 있을 수도 있다. 우리의 실제 언어 현실은 〈그림 2〉보다 훨씬 더 역동적으로 진행된다.

3. 신어와 사전등재어

이 책에서 지속적으로 강조하듯이 단어 연구는 다각적인 측면에서 이루어진다. 일단 단어의 내부 구조를 분석하고 형성 원리를 밝히는 형태론적 연구가 가능하고, 또 다른 측면에서는 해당 단어가 어떠한 의미를 지니고 있는지 밝힘으로써 주변 단어와의 상관관계를 탐색해 볼 수도 있다. 더 나아가 특정 단어가 얼마나 사람들 사이에서 널리 쓰이는가, 즉 해당 단어에 대한 사회적 수용 정도를 연구할 수도 있다.

(11) 가. 연예인, 댓글, 누리꾼
나. 몸짱, 먹튀, 낚시글
다. 가면얼굴, 감춘낯, 그대로표정

(11)의 각 단어들을 관찰하며, 이들이 얼마나 사람들에게 익숙한 단어인지 그 정도를 판단해 보자. (11가)의 '연예인, 댓글, 누리꾼'은 (11)의 단어 가운데 비교적 높은 빈도로 쓰이는 것들로서 각각 ≪표준국어대사전≫에 등재되어 있을 정도로 상당히 널리 알려져 있다. 이에 비하면 (11나)의 '몸짱, 먹튀, 낚시글'은 ≪표준국어대사전≫에 등재되어 있지 않다는 점에서 (11가)와 차이가 있다. 그러나 이들 역시 신어로서 특정 언어 공동체에서 폭넓게 쓰이고 있는 단어로 볼 만하다. 반면, (11다)는 그 의미를 해석하기 어려울 정도로 상당히 낯설다. '가면얼굴, 감춘낯, 그대로표정'은 외래어 '포커페이스'를 대신할 말로 일반 한국어 화자들이 시험 삼아 즉각적으로 만들어낸 단어들이다. 사실상 일상생활에서 이 단어를 사용하는 한국어 화자는 거의 찾아보기 어려울 것이다.

이렇듯 사전의 등재 여부(규범성)나 일반 화자들에게 익숙한 정도(친숙성)를 기준으로 단어에 관한 유형 분류가 가능하다. 단어형성론에서는 (11)의 예들을 각각 '사전등재어, 신어, 임시어'로 구분하여 부른다.

(12) 가. 사전등재어: 사전에 표제어로 등재된 단어
나. 신어: 최근에 만들어져 언어 공동체 내에 새롭게 수용된 단어
다. 임시어: 명명 동기에 따라 화자가 즉각적으로 만들어낸 단어

세 유형의 단어를 (12)와 같이 정리해 볼 수 있다. 다만 이들 단어의 개념은 각각의 기준에 따라 몇 가지 문제를 안고 있다. 먼저, (12가)의 '사전등재어'는 이때 말하는 사전이 무엇인가에 따라 상대적이다. 가령 ≪표준국어대사전≫에 등재되어 있지 않지만 ≪고려대한국어대사전≫에 등재되어 있는 단어라면 그 단어를 사전등재어로 보아야 할 것인지 아닌지에 관해 연구자 간 입장 차이가 있을 수 있다.[2] 또한 사전등재어의 표제어 선정 기준에 대해서도 이견이 가능하다.

(12나)의 '신어'는 과연 어디까지가 '최근에 만들어'진 것인가, 또 '새롭게 수용'되었다고 볼 기준은 무엇인가 등의 문제가 있다. 국립국어원에서는 매년 신어를 선정하여 발표하고 있는데, 이들은 주로 방송이나 신문 기사 등 언론 매체에 새롭게 등장한 단어들을 대상으로 한다. 이때 언론 노출 여부가 과연 신어의 기준이 될 수 있는 것인지, 방송에는 나오지 않았지만 인터넷이나 소규모 언어 공동체 안에서 쓰이는 은어는 신어가 될 수 없는 것인지 등 그 기준에 관한 문제가 남아 있다.

(12다)의 '임시어'는 단어 형성 동기에 따라 화자들이 순간 만들어낸 단어이기 때문에 (11다)와 같이 매우 익숙하지 않은 단어가 대부분이다. 일각에서는 특정 개인이 잠깐 만들어 쓰고 만 이들을 정말 단어라고 할 수 있는지 의문을 던지기도 한다. 이러한 이유로 임시어의 실재성이 하나의 논쟁 주제가 되기도 한다.[3]

---

2 국립국어원에서 운영하고 있는 개방형 온라인 한국어 사전인 '우리말샘'(http://opendict.korean.go.kr)에는 국립국어원에서 발표한 신어 외에도 일반 한국어 화자들이 신청한 다양한 신어가 즉각적으로 등재되고 있다. 이러한 개방형 사전까지 포함한다면, 사전의 경계를 어떻게 보아야 할 것인지에 대한 연구자들의 입장이 훨씬 복잡할 수 있다.

3 이 책은 임시어가 단어형성론의 중요한 연구 대상이라는 입장에서 (12)의 체계

우리의 실제 언어생활을 들여다보면, 다양한 유형의 단어가 뒤섞여 쓰이고 있다. 인터넷 게시글이나 기사 등에 노출된 각 단어들이 언제 출현하기 시작하였는지 그 시기를 추적해 본다면, 상당히 다양한 시간적 간격을 두고 이들이 형성된 사실을 알 수 있다.

(13) 가. 몸짱 연예인의 먹튀 낚시글에 누리꾼들 댓글이 가득하다.
나. 불금에는 역시 치맥에 혼밥이 진리지.

위 문장에는 제법 다양한 신어들이 포함되어 있다. (13)의 문장 내용을 이해할 수 있다는 것은 이들 신어가 한국어 화자들에게 이미 널리 알려져 있다는 것을 의미하기도 한다. 반면 어떤 이들은 위 문장을 이해할 수 없을지도 모른다. 동일한 단어라 할지라도 언어 공동체에 따라서 공인화 정도가 다르기 때문에, 각 화자가 어떠한 언어 공동체에 속해 있는지가 특정 단어의 이해 가능성에 큰 영향을 미칠 것이다. (13)에 쓰인 단어 대부분은 2000년 이후에 한국 사회에 등장하기 시작한 신어인데, 이들 단어의 초기 출현 시기는 다음과 같이 상당히 역동적이다.

(14) 가. 댓글(2001년), 몸짱(2003년), 누리꾼(2004년), 낚시글(2005년), 먹튀(2009년)
나. 치맥(2011년), 불금(2012년), 혼밥(2014년)

(14)에서 보듯이 (13가)와 (13나)는 각각 2000년대, 2010년대에 등장한 단어들로 구성된 문장이다. 사람과 마찬가지로 이들 단어도 각자 저

내에 임시어를 반드시 포함해야 한다고 본다. 이와 관련하여 정한데로(2013)이 참고된다.

마다의 탄생 연도가 있는 셈이다. 언론 매체에 노출된 시기보다 이른 시기에 임시어로서 시작했을 것이므로 신어 이전 단계까지 고려한다면 (14)의 각 연도보다 이른 시점에 각 단어가 탄생하였을 것이다. 위 초기 출현 시기를 놓고 보면, '댓글'과 '치맥' 사이에는 10년의 시간 차이가 있다. 이렇게 상이한 시기에 만들어진 단어이지만, 우리는 그 사실을 인식하지 못한 채 일상 속에서 두 단어를 자연스럽게 함께 쓰며 살아간다.

(15) 가. 배꼽티, 번지 점프, 비디오방
나. 벼락스타, 족집게과외, 컬러링
다. 고스톱족, 당구맨, 삐삐팅

한편, 같은 시기에 세상에 소개된 신어라 할지라도 그 이후의 삶은 다르게 펼쳐질 수 있다. 제1장에서 우리는 1994년에 당시 국립국어연구원이 발표한 위 신어들이 오늘날 서로 다른 지위에 있다는 사실을 확인한 바 있다. 현재 시점에서 (15가)는 누구나 알 만한 단어일 뿐만 아니라 사전에 등재되어 있는 것들인 데 반해, (15나)는 여러 사람들에게 널리 알려져 있는 단어이기는 하지만 사전에 등재되지는 않은 것들이다. 한편, (15다)는 형성 당시 잠시 쓰이다가 사라져 오늘날에는 그 의미와 용법을 거의 알기 어려운 것들이다. 2019년 현재 이들 단어에 관한 화자들의 직관이 상이한 것은 어떠한 이유 때문일까? 이는 통시적 접근을 통해 이해 가능하다.

(16) '임시어, 신어, 사전등재어'의 상관관계

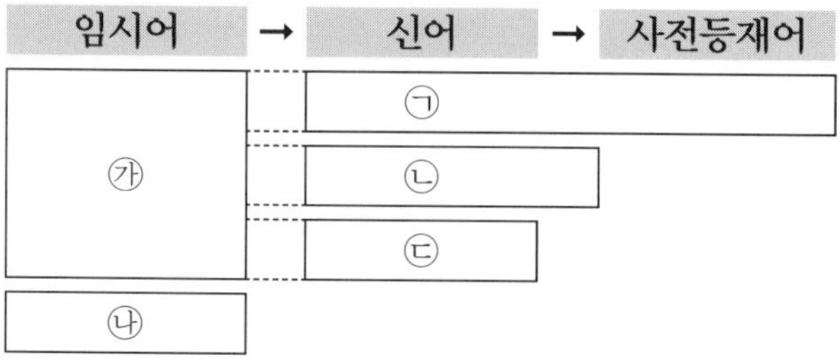

특정 화자가 명명 동기에 따라 즉각적으로 만들어낸 단어는 모두 '임시어'로서 세상에 등장한다. 그중에는 여러 사람들에게 그 형태와 의미가 널리 확산되어 지속적인 쓰임을 보이는 단어들이 있다. 반면에 한번 쓰이고 곧바로 사라지는 단어들도 있다. 이러한 양상이 (16)에서 각각 ㉮와 ㉯로 표현되었다. 임시어 단계에 머무는 ㉯와 달리 ㉮는 다음 단계로까지 나아간다.

신어 단계로 발전한 ㉮의 단어들도 ㉠, ㉡, ㉢처럼 각자 서로 다른 방식으로 삶을 살아간다. ㉠은 국립국어원 신어로 발표된 이후, 더 나아가 ≪표준국어대사전≫에까지 도달한 (15가)와 같은 단어들이다. ㉡ 역시 신어로 발표된 이후에 한국어 화자들 사이에서 두루 쓰여 왔지만 이들은 사전에까지는 아직 이르지 못한 사전 미등재 신어들이다. (15나)의 단어가 이에 해당한다. 끝으로 ㉢은 특정 시기의 신어로 발표되었지만 화자들 사이에서 지속적으로 쓰이지 못하고 금방 삶을 마감한 단어들로, (15다)에서 관찰한 것들이다.

이러한 일련의 과정을 살펴보면서, 몇 가지 물음을 던져볼 수 있다. 이 세상 모든 단어가 '임시어 → 신어 → 사전등재어'의 과정을 거쳐 오늘날 쓰이고 있는 것일까? 임시어가 즉각적으로 사전등재어가 될 수는 없을까? 사전에 오르는 단어와 그렇지 않은 단어는 어떠한 기준을 경계로 선택되는 것일까? 사전에 오른 단어라 할지라도 화자들 사이에서 꾸준히 쓰이지 못하는 단어는 다시 사전 표제어에서 삭제해야 하는 것은 아닐까? 등 다양한 고민이 꼬리에 꼬리를 물고 이어진다.

이러한 물음을 고려한다면, (16)의 그림은 '단어의 삶'을 정말 단순화한 것에 불과하다. 사실상 위 그림을 더욱 심화한다면 임시어의 사전등재 가능성, 신어 선별의 기준과 객관성, 사전등재어 이후 소멸 단계에 관한 고민 등까지 고려하여 단어의 삶에 관한 총체적인 그림을 그려볼 수 있을 것이다. 그러나 이 책은 아직 이러한 다양한 고민을 포괄하는 뚜렷한 답을 내놓지는 못한다. 신어에 관한 많은 연구들이 여전히 새로운 단어 형태의 등장, 각 단어의 의미 기술 등 언어 내적인 주제에 초점을 맞추고 있다는 점에서, 앞으로 신어의 확산과 정착에 관한 연구가 폭넓게 진행될 필요가 있다. 더 나아가 신어의 정착, 즉 어떠한 단어가 언어 공동체에서 화자들로부터 더욱 선호되는가에 대한 기준을 언어 내적인 요인과 연결하여 연구해 볼 수도 있다. 언어 내적 요인과 언어 외적 요인 간의 밀접한 상관성을 발견할 수 있다면, 이는 단어형성론의 확장된 연구 영역을 더욱 공고히 하는 의미 있는 성과가 될 것이다.

참고문헌

단어의 공인화

김재중 역(2015), 빅데이터 인문학: 진격의 서막, 사계절.

정한데로(2014), 임시어에 관한 몇 문제, 국어학 71, 국어학회, 61–91.

정한데로(2015), 단어의 공인화에 관한 고찰, 국어학 74, 국어학회, 233–266.

Bauer, L.(1983), *English Word-formation*, Cambridge University Press.

Fischer, R.(1998), *Lexical Change in Present-day English: A Corpus-based Study of the Motivation, Institutionalization, and Productivity of Creative Neologisms*, Gunter Narr Verlag.

Fischer, R.(2014), Lexical institutionalization reconsidered, In Buschfeld, S., Hoffmann, T., Huber, M., & Kautzsch, A.(eds.), The Evolution of Englishes: *The Dynamic Model and beyond*, John Benjamins Publishing Company, 448–469.

Lipka, L.(1992), Lexicalization and institutionalization in English and German, *Linguistica Pragensia* 35, 1–13.

Lipka, L., Handl, S., & Falkner W.(2004), Lexicalization & institutionalization: The state of the Art in 2004, *SKASE Journal of Theoretical Linguistics* 1, 2–19.

Hohenhaus, P.(2005), Lexicalization and institutionalization, In Štekauer, P. & Lieber, R.(eds.), Handbook of Word–Formation, Springer, 353–373.

언어 공동체

정한데로(2011), 임시어의 형성과 등재: '통사론적 구성의 단어화'를 중심으로, 한국어학 52, 한국어학회, 211–241.

정한데로(2015), 단어의 공인화에 관한 고찰, 국어학 74, 국어학회, 233–266.

한국사회언어학회(2012), 사회언어학 사전, 소통.
Hohenhaus, P.(2005), Lexicalization and institutionalization, In Štekauer, P. & Lieber, R.(eds.), *Handbook of Word-Formation*, Springer, 353–373.
Marchand, H.(1969), *The Categories and Types of Present-day English Word-formation: A Synchronic-Diachronic Approach*, 2nd edition, Beck.

신어의 정착

김일환(2014가), 2000년대 주요 일간지의 신어 명사에 대하여, 민족문화연구 64, 고려대학교 민족문화연구원, 59–82.
김일환(2014나), 신어의 생성과 정착, 한국사전학 24, 한국사전학회, 98–125.
김태훈·박상진(2011), 신어의 정착 연구: 1920~1930년대 대중 잡지에 소개된 신어를 대상으로, 한국어 의미학 35, 한국어의미학회, 71–98.
김한샘(2014), 『신어사전』(1934)의 구조와 근대 신어의 정착 양상, 한글 304, 한글학회, 117–139.
남길임(2015), 신어의 사용 추이와 사전 등재의 기준, 한글 310, 한글학회, 205–233.
남길임·송현주·최준(2015), 현대 한국어 [+사람] 신어의 사회·문화적 의미, 한국사전학 25, 한국사전학회, 39–67.
남길임·이수진·최준(2017), 대규모 웹크롤링 말뭉치를 활용한 신어 사용 추이 조사의 현황과 쟁점, 한국사전학 29, 한국사전학회, 72–106.
이기황(2006), 신어의 정착과 낱말 용법의 변화, 새국어생활 16–4, 국립국어원, 47–62.
이선영(2007), 국어 신어의 정착에 대한 연구, 한국어 의미학 24, 한국어의미학회, 175–195.
정한데로(2013), 임시어의 실재성 확립을 위하여, 어문연구 41–1, 한국어문교육연구회, 119–149.
정한데로(2015), 신어의 형성과 빈도 변화에 관한 일고찰: 2004년 신어를 중심으로, 한글 310, 한글학회, 171–204.
정한데로(2016), 번안소설 『쌍옥루 한자 병기 어휘의 사전 등재: 게일의 『한

영주뎐』을 중심으로, 국어학 79, 국어학회, 131−164.

정한데로(2019), 신어의 탄생, 사회와 문화를 담다, 새국어생활 29−3, 국립국어원, 9−23.

Renouf, A.(2007), Tracing lexical productivity and creativity in the British media: The chavs and the chav−nots? In Munat, J.(ed.), *Lexical Creativity, Texts and Contexts*, John Benjamins, 61−89.

Renouf, A. & Bauer, L.(2000), Contextual clues to word−meaning, *International Journal of Corpus Linguistics* 5−2, 231−258.

제5부
탐구

지금까지 단어형성론의 토대가 될 만한 주요 개념에서 시작하여 단어의 형성과 유형, 그리고 이들의 삶에 이르기까지 단어를 둘러싼 다양한 주제를 다루어 보았다. 제5부에서는 단어에 관한 보다 심화된 내용을 논의하고자 한다. '단어 형성과 의미', '규칙과 유추', '남북한의 단어 형성', '한국수어의 단어 형성'의 네 가지 주제를 놓고 단어형성론에 관한 탐구를 이어나가기로 하자.

제12장

단어 형성과 의미*

단어는 '형태'와 '의미'의 결합체이다. 특히 단어형성론에서 중요하게 다루어지고 있는 통합관계와 계열관계에 기반한 단어 형성 논의에서 '의미'는 상당히 핵심적인 주제라 할 수 있다. 이 장에서는 '단어 형성'과 '의미 합성성'의 상관성을 중심으로 '형태'와 '의미'의 문제를 다룰 것이다.

1. 서론

A와 B의 두 형태가 있다. 이들을 결합하여 복합어 AB를 형성한다고

* 이 장의 내용은 '정한데로(2014), 단어 형성과 의미 합성성: 통합관계와 계열관계를 중심으로, 한국어 의미학 44, 한국어의미학회, 263-289'에 수록된 바 있다.

할 때, 복합어의 의미는 다음과 같이 형식화할 수 있다.

(1) 가. $A + B \rightarrow AB$ [합성적]
나. $A + B \nrightarrow AB$ [비합성적]

(1가)는 구성성분 A와 B의 단순한 의미 결합만으로도 복합어 전체 의미가 투명하게 해석되는(→) 반면, (1나)의 복합어 AB는 구성성분 A와 B의 합으로 그 의미가 해석되지 않는다(↛). 이러한 경우에 전자는 의미론적으로 합성적이지만, 후자는 비합성적인 것으로 기술되는 것이 일반적이다.

이때, (2나)와 같이 α라는 새로운 성분을 추가한 도식을 마련해 볼 수 있다.

(2) 가. $A + B \rightarrow AB$ [합성적] (=1가)
나. $A + B + \alpha \rightarrow AB$
다. $A + B \nrightarrow AB$ [비합성적] (=1나)

(2나)를 포함한 세 가지 유형의 의미 합성성을 다시 생각해 보자. (2나)는 구성성분 A와 B 외의 특정한 의미(α 표시)가 복합어 전체 의미에 포함되었지만, 도식이 성립한다(→)는 점에서는 (2가)와 유사하다. 그러나 (2나)는 α의 존재로 인해 (2가)와는 분명 다른 지위에 있다. 그렇다면 (2나)의 복합어 AB는 의미론적으로 합성적인 것일까, 아니면 비합성적인 것일까?

(2나)에 해당하는 합성어와 파생어의 실제 예를 관찰해 보자.

(3) 국그릇: 국을 담는 그릇 ≪표준국어대사전≫ (이하, ≪표준≫)
가. 형태: 국 + 그릇
나. 의미: '국' + '그릇' + '~을 담는'

(4) 가마꾼: 가마를 메는 사람 ≪표준≫
가. 형태: 가마 + -꾼
나. 의미: '가마' + '사람' + '~를 메는'

합성어 '국그릇'과 파생어 '가마꾼'은 각각의 해당 형태와 의미의 짝으로 구성된 복합어이다. 주목되는 사항은 두 복합어의 의미를 관찰할 때에 형태에 대응되지 않는, 즉 (2나)의 α에 해당하는 의미가 포착된다는 점이다. 그렇다면 '국그릇'과 '가마꾼'은 의미론적으로 합성적인가, 비합성적인가? 이 물음은 (3), (4)의 두 예에 그치지 않고, 다수의 복합어에서 일반적으로 관찰되는 현상이다(2~3장 참고).

(5)

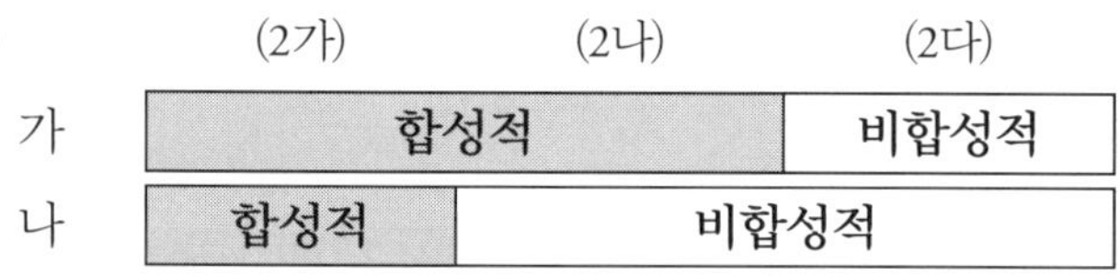

(2)의 세 입장은 (5)로 다시 정리될 수 있다. (2가)와 (2다)에 관해서는 연구자 간의 특별한 의견 차이가 없는 듯하나, (2나)는 사정이 다르다. α가 부가된 복합어의 정체를 어떻게 이해할 것인가에 따라서 복합어의 의미 합성성은 (5가)와 (5나)의 두 입장으로 달리 해석되는 것이다.

이 글은 복합어의 의미 합성성과 관련한 기존 논의들을 검토하면서,

(5가)의 입장에서 복합어의 의미 합성성을 강조하고자 한다. 아울러 (2가, 2나)와 (2다)를 분류하는 기준이 무엇인지, 또 (2가)와 (2나)의 관계가 어떻게 설정될 것인지 등에 관해서도 함께 논의할 것이다(2장). 더 나아가서는 복합어의 의미 합성성에 관한 문제가 단어형성론에서 어떠한 의의를 지니는지에 대한 탐색도 시도할 것이다(3장).

2. '함수'로서의 의미 합성성

일부 선행 연구에서는 복합어가 합성성의 원리를 지키지 않는 것으로 논의되기도 하였다(밑줄은 필자 추가). (3), (4)에서 관찰한 α와 같이 구성성분 외에 추가적으로 포착되는 부가 의미 때문이다.

(6) 가. 합성어 구성요소의 의미결합은 전체의미가 부분의미의 총화로 이루어진다는 <u>합성성의 원리가 적용되지 않는다</u>(최상진 1997: 155).

나. <u>단어에서 의미의 합성성(compositionality)이 지켜지지 않는 것이 일반적</u>이라고 하더라도, 복합어를 형성하는 요소의 의미가 형성된 단어의 의미에 일정한 역할을 함에는 틀림이 없다(황화상 2001: 148).

다. <u>대부분의 단어 형성은 합성성의 원리가 지켜지지 않는다</u>는 점이 문제이다(나은미 2005: 83).

라. <u>'N-N' 합성어 형성규칙의 경우 구성요소들의 의미만으로 규칙의 출력형의 의미가 합성적으로 구성되지 않는다</u>(채현식 2013: 314).

(6)은 공통적으로 복합어의 의미가 비합성적임을 강조한다.[1] 그리고 이를 전제로, 연구자마다의 상이한 접근 방식을 통해 복합어 의미 해석이 마련된다. 먼저, (6가)는 부분과 전체의 관계에 있어서 전체는 부분의 합보다 크며, 전체가 각 기능이나 힘, 요소로 환원될 수 없는 자신의 성질을 가진다고 보는 이른바 '유기체적 관계론'의 철학적 접근을 활용하여 복합어의 의미를 이해한다.[2] (6나)는 형태와 의미의 대응 관계에 있어서 복합어의 일부 의미가 형태적으로 반영되지 않을 수 있으며, 언어 내적으로 '추론'에 의해 단어의 의미가 해석될 수 있다는 입장이다. 가령, '산에 사는 사람'을 뜻하는 복합어 '산사람'에서 〈살다〉의 의미 요소는 형태적으로 반영되지 않고 '산'과 '사람'으로부터 추론 가능하다는 시각이다.

한편, (6다)와 (6라)는 등재부(어휘부) 내 등재소 간의 연결 관계를 강조하고, 이들 간의 계열관계를 통해 복합어의 의미를 해석한다는 점에서 다소 유사한 입장에 있다. (6다)는 특정 접사를 포함한 파생어가 어근과의 관계를 통해 해석되는 과정에서 특정한 의미 패턴을 보인다는 점에 주목하여, 연결주의(connectionism) 관점에서 등재부의 존재 방식과 단어 형성의 관계를 기술한다(나은미 2009 참고). 예컨대, 파생어

1 (6라)의 기술은 'N−N' 합성어 형성규칙의 문제를 지적한 부분으로서 채현식(2013)에서 비판하고 있는 '규칙'이 지니는 의미의 비합성성 문제에 관한 것이다. 실제 채현식(2013)에서 복합어 자체의 의미 합성성 문제를 명확하게 언급하고 있지는 않지만, 전체의 특징이 구성요소의 분석을 통해 이해될 수 있다고 보는 환원주의적 입장에 대해 부정적인 태도를 취하고 있다는 점에서 (6가), (6다)와 유사한 입장에 있는 것은 분명해 보인다.

2 이러한 접근은 이후 '게슈탈트(Gestalt)'(최상진 2002), '홀론(Holon)'(최상진 2013)의 개념으로까지 이어지는데, 기본적인 접근 방식은 최상진(1997)과 맥을 같이 한다.

[X-꾸러기] 유형인 '소심꾸러기, 내숭꾸러기, 심술꾸러기' 등은 'X의 성격이 심한 사람'의 의미 패턴을, '장난꾸러기, 응석꾸러기, 방정꾸러기' 등은 'X의 행위가 심한 사람'의 의미 패턴을 보인다는 것이다. 마지막 (6라)는 하나의 시스템을 구성하는 개별요소들이 고립되어 있지 않고 끊임없이 상호작용함으로써 개별 요소들에서 발견되지 않는 질서나 구조를 거시적으로 포착할 수 있다고 보는 복잡계(complex system) 이론을 강조하고, 이러한 접근에서 등재부 및 단어 형성 과정을 설명하고자 하는 입장이다. '옷걸이, 병따개'가 부분의 합으로 도출할 수 없는 독립적인 실체로 인지된다고 보고, 이들을 종합적이고 전일적(holistic)인 관점에서 파악하고자 하였다.[3]

이상의 논의와 관련하여 우리는 아래의 두 물음을 시작으로 이 글의 입장을 전개해 나갈 것이다.

(7) 가. 복합어의 의미는 '합성성의 원리'를 지키는가?
나. 의미 합성성에 관한 설명이 단어형성론에서 어떠한 의의를 지니는가?

(7가)는 (6)에서 언급한 선행 연구의 시각이 과연 타당한가에 대한 이 글의 문제 제기와 관련한다. 한편, (7나)는 복합어의 의미를 합성적으로 볼 때에 그것이 단어 형성의 원리와 관련하여 시사하는 바를 추적하고자 하는 것이다.

먼저, (7가)에 관한 답을 모색해 보자. (6)의 일부 기술에서 관찰되듯

3 단어를 바라보는 종합적·전일적 시각, 환원주의에 대한 비판적 시각은 (6가), (6다), (6라)에서 공통적으로 발견되는 특징이다.

이 복합어의 의미를 설명하는 데 있어서 합성성의 원리는 그동안 단순히 '구성성분의 합'과 '전체'의 관계만으로 이해되는 경우가 적지 않았다. 그러나 사실상 합성성의 원리는 구성성분의 '합'이 아닌 '함수'로서 이해되어야 한다. 합성성의 원리(principle of compositionality)에 관한 Frege(1892), Cruse(2000)의 정의를 살펴보자(밑줄은 필자 추가).

(8) 가. 어떤 표현의 의미는 그 구성성분들의 의미의 <u>함수</u>이고 그 구성성분들이 결합되는 방식의 <u>함수</u>이다(Frege 1892 / 이성범 1999: 119, 양정석 2013: 2 참고).
　나. 문법적으로 복합적인 형태의 의미는 그것의 문법적 구성성분들이 지닌 의미들의 <u>합성적 함수</u>이다(Cruse 2000: 66-81).

일정한 범위 내에서 변수 x가 어떠한 값을 갖느냐에 따라 y값이 종속적으로 정해진다면 x와 y는 함수 관계에 있다고 한다. 주지하듯이 함수는 '두 집단 사이의 특정한 대응'을 뜻하며, 이때의 대응은 'y=x+α'와 같이 상수(음영 표시)를 포함할 수도 있다. 따라서 함수는 '변수' 이상의 의미를 지닌다. 그렇다면 복합어의 의미는 어떠할까? 우리는 복합어의 의미 역시 (8)에서 언급된 '함수'로 형식화할 수 있다고 본다.

앞서 (2)에서 제시한 세 가지 가능성을 'f(x)=x+α'의 방식으로 수정하면 (9)를 이끌어 낼 수 있다.

(9) 가. f(A,B) = A + B
　나. f(A,B) = A + B + α
　다. f(A,B) ≠ A + B (+ α)

복합어를 구성하는 두 개의 구성성분 A와 B는 전체 함숫값 f(A,B)를 결정하는 데 변수로 관여한다. 이때 (9가, 9나)는 함수를 이루지만(=), (9다)는 그렇지 않다(≠). 달리 말해서 전자는 (8)에서 언급한 합성성의 원리를 준수하는 반면, 후자는 그렇지 않은 결과를 보여 주는 것이다. 결과적으로 우리는 합성성의 원리를 단순히 '구성성분의 합'이 아닌 '함수' 관계로 파악함으로써 (9가, 9나)를 합성적인 구성으로 파악하는 (5가)의 입장에 서고자 한다. 그렇다면 (9가)와 (9나)는 어떠한 속성으로 또 다시 분류되는 것일까? 이를 위해서는 정한데로(2009, 2015)에서 제시한 [합성성]과 [정합성]의 두 기준을 참고할 수 있을 듯하다.

(10) [합성성]과 [정합성]의 관계 (정한데로 2015: 123)

① [합성성] 층위 — [+합성성] [−합성성]

② [정합성] 층위 — [+정합성] [−정합성]

정한데로(2015)에서는 (10)과 같이 [합성성]과 [정합성]을 서로 다른 층위에서 이해하였다. 먼저, [합성성] 층위에서 함수의 성립 여부를 기준으로 [+합성성]과 [−합성성]을 구분하였고, [정합성] 층위에서는 변수 A와 B의 합만으로 함숫값이 온전하게 도출되는지 여부를 기준으로 [+정합성]과 [−정합성]을 나누었다. (9)의 세 함수를 놓고 설명한다면 (9가, 9나)는 일단 함수 관계를 보인다는 점에서 [+합성성]의 대상이나, 상수(α) 유무에 따라서 (9가)는 [+정합성], (9나)는 [−정합성] 구성으로 파악한 것이다. 반면에 (9다)는 함수 관계가 성립하지 않으므로 [−합성성]으로 분류된다.

여기서 α의 유형에 관해서도 더 구체적으로 살펴볼 수 있을 듯하다. 주지하듯이 단어는 특정 대상이나 개념을 언어로 표현하고자 한 명명(naming) 동기에 의해 형성된다. 주목할 사항은 (3)의 '국', '그릇', (4)의 '가마', '꾼' 형태가 단어 형성 과정에 도입될 때, 각 형태에 대응되는 의미 외에도 명명 상황의 '맥락'이 α의 방식으로 복합어에 포함되어 전체 의미를 완성한다는 점이다. 이렇듯 '개념'에서 '언어'로의 표현론적(onomasiological) 접근을 통해 단어 형성을 이해한다면, 그 과정으로는 다음 세 가지 방식을 상정해 볼 수 있다(정한데로 2015: 212–217).

(11) 가. 의미 추가 α
　　　　예 구두닦이: 구두 닦는 일을 직업적으로 하는 사람
　　나. 의미 선택 α
　　　　예 떨이: 팔다가 조금 남은 것을 다 떨어서 싸게 파는 물건
　　다. 의미 비유 α
　　　　예 총알택시: 과속으로 달리는 택시

(11가)의 '구두닦이'는 '구두, 닦-, -이'의 세 구성성분 이외에 '직업적으로 하는'의 의미를 포함하는데(송철의 1992: 129–130), 이때의 추가 의미는 앞서 언급한 α로 이해된다. 이는 구성성분 이외의 추가적인 성분, 즉 '의미 추가 α'로 볼 수 있다.[4] 한편, (11나)의 '떨이'는 다의어 '떨-'의 다양한 의미 가운데 특정 의미가 선택되어 복합어 '떨이'의

4 앞서 (3), (4)에 제시된 '국그릇', '가마꾼'은 '의미 추가 α' 유형으로 분류될 것이다.

전체 의미를 구성한 것으로 파악되므로(송철의 1985: 197)[5] 이 역시 단어 형성 과정에 부가된 정보로 볼 수 있다. 다만 다의어 구성성분의 의의(sense)가 선택되었다는 점에서 (11가)와는 다른 차원의 α 유형이기에 '의미 선택 α'로 달리 불릴 수 있다. 마지막 (11다)의 '총알택시'는 '과속으로 달리는(빠른)'의 의미가 '총알'로 비유되어 복합어를 형성한 결과이다. 세 번째 유형은 앞선 '추가', '선택'과는 또 다른 방식으로 형성 현장의 맥락이 도입되었다고 보아 '의미 비유 α'로 구분되었다.[6]

이 가운데 (11다)의 '의미 비유 α'로 설명 가능한 [X-스럽-] 복합어를 통해 [합성성]과 [정합성]의 함수 관계를 살펴보기로 하자.

(12) 함수 관계와 합성성·정합성 양상 (정한데로 2015: 123)

	함수 관계		합성성	정합성	예
가	f(A,B) = A + B	(9가)	+	+	달관스럽-, 신성스럽-
나	f(A,B) = A + B + α	(9나)		−	시골스럽-, 소녀스럽-
다	f(A,B) ≠ A + B (+ α)	(9다)	−		거추장스럽-, 뇌꼴스럽-

5 송철의(1985: 197)의 논의를 참고한다면, 동사 '떨-'과 '떨이'의 의미는 다음과 같이 제시될 수 있다(음영은 필자 추가). '떨-'의 5가지 의미 가운데 ④ 의미가 선택되어 복합어 '떨이'의 의미를 완성하였다.

가. 떨다: ① 붙었던 것을 흔들거나 손으로 털어서 떨어지게 하다.
② 어떠한 속에서 얼마나 덜어낸다.
③ 주어야 할 셈 속에서 받을 셈을 빼다.
④ 팔다 남은 것을 몽땅 팔거나 사다.
⑤ 어떠한 성질이나 행동을 겉으로 나타내어 부리다.

나. 떨이: 팔다가 조금 남은 것을 다 떨어서 싸게 파는 물건

6 정한데로(2015: 217-222)에서 언급한 대로 (11)의 '의미 선택 α'와 '의미 비유 α'는 해당 예시를 제시하는 데 있어서 그 경계가 명확하지 않을 수 있다. 복합어 형성 과정에 다의어의 의의가 선택된 것인지, 아니면 공시적으로 비유 해석이 관여한 것인지에 대해서 판단이 어려울 수 있기 때문이다.

정한데로(2009, 2010가, 2015)는 함수 관계가 성립하는 [+합성성]을 공시적 형성의 관점에서 논의한 반면, [−합성성]은 공시적인 결합을 상정하기 어려운 통시적 변화의 결과로 이해하였다. 따라서 (12다)의 '거추장스럽−, 뇌꼴스럽−'은 '거추장, 뇌꼴'의 의미가 불분명하고, 또 이들을 자립적인 명사나 어근으로 보기 어렵다는 점에서 일단 비합성적인 구성으로 분류되었다. 이들 구성에서는 [정합성]을 논의할 필요가 없다.

한편, (12가)의 '달관스럽−, 신성스럽−'과 (12나)의 '시골스럽−, 소녀스럽−'은 모두 [+합성성] 구성이지만, (12가)는 (12나)와 달리 [+합성성]이자 동시에 [+정합성]인 구성으로 분류된다. 각각 추상명사와 구체명사가 어기로 참여하였다는 점에서 이들 간의 차이가 확인되는데, 추상명사 어기가 결합한 (12가)는 '달관한 데가 있−', '신성시하는 데가 있−'과 같이 'X한 데가 있−'으로 그 의미가 투명하게 해석되는 반면, 구체명사 어기가 결합한 (12나)는 '(시골의) 푸푸한 고향 느낌인 데가 있−', '(시골의) 세련됨이 없이 어수룩한 데가 있−', '(시골의) 마음 편안하고 포근한 데가 있−' 등처럼 어기와 관련하여 연상되는 어떤 속성이나 특징 혹은 비유적 의미가 의미 해석에 관여한다(송철의 1992: 202–204, 정한데로 2009: 4, 2010가: 5 참고).[7] 따라서 (12가)는 α가

7 채현식(2012: 217, 각주 18)는 "파생어형성규칙의 경우 접사가 상수로 고정되어 있어 논란의 여지가 많지 않지만, 합성어의 경우 상수 없이 구성 요소 모두가 변항으로 이루어진 표상을 단어형성규칙으로 볼 수 있을 것인가에 대한 진지한 고민이 필요하다."라고 언급하였다. 그러나 우리는 (3), (4)에서 확인한 바와 같이 합성어와 파생어 모두 다양한 맥락이 부가될 수 있다고 보고 이들을 평행한 관점으로 접근한다. [X−스럽−] 파생어 역시 다양한 맥락에서 어기 속성이 해석될 가능성이 있다.

불필요한 정합적이고 투명한 구성인 데 반해, (12나)는 α가 부가된 비정합적인 구성인 것이다.[8]

정리하자면, 우리는 (2가, 2나)(=9가, 9나)를 모두 합성적인 구성으로 파악한다((5가) 참고). 이렇게 볼 때, 복합어의 의미가 합성성의 원리를 지키지 않는다고 본 (6)의 시각은 이 글의 [정합성] 수준에서 '의미 합성성'에 대한 결론을 이끌어 낸 것으로 볼 수 있다. 그러나 (8)과 같이 '함수'를 통해 합성성의 원리를 이해한다면, (2가, 2나)와 (2다)의 경계는 물론 (2가)와 (2나)의 관계까지도 동시에 포착해 낼 수 있다는 점에서 더 세밀한 접근이 가능하다. (3), (4)에서 관찰한 '국그릇', '가마꾼'과 마찬가지로 대다수의 복합어가 구성성분 형태 외의 부가적인 의미 정보를 포함한다는 점에서 볼 때, (2나)의 영역을 포착해 내는 것은 복합어의 형성 및 의미를 연구하는 데 있어서 상당히 의미 있는 작업이라 할 만하다.[9] 그 결과 우리는 일반적인 복합어 다수를 비합성적인 구성으로 보지 않고, 합성적이기는 하나 추가된 의미 정보(α)로 인해 비정합적인 결과로 파악하였다. 이는 파생어 [X–ity]와 [X–ness]의 차이를 '의미적 정합성(semantic coherence)' 기준으로 설명한 Aronoff(1976: 38–39)의 접근과 평행한 것이기도 하다.[10]

---

8 [X–스럽–] 복합어의 형성과 관련하여 통합관계와 계열관계에 기반한 두 입장의 차이는 3.2에서 후술할 것이다.

9 정한데로(2009, 2010가)는 이러한 부가 정보의 추가로 인해 사실상 대다수의 복합어가 등재부 저장의 대상이 되어야 한다고 보았다. 한편, 동일한 현상에 대해서 일회용규칙(once–only rule)이라는 이론적 기제를 상정한 Aronoff(1976)에 대해서는 비판적인 입장을 취하였다.

10 정한데로(2010가, 2015)는 [X–ness]를 (9가)의 [+합성성], [+정합성] 구성으로, [X–ity]를 (9나)의 [+합성성], [–정합성] 구성으로 파악하였다. [+정합성]의 (9가)는 맥락으로부터 자유롭다는 점에서 언어 내적으로 등재부에 저장될 필요가

한편, (7나)의 둘째 물음은 단어의 형성 방식에 관한 것이다. 단어 형성을 크게 통합관계와 계열관계에 의한 두 가지 방식으로 놓고 볼 때에, 의미 합성성 또는 (10)의 [합성성], [정합성] 문제가 단어형성론에서 어떠한 시사점을 주는지에 대해서도 고찰해 보고자 한다. 이에 대해서는 장을 달리하여 살펴보도록 하자.

3. 단어 형성 과정의 α 기능

이 장에서는 (9나)의 'f(A,B) = A + B + α' 함수가 단어형성론에서 어떠한 방식으로 해석될 수 있는지에 관해 살펴볼 것이다. 특히 통합관계와 계열관계의 두 접근을 중심으로 복합어 의미상의 α에 관해 논의한다. 기본적으로 우리는 형성 현장의 '상황 맥락'이 단어의 의미를 구성하는 데에 있어서 핵심적인 역할을 담당한다고 본다(김광해 1982, 이재인 1991, 임지룡 1997, 정한데로 2009, 2012, 2015, Downing 1977, Aitchison 1987, Jackendoff 2009, Taylor 2012). 이때의 상황 맥락 정보는 앞서 언급한 함수에서의 α에 대응된다.

3.1. 계열관계에 기반한 복합어의 α

(6다, 6라)에서 확인한 바와 같이, 계열관계에 기반한 단어 형성을 주

없으며, 형성 측면에서도 높은 생산성을 보이게 된다. 국어의 [X-거리-], [X-대-]가 이에 해당된다고 본다.

장하는 입장에서는 복합어의 의미 합성성을 인정하지 않거나 단어형성 규칙 출력형의 의미가 합성적이지 않다는 점을 강조한다.

(13) 가. 국그릇: 국을 담는 그릇
　　나. 돌그릇: 돌로 만든 그릇
　　다. 꽃그릇: 꽃이 그려져 있는 예쁜 그릇
　　라. 세수그릇: 세수할 때 쓰는 그릇

채현식(2013: 314–315) 참고(음영은 필자 추가)

채현식(2013)은 ≪표준≫에 등재된 (13)의 복합어를 볼 때, 선행 명사와 후행 명사의 의미 관계가 규칙적이지 않다는 점을 근거로 이들의 의미가 규칙에 의해 도출되기 어렵다는 점을 강조한다. 이때의 규칙은 '$[W]_X$ $[W]_Y$ → $[[W]_X[W]_Y]_Y$'와 같은 생성형태론 방식의 단어형성 규칙을 가리킨다(Scalise 1984, 김창섭 1996 참고). 만약 생성형태론의 규칙, 즉 문장형성규칙과 마찬가지로 맥락자유규칙(context-free rule)의 속성을 지니는 단어형성규칙이라면 분명 (13)의 [X–그릇] 복합어 의미는 규칙적이지 않다. (13가~13라)의 상이한 α가 그 규칙성을 해치기 때문이다. 그러나 (9나)에서 보았듯이 α의 존재가 함수의 성립 가능성이나 합성성의 원리를 무너뜨리는 것은 아니다.[11] 또한 (9가)에 대한 비판

11 채현식(2003: 147–149), 채현식(2012: 217)는 '$[N1+N2]_N$'과 같은 형식이 변항만으로 이루어지고 의미해석도 명시하지 못하며 어기에 대한 제약도 없으므로 단어형성규칙으로 보기 어렵다는 입장을 보이고 있다. 그러나 이는 맥락을 고려하지 않은 형성 규칙(맥락자유규칙)에 국한된 비판인바, 맥락도 고려하면서 통합관계에 기반하여 단어를 형성하는 입장에 대한 비판이 될 수는 없을 것이다. 채현식(2012: 219)의 비판 역시 이와 동일한 한계를 지닌다. (9가)식의 맥락자유규칙이라면 규칙에 의한 출력형을 따로 기억할 필요가 없지만, 맥락을 강조한 (9나)의 접근이라면 통합의 출력형은 α 정보와 함께 기억되어야 한다. 이에 정

이 통합관계에 기반한 단어 형성 전체에 적용되는 것은 아니다. 채현식(2013)에서 언급한 생성형태론 방식의 규칙은 맥락으로부터 자유로운 (9가)만을 지시할 뿐, 맥락에 의존적인 (9나)까지 포괄하지는 않기 때문이다.

(13)의 [X-그릇] 복합어를 (9나)의 함수로 형식화하면 다음과 같다.

(14) 가. $f(A_1,B) = A_1 + B + \alpha_1$ (α_1 = ~을 담는)
나. $f(A_2,B) = A_2 + B + \alpha_2$ (α_2 = ~로 만든)
다. $f(A_3,B) = A_3 + B + \alpha_3$ (α_3 = ~이 그려져 있는 (예쁜))
라. $f(A_4,B) = A_4 + B + \alpha_4$ (α_4 = ~할 때 쓰는)

일단 이 글에서 주목하는 (9나)의 함수는 단어 형성 당시의 맥락을 전혀 고려하지 않은 '$[W]_X$ $[W]_Y$ → $[[W]_X[W]_Y]_Y$'의 규칙과는 다르다. 각 단어가 형성된 현장에서 각기 다른 맥락 의미를 포함한 채로 복합어의 의미론적 정보가 어휘 내항에 고정되었다고 볼 때, (13)의 복합어는 서로 다른 맥락 속에서 그 의미를 완성한 결과이다. 따라서 이들 복합어를 (9가)와 유사한 '생성형태론식'의 규칙에 대입하여 그 안에서 규칙성(regularity)을 포착해 내고자 하는 것은 사실상 불가능한 접근이라 판단된다.

우리는 단어 형성을 설명하는 데 있어서 통합관계에 기반한 접근이 여전히 많은 장점을 지닌다고 본다.[12] 특히, 최초 단어의 형성을 고려한

한데로(2009, 2010가, 2015) 등은 α를 언어 내적 차원의 등재 조건으로 기술한 바 있다.

12 이 글은 이른바 '유추적 단어 형성' 이전에 논의된 바 있는 '계열적 단어 형성(paradigmatic word formation)'을 부정하지 않으며 이 역시 단어 형성의 한 방식으

다면 통합관계에 따른 단어 형성은 필수적인 과정이다(시정곤 1999, 황화상 2010 등 참고).[13] 그중에서도 (9나)와 같이 특정 구성성분 A와 B에 더해, 특정 맥락(α)이 고려된 상황에서 초기 단어가 형성된 것으로 파악한다.[14]

아울러 이 글에서는 서로 다른 맥락에서 형성된 (13가~13라)의 복합어 대신, 동일한 함수로부터 형성된 단어 부류에 주목하고자 한다. 가령, (14가) 함수 하나로 형성된 다수의 복합어를 관찰하는 것이다(정한데로 2015: 125, 각주 23).

(15) $f(A_1,B) = A_1 + B + \alpha_1$ (α_1 = ~을 담는) (=14가)

가. 국그릇: 국을 담는 그릇
나. 밥그릇: 밥을 담는 그릇
다. 김치그릇: 김치를 담는 그릇
라. 과일그릇: 과일을 담는 그릇

α_1, 즉 '~을 담는'의 부가 의미는 상수로 고정되어 '국그릇, 밥그릇,

로 이해하는 입장에 있다(Spencer 1991: 413-417, 김창섭 1996: 17 참고). 다만 계열관계에 기반한 단어 형성보다는 통합관계에 의한 단어 형성이 보다 1차적인 단어 형성 방식이라는 판단이다.

13 채현식(2014: 113-114)는 '최초의 단어' 형성 문제가 유추론뿐만 아니라 규칙론도 안고 있는 한계임을 강조한다. '귀납 규칙'으로서의 규칙(rule) 역시 일반화를 위한 대상 자료가 필요하기 때문이다. 그러나 이 글은 '규칙론'과 '유추론'이라는 형성 원리에 관한 논의보다는 채현식(2012)에서 강조된 '통합관계'와 '계열관계'에 기반한 단어 형성 문제에 집중하고자 한다. '계열관계'에 기반한 형성이 대치할 근거 자료를 필요로 하는 데 반해서, '통합관계'에 기반한 형성은 이러한 전제 조건으로부터 자유롭다.

14 이는 황화상(2010)에서 사용되는 '규칙'의 개념과도 맥을 같이 한다. 이에 대해서는 3.2. 후술.

김치그릇, 과일그릇' 형성에 직접적으로 관여한다.[15] (14가)의 단일한 함수를 놓고 본다면 (15가~15라)의 복합어는 상수 α_1에 대하여 '규칙적'인 양상을 보인다. 따라서 맥락을 고려한 (9나) 방식의 통합관계라면 이들 사이의 규칙성이 충분히 포착된다. 이러한 점에서 채현식(2012)에서 제시한 (13)의 예만으로 통합관계에 기반한 입장 전체가 비판의 대상이 되기는 어려워 보인다.

오히려 우리는 이른바 '유추'의 기제를 활용한 계열관계 기반의 단어 형성에 있어서도 함수 내 α가 중요한 역할을 담당한다고 파악한다. 채현식(2003: 18)의 유추에 의한 단어 형성 과정에서 이러한 사실을 확인할 수 있다. (16가)는 개별 단어에 의한 유추, (16나)는 유추의 틀에 의한 유추 과정을 통해 표적(target) 'X'를 형성한다고 본 채현식(2003)의 예를 가져온 것이다(음영은 필자 추가).[16]

(16) 가. 팔에 부착하는 장신구 : 팔찌 = 귀에 부착하는 장신구 : X
　　나. Y(Y=먹을 수 있는 재료)를 넣어 만든 빵 : $[Y]_{N(Y=먹을\ 수\ 있는\ 재료)}$-빵 = 보리를 넣어 만든 빵 : X

채현식(2003: 63)의 '등재부(어휘부) 연결망 조직'은 형태적 기준으

15 α_1의 의미는 구성성분 사이의 관계를 통해서 추론될 수도 있으나(황화상 2001 참고), 우리는 일단 이때의 맥락 정보가 (14)의 'α_1 ~ α_4'와 같이 매우 역동적으로 포착된다는 점에 주목하여 추론 이상의 열린 상태로 보고자 한다.

16 채현식(2003: 117)에서 제시한 '유추에 의한 단어 형성 과정'은 다음 순서로 진행된다.
가. 표적(target)의 확인
나. 근거 단어(source words)의 탐색
다. 근거 단어와 표적의 비교·정렬
라. 근거 단어의 구조적 관계를 표적에 사상(mapping)

로 어기 속성을 배열하고 이들 간의 연결 관계에 주목하는데, 이러한 태도는 (16)의 비례식에서도 그대로 포착된다. (16가, 16나) 모두 '팔-귀', 'Y(먹을 수 있는 재료)-보리'의 어기 간 계열관계에 초점이 있기 때문이다. 그러나 어기 속성보다는 음영으로 표시된 α의 '의미 해석'이 사실상 이들의 계열관계를 포착하는 데 더욱 중요한 기준으로 여겨진다(정한데로 2015: 66).[17] '팔'과 '귀'의 신체명사로서의 유사성보다는 '~에 부착하는'의 해석 의미가 추론을 이끈다고 보기 때문이다. 이는 (16나)에도 그대로 적용되어 '~를 넣어서 만든'의 의미로 계열관계를 포착할 수 있다. 그리고 이러한 사실은 (17)에서 더욱 명확하게 드러난다.

(17) 가. 계란빵, 단팥빵, 모카빵, 옥수수빵 … ⇒ $[[X]_{N(X=재료)}-빵]_N$
나. 곰보빵, 국화빵, 바나나빵, 붕어빵 … ⇒ $[[X]_{N(X=형상)}-빵]_N$

채현식(2003: 114)에서 (17가)와 (17나)는 어기 'X'의 속성에 따라 각기 다른 $[[X]_N-빵]_N$의 틀로 추상화된다. (17가)는 'X=재료'로, (17나)는 'X=형상'으로 어기 간의 계열관계에 주목한 것이다. 그러나 이들 관계를 (18), (19)로 풀어 기술해 본다면 사실상 이들 계열체 사이에 α 의미가 그 중심에 있음을 알 수 있다.

(18) $f(A_1,B) = A_1 + B + \alpha_1$ (α_1 = ~를 넣어서 만든)
가. 계란을 넣어서 만든 빵
나. 단팥을 넣어서 만든 빵

17 시정곤(2001), 나은미(2009)에서도 어기의 형태론적 특징보다는 '의미적 유사성' 또는 '의미 패턴'이 강조된다.

다. 모카를 넣어서 만든 빵
라. 옥수수를 넣어서 만든 빵

(19) $f(A_2,B) = A_2 + B + \alpha_2$ (α_2 = ~ 모양의)
가. 곰보 모양의 빵
나. 국화 모양의 빵
다. 바나나 모양의 빵
라. 붕어 모양의 빵

(18), (19)의 두 함수와 이로부터 실현된 (가~라)의 예를 살펴보자. 어기(A_1 또는 A_2) 간의 연결보다는 복합어 구성 의미에 포함되어 있는 맥락 의미(α_1 또는 α_2) 간의 유사성, 즉 함수 내 상수가 계열체 간의 관계를 드러내고 있는 점이 명시적으로 드러난다.[18]

한편, 이상의 설명은 (6다)의 입장에도 그대로 대입 가능하다(나은미 2005, 나은미 2009: 61 참고, 음영은 필자 추가).[19] (20)의 각 의미 패턴을 형성하는 데 있어서 중심 역할을 담당하는 것은 어기 'X'나 접사 '-보'의 의미가 아닌, 음영의 맥락 의미이기 때문이다.[20]

18 이는 채현식(2003: 63)에서 제시한 "접미사 '-보'에 의한 파생어들의 연결망 조직"에 대해서도 다시 생각해 볼 만한 단서를 제공한다. (18), (19)처럼 어기가 아닌 α, 즉 형태로 드러나지 않은 맥락 의미 간의 관련성에 초점이 놓인다면, 이는 등재부 내 등재소 간의 '형태적 층위'를 강조한 채현식(2003)의 입장과 달리 의미적 층위를 뒷받침하게 되기 때문이다. 시정곤(2001)은 채현식(2003)과 달리 '의미적 유사성'에 초점을 두었으며, 나은미(2009)도 의미 패턴을 중심으로 등재부 등재소 관계를 논의하였다. 한편, 정한데로(2015: 73)에서는 [X-꾼] 복합어를 대상으로 α 중심의 등재소 연결망을 제시하였다.

19 (20가~20다)의 각 '의미 패턴'이 적절한지에 대해서는 재고의 여지가 있으나, 이 글에서는 따로 다루지 않는다. 시정곤(2001)과 나은미(2009)는 '의미'에 초점을 둔 측면에서 공통적이지만, [X-보]의 각 의미 해석에 대해서는 차이를 보인다.

20 종이 사전의 기술 내용을 참고할 때에 음영의 α 의미가 분석적 차원에서 접사

(20) 'X-보' ['X-보'의 의미 패턴]

가. 먹보, 울보, 말보 … ⇒X라는 행위적 특징이 많은 사람

나. 겁보, 꾀보 … ⇒X라는 성격적 특징이 많은 사람

다. 털보, 째보, 곰보, 뚱뚱보 … ⇒X라는 신체적 특징이 많은 사람

정리하자면, (6)과 같이 복합어의 의미 합성성을 인정하지 않거나 생성형태론식의 통합관계에 비판적인 입장을 취한 입장도 (9나)의 맥락을 고려한 함수로는 충분히 설명 가능한 결과에 도달할 수 있다. 또한 계열관계에 기반한 단어 형성이라 할지라도 어기 간의 '형태적 유사성'보다는, 형태로 표현되지 않은 맥락(α) 중심의 '의미적 유사성'에 초점이 놓인다는 점도 확인하였다.

그러나 (9나)의 함수와 같은 통합관계가 과연 계열관계보다 나은 단어 형성 방식인가에 대한 의문은 여전히 남는다. 이에 대해서는 통합관계에 기반한 설명이 지닌 장점을 확인하면서 보충하기로 한다.

의 다양한 의의로 기술될 가능성이 있다. 가령 '-꾼'의 경우, ≪표준≫에 ① '어떤 일을 전문적으로 하는 사람' 또는 '어떤 일을 잘하는 사람'의 뜻을 더하는 접미사, ② '어떤 일을 습관적으로 하는 사람' 또는 '어떤 일을 즐겨 하는 사람'의 뜻을 더하는 접미사, ③ '어떤 일 때문에 모인 사람'의 뜻을 더하는 접미사로 그 의미가 세부적으로 기술되어 있다. 정한데로(2015: 335)에서는 복합어 내부의 α와 후행 성분이 합쳐진 방식, 즉 [α+B]의 구성으로 이러한 접사의 의미가 사전에 기술된 것으로 파악하였다. 그리고 변화의 측면에서 각각의 α는 후행 성분의 내재 의미로 포함될 가능성이 있다(정한데로 2015: 332-339 참고).

3.2. 통합관계에 기반한 복합어의 α

단어 형성 과정에서 우리가 주목하는 요소는 바로 (9나)의 함수 내 α의 존재이다. 이때의 α가 단어 형성 과정에 부가된 '맥락' 정보로서 복합어 전체 의미를 구성하는 데 있어서 결정적인 역할을 하기 때문이다. 다음은 김광해(1982: 9)의 예를 가져온 것이다(음영은 필자 추가).

(21) 호박마차

호박같이 생긴 마차, 호박을 실은 마차, 호박 속에서 나온 (동화 속의) 작은 마차, 호박을 재료로 만든 모형 마차, 호박의 표면에 그려져 있는 마차 등

복합어 '호박마차'는 (21)과 같이 다양한 의미로 해석 가능하지만, 실제 언어 현실에서는 '요정이 호박에다 마술을 부려서 만든 마차'의 의미로 고정되어 쓰인다(김광해 1982: 9). 앞서 살펴본 (3), (4)의 '국그릇', '가마꾼'처럼, 형태로 드러난 '호박', '마차' 외의 의미 정보(α)가 단어 내부에 포함된 양상을 확인할 수 있다. 여기서 우리가 강조하고자 하는 지점은 이때 α에 대응되는 의미를 계열관계로 설명해 낼 수 있는가 하는 것이다. 공인화된 의미로서의 '호박마차'뿐만 아니라 (21)의 다양한 의미로 단어를 형성하기 위해 대치할 만한 근거 단어(source word)가 실재하는지의 문제가 남기 때문이다.

계열관계에 기반한 단어 형성의 한계는 황화상(2010: 68-70)에서도 아래의 예를 통해 언급된 바 있다(음영 등 필자 수정).

(22) 가. 스님자장: 스님이 먹을 수 있도록 만든 자장, 스님이 자주 먹는 자장

가'. 버섯자장: 버섯을 주재료로 하여 만든 자장

나. 다람쥐택시: (다람쥐가 쳇바퀴를 도는 것처럼) 일정한 구간만 왕복하는 택시

다. 개구리관광: (개구리가 땅과 물에서 사는 것처럼) 땅에서의 관광과 물에서의 관광을 함께 하는 관광

황화상(2010)은 유사한 의미관계의 다른 단어를 떠올리기 쉽지 않은 (22)의 예들이 유추보다는 규칙에 의해 형성되었을 가능성이 많다고 보았다.[21] 즉, (22)의 단어도 (21)의 '호박마차'와 마찬가지로 근거 단어를 포착하기 어렵다는 점에서 계열관계에 의한 단어 형성의 결과로 보기 어렵다.

우리는 (21), (22)의 단어 형성을 (9나)의 함수와 같은 통합관계에 의한 결과로 이해하고자 한다. 특정 대상에 대한 명명의 동기가 있을 때, 형태적 측면에서는 제한된 두 형태만을 활용하지만 의미적 측면에서는 현장의 상황 맥락을 포함하여 복합어가 구성됨으로써 (23)처럼 복합어 의미가 완성된다고 파악하는 것이다.[22, 23]

---

21 황화상(2010: 61)에서의 '규칙'은 "어떤 사물이나 개념이 갖는 속성에 직접적으로 기초해서 단어를 만드는, 화자의 심리적 과정을 형식화한 것"을 의미한다. 일반화된 패턴으로서의 '규칙'이라기보다는, 명명의 동기에 의해 통합관계로 구성을 이루는 원리로 이해할 수 있는 듯하다. 이 글에서는 '패턴으로서의 규칙' 개념과의 혼란을 피하기 위하여 '통합관계', '계열관계'의 용어를 위주로 쓰고 있다.

22 복합어 형성 과정에 부가되는 이러한 상황 맥락 의미는 형성 현장과 밀접한 언어 외적 요소로서 백과사전적(encyclopedic) 지식에 해당한다(임지룡 1997, 정한데로 2015, Downing 1977, Aitchison 1987, Jackendoff 2009, Booij 2010 등). 이는 단어 형성 과정에서 맥락이 차지하는 중요성을 주목하게 한다.

23 이때의 α는 (11)에서 제시한 세 가지 방식을 통해 역동적으로 형성 과정에 도

(23) 가. f(호박,마차) = '호박' + '마차' + '~같이 생긴 / ~을 실은 / …'

나. f(스님,자장) = '스님' + '자장' + '~이 먹을 수 있도록 만든 / ~이 자주 먹는 / …'

단어 형성 현장에서 (23)과 같이 α가 역동적으로 실현된다는 사실은 설문 조사를 통해 임시어를 관찰한 정한데로(2013나, 2015)에서도 확인된다.[24]

(24) 설문 조사 예시

가. 조사 대상	나. 수집 자료 예시	
	[N−N]	껍질칼, 안전칼, 양파칼, 채칼, 겉칼 …
	[V−af]	갈이, 긁개, 깎개, 밀개, 벗기기 …
	[N−V−af]	껍질밀개, 감자벗기개, 오이깎개, 감자긁개 …
	[V−N]	깎기구
	[N−V−N]	껍질벗기칼
	[Adv−af]	돌돌이, 박박이, 사각이, 슥슥이, 쓱쓱이

입될 수 있을 것이다. (22가, 22가')은 (11가)의 '의미 추가 α', (22나, 22다)는 (11다)의 '의미 비유 α'의 방식으로 형성된 것으로 볼 수 있다.

24 정한데로(2013나, 2015)에서는 12개의 조사 대상을 제시하여 일반 한국어 화자로부터 다양한 유형의 임시어를 수집하였다. (24가)의 사진은 그 가운데 하나를 가져온 것이다. 이러한 임시어 자료가 실제 언어 현실 내에서 확고한 자리를 차지하게 되는 과정은 임시어의 '공인화'를 통해 연구 가능하다. 그 가능성에 대한 시론(試論)으로 정한데로(2014)가 참고된다.

(24가)의 조사 대상으로부터 일반 한국어 화자들이 다양한 방식으로 단어를 만들어 내었다. (24나)는 그 결과 가운데 일부를 가져온 것인데, 그중에서 [N–N] 구성을 다시 (25)로 정리하였다.[25]

(25) 가. 껍질칼 ⇒ '껍질'[X] + '~을 깎는' + '칼' (X=위치)
나. 안전칼 ⇒ '안전'[X] + '~하게 깎는' + '칼' (X=방식)
다. 양파칼 ⇒ '양파'[X] + '~껍질을 깎는' + '칼' (X=대상)
라. 채칼 ⇒ '채'[X] + '~로 깎는' + '칼' (X=결과물)

정한데로(2015: 235)는 실제 수집된 (25)의 단어, '껍질칼, 안전칼, 양파칼, 채칼'의 형성 방식을 논의하면서, 이들이 통합관계에 기반하여 형성되었을 가능성이 높다고 보았다. 먼저, (25가~25라)의 네 단어는 (17)의 [X–빵]과 비교할 때 각각의 관련 근거 단어를 찾기가 쉽지 않다.[26] 이러한 사실은 설문을 통해 즉각적으로 만들어진 이들 단어의 형성 과정에 화자의 등재부 내 기존 단어가 관여하였을 가능성이 높지 않다는 것을 시사하는 듯하다.[27] 또한 (25가~25라)에서 선행 명사로 참여

25 만약 (24나)에 제시한 [V–af], [V–N], [N–V–N], [Adv–af] 유형 모두가 계열관계에 기반하여 형성되었다고 본다면 각 단어별 근거 단어를 화자의 등재부로부터 찾아내어 설명할 수 있어야 할 것이다. 반면 통합관계에 기반한 단어 형성은 이러한 부담으로부터 자유롭다.

26 이는 계열관계에 기반한 종래의 입장이 계열관계가 쉽게 포착되는 예에 치우친 방식으로 논의해 온 것이 아닌가 하는 의문을 갖게 한다. 우리는 연구의 대상을 공인어, 즉 사전등재어나 신어로만 국한하지 않고, 화자의 언어 능력을 보여주는 역동적인 임시어 자료에까지 확대하였다. 물론 이러한 입장은 임시어가 지니는 실재성에 대한 타당성이 확보될 때에 더욱 뒷받침될 수 있을 것이다(정한데로 2013가, 2013나, 2014 참고).

27 (25) 가운데 '양파칼'은 '감자칼'과의 연결 관계를 인정할 가능성이 있다. 화자의 인지적 과정을 고려한다면 이 논문을 읽고 있는 독자 역시 (25)의 네 단어와 연결 관계에 있을 만한 단어를 즉각적으로 떠올려 볼 수 있어야 할 것이다. 그것이

한 '껍질, 안전, 양파, 채'는 경우에 따라 '위치, 방식, 대상, 결과물'의 의미로 매우 역동적으로 해석된다. (25)에 제시하지 않은 단어까지 포함한다면, 이러한 역동성을 모두 기존 단어에서 찾아야 한다는 부담이 따른다. 이 역시 근거 단어에 기댄 계열관계보다는 '결합'에 의한 통합관계 위주의 단어 형성이 갖는 장점이 부각되는 지점이다.[28]

한편, 채현식(2012)에서 논의한 [X-스럽-] 신어 예시도 통합관계로 이해할 때에 더 많은 설명력을 지닐 것으로 판단된다.

(26) 오노(Ohno)스럽다, 부시(Bush)스럽다, 검사스럽다, 놈현스럽다, 국회스럽다, 패널(panel)스럽다, 디큐(D/Q)스럽다

(26)의 7개 단어는 2002년부터 2006년까지 수집된 [X-스럽-] 구성의 신어이다. 이에 대하여 채현식(2012: 228)는 아래의 형성 과정을 제시하였다.

(27) 가. (특정) 창작자가 오노의 행위를 보고 '오노처럼 뻔뻔하고 마음씨가 좋지 않다.'라는 의미를 지닌 단어를 만들기로 함.
나. 어휘부 속 기존 단어 검색 결과 'X-스럽다' 계열, 'X-롭다' 계열, 'X-하다' 계열, 'X-적이다' 계열의 단어가 후보가 됨.

간단하지 않다면 화자의 단어 형성 과정 역시 기존 단어를 근거로 진행되었다고 보기에는 부담이 따른다. 이는 종이 사전의 공인어를 찾아 (25)와 관련된 단어를 확인하는 과정과는 별개의 문제이다. 한편, '채칼'은 ≪표준≫에 등재된 표제어이기는 하지만, (24가)와는 다른 대상을 지시한다. 이 경우는 이미 화자의 등재부에 저장되어 있던 단어를 피설문자가 응답하였을 가능성도 있다.

28 우리는 각 임시어와 연결된 계열체를 활성화하여 이들을 통해 추상적인 틀을 마련한 후 단어를 형성하는 것보다는 통합관계에 기초한 접근이 훨씬 화자에게 직관적이며 수월한 방식이라고 판단한다(정한데로 2015: 236). 임지룡(1997: 255)에서도 '결합'이 가장 생산적인 단어 형성 방식임을 언급한 바 있다.

다. 'X-롭다' 계열, 'X-하다' 계열, 'X-적이다' 계열은 제외되고, 'X-스럽다' 계열만 남음.[29]

채현식(2012)는 'X-스럽다' 계열이 지닌 부정적 속성을 강조함으로써 (26) 신어의 부정적 의미 해석을 이끌어내고자 하였다. 'X-스럽다' 계열 중에 '뻔뻔스럽다, 경박스럽다, 능청스럽다, 밉상스럽다'처럼 경멸적인 의미와 부정적인 가치 평가를 나타내는 단어가 많고, 또 '바보스럽다, 병신스럽다'처럼 (인명은 아니지만) 인성명사를 어기로 하는 단어들도 소수 존재한다는 점에 주목한 것이다. 또한 송철의(1992: 203)에 기대어 'X-스럽다'의 어기가 구체명사인 경우 그 어기는 구체물로부터 연상되는 비유적이고 부정적인 속성을 갖는다고 보고, '짐스럽다, 촌스럽다, 맹물스럽다'의 '짐, 촌, 맹물'을 부정적 속성의 예로 제시하였다.[30] 결국 이러한 단어들을 기반으로 어기의 부정적 속성이 강조된 새 단어

29 채현식(2012)는 'X-롭다', 'X-하다' 계열의 단어들이 그 어기로 상태명사나 상태성 어근만을 취하므로 제외되며, 'X-적이다' 계열의 단어는 창작자가 표현하려는 대상에 대한 경멸적 의미와 부정적인 가치 평가를 드러내지 못하기 때문에 제외된다고 보았다. 그러나 이러한 설명이 얼마나 타당성을 확보하는지에 대해서는 더 생각해 볼 여지가 있다. 가령 'X-적이다' 계열의 경우도 '경멸적이다, 독단적이다' 등과 같이 선행하는 어기에 따라서 구성 전체가 부정적 속성을 띨 수 있다. 이는 '짐스럽다, 촌스럽다, 맹물스럽다'로부터 부정적 속성을 포착해 낸 채현식(2012)의 접근과 크게 다르지 않아 보인다.

30 송철의(1992: 201-202)에서는 '어른답다'가 어른이라는 사실을 전제하는 반면에 '어른스럽다'는 어른이 아니라는 사실을 전제한다는 점을 강조함으로써 [X-답-]과 [X-스럽-]의 차이를 보이고자 하였다. 그러나 이러한 기술 역시 재고의 여지가 있다. '철수는 (제 나이에 맞게) 어른스럽다'가 '철수가 어른이다'를 전제할 가능성도 충분하기 때문이다. 한편, 안예리(2008: 68)은 [X-답-]과 [X-스럽-]의 차이를 어기 제약으로 설명하려고 하였다는 점에서 우리의 관심을 끈다. '-답-'은 실체성 어기와, '-스럽-'은 비실체성 어기와 결합한다는 것인데, '어른스럽다'의 경우도 이때의 '어른'이 구체적인 개체가 아닌 개체 집합을 가리킨다는 점에서 비실체성 어기로 보아야 한다고 주장하였다.

'오노스럽다'가 형성되었고, 이후 '오노스럽다'로부터 다른 신어의 형성이 확대되었다고 보았다.

그러나 이에 대해 몇 가지 의문을 제기해 볼 수 있을 듯하다. 첫째, 근거 단어와 표적 사이의 어기 관련성을 포착할 수 있는지가 밝혀져야 할 것이다. 채현식(2003)에서는 계열관계 내 어기 간의 형태적 유사성을 강조한 바 있지만, 채현식(2012)의 논의에서 '뻔뻔, 경박, 능청'이나 '바보, 병신', '짐, 촌' 등과 '오노' 사이의 관련성을 포착해 내기 어렵기 때문이다. 만약 불규칙한 방식의 '개별 차원의 유추' 과정이 적용되었다고 하더라도 어떠한 귀추적 추론(abductive inference)이 적용되었는지 해명되어야 한다.

둘째, 'X-스럽다'의 어기가 구체명사인 경우 그 어기가 구체물로부터 연상되는 비유적이고 부정적인 속성을 갖는다고 본 송철의(1992)의 논의도 더 생각해 볼 여지가 있다. 우리는 '짐스럽다, 촌스럽다, 맹물스럽다'에서 '짐, 촌, 맹물'이 부정적인 의미로 해석된 원인이 접사 '-스럽-'에 있다기보다는 이들 복합어의 초기 형성 과정에 부가된 맥락 의미(α)가 부정적이었기 때문인 것으로 파악한다. 또 다른 신어 '광대스럽다[31]'(2008년), '남성스럽다[32]'(2009년)의 경우, 구체명사 어기가 결합한

31 광대-스럽다 형 [예술] 직업적 예능인의 기질이 있다. ¶ 조영남은 김민기를 가리켜 '내가 만난 사람 중에서 결이 가장 좋은 사람'이라고 했고, 이장희는 '가장 사내다운 남자', 송창식은 '가장 광대스런 인간'이라고 했다.〈세계일보 2008.2.15.〉

32 남성-스럽다(男性---) 형 통이 크고 대범하며 시원시원한 멋이 있다. ¶ 잭 애프론은 평소 큐티 보이 이미지에서 벗어나 화이트 코튼셔츠, 블랙 타이를 입고 한층 남성스러워진 모습으로 등장, 카메라 플래시를 집중적으로 받았다.〈조이뉴스24, 2009.1.31.〉 ‖ ¶ '레트로 미니멀리즘'이다 '40년대 복고풍'이다 올 가을패션을 정의하는 말은 많지만 확실한 것은 그 어느 해 보다도 '남성스럽다'는 것.〈연합뉴스 보도자료, 2007.8.28.〉

[X-스럽-] 복합어에서 부정적인 의미를 확인하기 어렵다. 이렇게 본다면 부정적 의미 해석을 접사 '-스럽-' 자체의 속성으로 이해하기는 어려울 것이다.

셋째, 채현식(2012)에서 계열관계로 연결 짓고 있는 (26)의 신어 사이에서도 형성 차원의 직접적인 관련성을 포착할 수 있을지 의문이다. 큰 틀에서 이들이 부정적인 의미로 쓰이고 있다는 점은 분명하나, 이들 사이의 형태적·의미적 유사성을 밝힐 만한 명확한 근거를 찾기 어려워 보이기 때문이다. 특히, 채현식(2012: 229)는 이들 신어 중 '검사스럽다, 국회스럽다, 놈현스럽다'가 당시 정치적 상황을 반영하고 있어 이들이 계열관계에 기반해 만들어졌음을 방증한다고 보았다. 그러나 정치적 상황을 빗댄 표현론적 동기가 가까운 시기에 일어난 사실이 이들 단어의 형성 방식에까지 직접적인 영향을 주었는지에 대해서는 보다 적극적인 근거가 필요할 것으로 보인다.

(9나)의 함수를 활용한 통합관계에 주목하는 이 글의 입장에서는 (26)의 단어 역시 α를 포함한 통합관계로 설명하고자 한다. (11)의 3가지 유형 가운데 '의미 비유 α'가 적용된 예로 볼 수 있을 것이다.

(28) 가. 오노스럽다: (오노처럼) 뻔뻔하고 마음씨가 좋지 않은 데가 있다.
나. 부시스럽다: (부시처럼) 약자를 괴롭히거나 자기 고집만 내세우는 데가 있다.
다. 검사스럽다: (토론회 당시의 검사처럼) 행동이나 성격이 바람직하지 못하거나 논리 없이 자기 주장만 되풀이하는 데가 있다.

음영의 α에서 관찰되듯이, (28)의 세 단어가 부정적 의미 해석에 있어서는 유사할지 모르나 그 구체적인 의미는 전혀 다른 양상을 보인다.[33] (18), (19)의 [X-빵] 관련 복합어에서는 '~를 넣어서 만든', '~ 모양의'의 의미를 통한 계열관계가 명확하게 포착되었지만 (28)의 단어들 간에는 이러한 특징을 발견하기 어렵다. 단순히 부정적 속성만을 근거로 '오노스럽다'가 나머지 신어의 근거 단어가 되었다고 보기는 어렵다는 판단이다.

(29) 가. f(오노,-스럽-) = '오노' + '-스럽-' + '뻔뻔하고 마음씨가 좋지 않은'

나. f(부시,-스럽-) = '부시' + '-스럽-' + '약자를 괴롭히거나 자기 고집만 내세우는'

다. f(검사,-스럽-) = '검사' + '-스럽-' + '행동이나 성격이 바람직하지 못하거나 논리 없이 자기 주장만 되풀이하는'

우리는 맥락을 고려한 통합관계로 (29)의 단어 형성을 설명하고자 한다. 이를 위해서는 먼저 (27)에 정리한 채현식(2012)의 신어 형성 과정과는 상이한 접근이 필요하다. 최초에 '오노스럽다'를 형성한 화자가 과연 (27가)와 같이 '오노'의 모습을 보고 이 단어를 형성하였을까? 우리는 이와 반대로 '뻔뻔하고 마음씨가 좋지 않은' 특정 대상을 표현하고자 하는 동기가 먼저 있었고, 이를 근거로 마침 사회적으로 이슈가 되었던 '오노'가 비유 대상으로 활용되어 '오노스럽다'가 형성되었다고 보는 입장이다. 이와 유사한 방식을 통해 (29)의 α 맥락을 표현하고자 하는 각

33 이때의 의미 기술은 〈신어〉 자료집의 내용을 참고한 것이다.

각의 동기에 따라서 초기 화자가 '부시, 검사' 등의 비유 대상을 끌어와 (28)의 단어를 형성하였다고 이해한다. 이렇게 본다면 (26) 신어가 '오노스럽다'로부터 시작되었다고 파악하기보다는 각각의 명명 동기에 의해 형성된 것으로 보아야 할 것이다.

4. 결론

단어 형성의 결과는 의미 합성적인가, 그렇지 않은가? 이 글은 이러한 물음에서 시작하여 '함수'로서의 의미 합성성 개념을 통해 단어 형성을 합성적인 과정으로 이해하였다. [합성성]과 [정합성] 두 기준을 활용하여 함수의 성립 여부는 [합성성]으로, 구성성분 외 부가 성분 여부는 [정합성]으로 파악함으로써 구성성분 외 요소를 포함한 구성도 [합성성]을 충족하는바 합성적인 구성으로 보아야 한다고 주장하였다((5가) 참고). 그리고 '합'이 아닌 '함수'로 의미 합성성에 접근함으로써, 단어 형성이 합성적이지 않다고 본 선행 연구((6) 참고)는 [합성성]이 아닌, [정합성] 기준에 따라 합성성의 원리를 논의한 것으로 파악하였다.

한편, '함수'로 해석된 합성성의 원리는 단어 형성 과정의 상황 맥락(α) 요소를 명시적으로 드러냄으로써 단어형성론에 있어서도 의미 있는 결과를 도출한다. 그 과정에서 우리는 계열관계를 중심으로 단어 형성을 논의한 채현식(2012)를 검토하고, 통합관계에 기반한 단어 형성이 갖는 장점을 부각하고자 하였다. 특히 통합관계 기반 단어 형성에 대한 채현식(2012)의 비판이 생성형태론식의 맥락자유규칙에 국한될 뿐, 맥락을 고려한 통합관계에까지는 적용되기 어렵다고 보았다. 나아가 계열관계에 기반한 경우에도 형태로 드러난 어기보다는 형태로 드러나지 않은 α 요소가 등재부 내 단어들 간의 어휘적 관련성을 포착해 내는 핵심 성분임을 강조하였다.

그러나 단어 형성 현장의 역동적인 상황을 α라는 형식으로 거칠게 일반화하였다는 점은 이 글의 한계로 남아 있다. (11)과 같이 3가지 유형으로 구체화하려는 시도가 일부 있기는 하나, 형성 과정의 α를 정밀화하는 작업은 지속적으로 보완되어야 할 것이다.

참고문헌

김광해(1982), 복합명사의 신생과 어휘화과정에 대하여, 국어국문학 88, 국어국문학회, 5−29.

김창섭(1996), 국어의 단어형성과 단어구조 연구, 태학사.

나은미(2005), 파생 접미사의 의미적 패턴 연구, 이중언어학 28, 이중언어학회, 81−110.

나은미(2009), (연결주의 관점에서 본) 어휘부와 단어 형성, 박이정.

송원용(2005), 국어 어휘부와 단어 형성, 태학사.

송철의(1985), 파생어형성에 있어서 어기의 의미와 파생어의 의미, 진단학보 60, 진단학회, 193−211.

송철의(1992), 국어의 파생어형성 연구, 태학사.

시정곤(1999), 규칙은 과연 필요 없는가, 형태론 1−2, 형태론, 261−283.

시정곤(2001), 국어의 어휘부 사전에 대한 연구, 언어연구 17−1, 한국현대언어학회, 163−184.

안예리(2008), 형용사 파생 접미사의 어기 공유 현상, 형태론 10−1, 형태론, 63−83.

양정석(2013), 개념의미론과 합성성, 한국어 의미학 40, 한국어의미학회, 1−41.

이선영(2006), 국어 어간복합어 연구, 태학사.

이선영(2007), 국어 신어의 정착에 대한 연구, 한국어 의미학 24, 한국어의미학회, 175−195.

이선웅(2012), 한국어 문법론의 개념어 연구, 태학사.

이성범(1999), 언어와 의미, 태학사.

이재인(1991), 국어 복합명사 구성의 이해, 국어학의 새로운 인식과 전개(김완진선생 회갑기념논총), 민음사, 612−628.

임지룡(1997), 인지의미론, 탑출판사.

정한데로(2009), 국어 복합어의 등재와 어휘화 연구, 석사학위논문, 서강대학교.

정한데로(2010가), 문법 차원의 등재에 대한 연구, 형태론 12−1, 형태론, 1−22.

정한데로(2010나), 복합어 분석에 의한 단어의 변화, 어문연구 38-3, 한국어문교육연구회, 103-128.
정한데로(2012), 어휘 변화의 세 방향: '보-'를 중심으로, 형태론 14-1, 형태론, 25-52.
정한데로(2013가), 임시어의 실재성 확립을 위하여, 어문연구 41-1, 한국어문교육연구회, 119-149.
정한데로(2013나), 명명 과제(naming task)를 기반으로 한 임시어의 형태론: 도구 명사를 중심으로, 국어학 68, 국어학회, 367-404.
정한데로(2014), 임시어에 관한 몇 문제, 국어학 71, 국어학회, 61-91.
정한데로(2015), 한국어 등재소의 형성과 변화, 태학사.
채현식(2003), 유추에 의한 복합명사 형성 연구, 태학사.
채현식(2007), 어휘부의 자기조직화, 한국언어문학 63, 한국언어문학회, 129-145.
채현식(2012), 계열관계에 기반한 단어 분석과 단어 형성, 형태론 14-2, 형태론, 208-232.
채현식(2013), 어휘부란 무엇인가, 국어학 66, 국어학회, 307-333.
채현식(2014), 명사의 형태론, 한국어학 62, 한국어학회, 97-122.
최상진(1997), 합성어 의미형성의 유기체적 관계론에 대하여, 한국어 의미학 1, 한국어의미학회, 155-170.
최상진(2002), 합성어 의미형성과 게시탈트(Gestalt), 인문학연구 6, 경희대학교 인문학연구소, 3-24.
최상진(2013), 어휘의미의 홀론(holon)적 의미속성 연구, 어문연구 41-4, 한국어문교육연구회, 7-30.
최형용(2003), 국어 단어의 형태와 통사, 태학사.
황화상(2001), 국어 형태 단위의 의미와 단어 형성, 월인.
황화상(2010), 단어형성 기제로서의 규칙에 대하여, 국어학 58, 국어학회, 61-91.
황화상(2013), 유추, 규칙의 대안인가?: 채현식(2003)을 중심으로, 형태론 15-2, 형태론, 204-224.
Aitchison, J.(1987), Words in the mind: an introduction to the mental lexicon, Basil Blackwell. [임지룡·윤희수 역(1993), 심리언어학, 경북대학교 출판부.]

Aronoff, M.(1976), *Word formation in Generative Grammar*, The MIT Press.

Bauer, L.(1983), *English Word-formation*, Cambridge University Press.

Booij, G. E.(2010), *Construction Morphology*, Oxford University Press.

Cruse, A.(2000), *Meaning in Language*, 2nd edition, Oxford University Press. [임지룡·김동환 역(2002), 언어의 의미: 의미·화용론 개론, 태학사.]

Downing, P.(1977), On the creation and use of English compound nouns, *Language* 53−4, 810−842.

Frege, G.(1892), Über Sinn und Bedeutung, (On Sense and Reference), *Zeitschrift für Philosophie und philosophische Kritik* 100, 25−50.

Jackendoff, R.(2009), Compounding in the parallel architecture and conceptual semantics, In Lieber, R. & Štekauer, P.(eds.), *The Oxford Handbook of Compounding*, Oxford University Press, 105−128.

Scalise, S.(1984), *Generative Morphology*, Foris, Dordrecht. [전상범 역(1987), 생성형태론, 한신문화사.]

Spencer, A.(1991), *Morphology Theory: an Introduction to Morphology in Generative Grammar*, Blackwell. [전상범 외 역(1994), 형태론, 한신문화사.]

Taylor, J. R.(2012), *The Mental Corpus: How Language is Represented in the Mind*, Oxford University Press

제13장
규칙과 유추*

1990년대 후반부터 2000년대 중반에 이르기까지 한국어 형태론의 가장 열띤 논쟁 주제는 바로 '규칙과 유추'라고 해도 과언이 아니다. 이는 그동안 '단어 형성의 기본 원리는 무엇인가?'라는 물음을 놓고 수많은 연구자들이 치열하게 고민해 왔음을 보여 준다. 이 장에서는 '규칙'과 '유추'에 관해 심도 있게 논의해 볼 것이다.

1. 서론

이 글은 한국어 형태론에서 논의되어 온 이른바 유추론의 입장을 재

* 이 장의 내용은 '정한데로(2016), 규칙과 유추, 다시 생각하기, 어문연구 44-3, 한국어문교육연구회, 99-126'에 수록된 바 있다.

검토하고, 단어 형성에서의 '유추, 규칙, 틀'의 실현 양상 및 상관관계를 살펴보는 데에 목적이 있다.[1] 특히, 유추론의 대표적인 업적이라 할 수 있는 채현식(2003나, 2006)을 중심으로 관련 개념 및 핵심 논의를 살펴보면서, 그와 관련한 다양한 물음을 던져 보고자 한다.

주지하듯이 한국어 형태론에서 단어 형성 기제로서의 규칙과 유추는 많은 연구자들로부터 큰 관심을 받아 왔다. 분석 중심의 '구조주의 형태론' 이후, 생성문법에 기대어 문장 형성 원리를 단어 형성에 적용하고자 한 '생성형태론'이 1990년 중반까지 한국어 형태론의 주를 이루었다면, 1990년대 후반부터는 인간의 심리적 기제에 초점을 둔 이른바 '인지형태론'이 새로이 주목을 받기 시작하였다.[2] 특히 생성형태론에 바탕을 둔 '규칙'을 비판하며 등장한 인지형태론은 등재부(어휘부) 내 기존 단어를 근거로 한 '유추' 과정을 통해 단어가 형성된다는 기본 입장을 강조하였다. 생성형태론과 인지형태론의 두 흐름은 각각 규칙론과 유추론으로 대표되면서 한국어 단어형성론에서 활발한 논쟁을 불러오기도 하였다.

이러한 배경에서 우리는 그동안 수용되어 온 유추론의 주요 개념을 다시 살펴보고, 몇 가지 사항을 토대로 규칙과 유추 등에 관해 논의하

1 기존의 관련 연구들을 따라 이 글에서도 규칙 및 유추 중심의 논의들을 가리켜 각각 '규칙론' 및 '유추론'으로 통칭하고자 한다. 규칙론과 유추론의 입장을 종합적으로 정리한 송원용(2010), 황화상(2010)을 참고할 수 있다. 규칙과 유추 논쟁을 촉발한 초기 연구로 송원용(1998), 채현식(1999), 시정곤(1999)를 들 수 있으며, 이후의 송원용(2002가, 2002나, 2005), 채현식(2003가, 2003나, 2006), 김명광(2004), 김인균(2005), 이광호(2005), 황화상(2013) 등도 확인된다.

2 '인지형태론'의 용어는 송원용(2002나)에서 가져온 것이다. 인지형태론에 관한 사항은 송원용(2002가, 2002나, 2005, 2010) 등을 참고할 수 있다.

고자 한다. 특히, 다음의 몇 가지 물음은 이 글의 큰 줄기를 이루는 것들이다.

(1) 가. '유추의 틀'은 '유추'에 의한 과정인가, '유추'를 위한 과정인가?
나. '규칙 對 유추'인가, '통합관계 기반 단어 형성 對 계열관계 기반 단어 형성'인가?
다. '규칙'과 '유추'는 대립적 개념인가, 상호보완적 개념인가?

(1가)는 그간 수용되어 온 '유추의 틀'이라는 개념이 과연 어떠한 측면에서 '유추'와 관련되는지에 관한 비판적 물음이다. '유추의 틀'이 적용되는 과정을 구체적으로 살펴보면서 '유추의 틀'이 유추를 적용한 결과인지 아니면 유추를 적용하기 위한 준비 도구인지에 관해 천착해 보고자 한다. 결과적으로 우리는 '유추'(귀추적 추론)보다는 '틀'(추상화)이 '유추의 틀'이 지닌 핵심적인 속성이라는 사실에 도달함으로써 유추론에서 제시한 '유추의 틀'이 '유추'의 기본 개념과는 거리가 있음을 확인할 것이다.

(1가)로부터 얻은 결과는 (1나)의 물음으로 이어진다. 그렇다면 '유추의 틀'은 단어 형성 과정에 어떠한 방식으로 관여하는 것일까? 우리는 유추론에서 강조한 '규칙'과 '유추의 틀' 간 비교 결과를 종래의 '통합관계 기반 단어 형성'과 '계열관계 기반 단어 형성'의 차이로 접근할 것이다. 그렇다면 기존 '규칙 對 유추'의 대립은 사실상 '통합관계 기반 단어 형성 對 계열관계 기반 단어 형성'의 대립으로 이해될 필요가 있다.

(1다)는 '규칙'과 '유추' 각각의 기본 개념에 따라 두 기제가 어떠한 상

관관계를 지니는지에 관한 물음이다. 우리는 유추론에서 언급한 규칙의 속성을 검토하면서 한국어 유추론에서 바라본 규칙의 외연이 생성형태론에 국한되어 있다는 한계를 재확인하고, 규칙이 좁게는 형태소 간의 결합을, 넓게는 틀에 의한 단어 형성까지도 모두 포괄할 수 있다는 사실을 강조하고자 한다. 아울러 개별 단위의 불규칙한 형성이 일반화되어 일련의 패턴을 만들듯이, 개별적 차원의 '유추'로 촉발된 언어 현상이 '규칙'이나 '틀'로 일반화된다고 보는 관점에서 결국 규칙과 유추가 대립적인 관계에 있지 않다는 결론에 이를 것이다(김창섭 1996, 노명희 1997 참고).

(1가~다)의 순서로 논의를 진행한다. 2장에서는 한국어 형태론에서 '유추'와 '유추의 틀'이 조명 받게 된 배경과 함께 '유추의 틀'이 작동하는 구체적인 과정을 살펴본다. 3장에서는 '통합관계 기반 단어 형성'과 '계열관계 기반 단어 형성'을 '유추의 틀'과 관련지어 논의한다. 이상의 결과를 토대로, 4장에서는 '유추, 규칙, 틀'의 관계 설정에 관한 이 글의 입장을 밝힌다.

2. '유추'와 '유추의 틀'

앞서 언급한 대로 한국어 형태론의 유추론은 종래 규칙 중심의 생성형태론을 극복하기 위한 방안으로 등장하였다. 이에 이 장에서는 먼저 생성형태론의 몇 가지 특징을 확인하며 논의를 시작하고자 한다.

(2) 가. X + Y → XY (X: 어기, Y: 파생접사, XY: 파생어) (송철의 1992: 67)
가'. 파생어형성규칙도 하나의 규칙임에 틀림없으므로 거기에는 여러 가지 제약이 있을 수 있다(송철의 1992: 91).
나. $[X]_{N/R}$, $[Y]_N$ → $[[[X]_{N/R}$ (-ㅅ)$]_{Adn?}$ $[Y]_N]_N$ (김창섭 1996: 59)
나'. 단어형성 규칙의 기술에는 반드시 생산성이나 제약의 개념이 필요하다(김창섭 1996: 14).

(2가, 2나)는 각각 파생어와 합성어의 형성 규칙으로 제안된 것으로, 규칙의 도출(→) 과정 전후로 각각의 입력물과 출력물이 관찰된다. (2가', 나')처럼 '규칙'과 함께 '제약'을 논의한 점에서 (2가, 2나)의 단어형성 규칙은 전형적인 생성형태론식 접근이라 할 수 있다.

(3) 가. $X^0 \rightarrow X^0\ X^{suf}$ / $N^0 \rightarrow N^0N^0$ (정원수 1992: 23, 26)
나. $X^0 \rightarrow Y^0\ X^{-1}$ (김인균 1995: 22)

(3)은 생성형태론 중에서도 'X'-이론' 또는 'X'-형태론'을 바탕으로 한 논의로서, 문장형성규칙을 단어형성규칙에까지 적극 활용한 결과이다. 이들 연구는 단어의 구조적 계층성을 고려하여 어기와 접사를 서로 다른 층위에 설정하였는데, (3가)는 파생어와 합성어(정원수(1992)의 복합어)에 대응하는 각각의 구조 규칙을, (3나)는 파생 형태론에서의 선택(제약)과 투사 원리를 논의하였다.

그러나 구조 중심의 '규칙'과 '제약'에 기반한 (2), (3)의 단어형성규칙은 다음과 같은 몇 가지 문제가 제기되면서 그 한계를 드러내었다.

(4) 가. 이들 규칙은 다양하게 실현되는 복합어의 전체 의미를 담아

낼 수 없다.[3]

나. 이들 규칙은 다수의 제약 조건, 여과 장치를 설정해야 하는 문제가 있다.[4]

(4가)는 단순히 구성성분의 합만으로 복합어 전체 의미를 파악해 낼 수 없다는 문제를, (4나)는 규칙을 통해 예측되는 다수의 단어가 실재하지 않는 현실적 한계를 지적한 것이다. (4가)는 단어 형성의 특수성을 고려하지 않고 문장형성규칙과 같은 방식으로 맥락자유 다시쓰기 규칙(context−free rewriting rule)을 단어 형성에 그대로 대입하는 과정에 나타난 결과이며, (4나)는 생성형태론이 생성 가능한 단어의 존재 자체에 초점을 두지 않고 공인성(사전 등재 여부) 또는 친숙성을 기준으로 '실재어'를 파악하였기에 발생한 결과이다.[5] 즉 (4가, 4나)는 문장과 단어의 본질적인 차이를 등한시한 생성형태론의 기본 접근 방식이 야기한 문제라

3 "(단어형성규칙) 모형에서 접미사의 의미는 '어기의 의미와 관련해서 어떻게 하는(어떠한) 무엇'의 구조를 가지는 관계적인 기술일 수밖에 없는데 이렇게 상당히 고정적인 의미 기술로 다양하게 실현되는 접미사의 의미를 담아내기는 어려운 것이다." (이재인 1994: 11)

4 "단어구조를 '규칙'으로 이해하면 많은 제약조건을 별도로 부가하거나 여과장치를 따로 설정해야 하는 문제가 생긴다." (시정곤 1998: 84) "'X'−형태론'의 문제점을 지적하고 (중략) 단어형성의 구체적인 과정을 알 수 있도록 하기 위해 '원리'라는 개념을 도입하고자 한다." (시정곤 1998: 12)

5 생성형태론에서 설정한 '가능어−실재어'의 개념이 사전 등재와 같은 공인화(institutionalization)를 기준으로 하였다는 사실에 주목할 필요가 있다(정한데로 2013). 규칙을 통해 형성 가능한 단어, 즉 공인화 이전의 임시어(nonce−word)까지 실재어의 범주에 넣는다면, 다수의 제약에 관한 의심(4나)이나 과잉 생성(overgeneration)에 관한 비판이 생성형태론에서 크게 문제되지 않았을 것이다. 과잉 생성의 문제는 규칙론에 대한 유추론의 비판에서도 언급된 바 있는데(채현식 2003가, 2003나), 엄밀히 말하자면 이는 규칙 자체의 문제라기보다는 생성형태론이 설정한 '실재어'의 틀 안에서 단어 형성을 논의할 때 제기되는 한계라고 할 수 있다.

고 할 수 있는데, 이는 문장형성규칙을 단어 형성에 원용하고자 한 생성형태론이 지닌 태생적인 한계라 할 수 있다.[6] 이러한 흐름 속에서 한국어 단어형성론의 유추론 역시 (4)와 같은 비판과 함께 등장하였다.[7]

유추론의 기본 입장은 기존에 있던 단어를 근거 단어(source word)로 삼아 새로운 표적(target)을 형성한다는 것인데,[8] 이러한 접근은 일찍이 생성형태론에서도 불규칙한 단어 형성을 설명하기 위해 '계열적 단어 형성(paradigmatic word formation)', 즉 비례 유추(proportional analogy)의 방식으로 논의되었다.

(5) 가. grammar : grammarian = transformational grammar : X
⇒ X = transformational grammarian (Spencer 1991: 413–417)

---

6 (2), (3)처럼 문장과 유사한 방식으로 단어의 형성 규칙을 바라보는 관점에서는 문장과 달리 적극적으로 등재되는 단어의 속성을 설명하기 위한 부가적인 장치가 필요하다. 이러한 이유로 단어형성규칙을 인정하는 입장 가운데 일부는 Aronoff(1976)의 일회용규칙(once-only rule)과 유사한 관점에서 규칙의 출력형이 문장과 달리 등재부에 저장된다고 파악하였다(송철의 1992: 90 참고). 규칙론 중에서도 최소 등재 입장은 규칙적인 복합어를 등재부에 저장하지 않으므로 일회용규칙이 필요하지 않다(정원수 1992: 14 참고).

7 유추론은 등재부에 저장된 단어들 간의 어휘적 관련성을 통해 (4가, 4나)의 문제에 대한 해결점을 제시한다. 따라서 규칙에 대한 유추론의 비판은 곧 맥락자유 다시쓰기 방식의 '생성형태론식 규칙'에 국한된 비판이라고 할 수 있다. 한편, Aronoff(1976)이 제안한 일회용규칙 역시 유추론(채현식 2003나)의 주요한 비판 대상 중 하나이다.

8 채현식(2003나: 117)에서 제시한 유추에 의한 단어 형성 과정은 다음과 같다.
① 표적(target)의 확인: 어떤 개념을 나타내는 새로운 단어(표적)를 만들겠다고 확인한다.
② 근거 단어(source word)의 탐색: 어휘부에서 표적의 문제를 해결하는 데 근거로 이용될 수 있는 단어(들)를 찾는다.
③ 근거 단어와 표적의 비교·정렬: 근거 단어의 '개념:형식'과 표적의 '개념:형식(X)'을 비교·정렬해서 근거 단어와 표적 사이의 공통성을 포착한다.
④ 근거 단어의 구조적 관계를 표적에 사상(寫像, mapping): 근거 단어로부터 추상된 구조적인 관계를 표적에 사상한다.

나. 눈 : 눈치 = 코 : X

⇒ X = 코치 (김창섭 1996: 17)

Spencer(1991)은 (5가)와 같은 새로운 단어의 형성이 통합적(syntagmatic) 과정에 의존하지 않으며 관계망(network of relationship)에 의해 규정되어야 한다고 논의한다. 관계망 내 어느 지점에 빈자리가 생기면 그 자리는 통상적으로 채워지게 되는데, 위와 같은 비례식이 활용될 수 있다고 보았다. 김창섭(1996: 16) 역시 (5나)의 비례식을 통해 심리적으로 동시 연상이 가능한 '눈'과 '코'의 의미론적 사실이 유추를 촉발한다고 논의하였다. 이렇듯 통합관계 또는 연쇄적 배열로 설명하기 어려운 단어 형성에 대해서는 계열관계에 기반한 방식이 그 대안으로 활용되었다.

이와 비교할 때, 한국어 유추론은 (5)와 같은 비례식 기반의 개별 차원에 국한하지 않고, 단어 형성 전반에 걸쳐 '유추의 틀'이라는 기제를 적용하고 있다는 점에서 특징적이다. 즉, 결합(통합관계)으로 설명 가능한 예까지도 대치(계열관계)에 의한 단어 형성으로 설명하고자 한 것이다. 유추론의 가장 대표적인 연구라 할 수 있는 채현식(2003가, 2003나)를 중심으로 그 입장을 살펴보기로 하자. 유추에 의한 단어 형성 방식은 다음과 같다.

(6) 유추에 의한 단어 형성의 분류[9] (채현식 2003나: 110)

┌ 표면적 유사성에 기초한 유추 ─ 불규칙하고 고립적인 유추 … ㉠
└ 구조적 유사성에 기초한 유추 ┌ 개별 단어에 의한 유추 … ㉡
　　　　　　　　　　　　　　 └ 유추의 틀에 의한 유추 … ㉢

기존 비례 유추 중심의 단어 형성((5) 참고)이 다소 느슨하게 대상 자료의 유사성을 다루었다면, (6)의 체계는 '표면'과 '구조'의 기본 틀을 기초로 '개별 단어'와 '유추의 틀'에 따른 하위 유형까지 구체화하였다는 점에서 의의가 있다.

(7) 가. 눈 : 눈치 = 코 : X ⇒ X = 코치
가'. 신(新) : 신세대 = 쉰 : X ⇒ X = 쉰세대
나. 팔 : 팔찌 = 귀 : X ⇒ X = 귀찌, 목찌
다. 계란빵, 단팥빵, 모카빵, … $[[X]_{N(X=\text{재료})-\text{빵}}]_N$ ⇒ 보리빵, …

(6)의 ㉠~㉢ 유형은 각각 (7가~7다)의 자료로 설명된다(채현식 2003나: 110-115 참고). (7가, 7가')이 구조적 관계와 상관없이 의미적 유사성 및 음성적 유사성에 따라 형성된 불규칙하고 고립적인 유추의 예로 분류되는 한편, (7나, 7다)는 근거 단어와 표적의 내적 구조가 동일한 구조적 유사성을 지니는 예로 분류된다. 그중 '유추의 틀'에 의한 유추(7다)는 근거 단어가 한정된 (7나)와 달리 계열체의 높은 유형 빈도를 통해 형성된 '유추의 틀'로부터 새로운 단어가 만들어진다고 보았다. 더 나아가 (7나)도 '유추의 틀'을 통해 설명하고자 한다는 점에서 한국어 유추론

9 (6)에 표시된 ㉠, ㉡, ㉢은 설명의 편의를 위해 필자가 채현식(2003나)의 체계에 추가한 것이다.

의 핵심은 결국 '유추의 틀'이라 할 만하다.[10]

우리는 몇 가지 문제 제기를 통해 (6)의 체계 및 (7)의 각 유형을 보다 구체적으로 검토해 보고자 한다. 첫째, (6)에 제시된 '표면적 유사성, 구조적 유사성'의 두 기준이 타당한지에 관해 검토가 필요하다. (7가, 7가')의 '코치, 쉰세대'와 (7나)의 '귀찌'를 비교할 때 이들 모두 첫 음절 단위를 대치함으로써 새로운 단어를 형성했다는 점에서 공통적인데, (6)의 체계가 뒷받침되기 위해서는 (6) ㉠과 ㉡을 경계 짓는 기준인 '구조적 유사성'이 지시하는 바가 더욱 분명하게 제시될 필요가 있다. 특히 (7가)와 (7나)는 대치된 성분이 신체 명사로 상당히 유사하며, 유형빈도가 모두 높지 않은 상황에서 '찌'와 달리 '-치'만을 접사로 판단할 만한 근거가 분명하지 않다. 이러한 점에서 (7나)만이 구조적 유사성을 지닌다는 관점은 논란의 여지가 있다. 만약 '표면적 유사성'과 '구조적 유사성'의 체계가 타당성을 확보하지 못한다면, (7가, 7가', 7나)가 모두 불규칙적이고 고립적인 차원에서 시작된 초기 과정이라는 점, 그리고 형성된 단어의 예가 소수에 그친다는 점에 주목하여 이들을 한데 묶어 개별 단어에 의한 유추로 분류할 가능성도 충분하다.[11]

둘째, '유추의 틀'이 과연 유추 개념에 부합하는 기제인지 근본적인 검토가 필요하다. 먼저 채현식(2003가)에서 정리된 '유추'의 개념을 확

10 채현식(2003나: 114-115, 119)에서는 (7나)와 같은 개별 단어에 의한 유추 과정에서도 추상된 틀이 형성되며, 이는 계열체로부터 만들어진 틀과 다르지 않다고 논의하였다. 즉, '귀찌, 목찌'는 '팔찌'로부터 추상화된 '$[[X]_{N(X=\text{신체의 일부})}-\text{찌}]N$'의 틀을 통해 형성 가능하다는 입장이다.

11 우리는 (6)의 체계에서 ㉠, ㉡으로 '유추'의 영역을 한정하고, '형식적 유사성'과 '의미적 유사성'의 기준만을 유추의 분류 기준으로 보고자 한다. 후술할 (19) 참고.

인해 보자(밑줄은 필자 추가).[12]

(8) 유추의 개념 (채현식 2003가: 9)

　유추는 일종의 귀추적(歸追的) 추론(abductive inference)[13]으로서, 비슷한 패턴을 보이는 기존 사례를 찾아 그 사례로부터 이끌어낸 임시적인 가설을 새로운 사례에 적용하는 과정이다.

기존 사례를 통해 이끌어낸 임시적 가설은 곧 (5), (7)의 각 비례식을 의미한다. '임시적'이라는 기술에서 확인되듯이 이때의 비례식은 유추를 위한 가설로 순간 마련된 후 지속되지 못하고 사라진다. 이때 (6)의 ㉠, ㉡에 해당하는 대상은 고립적·불규칙적 개별 차원의 과정이라는 점에서 (7가~7나)와 같은 즉각적인 임시적 가설이 필수적인바 (8)의 유추 개념에 충분히 부합된다. 그런데 (6) ㉢의 '유추의 틀'은 조금 달리 판단할 여지가 있다. 다음은 '유추의 틀'이 지닌 속성이다(밑줄은 필자 추가).

(9) 가. 유추의 틀에 의한 유추의 경우에는 계열체에만 접근하면 된다. <u>계열체 구성원들을 검색해서 유추의 근거로 삼을만한 개별 단어를 찾는 추가 과정이 생략된다.</u> 그리고 <u>개별 단어로부터 추상화된 틀을 만들어내야 하는 수고도 덜게 된다.</u> 그만큼 연산 과정이 줄어드는 셈이다(채현식 2003나: 115).

나. 유추의 틀에 의한 경우에는 (32ㄴ)에서 볼 수 있듯이 <u>계열체</u>

12 최형용 외(2015: 21−28)에서는 네 가지 측면에서 유추와 규칙의 상관관계를 살펴본 바 있다.

13 기존의 사례로부터 이끌어낸 임시적인 가설을 새로운 사례에 적용한다는 점에서 귀추(abduction)를 가설적 추론(假說的 推論)이라고 부른다(채현식 2003가: 9 참고).

로부터 추상된 틀이 이미 존재한다. 특정한 단어의 내부 구조로부터 틀을 추상하는 노력을 덜게 되는 셈이다(채현식 2003나: 119).

(9)를 참고할 때, (7가, 7가', 7나)와 달리 (7다)의 형성 과정은 사례를 통해 즉각적으로 임시적 가설을 설정하는 방식이 아니다. 대신 이미 계열체를 통해 추상화되어 있는 틀을 표적에 직접 사상하는 과정으로 진행된다. (10)으로 도식화해 본다면 개별 단어에 의한 유추(=(6)의 ㉠, ㉡)가 귀추적 추론으로서 임시적 가설을 설정한 것(10가)과 달리, '유추의 틀'에 의한 유추(=(6)의 ㉢)는 계열체를 통해 틀을 만드는 (10나) 이후의 (10나')만을 일컫는 과정으로 이해되는 것이다(음영 참고).[14]

(10) 가. 개별 대상 ⇒ 비례식(임시적 가설) 완성 ⇒ 새로운 단어 형성
(개별 단어에 의한 유추)

나. 개별 대상 ⇒ '유추의 틀'(추상화) 완성

나'. '유추의 틀' ⇒ 새로운 단어 형성
(유추의 틀에 의한 유추)

이렇듯 (10가)와 (10나')의 분명한 차이에 주목한다면, 유추의 틀에 의한 유추를 즉각적인 임시적 가설에 따른 단어 형성으로 보기는 어렵다. 다시 말해서, '유추의 틀'을 과연 '유추'로 볼 수 있는가 하는 중대한 의

14 '틀'이 구성된 이후에 단어를 형성하는 본격적인 과정을 채현식(2003나)에서는 '유추' 작용으로 파악한 데 반해, Booij(2010: 2)은 '통합(unification)'으로, Haspelmath & Sims(2010: 46–51)은 '형태론적 규칙(morphological rule)의 적용'으로 보았다는 사실도 주목할 만한 점이다.

문이 남는다.[15, 16]

이상의 두 가지 문제 제기를 통해 (6)의 체계를 다시 확인한다면, (6)의 ㉠, ㉡만이 (8)의 개념에 기초한 엄밀한 의미의 유추로 한정되고, (6)의 ㉢('유추의 틀')은 유추로부터 분리되어야 할지 모른다. 채현식(2003나: 123)에서 (6)의 ㉠, ㉡만을 전형적인 유추로 이해한 것도 이 글의 관점에서 시사하는 바가 적지 않다.

요컨대, 한국어 유추론은 기존의 유추 개념에 '유추의 틀'을 추가함으로써 유추의 외연을 확장하고자 시도하였지만, 유추론의 핵심인 '유추의 틀'이 과연 '유추'인가 하는 근본적인 의문이 제기된다. 우리는 '유추의 틀'이 내재하고 있는 개념적 핵심이 '유추'가 아닌 '틀'에 놓여 있다고 판단한다. 이와 관련하여 3장에서는 '틀'로 대표되는 '계열관계 기반 단어 형성'의 속성을 확인하며 또 다른 측면에서 '유추의 틀'에 관해 논의하고자 한다.

---

15 '유추의 틀(analogical schema)'이라는 용어 자체에 대해서도 다시 생각해 볼 여지가 있다. 채현식(2003나: 105)에서 기대고 있는 Bybee(1988: 135)에서는 '틀(schema)'에 대한 언급만 있을 뿐, '유추(analogy)' 또는 '유추의 틀(analogical schema)'에 관한 내용이 확인되지 않는다는 점도 주목된다. Bybee(1988)의 '틀'은 '몇몇 의미적 속성을 공유한 기존의 어휘항목들로부터 형성된 추상물'로서 '일반화'가 강조된 결과이다. 이에 대해서는 3장에서 다시 논의하기로 한다.

16 그러나 채현식(2003나: 123−125)에서 "유추의 틀은 새로운 단어를 만들 필요가 생겼을 때, 기존 단어들을 참고하면서 순간적으로 생겨난다. 그리고는 잊혀진다."라고 기술한 점도 주목된다. 이러한 설명이라면 유추의 틀이 귀추적 추론으로 이해될 여지가 있기는 하나, 그렇다면 과연 이때의 유추의 틀이 계열체 전반을 활용하여 진행되는 것인지 아니면 몇몇 개별 단어를 대상으로 진행되는 것인지에 관해 추가적인 논의가 필요하다. 만약 후자라면 개별 차원의 유추와 크게 다르지 않아 보이는바 '유추의 틀'을 추상화된 패턴으로 보기는 어려울 듯하다.

3. '통합관계 기반 단어 형성'과 '계열관계 기반 단어 형성'

단어 형성 방식에 관한 연구자들의 시각은 크게 통합관계 기반 단어 형성과 계열관계 기반 단어 형성으로 구분해 볼 수 있다. 전자가 형태소의 순차적인 배열에 따른 연쇄적(concatenative) 패턴 과정이라면 후자는 비연쇄적(non-concatenative) 패턴 과정에 해당한다(Haspelmath·Sims 2010 참고).

(11) 가. $[X]_N$ + $[-꾼]_{af}$ → $[X꾼]_N$: 통합관계 기반 단어 형성 (결합)
나. $[[X]_N꾼]_N$: 계열관계 기반 단어 형성 (대치)

만약 두 접근을 토대로 파생어 '거래꾼'(2002년 신어)을 형성한다면, (11가)는 명사 '거래'와 접사 '-꾼'의 연쇄적인 결합을 통해 '거래꾼'을 만드는 데 반하여, (11나)는 실재하는 'X꾼' 패턴의 여러 단어(살림꾼, 장사꾼 등)를 토대로 일부 구성성분(X)을 대치하는 방식으로 '거래꾼'을 만들어 내는 차이가 있다.[17] 이때 (11나)의 입장은 접사 '-꾼'에 독자적인 지위를 부여하지 않고 단어형성론의 기본 단위를 단어로 파악한다는 점에서 '단어 기반 형태론' 또는 '단어 기반 모형'으로 분류되기도 한다.[18] 이와 비교할 때, (11가)는 접사 '-꾼'이 형태소로서 단어 형성에 적

17 (11가)가 도출(→)을 전제한 입력물/기원 중심의(source-oriented) 결합 과정이라면, (11나)는 도출의 전후 과정을 전제하지 않은 결과물 중심의(product/output-oriented) 대치 과정이다(Bybee 1995: 430, Booij 2010: 4).

18 '단어 기반 형태론'이 형태소의 독립적인 지위를 인정하지 않고 계열체 간의 관계를 통해 내부 구조를 포착한다는 점에서 '계열관계 기반 단어 형성'과 관련한 것은 분명하다. 그러나 우리는 '단어 기반'의 외연이 '계열관계 기반'과 동일하지 않다는 점에서 '형태소 기반 형태론, 단어 기반 형태론' 용어의 사용을 가급적 피

극 참여한다는 관점에서 그 독자성을 인정하여 '형태소 기반 형태론'이라 부를 수 있다.[19]

등재부에 저장된 단어들 간의 계열관계는 일찍이 Bybee(1985, 1988)에서 어휘적 연결관계(lexical connection)와 틀(schema)의 관점에서 조명되었으며, Haspelmath(2002), Haspelmath·Sims(2010)에서는 서로 관련된 단어들의 공통적 자질을 표상하는 단어틀(word-schema)을 통해 '단어 기반 모형(word-based model)'의 입장이 소개된 바 있다.[20] Booij(2010)의 구성형태론(construction morphology)에 와서는 구성적 측면에서의 틀이 단어 형성의 주요 기제로 활용되었다.[21]

그간의 한국어 단어형성론 역시 위 두 가지 축을 중심으로 분류해 볼 수 있다.[22] 특히 (11나)의 계열관계 기반 단어 형성은 (5)에 제시한 '계열적 단어 형성' 이후에 유추론의 등장과 함께 국내에서 활발히 논의되

하고자 한다. 단어끼리의 결합이든 형태소와 형태소의 결합이든 모두 '통합관계 기반 단어 형성'에 포함될 수 있다.

19 (11가)의 '통합관계 기반 단어 형성'이 '형태소 기반 형태론'과 동일한 외연을 지니는 것은 아니라는 사실을 거듭 유념할 필요가 있다. 가령 '단어 기반 형태론'을 천명한 Aronoff (1976)과의 대비를 통해 일각에서 Halle(1973)을 '형태소 기반 형태론'으로 분류한 바 있으나(전상범 1995 참고), Halle(1973)은 형태소와 형태소의 결합을 통해 형성된 복합어(단어)가 다시 단어형성규칙의 입력물이 된다고 파악하므로 '단어 기반 형태론'의 성격도 일부 지니고 있다.

20 더 이전 시기까지 올라간다면 Jackendoff(1975)의 잉여규칙(redundancy rule)이나 완전명시항목이론(full-entry theory)도 동일한 맥락에서 이해할 수 있다.

21 구성적 관점의 최근 형태론 연구로 전후민(2013), 김혜지(2014)가 참고된다.

22 생성형태론에 기반한 Aronoff(1976)은 단어 기반 형태론에 해당하며, Booij(2010)은 단어 기반 형태론의 입장을 취하고 있으나 유추와는 별개의 '틀'을 중심으로 한 연구이다. 다시 말해서 '형태소 기반 형태론 = 규칙론 또는 생성형태론'이나 '단어 기반 형태론 = 유추론'류의 공식은 성립되기 어렵다. 그럼에도 불구하고 한국어 형태론에서는 그동안 이와 같은 공식이 널리 수용되어 온 것으로 판단된다.

기 시작하였는데, 유추는 기존 단어를 근거로 한 대치 과정이라는 점에서 '단어 기반 형태론'의 성격이 강하다.[23] 반면, 유추론 이전의 생성형태론이나 구조주의 형태론은 둘 이상의 형태소를 결합하는 방식인 (11가)의 통합관계를 중심으로 전개되어 왔다.

앞서 우리는 유추에 의한 단어 형성 방식의 하나인 '유추의 틀'을 엄밀한 관점에서 유추 작용으로 보기 어려우며, 이 개념은 '유추'보다는 '틀'이 강조된 것임을 논의한 바 있다. 그 결과는 '규칙'과 '개별 단어에 의한 유추'를 비교한 (12), '규칙'과 '유추의 틀'을 비교한 (13)의 표에서도 관찰된다.[24]

(12) '규칙'과 '개별 단어에 의한 유추' 비교 (채현식 2003나: 122)

	단어 형성 규칙	유추
구성	독립된 표상 + 연산	㉠ 기존 단어 + 연산
적용방식	필수적, 자동적	㉡ 수의적, 비자동적
제약	경계가 분명함 (categorical)	㉢ 경계가 다소 모호함 (flexible)
생성력	매우 생산적	㉣ 반(半) 생산적
표상	기호적 실체로 존재	㉤ 따로 없다
기존 단어와의 관계	기존 단어로부터 독립해서 작용	㉥ 기존 단어에 근거해서 작용

23 엄밀한 관점에서 '단어 기반 형태론'의 입장을 취한다면, 접사는 등재부 내에 독자적인 위상을 지닐 수 없으며, 관련 단어들의 계열관계를 통해서만 새로운 단어가 형성된다. 접사 등의 형태소가 단어 형성에 직접 참여하는지와 관련하여 유추론 내에서도 상이한 입장이 관찰되는데, 송원용(1998, 2005), 채현식(1994, 2003나) 등은 형성 단위로서 접사를 인정하는 데 반해, 채현식(2007)은 오로지 틀을 활용한 단어 형성만을 인정한다.

24 (12)와 (13)에 표시된 ㉠, ㉡, ㉢ 등은 설명의 편의를 위해 필자가 추가한 것이다.

(12)의 ㉠~㉥에서 가장 두드러지는 특징은 유추가 규칙과 달리 기존 단어와의 관계를 토대로 진행된다는 사실이다(㉠, ㉥). 유추가 지닌 귀추적 추론으로서의 속성을 고려한다면 이는 지극히 당연한 결과이다. 또한 유추는 독자적인 표상을 지니지 않는다(㉤). 비례식과 같은 임시적 가설은 형성 후 곧 사라지기 때문이다.

그렇다면 '유추의 틀'은 '유추'와 관련하여 어떠한 특징을 지니고 있을까?

(13) '규칙'과 '유추의 틀' 비교 (채현식 2006: 581)

	규칙	**유추의 틀**
표상의 존재 방식	독립적 표상을 지닌다.	㉠ 기존 단어들에 기대어서만 존재한다.
	그 출력형이 저장되지 않는다.	㉡ 틀에 의해 만들어진 단어는 저장된다.
	적용된 단어들의 유형빈도에 영향을 받지 않는다.	㉢ 유추의 틀을 형성하는 단어들의 유형빈도에 민감하다.
	정적인(static) 표상	㉣ 역동적인(dynamic) 표상
	장기기억 속에 존재	㉤ 단기기억 속에 존재
적용 방식	도출의 방향성을 갖는다.	㉥ 도출의 방향성이 없다.
	직렬적(serial)으로 처리된다.	㉦ 병렬적(parallel)으로 처리된다.
	첨가 과정이다.	㉧ 대치 과정이다.
어휘부 이론에서 차지하는 위상	규칙을 위한 단어형성부를 따로 둘 수 있다.	㉨ 유추의 틀만을 위한 부문을 따로 둘 수 없다.

㉠~㉧에 제시된 특징 가운데 귀추적 추론으로서의 '유추' 개념과 밀접한 속성은 ㉠ 정도에 그치는 것으로 판단되는데, 이는 유추의 틀이 (12)와 마찬가지로 기존 사례에 근거하기 때문이다. 반면 (13)의 다수를 차지하는 것은 '틀'과 관련한 속성이다. 앞서 언급한 ㉠은 물론이고 표상의 존재 방식에 관한 ㉢~㉤도 '틀'의 관점에서 주목되는 사항이며, 적용 방식이 정리된 ㉥~㉦ 역시 '틀' 중심의 단어 기반 형태론이 지닌 전형적인 특징에 해당한다.[25] 또한 (13)의 '유추의 틀'은 (12)의 개별 단어에 의한 유추와는 달리 (역동적인) 표상을 지닌다는 점이 주목되는데, 이는 '규칙'과 '틀'의 유사한 양상을 보여주는 결과이다.[26] 이렇듯 (13)에 제시된 ㉠~㉧을 통해, 이들 다수가 '유추'보다는 계열관계에 기반한 '틀'의 속성을 강조하고 있음을 알 수 있다. 흥미롭게도 초기 '유추의 틀'이라는 용어가 적극적으로 쓰였던 채현식(2003가, 2003나, 2006)과 달리, 이후의 채현식(2007, 2009, 2012) 등에서는 '틀', '단어틀', '계열체', '계열관계'를 활용한 기술이 주로 관찰된다는 사실도 주목할 만하다.

요컨대, '통합관계 기반 단어 형성'과 '계열관계 기반 단어 형성'의 관점에서 '유추의 틀'을 다시 살펴본다면, '유추의 틀'은 '유추'보다는 형태론 연구에서 그간 논의되어 온 '틀', '단어틀'의 속성을 중심으로 해석될 필요가 있다. 특히 '틀'을 강조한 Bybee(1985, 1988), Haspelmath(2002), Booij(2010), Haspelmath·Sims(2010) 등에서 '유추'와 관련한 특별한 언급

25 한편, ㉡은 형성보다는 등재의 문제와 관련한 사항으로 판단된다. 그리고 생성형태론식의 규칙론의 입장에서도 완전 등재를 인정한다면 규칙의 출력이 등재부에 저장될 수 있다는 점에 유의할 필요가 있다.

26 4장에서 우리는 '규칙'과 '틀'을 추상화된 표상의 관점에서 평행하게 바라볼 것이다. '유추의 틀'에서 '틀'의 속성을 주목하는 이유이다.

이 없거나 '유추'를 '틀'과 분리된 개념으로 제시하고 있다는 점도 주목된다. 2장의 논의와 더불어 '유추의 틀'을 '유추'가 아닌 '틀'의 관점에서 재해석한다면, 종래 '규칙 對 유추'의 대립은 '통합관계 기반 단어 형성 對 계열관계 기반 단어 형성'으로 새롭게 규정될 필요가 있다. 그렇다면 '유추, 규칙, 틀'은 어떠한 관계로 이해될 수 있을까? 4장에서는 이에 관한 우리의 입장을 정리해 보고자 한다.

4. '유추' 그리고 '규칙'과 '틀'

지금까지 '유추의 틀'로부터 '유추'가 분리될 가능성을 논의하였다면, 이 장에서는 이상의 결과를 토대로 '규칙'과 '유추'의 관계, '규칙'과 '틀'의 관계를 살피는 데에 관심을 기울이고자 한다. 이에 우리는 유추론에서 언급한 '규칙'의 특징을 다시 검토하고, 단어형성론에서 '규칙'의 외연이 어떻게 설정될 수 있을지 논의할 것이다. (12), (13)에서 강조된 '유추', '유추의 틀'의 특징이 모두 '규칙'과 대립된 방식으로 제시되었다는 점에 주목할 때, 과연 (12), (13)의 내용 기술이 '규칙' 또는 '통합관계 기반 단어 형성'을 대표하는지에 관한 문제가 우선적으로 검토될 필요가 있다. 채현식(2003나, 2006)에서 상정한 '규칙'의 속성은 다음과 같이 정리된다.

(14) 채현식(2003나, 2006)에서 상정한 '규칙'의 속성
　　가. 규칙은 독립된 표상을 지닌다.

나. 규칙은 필수적으로 적용된다.
다. 규칙은 제약의 경계가 분명하다.
라. 규칙은 그 출력형이 저장되지 않는다.
마. 규칙은 기존 단어와 독립해서 작용한다.
바. 규칙은 적용된 단어들의 유형빈도에 영향을 받지 않는다.

(14)에 제시된 규칙의 특징은 크게 두 유형으로 구분된다. (14가~14다)는 생성문법에 바탕을 둔 문장형성규칙을 원용한 단어형성규칙이 지닌 특징들이며((12) 참고)), (14라~14바)는 최소 등재의 입장에서 단어를 형성할 때 드러나는 특징들이다((13) 참고)). 즉, 유추론이 파악하는 '규칙'은 (2)와 같은 생성형태론식 규칙에 한정되며 특히 형성의 결과를 등재부에 저장하지 않는 최소 등재를 전제하고 있다는 점에서 볼 때, 이때 규칙의 개념이 차지하는 범위는 상당히 좁은 영역에 그친다.

여기서 우리는 두 가지 사항에 대해 생각해 보고자 한다. 첫째, 단어형성규칙의 외연을 생성형태론식 규칙으로만 한정할 필요가 있을까? (14가~14다)의 특징은 문장형성규칙과 평행하게 맥락자유 다시쓰기 규칙으로서 단어형성규칙을 이해할 때 두드러지는 것들로서, 이들이 규칙이 지닌 속성을 대표한다고 보기는 어렵다. 특히, (14가~14다)는 일반화(generalization)한 결과로 얻어진 귀납적 규칙이라기보다는 내재적 언어능력으로서의 선험적 규칙을 가리키는 듯한데, 이와 달리 우리는 '다수의 언어 자료를 귀납하여 일반화한 결과'로서 규칙이 지닌 특징에 더 주목하고자 한다.[27]

27 시정곤(1999: 277-280)는 두 가지 차원의 규칙, 즉 '귀납적 규칙'과 '선험적 규칙'을 제시하면서 대부분의 단어형성론에서 등장하는 규칙들은 귀납적 규칙의

둘째, 규칙이 반드시 최소 등재를 전제하는가? (14라~14바)의 특징은 등재부의 역할을 최소화한 일부 생성형태론의 입장(Lieber 1981, 정원수 1992 등)에 국한되는바 규칙 전반을 대표하는 것이라고 보기 어렵다.[28] 단어의 '형성'과 '등재'의 문제는 구분하여 논의될 필요가 있다. 형태소 기반 형태론에서도 완전 등재를 인정할 수 있으며, 단어 기반 형태론에서도 최소 등재의 입장을 취할 수 있는바(정한데로 2015 참고), (14라~14바)는 규칙의 결과물이 등재부에 완전 등재된다고 보는 입장에서는 받아들이기 어려운 규칙의 속성이다.

그렇다면 과연 '규칙'의 핵심적인 속성은 무엇이며, '규칙'과 '틀'은 어떠한 관계에 있을까? 그간 한국어 형태론에서 '규칙'이라고 하면 규칙론과 유추론을 막론하고 '규칙'과 '제약'이 전제된 (2), (3)식의 접근이 받아들여져 온 듯하다.[29] 이에 대해 우리는 '규칙'을 언급한 국외의 몇 논의들을 확인하면서 '규칙' 개념의 외연에 관해 먼저 생각해 보고자 한다.

성격이 짙다고 논의하였다. 채현식(2003나: 120-121, 2014: 113)에서도 규칙을 귀납화한 결과로 파악하고 있음이 확인된다.

28 Halle(1973), Selkirk(1982) 등의 논의는 단어형성규칙을 언급하면서도 복합어의 등재를 인정하는 완전 등재의 입장에 있는 것으로 판단된다. 채현식(2003나: 88-92)에서 Aronoff(1976)식 일회용규칙의 문제점을 지적한 것은 일견 규칙론을 완전 등재와 분리하고자 하는 시도로 여기지기도 하는데, 우리는 형성의 문제와 등재의 문제가 구분되는 과정이며 일회용규칙과 같은 부가적인 기제를 설정하지 않더라도 규칙의 결과물이 등재의 대상이 될 수 있다고 본다.

29 황화상(2010: 61)에서는 규칙을 '어떤 사물이나 개념이 갖는 속성에 직접적으로 기초해서 단어를 만드는, 화자의 심리적 과정을 형식화한 것'으로 파악하고 있다는 점에서 생성형태론식의 '규칙' 개념과 차이가 있다. 채현식(2012: 215-217)에서도 생성형태론과 황화상(2010) 간 규칙 개념의 차이를 언급한 바 있다.

(15) 형태론적 규칙(morphological rule) (Haspelmath 2002: 44–51 참고)

가. '형태소 기반 모형'에서의 '형태소 결합(combining morphemes)'

[예] bag + –s → bags

bag	+	–s	→	bags
[/bæg/		[/z/		[/bægz/
N		N___		N
'가방']		'복수의']		'가방들']

나. '단어 기반 모형'에서의 '단어틀(word–schema)'

[예] bag ↔ bags

bag	↔	bags
[/bæg/		[/bægz/
N		N
'가방']		'가방들']

(15)의 Haspelmath(2002: 44–51)는 기존 단어들을 일반화(generalization)한 결과로서 다소 넓은 개념으로 '규칙(rule)'을 이해한다. 이때 '규칙'의 외연은 형태론적 패턴(pattern)이나 과정(process)까지도 포함한다. 이에 따라 형태론적 규칙(morphological rule)의 두 유형으로 '형태소 기반 모형'(15가)과 '단어 기반 모형'(15나)이 제시되며, 여기서 '규칙'은 각각 '형태소들의 결합(combining morphemes)'과 형태론적으로 관련된 단어들 간의 공통된 자질을 표상하는 '단어틀(word–schema)'로 구분된다. 즉, 넓은 범위의 '규칙' 개념 안에 '틀'이 포함된 양상이다.

한편, 단어 기반 모형에 기반해 구성적 관점에서 단어 형성을 연구한 Booij(2010)에서는 다음과 같이 '규칙'과 '틀'의 관계를 논의한다.

(16) '단어 기반 모형'에서의 '규칙(rule)'과 '틀(schema)' (Booij 2010: 2-4)

가. 규칙 (Aronoff(1976) 참고)

예 $[x]_V \rightarrow [[x]_V\ er]_N$ ('습관적으로, 전문적으로 V하는 사람')

나. 틀

예 $[[x]_V\ er]_N$ ('V하는 사람')

(16)은 '규칙'의 속성을 논의하면서 Aronoff(1976)과의 비교를 통해 '규칙'과 '틀'의 차이를 선명하게 제시한 것이다. (16가)의 '규칙'이 적용 전후의 입력물과 출력물을 함께 보여주는 데 반해, (16나)의 '틀'은 과정이 배제된 결과물 자체에 초점이 놓여 있다. 그렇다면 (15)와는 달리 (16)에서의 '규칙'은 '틀'과 대등한 개념으로 쓰이고 있다고 볼 수 있다.

이상의 대표적인 두 연구를 참고할 때, '규칙'은 도출(→) 과정 전후로 입력과 출력을 보이는 형태론적 작용을 가리키는 용어로 쓰이기도 하며, 더 나아가서 Haspelmath(2002)와 같은 접근에서는 '규칙'이 '틀'을 포함하는 넓은 외연을 지닐 수도 있다. 이는 그간 한국어 형태론의 '규칙' 개념이 '생성형태론식의 맥락자유 다시쓰기 규칙'으로 지나치게 좁은 영역에 국한하여 쓰여 온 것과 대비된다.

(17) Haspelmath(2002)와 Booij(2010)의 '규칙'과 '틀'

가.

형태론적 **규칙**(rule)	
형태소 결합 [A]+[B] → [AB]	**단어틀**(word-schema) [A] ↔ [AB]

나.

규칙(rule) [[A][B]] → [AB]	**틀**(schema) [AB]

(15), (16)의 두 입장은 (17)로 정리해 볼 수 있다.[30] (15), (16)의 규칙과 틀의 개념이 조금 달리 쓰이고 있기는 하나, 몇 가지 공통점도 확인된다. 첫째, 두 논의 모두 일반화의 결과로서 '규칙'을 이해하고 있다는 점에서 동일하다. 이에 '규칙'과 '틀'을 모두 추상적인 패턴(abstract pattern)으로 파악할 수 있다. 둘째, 도출(derivation) 또는 과정(process) 개념의 유무를 통해 두 하위 유형을 구분한다는 점도 공통적이다. (15가)와 (16가)의 '→'가 바로 그러한 결과를 보여준다. 이와 비교한다면 (15나)와 (16나)의 틀은 과정이 배제된 결과적 개념이다.

결국 연구자마다의 시각 차이가 있기는 하나, '규칙'과 '틀'은 모두 '추상적 패턴'을 지시하는 개념이라는 점에서 공통적인 해석이 가능하다. 본 연구도 '규칙'과 '틀'의 이러한 공통점에 주목하고, '통합관계'(결합)와 '계열관계'(대치)의 두 접근을 토대로 두 기제를 대등하게 파악하고자 한다.[31] 즉, 두 접근 가운데 무엇이 더 단어 형성 과정에 우위에 있는지 따지기보다는, 두 가지 접근의 가능성 모두를 인정하는 것이다. 앞서 논의한 (11)의 경우, '결합'과 '대치'를 통해 '거래꾼'이 모두 형성 가능하다고 본다.[32]

30 (15)가 각각 형태소 기반 모형과 단어 기반 모형의 하위 유형으로 구분된 데 반해, (16)은 단어 기반 모형만을 대상으로 하였다는 점을 유념할 필요가 있다. 이에 (17가)에는 '형태소 결합'이 포함되어 있지만, (17나)는 '결합'과 같은 용어를 사용하지 않고 도출(→) 과정의 유무만을 차이점으로 드러내고 있다.

31 이 글은 용어 사용에 있어서 Booij(2010)(=17나)과 마찬가지로 '규칙'과 '틀'을 대등한 지위에 놓고 있으나, 구체적인 단어 형성 과정에 대해서는 형태소 결합과 틀을 모두 인정하는 Haspelmath(2002)(=17가)의 입장과 동일한 시각을 취한다. '규칙'과 '틀'에 관한 우리의 결과적인 입장은 (19)에서 정리될 것이다.

32 '통합관계'에 의한 형성과 '계열관계'에 의한 형성 가운데 실제 화자들이 어떠한 단어 형성 방식을 선호하는지 명확하게 밝히는 일은 쉽지 않을 것이다. 현재로서는 앞으로의 남은 문제로 남겨 둘 수밖에 없다.

그렇다면 '유추'는 이러한 '규칙'과 '틀'의 관계 속에서 어떠한 위상을 지니는 것일까? 종래 많은 연구에서 유추는 개별 단어 차원의 단어 형성 또는 단어 창조(creation)의 관점에서 주목을 받았다(Bauer 1983: 96, Bauer 1988: 64, Haspelmath 2002: 102).

(18) 가. 생산성이 낮아 소수의 형성 예만을 보이는 단어형성 과정은 규칙보다는 유추에 의한 형성으로 이해될 수 있을 것이다. (중략) 경우에 따라서는 유추가 규칙으로 발달하는 경우도 있다(김창섭 1996: 14).

나. 생산성이 높은 단어 형성은 규칙에 의해 설명이 가능하지만 생산성이 낮은 단어형성 과정은 규칙보다는 유추(analogy)에 의한 형성으로 이해할 수 있는 것이다(노명희 1997: 321).

초기 개별 단어 차원의 유추는 유사한 방식의 단어를 꾸준히 형성함으로써 유형빈도의 상승과 더불어 규칙으로 발전할 수 있다(밑줄은 필자 추가). 채현식(2003나: 123-124)는 표상의 추상성과 제약의 유연성을 연속선에 놓고, 추상적 표상이 없고 제약이 유연한 끝 지점에 전형적인 유추(개별 단어에 의한 유추)를 제시하였는데 이는 (18)과 같은 맥락에서 이해해 볼 수 있을 것이다. 유추의 틀이 더 일반성을 띠게 되면 규칙과 만날 수 있다고 한 채현식(2003나)의 기술도 '유추의 틀' 내 '틀'의 속성이 '규칙'과 마찬가지로 추상적 패턴을 이루는 방향으로 나아간다는 사실을 보여준다((17) 참고).

지금까지 논의한 두 가지 사항, 즉 추상화된 패턴으로서 '규칙'과 '틀'이 지니는 유사성, 개별적 차원의 '유추'에서 시작하여 일반화된 '규칙'

으로 발전하는 과정에 주목하여 '유추, 규칙, 틀'의 관계는 다음과 같이 정리될 수 있다.

(19) '유추, 규칙, 틀'의 관계

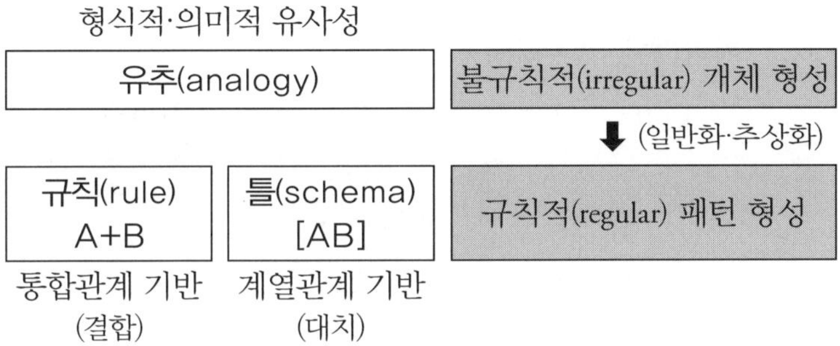

'유추'는 형식적·의미적 유사성에 기초하여 불규칙적(irregular) 개체를 대상으로 한 현상인 반면, '규칙'과 '틀'은 규칙적(regular) 패턴에 따른 귀납적인 결과이다. '규칙'은 통합관계에 기반한 '결합'으로, '틀'은 계열관계에 기반한 '대치' 과정으로 파악할 수 있다. 개별적 차원에서 작용하는 '유추'는 일반화·추상화 과정을 거쳐 '규칙' 및 '틀'로 발전 가능하다. 이렇게 볼 때, '유추'는 '규칙, 틀'과 상호보완적인 관계에 있다. 또한 '규칙'과 '틀' 역시 '결합'과 '대치'의 방식을 통해 서로 보완하는 관계에 있다.

'X파라치'의 예를 통해 (19)의 과정을 따라가 보자. (20가)의 '파파라치'를 근거 단어로 삼아 형성된 초기 (20나)의 '카파라치, 쓰파라치'를 시작으로, 점차 다양한 단어가 출현하는 과정을 관찰할 수 있다.

(20) 신어 'X파라치'의 형성

단계	기제	설명
가. 파파라치		
↓	'유추'	'파 : 파파라치 = 카 : X X = 카파라치'
나. 카파라치, 쓰파라치		
↓	'유추' 또는 '규칙(결합)' 또는 '틀(대치)'	'카 : 카파라치 = 표 : X X = 표파라치' 또는 '표 + -파라치 → 표파라치' 또는 '[X파라치] ↔ [표파라치]'
다. 표파라치, 폰파라치, 노파라치, 식파라치 등		
↓	'규칙(결합)' 또는 '틀(대치)'	'쌀 + -파라치 → 쌀파라치' 또는 '[X파라치] ↔ [쌀파라치]'
라. 쌀파라치, 신파라치, 실파라치, 지파라치 등		

'카파라치'(2002년 4월 출현)는 '파(pa)'와 '카(car)' 간의 형식적 유사성에 따라 '파 : 파파라치 = 카 : X'의 비례식을 통해 만들어진 최초의 단어이다.[33] 이어 등장한 '쓰파라치'(2002년 5월 출현)의 형성은 '카파라치'와의 의미적 유사성을 토대로 '카 : 카파라치 = 쓰레기 : X'의 비례식을 통해 유추된 것으로 판단된다.[34] 이후 (20다)와 같이 2002년에 대거

33 '카파라치'는 '카(car)+파파라치(paparazzi)' 구성의 혼성어(blend)인데, 연구자의 시각에 따라서 그 형성 과정을 비례식에 따른 '유추'로 보거나 '절단과 결합'에 따른 단어 형성으로 파악할 여지가 있다.

34 각 출현 시기는 국립국어연구원(2002)의 신어 자료집을 참고한 것이며, "이른바

'표파라치, 폰파라치' 등 'X파라치'류 신어가 등장한다. 초기의 이들 단어 역시 비례식을 통해 형성되었을 가능성이 충분하지만, 일정 수의 관련 단어를 토대로 접사로서의 '-파라치' 결합 또는 [X파라치]의 틀에 따른 대치를 모두 인정할 수 있다.[35] 노명희(2010: 274-275)에서는 이러한 단어 형성 과정에 '파라치'가 점차 접사처럼 인식되고 있다고 보았는데, 초기 4음절을 유지하였던 방식을 벗어나 선행 명사를 절단하지 않고 그대로 결합한 '크레디파라치(2002년 신어), 서울시파라치(2005년 신어)'와 같은 예는 어기에 직접 접사가 결합하는 파생어 형성 원리를 따른 것으로 파악하였다.

한편, (20라)의 '쌀파라치, 신파라치' 등은 2005년 신어로서 (20가, 20나, 20다)의 신어와는 시기를 달리하는 예들이다. 'X파라치'류 단어가 다수 쓰이고 있는 상황에서 만들어진 이들 단어는 규칙적 패턴을 통해 '-파라치'와 같은 접사를 결합하여 만들어졌거나, 기존 단어를 통해 구성된 [X파라치] 틀을 활용해 형성된 것으로 파악해 볼 수 있다.

5. 결론

이 글에서 우리는 이른바 규칙론과 유추론의 입장 차이를 드러내는

카파라치에 이어서 몰래 쓰레기를 버리는 현장을 촬영해 보상금을 타 내는 이른바 쓰파라치가 등장했습니다."의 보도 내용을 통해 선후 관계를 추정해 볼 수 있다.

35 이는 (18가, 18나)와 같은 관점에서, 불규칙적 개체 형성에 활용되었던 유추가 '일반화, 추상화' 과정을 통해 점차 규칙적인 패턴으로 발달하는 중간 과정으로 보고자 한다.

가장 핵심적인 개념이라 할 만한 '유추의 틀'을 구체적으로 살펴보고, 그 결과를 토대로 '유추, 규칙, 틀'의 상관관계를 정리하고자 하였다. 지금까지의 논의를 종합하며 글을 마무리하고자 한다.

첫째, 채현식(2003나)에 따르면 '유추의 틀'은 유추를 통해 마련된 결과물이 아닌, 유추의 적용을 위한 도구이다. 그러나 '유추의 틀'에 의한 단어 형성은 추상화된 결과물에 개별 단어를 적용하는 과정인바, 임시적 가설을 활용한 귀추적 추론인 유추의 기본 개념과는 다소 거리가 있다. 이러한 점에서 '유추의 틀'의 개념적 핵심은 '유추'가 아닌 '틀'에 있다고 할 수 있다.

둘째, 그간 '규칙'과의 비교를 통해 '유추의 틀'이 지닌 특징으로 제시된 사항들은 계열관계에 기반한 '틀' 또는 '단어틀'이 지닌 일반 속성으로 볼 수 있다. '유추의 틀'을 '유추'가 아닌 '틀'의 관점에서 재해석한다면, 종래 '규칙 對 유추'의 대립은 '통합관계 기반 단어 형성 對 계열관계 기반 단어 형성'으로 새롭게 규정될 필요가 있다. 주지하듯이 통합관계 기반 단어 형성은 '결합'의 방식으로, 계열관계 기반 단어 형성은 '대치'의 방식으로 진행된다.

셋째, 생성형태론식 규칙에 한정된 방식으로 규칙을 이해한 유추론과 달리, 규칙의 외연을 넓게 파악할 필요가 있다. 규칙을 '개별 단어를 일반화한 추상적 패턴'으로 정리한 국외 논의들을 참고할 때, '규칙(rule)'과 '틀(schema)'은 공통적인 특징을 지닌다. 우리는 이 둘을 각각 통합관계와 계열관계에 기반한 단어 형성 기제로 대등하게 파악하였다. 반면, '유추'는 형식적·의미적 유사성에 기초하여 불규칙적 개체를 대상으로 한 현상으로 보고, 이들 유추가 일반화·추상화 과정을 거쳐 점차 '규칙'이나 '틀'로 발전할 수 있다는 입장을 취하였다. 이는 불규칙하고 고립적인 대상, 개별 차원의 대상에 한정하여 유추를 활용했던 비례식 중심의 유추 개념으로 다시 돌아간 것이다. 그 결과 '유추, 규칙, 틀'은 상호보완적인 관계로 해석 가능하다.

앞서 우리는 실제 단어 형성 과정에 '결합(규칙)'과 '대치(틀)'가 상황에 따라서 달리 적용될 수 있다고 봄으로써, 한쪽의 입장만을 고수하지 않았다.[36] 실제 화자들이 새로운 단어를 만들 때 '결합'과 '대치' 가운데 무엇을 더 선호하는지에 대해 아직 명쾌한 답을 제시하지 못하는 것은 본 연구가 안고 있는 한계이다. 이를 극복하기 위해서는 즉각적으로 만들어진 임시어를 대상으로 한 연구, 인지 실험 및 뇌과학적 도구를 활용한 연구 등 다양한 접근이 시도되어야 할 것이다.

---

36 이는 황화상(2010, 2013)에서 정리된 것처럼 '규칙'과 '유추'가 단어 형성을 위해 모두 필요하다고 본 관점과 크게 다르지 않다. 다만 우리는 유추론에서 강조한 '유추'가 사실상 유추가 아닌 계열관계에 기반한 '대치' 과정임을 강조하고자 한다.

참고문헌

국립국어연구원(2002), 2002년 신어, 국립국어연구원.

국립국어원(2005), 2005년 신어, 국립국어원.

김명광(2004), 국어 접사 '-음', '-기'에 의한 단어 형성 연구, 박사학위논문, 서강대학교.

김민국(2009), 접미사에 의한 공시적 단어형성 연구: 통사적 구성과 형태적 구성의 경계를 중심으로, 석사학위논문, 연세대학교.

김인균(1995), 국어 파생어에 대한 형태·통사론적 연구, 석사학위논문, 서강대학교.

김인균(2005), 국어의 명사 문법 I, 역락.

김창섭(1996), 국어의 단어형성과 단어구조 연구, 태학사.

김혜지(2014), '구성적 틀'의 관점에서 본 '[N+V+-(으)ㅁ/이/기]'형 단어, 형태론 16-2, 형태론, 185-205.

노명희(1997), 한자어 형태론, 국어학 29, 국어학회, 309-339.

노명희(2010), 혼성어(混成語) 형성 방식에 대한 고찰, 국어학 58, 국어학회, 255-281.

박진호(1994), 통사적 결합 관계와 논항구조, 석사학위논문, 서울대학교.

박진호(1999), 형태론의 제자리 찾기, 형태론 1-2, 형태론, 319-340.

송원용(1998), 활용형의 단어 형성 참여 방식에 대한 연구, 석사학위논문, 서울대학교.

송원용(2002가), 형태론과 공시태·통시태, 국어국문학 131, 국어국문학회, 165-190.

송원용(2002나), 인지형태론의 과제와 전망, 한국어학 16, 한국어학회, 65-87.

송원용(2005), 국어 어휘부와 단어 형성, 태학사.

송원용(2010), 형태론 연구의 쟁점과 전망: 유추론자와 규칙론자의 논쟁을 중심으로, 한국어학 48, 한국어학회, 1-44.

송철의(1992), 국어의 파생어형성 연구, 태학사.

시정곤(1998), 국어의 단어형성 원리(수정판), 한국문화사.

시정곤(1999), 규칙은 과연 필요 없는가, 형태론 1-2, 형태론, 261-283.

이광호(2005), 연결망과 단어 형성, 국어학 46, 국어학회, 125-145.

이재인(1994), 국어 파생접미사에 대한 연구, 박사학위논문, 서강대학교.
이호승(2001), 단어형성과정의 공시성과 통시성, 형태론 3-1, 형태론, 113-119.
전상범(1995), 형태론, 한신문화사.
전후민(2013), '커녕' 구문의 위계적 틀, 국어학 68, 국어학회, 405-443.
정원수(1992), 국어의 단어 형성론, 한신문화사.
정한데로(2011), 임시어의 형성과 등재: '통사론적 구성의 단어화'를 중심으로, 한국어학 52, 한국어학회, 211-241.
정한데로(2013), 임시어의 실재성 확립을 위하여, 어문연구 157, 한국어문교육연구회, 119-149.
정한데로(2014), 단어 형성과 의미 합성성: 통합관계와 계열관계를 중심으로, 한국어 의미학 44, 한국어의미학회, 263-289.
정한데로(2015), 한국어 등재소의 형성과 변화, 태학사.
채현식(1999), 조어론의 규칙과 표시, 형태론 1-1, 형태론, 25-42.
채현식(2002), '고기잡이'류 복합명사의 형성 문제에 대하여, 형태론 4-1, 형태론, 143-152.
채현식(2003가), 대치에 의한 단어 형성, 형태론 5-1, 형태론, 1-21.
채현식(2003나), 유추에 의한 복합명사 형성 연구, 태학사.
채현식(2006), 규칙과 유추의 틀, (이병근선생퇴임기념) 국어학논총, 태학사.
채현식(2007), 어휘부의 자기조직화, 한국언어문학 63, 한국언어문학회, 129-145.
채현식(2009), 용례 기반 이론에서의 어휘 지식 표상, 형태론 11-2, 형태론, 269-286.
채현식(2012), 계열관계에 기반한 단어 분석과 단어 형성, 형태론 14-2, 형태론, 208-232.
채현식(2014), 명사의 형태론, 한국어학 62, 한국어학회, 97-122.
최형용(2003), 국어 단어의 형태와 통사, 태학사.
최형용(2013가), 구성 형태론은 가능한가: 보이(2010), Construction Morphology를 중심으로, 형태론 15-1, 형태론, 82-114.
최형용(2013나), 한국어 형태론의 유형론, 박이정.
최형용(2015), 문법에서 유추의 역할은 무엇인가: 블레빈스 외 편(2009), Analogy in Grammar를 중심으로, 형태론 17-2, 형태론, 285-335.

최형용·박민희·김혜지·이찬영·김현아·오윤경·방유정(2015), 한국어 연구와 유추, 역락.
황화상(2001), 국어 형태 단위의 의미와 단어 형성, 월인.
황화상(2010), 단어형성 기제로서의 규칙에 대하여, 국어학 58, 국어학회, 61−91.
황화상(2013), 유추, 규칙의 대안인가?: 채현식(2003)을 중심으로, 형태론 15−2, 형태론, 204−224.
Aronoff, M.(1976), *Word formation in Generative Grammar*, The MIT Press.
Bauer, L.(1983), *English Word-formation*, Cambridge University Press.
Bauer, L.(1988), *Introducing Linguistic Morphology*, Edinburgh University Press.
Booij, G.(2010), *Construction Morphology*, Oxford University Press.
Bybee, J. L.(1985), *Morphology: a Study of the relation between Meaning and Form*, Benjamins.
Bybee, J. L.(1988), *Morphology as lexical organization*, In Hammond, M. & M. Noonan(eds.), *Theoretical Morphology*, Academic Press, 119−141.
Bybee, J. L.(1995), *Regular morphology and the lexicon*, Language and Cognitive Processes 10, 425−455.
Bybee, J. L. & D. I. Slobin(1982), *Rules and schemas in the development and use of the English past tense*, Language 58−2, 265−289.
Derwing, B. L. & R. Skousen(1989), *Morphology in the mental lexicon: A new look at analogy*, In Booij, G.& J. van Marle.(eds.), Yearbook of Morphology 2, Foris Publications, 55−71.
Halle, M.(1973), *Prolegomena to a theory of word-formation*, Linguistic Inquiry 4−1, 3−16.
Haspelmath, M.(2002), *Understanding Morphology*, Oxford University Press.
Haspelmath, M. & A. D. Sims(2010), *Understanding Morphology*, 2nd edition, Oxford University Press. [오규환·김민국·정한데로·송재영 역(2015), 형태론의 이해, 역락.]
Jackendoff, R.(1975), *Morphological and semantic regularities in the lexicon*, Language 51, 639−671.

Lieber, R.(1981), *On the Organization of the Lexicon*, Indiana University Linguistics Club.

Selkirk, E. O.(1982), *The Syntax of Words*, The MIT Press.

Spencer, A.(1991), *Morphology Theory: an Introduction to Morphology in Generative Grammar*, Blackwell. [전상범 외 역(1994), 형태론, 한신문화사.]

제14장

남북한의 단어 형성*

남한과 북한의 단어 연구는 어떠한 유사점과 차이점을 지니고 있을까? 지금까지 이 책에 제시된 단어형성론은 주로 남한의 연구 결과를 중심으로 서술되었다. 이 장에서는 더욱 거시적인 관점에서 '한국어'를 대상으로 한 남북한의 단어형성론(단어조성론)에 관해 살펴볼 것이다.

1. 서론

남한과 북한의 언어 연구는 '한국어'를 대상으로 한다는 점에서 다르

* 이 장의 내용은 '정한데로(2018), 남북한 단어형성론에 관한 고찰: 김동찬(2005)를 중심으로, 형태론 20-1, 형태론, 1-28'에 수록된 바 있다.

지 않다. 연구 대상뿐만 아니라 연구 목표나 기술 방식에 있어서도 상당히 유사한 모습을 확인할 수 있는데, '단어형성론'에서도 이러한 특징이 쉽게 포착된다.[1] 아래의 기술은 그 일면을 보여주는 예이다.[2]

(1) 가. 단어조성이란 한마디로 말하여 언어의 어휘구성속에 마련되여 있는 뜻가진 단위들을 소재로 한 새로운 단어의 형성이다(김동찬 2005: 17).

나. 단어조성수법은 물질적인 실체가 아니라 단어의 창조자인 인간이 단어조성에서 발휘하는 창조적능력의 표현형식이다(김동찬 2005: 146).

북한의 '단어조성', '단어조성수법'은 남한의 '단어 형성', '단어 형성 원리'와 그 외연이 다르지 않다. 물론 일반언어학에 기초한 두 지역의 언어 연구가 유사한 양상을 띠는 것은 당연한 일일지 모른다. 그러나 동일한 연구 대상과 목표를 토대로 하였음에도 불구하고 학문적 교류가 상당히 제한적이었던 그간의 현실을 고려한다면 이러한 유사성도 상당히 의미 있는 발견일 수 있다. 더 나아가 남북한의 언어 연구가 오늘날 어느 지점에 이르렀고 각각의 특징이 무엇인지 관찰하는 일은 매우 뜻깊은 작업이라 할 것이다.

그렇다면 남북한 단어형성론의 세부적인 연구 방법과 대상은 어떠

1 단어 형성에 관한 연구가 남한에서 '단어형성론, 조어론'으로 불리는 것과 달리, 북한에서는 '단어조성론'이 널리 쓰이고 있다. 이 글에서는 북한 연구의 원문을 직접 인용한 경우를 제외하고는 가급적 '단어형성론'의 용어로 통일하여 기술할 것이다.

2 별도의 언급이 없는 한 이 글에서 인용한 원문 내 밑줄 및 번호는 필자가 추가한 것이다. 띄어쓰기 및 맞춤법은 원문의 방식을 따른다.

한 흐름을 보여 왔을까? 개괄적인 특징을 정리하면 다음과 같다.[3]

(2)

	구분	접근 방식	연구 대상
남한	① 구조주의 형태론 ② 생성형태론, 인지형태론 ③ 표현론적 접근	분석 형성, 분석 형성	공인어(사전등재어) 공인어(사전등재어, 신어) 임시어
북한	① 『조선어문법 1』(1960)[4] ② 『단어만들기연구』(1974) ③ 『단어조성론』(1987)	분석 형성 형성, 분석	기성단어 새말 기성단어(고착된 단어)

주지하듯이 남한의 단어형성론은 주로 기존 단어, 즉 공인어를 중심으로 한 분석(① 구조주의 형태론)이나 형성(② 생성형태론, 인지형태론)을 중심으로 진행되어 왔다(정한데로 2014: 63). 사전에 등재되지 않은 단어의 실재성은 인정받기 어려웠으며, 이에 즉각적인 명명 동기에 의해 형성된 단어(임시어, nonce word)에 대한 본격적인 관심(③)은 비교적 최근에 이르러서야 조금씩 확대되는 양상이다.[5] 즉, 그간 남한의 단어형성론은 기존 단어를 대상으로 한 '형식'에서 '의미'로의 '해석론적 접근'

3 일찍이 김동찬(1987: 30-35)에서는 단어 형성에 관한 '분석적 각도'와 '종합적 각도'를 구분하고, 기존 단어의 분석에 초점을 둔 접근과 단어가 형성되는 과정에 초점을 둔 접근을 별도로 기술한 바 있다. "단어조성수법문제는 이루어져있는 단어의 구조를 해부하는 마당이 아니라 단어가 어떻게 이루어질수 있는가 하는 그 과정을 론의하는 마당이기 때문이다."(김동찬 1987: 331)
한편, 남한에서는 구본관(1992) 이후로 이러한 '분석'과 '형성'의 두 구분이 활발히 논의되기 시작한 것으로 판단된다. (2)의 '접근 방식'은 이상의 2가지 구분을 '분석'과 '형성'의 용어로 정리한 것이다.

4 『조선어문법 1』(1960)에 대해서는 김민수(1985), 이승욱(1994), 고영근(1994: 410-411, 2001: 188-189)을 참고할 수 있다.

5 임시어에 관한 본격적인 연구는 이상욱(2004, 2007)에서 촉발되어 김민국(2009), 정한데로(2011, 2013가, 2013나, 2014) 등으로 확대되었다.

(semasiological approach)에 집중해 왔다고 할 수 있다.

한편, 북한의 단어형성론은 기존 단어에 관한 분석적(①, ③)·종합적(③) 접근뿐만 아니라 일찌감치 새말 만들기(②)에도 높은 관심을 보여 왔다. 주지하듯이 문화어를 중심으로 한 언어적 주체성 및 자주성 실현을 목적으로 북한은 말다듬기와 같은 새로운 단어 만들기에 적극적이었기 때문이다.[6] 『조선어문법 1』(1960)에서의 단어형성론은 품사론에 종속되어 그 기술의 양도 극히 적고 품사 분류의 한 기준으로 쓰이면서(고영진 1997: 477–478, 한동완 1997: 69) 기존 단어의 '분석' 수준에 그치는 정도였다면, 1970년대에는 어휘정리 사업과 더불어 단어의 '형성' 문제가 전면에 등장하게 된다.[7] 북한의 이러한 태도는 남한의 연구와 대비되는 방식으로, '의미'에서 '형식'으로의 '표현론적 접근'(onomasiological approach)과 닿아 있다고 할 수 있다. 특히, '새말 만들기'에 관한 이러한 북한(②)의 관심은 남한(③)의 임시어 형성과 함께 연구될 가능성을 보여준다.

이 글은 단어 형성과 관련한 남한과 북한의 연구를 검토하면서 한국어라는 공통 대상에 관한 두 지역 문법 연구의 특징을 확인하는 데에 목적이 있다. 북한 문법의 종합적인 검토는 일찍이 김민수(1985), 이

6 "인민대중이 력사의 대상으로만 되어있었던 지난 시대에는 단어조성도 자연생장성에 맡겨졌으며 모든 새로운 단어의 형성이 곧 단어조성이라고 리해하여도 되었다. 그러나 인민대중이 자기 운명의 참다운 주인으로 되고 민족어발전의 참다운 담당자로 된 우리 사회에 있어서 그리고 자주성의 시대에 있어서 단어조성에 대한 리해는 시대적요구에 맞게 새롭게 가져야 한다."(김동찬 2005: 18).

7 김동찬(2005: 63–64)는 단어 형성의 문제가 『조선어문법 1』(1960)에서 품사론으로 다루어져 왔으며, 『문화어어휘론』(1975) 등에서는 어휘론의 일부로 다루어져 왔다고 기술한다. 북한의 단어형성론이 문법론 내에서 차지하는 지위와 관련해서는 맺음말에서 후술할 것이다.

승욱(1990), 고영근(1994, 2001, 2008), 고영근 외(2004), 임홍빈(1997), 한동완(1997), 권재일(2012) 등에서 정리된 바 있는데, 이들은 주로 음운·형태·통사를 아우르는 거시적 차원에서 접근한 결과들이다. 이와 달리 이 글은 단어형성론으로 연구 범위를 한정하여 보다 구체적인 내용을 다룰 것이다. 특히, 북한의 대표적인 단어형성론 연구라 할 수 있는 김동찬(2005)를 기본 자료로 삼아 몇 가지 하위 주제를 중심으로 남한 연구와 비교하고자 한다.[8] 가급적 원문의 기술을 직접 인용하고 특징적인 내용을 정리하는 방식으로 논의를 진행할 것이다.

본격적인 내용은 (3)의 다섯 주제로 구성된다. (3가, 3나)가 단어형성론의 기본 시각에 관한 큰 틀의 접근이라면, (3다, 3라, 3마)는 구체적인 언어 자료를 대상으로 한다.

(3) 가. '단어 형성'과 '문장 형성'의 평행성
　　나. '표현론적 접근'과 '새말 만들기'
　　다. '형태적 복합어'의 형성
　　라. '통사론적 구성의 단어' 형성
　　마. '등재부 연결망'과 '조어그물'

8 김동찬(2005)는 '조선어학전서 시리즈' 가운데 하나로 김동찬(1987) 이후의 대표적인 단어형성론 연구이다. 물론 김동찬(2005)가 북한 문법의 '단어조성론'을 대표한다고 단정 지을 수는 없다. 그럼에도 불구하고 단행본으로서 북한의 '단어조성론'에 초점을 둔 이만한 업적을 찾기 어렵고, 그간 남한의 많은 연구에서도 김동찬(1987, 2005)에 관심을 갖고 북한의 단어형성론을 연구해 왔다는 점에서 김동찬(2005)의 대표성을 인정할 수 있을 듯하다. 논의 과정에서 우리는 김동찬(1987, 2005) 외에도 북한의 단어 형성을 다룬 또 다른 저서들, 사회과학원 언어학연구소 어휘연구실(1974), 박상훈 외(1986) 등의 연구도 함께 검토할 것이다. 북한 단어형성론의 성립 과정에 대해서는 고영진(1997)에서 자세하게 논의한 바 있으며, 김동찬(1987, 2005)의 서평인 이윤하(1991, 2011), 북한의 단어형성론을 다룬 김계곤(1991), 하치근(1993)도 참고된다.

(3가)는 단어와 문장의 형성을 바라보는 연구자의 관점을 다룬 것으로서, 문법이라는 묶음 안에서 두 부문이 차지하는 위치에 관해 탐색해 볼 수 있다. 그리고 (3나)는 단어형성론의 '표현론적 접근'에서 북한의 '새말 만들기'를 조명해 보고자 하는 시도이다. 우리는 거시적 차원에서 남북한 연구의 유사점에 주목하고 단어형성론의 외연에 관해 물음을 던질 것이다.

한편, (3다)는 '덮밥'(덮-+밥)과 '오가-'(오-+가-)와 같은 '형태적 복합어'의 공시적 형성 문제,[9] (3라)는 '진흙'과 '건널목'처럼 구성 내부에 '-ㄴ'과 '-ㄹ'의 형태가 관여한 단어 형성의 해석 문제에 해당한다.[10] 여기서는 남북한 연구의 이질적인 특성이 주목되는데, 이에 관해서는 사실상 남한 내부에서도 다양한 시각이 확인된다는 점에서 북한의 관점도 하나의 가능성으로 참고할 만하다. 끝으로, (3마)에서는 남한의 등재부(어휘부) 연구에서 활발히 언급된 바 있는 '등재부 연결망' 또는 등재소 간의 '어휘적 관련성'을 북한의 '조어사슬' 및 '조어그물'과 함께 논의하면서 개념 간의 특징을 살필 것이다.

---

9 여기서 '형태적 복합어'란 종래의 '비통사적 합성어'를 의미한다. 김창섭(1996: 40-41)은 구의 단어화에 의한 합성 명사를 '통사적 합성명사', 등재부의 합성 명사 형성 규칙에 의한 것을 '형태적 합성명사'로 명명한 바 있다. 이 글도 통사구조와 형태구조의 동등한 비중을 고려한 김창섭(1996)의 논의에 기대어 '형태적'의 수식어를 활용하고자 한다. 다만 기존 '통사적 합성어'는 '용언의 활용형+명사(또는 동사)'와 같은 구조주의식 '합성' 과정을 전제한 용어인바, '통사론적 구성의 단어화'를 인정하는 이 글의 관점에서는 '합성어'(compound)보다 '복합어'(complex word) 층위에서 이를 논의하는 것이 더 바람직하다는 입장에 있다(정한데로 2018 참고). 한편, 이선영(2006)에서는 '어간복합어'의 용어가 활용되었다.

10 이때의 '-ㄴ'과 '-ㄹ' 형태를 과연 어미로 볼 것인지의 문제도 남한 단어형성론에서의 논쟁 지점이라 할 수 있다. 이에 관해서는 2.4에서 구체적으로 논의할 것이다.

장을 나누어 김동찬(2005)의 내용을 토대로 (3)에 제시한 다섯 주제에 관해 논의할 것이다. 북한의 김동찬(2005)와 관련한 남한의 연구들을 각각 비교하면서 각각의 유사점과 차이점을 살펴보기로 하자.

2. '단어 형성'과 '문장 형성'의 평행성

'단어'와 '문장'은 각각 개념과 사태를 드러내는 언어 단위로서, 명명과 명제 실현을 목적으로 화자가 표현한 결과라는 점에서 상당히 유사하다. 이에 단어와 문장의 형성 역시 평행한 관점에서 해석될 수 있는데, 이러한 시각이 김동찬(2005: 22)에서 관찰된다.

(4) 가. 문장이라고 하는 비교적 넓은 마당에서 단어들이 문법적으로 결합하는것이나 단어라고 하는 좁은 마당에서 뜻가진 단위들이 문법적으로 결합하는것이나 원리상 같은것이다.
나. 문장론적결합방식과 단어조성적결합방식이 공통성을 가지게 되는 근본요인은 두 결합방식이 다 해당 언어의 주인인 인민대중의 동일한 언어의식에 의하여 창조된것이며 두 결합방식이 다 문법적결합방식이라는데 있다. 언어는 사유와 유기적으로 결합되여있으며 사람들의 언어의식은 문장에서나 단어에서나 본질상 같게 발현된다.

(4)는 문장과 단어의 형성 원리가 다르지 않으며, 두 대상 모두 화자의 '언어의식'에 따라 창조된 결과임을 강조한다. 이때의 '언어의식'이란 화자의 명명 또는 명제 실현의 '동기'로 이해 가능하다. (4)와 같은 기술

은 일찍이 김동찬(1987: 19)에서부터 관찰되는데, 이는 북한의 단어형성론이 형태론이나 어휘론의 한 부분이 아닌 문법론 내 독자 영역의 지위를 확립하면서 '형성'의 문제를 부각하는 과정에 도입된 접근으로 판단된다.[11] 단어의 '분석'과 '형성'의 구분이 본격화된 것 역시 김동찬(1987: 31) 이후라는 점에서, (4)의 시각은 결국 '형성'에 무게를 둔 당시 북한의 단어 및 문장 연구 흐름을 보여준다고 할 수 있다.

남한의 문법 연구에서도 '단어'와 '문장'의 형성은 명확히 구분된 별도의 부문에서 다루어져 왔다. 다만 형태론과 통사론이라는 영역적 차이에 그치지 않고, 분석 및 형성 방식을 설명하는 과정에 있어서도 그 유사성보다는 '문장 형성 원리를 단어에 직접 대입'하거나 '두 부문의 차이점을 부각'하는 방식으로 논의가 이어져 온 듯하다.

(5) 가. 통사론의 '다시쓰기 규칙'(rewriting rule)이나 '핵계층 이론'(X-bar theory), '규칙과 제약'을 활용하여 문장 형성 원리를 단어에 적용하려 한 생성형태론(generative morphology) (정원수 1992, 송철의 1992 등)
나. 문장은 공시적 형성의 결과인 반면에 단어는 통시적 형성의 결과로 보고 문장과 단어 형성의 차이점에 주목한 인지형태론(cognitive morphology) (박진호 1994, 송원용 2002 등)
다. 통사론적 구성뿐만 아니라 복합 구성의 단어도 통사부에서 연산을 통해 생성된다고 가정하는 분산형태론(distributed morphology) (박소영 2011, 2017 등)

11 북한의 단어형성론의 지위 변화와 관련해서는 김동찬(2005: 63-76)에 구체적으로 기술되어 있다. 맺음말에서 후술하겠지만 남북한 단어형성론의 문법 내 지위에 관해서도 추후 보다 활발한 논의가 가능할 것으로 판단된다.

(5)는 각각 상이한 이론적 접근에 기초하여 단어 형성을 연구해 온 남한의 다양한 입장을 보여 준다.[12] (5가)와 (5다)는 통사론적 원리를 단어 형성에 적극적으로 적용한 접근인 반면, (5나)는 단어와 문장의 본질적인 차이를 강조하며 이 둘을 완전하게 분리한 경우이다.[13] 특히 (5다)는 형태론적 구조도 통사 원리로 해석함으로써 단어의 독립된 형성 부문을 인정하지 않기 때문에 사실상 '단어형성론'을 전제하지 않는다고도 볼 수 있다.[14]

그러나 남한에서도 단어와 문장 형성에서 관찰되는 평행성에 주목하고 이를 대등하게 논의한 연구가 일부 관찰된다.[15]

---

12 김용구(1986: 7), 고신숙(1987: 5) 등에서는 남한의 '구조주의, 변형생성문법' 등 다양한 이론적 접근을 비판하면서 한국어 연구의 주체적 입장을 강조한다. '주체사상'에 기반한 이러한 태도는 북한 문법서 전반에 걸쳐 있는 특징이라 할 수 있다.

13 심리언어학의 관점에서 등재부를 정리한 채현식(2013: 311)에서는 자동적으로 작동하는 통사규칙은 장기기억 중 '절차기억'에 포함되는 반면, 단어에 대한 지식은 장기기억 중 서술기억의 일부인 '의미기억'에 포함된다는 점에서 문장과 단어가 등재부 내 서로 다른 지위에 있음을 밝힌 바 있다. 다만 우리는 '형성'과 '기억(저장, 등재)'은 다른 층위의 문제인바 '기억(저장, 등재)'에 있어서는 단어와 문장이 비대칭적인 양상을 보이지만 '형성'에 있어서는 평행한 양상을 띠는 것으로 파악하는 입장에 있다.

14 (5나)의 대표적인 연구 가운데 하나인 송원용(2005: 43)에 따르면 "단어형성부는 어휘부에 저장된 어휘들이 맺는 관계망을 이용하여 새로운 단어를 형성하는 일종의 인지 과정"이다. 이는 생성형태론에서 단어형성규칙이 적용되는 문법 부문으로서 단어형성부를 설정한 접근, 분산형태론에서 독자적인 단어 형성을 위한 문법 부문을 인정하지 않는 접근과 또 다른 유형으로 분류될 수 있다.

15 (각주9)에 기술한 것처럼 김창섭(1996: 40-41)에서 '통사적 합성명사'와 '형태적 합성명사'의 용어를 설명하는 과정에 '통사구조와 형태구조의 동등한 비중'을 언급한 바가 있기는 하지만, 두 형성 원리로서의 적극적인 논의는 확인되지 않는다.

(6) 가. 생성부 = {형태부, 통사부}

a. 형태부: 형태 규칙이 형태 단위를 생성하는 곳

b. 통사부: 통사 규칙이 통사 단위를 생성하는 곳

나.

형태론	단어 형성 원리	→	가능한 단어	→	기억된 단어
통사론	문장 형성 원리		가능한 문장		기억된 문장

김의수(2013: 434)은 (6가)와 같이 형태부와 통사부를 '생성부'라는 공통된 단위로 묶어 체계화하였으며, 정한데로(2011: 224, 2015라: 31) 역시 (6나)의 도식처럼 균형적 시각에서 형태론과 통사론을 논의한 바 있다. (6)은 형성 원리의 구체적인 작동 방식은 상이할지라도 기존 언어 단위를 활용하여 새로운 단어와 문장을 '형성'한다는 점에서 단어 형성과 문장 형성을 평행하게 바라본 것이다.[16] 이는 단어와 문장의 형성을 원리상 동일하게 파악한 북한의 (4)와 맥이 닿아 있는 결과라 할 수 있다.

단어와 문장에 관한 연구는 그 대상의 크기와 문법적 지위를 기준으로 할 때 분명한 차이가 있다. 그러나 문법의 틀 안에서 각각의 공시적인 형성 원리에 초점을 둔다면 두 영역 간의 상당한 유사점도 포착 가능하다. 북한과 비교할 때, 남한은 훨씬 다양한 이론을 배경으로 한 역동적인 관점들을 살펴볼 수 있다. 아울러 (4)와 (6)을 통해 북한과 남한의 공통된 시각도 확인된다.

16 정한데로(2015라: 31)는 '등재'의 기준이 단어와 문장의 차이를 만들 뿐, '형성'에 있어서는 기본적으로 두 대상이 유사한 과정을 겪는다고 논의한다.

3. '표현론적 접근'과 '새말 만들기'

(2)에서 언급한 바와 같이 단어 형성에 관한 연구는 큰 틀에서 '해석론적 접근'과 '표현론적 접근' 모두 가능하다. 전자는 '형식'에서 '의미'로, 후자는 '의미'에서 '형식'으로의 연구라는 점에서 두 접근은 정반대의 양상을 보인다. 이러한 방식의 구분은 김동찬(2005: 66)에서도 명시적으로 언급된 바 있다.

> (7) 단어조성과 관련한 서술은 크게 두가지로 볼수 있다. ①하나는 새말만들기방법을 소개하는것이다. 이것은 언어의 어휘구성을 이루고있는 단어들의 조성구조를 해부하는 보통의 단어조성과 완전히 대조적인것이다. 우리 나라에서는 주체63(1974)년에 ≪단어만들기연구≫(사회과학출판사)라는 이름으로 책이 나왔다. ②다른 한가지는 주로 기성단어에 대한 조성구조를 연구하는 것이다. 우리 학계에서 단어조성론이 독자적인 분과로 정립된것은 주체76(1987)년 총서 ≪조선어리론문법≫의 한 분책으로 출판된 ≪단어조성론≫(고등교육도서출판사)에 의한다.

(7)을 통해 북한의 단어형성론에서는 서로 다른 방향의 '표현론적 접근'(①)과 '해석론적 접근'(②) 연구가 함께 주목되어 왔음을 확인할 수 있다. 기존 단어의 분석뿐만 아니라, 북한의 주체적인 새말 만들기 과정 속에서 특정한 명명 동기에 따라 개념을 형식화하는 방식의 단어 형성도 활발히 진행되었기 때문이다.[17] (7)에 언급된 『단어만들기연구』

17 고영진(1997: 496-497)에서는 (7)의 ①과 ②에 대응되는 접근을 각각 김동찬

(1974) 등에서도 이러한 방법론적 기술이 확인된다.

(8) 가. 단어를 만들려면 먼저 이름짓는 실머리를 잘 잡아야 한다. (중략) 이름짓는 실머리가 먼저 마련되여야 거기에 기초해서 단어만들기의 감이나 수법이 골라진다(사회과학원 언어학연구소 어휘연구실 1974: 41).

나. 명명의 실머리는 이와 같이 대안을 마련하는데서 기초적의의를 가지며 또한 출발적의의를 가지기 때문에 대안을 파악있게 만드는데 있어서 매우 중요하다(박상훈 외 1986: 75).

(8가, 8나)는 공통적으로 '실머리'(실마리)에서 시작하여 이를 형식화하는 수법을 연구함으로써 단어 형성에 접근한다. 이때의 실머리가 곧 단어 형성의 첫 단계라 할 수 있는 '개념'에 대응된다. 개념(실머리)을 언어화하기 위해, 구성성분이 될 만한 특정 재료(조어수단, 감)를 도구로 삼아 형성 원리(조어수법)를 활용해 그 결과(새말)에 도달하는 기본 틀을 유지한다.[18]

이상의 북한 연구와 비교할 때 남한의 단어형성론에서는 표현론적 접근이 거의 배제된 채, 기존 단어를 대상으로 한 해석론적 접근이 주를 이루었다. 더 나아가, 북한의 새말 만들기와 같은 방식의 단어 형성에 대해서는 다소 부정적인 태도를 엿보이기도 하였다. (7)에 제시한 두 가지 접근의 연구를 각각 '신어 창조'(①)와 '신어 조성'(②)으로 구분하고

(1987)의 '분석적 각도'와 '종합적 각도'에 대입함으로써 두 입장의 차이를 강조한 바 있으나, (7)에 제시한 김동찬(2005)의 기술을 확인할 때 고영진(1997)의 해석은 재고의 여지가 있어 보인다.

18 단어형성론에서의 '대상의 개념화' 및 '개념의 언어화'에 대해서는 정한데로(2015가)를 참고할 수 있다.

후자는 단어형성론의 주된 관심사이지만 전자는 그렇지 않다고 파악한 하치근(1993: 117)의 입장이나, 어휘정리 및 말다듬기라는 언어 외적 요인에 주목하여 (7)의 ①을 '계획조어' 및 '번역조어'로 한정함으로써 '자연조어'와 구분한 김창섭(1991: 9–10)의 입장이 대표적이다.[19]

우리는 화자의 창조적인 언어 능력(linguistic competence)을 포착하고자 하는 단어형성론의 근본적인 연구 목표를 고려할 때, 즉각적인 단어 형성의 결과인 임시어의 중요성을 강조하고자 한다. 그러나 남한의 연구에서는 사전등재어 중심의 공인어로 실재어의 영역을 한정하고, 이들을 주요 연구 대상으로 삼아 왔다는 점에서 북한과 큰 차이가 있다. 화자의 언어 능력을 활용해 충분히 형성 가능한 단어임에도 불구하고 이들 단어의 실재성이 부정되는 경우가 다수 확인되기 때문이다. 이러한 사실은 이론적 측면에서 규칙과 제약을 활용해 단어의 형성 원리를 밝히고자 한 생성형태론 기반 연구에서 쉽게 포착된다. 다음 기술을 확인해 보자.

(9) '어둡기, 작기, 가늘기, 여리기'가 동명사형으로는 가능하다. 그러나 이들이 '밝기, 크기, 굵기, 세기'처럼 척도명사로는 쓰이지 않

19 북한의 어휘정리 및 말다듬기 이론이 언어 정책의 결과라는 점에서 '계획적, 번역적' 특성을 지니는 것은 분명한 사실이다. 그러나 '계획적, 번역적' 특성의 문제와 이들이 단어형성론의 연구 대상이 될 수 있는가의 문제는 별개의 것으로 판단된다. '계획적, 번역적'으로 새로운 단어를 형성하는 과정에서도 분명 특정 화자(정책 관련자, 전문가)의 '언어능력'이 관여하기 때문이다. 이는 남한의 말다듬기(전문가 또는 일반 한국인 화자 참여 방식)에서도 동일하게 포착되는 과정이다. 그리고 더 근본적으로는, 모든 단어 형성의 동기는 '명명을 위한 의도(계획)'라는 점, '번역'도 단어 형성 방식의 한 부분이 될 수 있다는 점에서 (7)의 ①을 단어형성론에서 배제할 이유는 없다.

는다(송철의 1992: 100).

예 가. 그 나무는 굵기가 어느 정도나 되더냐?
나. *그 나무는 가늘기가 어느 정도나 되더냐?

송철의(1992: 100)에서는 척도명사가 파생될 때에는 반드시 긍정적 가치를 나타내는 형용사만 형성 가능하다는 '의미론적 제약'을 활용하여 '가늘기'는 형성 불가능한 단어로 분류한다.[20] 그러나 정한데로(2014: 75)에서 언급한 바와 같이 명명의 동기만 주어진다면 '가늘기'도 충분히 형성 가능한 단어라는 점에서 (9)와 같은 제약이나 실재어 판단은 지극히 공인어를 중심으로 설정된 결과이다.

(10) 가. 혹 위가 클때에는 볏짚이나 보릿단같이 거칠거나하면의 가늘기가 바늘끝같을수도 있으며 옆으로 구를 때는 나는 새의 활발함 이라든지 흐르는 물의 물결 같아야 한다. 〈1979.9.29. 경향신문〉
나. "모델들이 보여주는 몸매의 가늘기는 현실적으로 도달하기 어려운 수준일 뿐만 아니라 생물학적으로도 부적절하다"고 밝혔다. 〈2000.7.13. 동아일보〉
다. 오이를 국수 가늘기로 채를 썰고, 손목 스냅만으로 프라이팬 위의 식재료를 뒤섞어주는 그 현란한 솜씨 앞에서 이씨는 늘 넋을 잃었다. 〈2013.1.11. 한겨레〉

20 그러나 (9)의 (나) 문장도 '나무의 가는 정도'를 명명하고자 하는 상황이라면 충분히 가능하다고 판단된다. (9)의 (가)와 (나)의 문법성 판단은 공인어인 '굵기'만을 실재어로 보는 기본 바탕에서 이루어진 결과이기 때문에 이러한 차이를 보이는 듯하다. 사실상 이러한 태도는 생성형태론에 국한되지 않는다. 인지언어학적 연구인 임지룡(1997: 410–412)에서도 '유표성'의 측면에서 이러한 제약을 설명하고자 하였다. 가령 '길다'는 무표항이므로 자유롭게 단어를 형성하지만, 유표항인 '짧다'는 일정한 제약을 보인다고 파악한 것이다.

실제 (10)의 자료에서 척도명사처럼 쓰인 '가늘기'의 형태가 두루 확인된다. 이는 '가는 정도'를 표현하기 위해 각 한국어 화자들이 만들어 낸 임시어로서 그 실재성을 확인할 수 있다는 점에서 (9)와는 다른 결과를 보여준다.

그렇다면 북한의 단어형성론은 어떠한 관점을 지니고 있을까? 일찌감치 새말 만들기와 같은 표현론적 접근이 적극적으로 시도된 배경을 고려할 때, 화자의 명명 동기에 따른 '가늘기'의 형성을 인정하는 입장에 있지는 않을까? 흥미롭게도 이와 관련한 내용을 김동찬(2005: 149)에서 확인할 수 있다.

(11) 가. ≪섬도≫라는 한자말을 고유어로 다듬으려 할 때 흔히 쓰는 ≪굵기≫로는 알맞지 못하다. (중략) 섬유 같은것은 ≪가늘기≫라고 해야 되게 된다.
　　나. 이런 견지에서 볼 때 우리에게는 아직도 있어야 할 말들이 많다. 예컨대 다음과 같은 짝에서 빈자리를 메워야 할 말들이다. 높이-○○, 깊이-△△, 길이-ㅁㅁ, 무게-▽▽ 등등이다.

(11가)는 '섬도'와 같은 예를 활용해 명명 동기만 주어진다면 충분히 '가늘기'라는 단어를 만들 수 있다고 파악한 기술이다. '섬도(纖度)', 즉 '가는 정도'를 의미하는 각 한자의 뜻을 고려할 때에도 (11가)의 기술은 충분히 설득력이 있어 보인다.[21] 더 나아가 (11나)와 같이 '높이, 깊이,

21 한자어 '섬도'를 대신할 단어로 '가늘기'를 형성해 낸 과정은 이러한 단어 형성을 '계획조어'나 '번역조어'로 보아 다소 부정적으로 여길 것이 아니라 일반적인 단어형성론의 연구 대상으로 이들을 포함할 가능성을 보여준다. 한편, 남한의 『표준국어대사전』에서는 '섬도'를 '실의 굵기'로 풀이하고 있는데, 이는 공인어인 '굵기'를 중심으로 한 뜻풀이로서 '가는 정도'의 의미를 정확하게 드러내는 데에는

길이, 무게' 등의 짝이 될 단어에도 형성 가능성 또는 당위성을 부여하고 있다는 사실이 주목을 끈다.

이는 결국 단어형성론 연구 대상의 외연을 어떻게 설정할 것인가의 문제, 곧 단어의 실재성 영역과도 연관된 문제라 할 수 있다. 북한의 새말 만들기는 남한의 임시어 연구와 더불어 한국어 화자의 주체적인 단어 형성 능력을 포착해 낼 의미 있는 접근이다.

4. '형태적 복합어'의 형성

남북한의 단어 형성 연구에서 큰 차이를 보이는 대표적인 주제 가운데 하나는 바로 다음 유형의 단어에 관한 해석 문제이다.

(12) 가. 덮밥, 오가-, 검붉-
　　나. 젊은이, 들어가-, 뛰어나-

주지하듯이 (12)의 두 단어 유형은 '비통사적 합성어'(이하 '형태적 복합어'로 기술함.)와 '통사적 합성어'의 이름으로 널리 불려 왔다. 그리고 그동안 남한의 다수 연구에서 '형태적 복합어'는 중세 한국어의 중요한 특징으로 다루어져 왔다.

한계가 있다고 여겨진다.

(13) 가. 용언 어간의 합성이 매우 생산적이었음은 중세국어의 현저한 특징의 하나로 지적될 수 있다. (중략) 이러한 합성법은 16세기 이후 점차 비생산적이 되었으며 현대어에는 약간의 화석이 남아 있을 뿐이다(이기문 1961/1998: 157).

나. 'V1+V2'의 합성법은 현대국어에서는 생산성을 가지지 못하게 되었다. 이 합성법이 사라진 것은 국어 동사어간이 자립성을 잃는 문법적 변화와 관련된 것으로, 국어 문법사에서 특별히 주목되는 중요한 문제가 된다(김창섭 1997/2008: 99).

(13)에서 공통적으로 관찰되는 사항은 (12가)와 같은 단어의 형성이 공시적으로 더 이상 가능하지 않다고 본 데 있다. 즉, 어미가 배제된 두 용언 어간, 또는 용언 어간과 명사의 직접적인 결합은 현대 한국어에서 불가능한 단어 형성 방법으로 파악한 것이다. (13)은 남한 연구의 지배적인 시각이라 할 수 있는데, 이는 곧 북한의 다듬은 말(순화어)에 관한 부정적인 해석 또는 북한 단어형성론이 지닌 특이성 판단으로 이어지기도 하였다.

(14) 가. '다듬은 말'의 특성: 현대 국어 조어법으로 형성할 수 없는 비통사적 합성어가 많다(임동훈 1994: 1-2).

나. 북한에서의 순화는 고유어 우선, 체계화 등에 집착하면서 자연스러운 국어의 문법이나 조어법에서 벗어나는 예를 보이기도 한다. (중략) '용언어간+용언어간' 구성의 비통사적 합성어의 사용 ⇒ 비문법적인 순화어 생산(구본관·이해영 2002: 110)

(14가, 14나)는 북한의 다듬은 말에 관한 남한의 보고서 일부를 가져온 것으로, 이들 역시 '동사 어간+명사', '동사 어간+동사 어간' 유형으

로 만들어진 북한의 다듬은 말을 특징적으로 다루고 있다는 점에서 기본적인 관점은 (13)과 다르지 않다.[22]

그러나 (13), (14)와 달리 '형태적 복합어'의 공시적 생산성을 강조한 남한의 연구도 적지 않다. 실제 자료 검토를 통하여 (12가)와 같은 '형태적 복합어'(어간복합어)가 근대 한국어 이후 생산성이 사라진 것이 아니라 현대 한국어에서도 여전히 생성되고 있음을 확인한 이선영(2006), 명명 과제(naming task)를 활용하여 한국어 화자들이 즉각적으로 만든 임시어에서 '형태적 복합어'를 다수 확인한 정한데로(2013나) 등의 연구를 통해 (13), (14)에 대한 근본적인 문제 제기가 가능하다.

이에 비하면 북한의 단어형성론은 이러한 '형태적 복합어'의 공시적 형성을 매우 적극적으로 인정하는 입장에 있다(김동찬 2005: 206).

(15) 가. 교착적언어로서의 우리 말의 단어조성수단이 지니고있는 특성은 명사적의미부들이 토없이 절대적형태에서 단어합성에 진출할수 있으며 동사, 형용사조차도 말줄기가 합성어조성에 진출할수 있는 것이다.

나. 단어조성의 무대는 명명적단위를 조성하기 위한 무대이다. 따라서 명명적기능이 있는, 실질적의미를 나타내는 말줄기부분이 단어조성에 진출하여야 한다. 말꼬리나 토와 같은 비실질적, 관계적의미를 나타내는 부분은 명명단위에서의 일종의

22 (14가)에 해당하는 예로 아래의 단어가 제시되었다.
가. '동사어간+명사' 유형: 도관(導管)→끌관, 견인능력(牽引能力)→끌능력, 괘도(掛圖)→걸그림 등 ('리마(리머, reamer)→다듬송곳, 치석(治石)→다듬돌, 쇄골(鎖骨)→꺽쇠뼈(꺾쇠뼈), 포충망(捕蟲網)→후리채' 등도 추가할 수 있음.)
나. '동사어간+동사어간' 유형: 감조(減潮)→밀썰물, 과숙림(過熟林)→지내자란 숲, 황적색(黃赤色)→노라발간빛 등, 교잡(交雜)→섞붙임

≪불순물≫로 된다(특수한 경우 합성에 참가하는 말뿌리적요소들사이에 맺아지는 문법적관계를 꼭 나타내야만 합성이 이루어질 수 있기 때문에 토가 특별히 사용되는것은 딴 문제이다.)[23]

(15)는 토(어미) 없이 동사, 형용사 어간끼리의 직접적인 결합이 충분하다는 사실을 교착어로서 한국어가 지닌 특징으로 파악한다.[24] 어미는 일종의 '불순물'인바 실질적인 의미를 지닌 요소들이 주가 되어 단어를 형성하는 것이 적절하다고 본 것이다. 즉, 북한의 연구는 (13), (14)에서 확인한 '형태적 복합어'에 관한 남한의 주류적 관점과 큰 입장 차이를 보인다.

(16) 가. 명사적인 말뿌리만아니라 동사, 형용사적인 말뿌리나 부사, 관형사, 대명사들과 관련된 말뿌리들과도 다른 말뿌리들을 직접 합쳐서 새로운 단어를 자연스럽게 만들 수 있는 수법들을 더욱 적극적으로 리용할 필요가 있다고 본다(사회과학원 언어학연구소 어휘연구실 1974: 145-146).

나. 조선말에서 단어를 만드는데서는 용언의 밑줄기를 토없이 그대로 말뿌리로 쓰는 전통을 살려 ≪걸다≫의 말뿌리 ≪걸≫만 써서 ≪걸그림≫이라고 하였다. 이것은 조선말단어로서 어색한 점이 없다. 이것을 어색해하면서 토를 넣어 ≪거는

23 괄호 안에 기술된 "토가 특별히 사용되는" 경우에 대해서는 2.4의 (18)에서 다시 언급할 것이다.

24 "교착어의 단어의 실질적부분인 말줄기가 단어합성에서의 ≪불순물≫인 토부분을 떼여놓고 말줄기만이 단어조성에 능히 진출할수 있는데 반하여 굴절어에서는 실질적부분인 말줄기가 문법적부분인 말꼬리를 떼여버리고 단어조성의 무대에 진출하기가 본성적으로 곤난하게 되어있다는데 있다."(김동찬 2005: 206)라는 기술에서도 교착어로서의 한국어의 특징을 '형태적 복합어'와 연관시켜 강조하고 있음을 확인할 수 있다.

그림≫으로 할 필요가 없다(박상훈 외 1986: 107).

김동찬(2005)뿐만 아니라, 이보다 앞선 다수의 북한 문법서에서 (15)와 동일한 시각이 관찰된다. 명사 어근(말뿌리)뿐만 아니라, 용언 어간의 직접적인 결합을 통해 새로운 단어를 '자연스럽게' 만들 수 있으며, 그것이 '전통'을 살리는 방법임을 강조한 점이 주목된다.

그동안 남한의 많은 연구에서 '덮밥, 오가-'와 같은 '형태적 복합어'의 형성이 현대 한국어에서 더 이상 생산적이지 않다고 분석해 왔으나, 최근에는 '형태적 복합어'의 공시적 형성 가능성을 인정하는 논의가 일부 확인된다. 한편, 북한은 '형태적 복합어'의 형성을 교착어인 한국어가 지닌 특성으로 파악하고 이러한 형성을 적극적으로 수용해 왔다.[25]

5. '통사론적 구성의 단어' 형성

앞 절에서 우리는 '형태적 복합어'를 논의하면서 단어 형성 과정에 동사 어간이 후행 명사 또는 동사 어간과 직접적으로 결합하여 어미가 관여할 필요 없이 새로운 단어를 형성할 수 있음을 확인하였다. 그런데 한국어에는 다음과 같이 어미 또는 조사가 형성에 참여한 것으로 보이는 단어가 적지 않다.

25 남한의 (14나)는 북한의 다듬은 말을 '비문법적인 순화어 생산'으로 판단하였지만, 북한 문법 체계에서 이는 지극히 '문법적'인 방식의 단어 형성에 해당한다. 동일한 대상에 대한 남북한의 상이한 문법적 해석은 '단어의 문법성'에 관한 근본적인 물음을 던지게 한다. 정한데로(2015나) 참고.

(17) 가. 어린이, 진흙, 건널목, 디딜방아
나. 섞어찌개, 먹자골목
다. 그렇게, 갈수록
라. 이왕에, 대체로

이러한 단어에 대해 일찍이 남한의 구조주의 형태론에서는 이때의 '-ㄴ, -ㄹ, -게, -에' 등을 접미사로 파악하면서 (17)을 파생어의 범위에서 다룬 바 있다(고영근 1989/1999: 601-651 참고). 그러나 구본관(1992), 박진호(1994) 등에서 이를 통사론적 구성에서 굳어진 단어로 파악하는 입장이 등장한 이후, '파생'이나 '합성'과 같은 형태론적 과정과는 별개로 '단어화'(어휘화, 원자화)의 관점이 조명받기 시작하였다.[26] 최형용(2003)에서는 '통사적 결합어'의 개념으로 (17)의 단어들을 설명하기도 하였는데, 이들은 모두 통시적으로 통사론적 구성이 점차 단어가 되었다고 보는 관점이다. 반면에 이상욱(2004), 오규환(2008), 정한데로(2011)은 '파생, 합성'과 같은 단어 형성 기제로서의 '통사론적 구성의 단어화' 과정을 거쳐 공시적 차원에서 통사론적 구성이 단어화한 것으로 설명한다.[27] 특히 (17나)의 예는 '섞어, 먹자'의 형식이 단어 형성에 직접 참여하는 구성성분이라는 점에서 반드시 '섞어, 먹자' 단어 형성을 위한 공시적 과정이 필수적인바, 이러한 가능성에 주목한 정한데로(2011:

---

26 용어 사용에 있어서 '통사적 구성의 어휘화(구본관 1992), 통사적 구성의 원자화(박진호 1994), 구의 통시적 단어화(김창섭 1996), 통사적 구성의 단어화(최형용 2003), 통사구성의 단어화(송원용 2005)' 등으로 조금씩 차이가 있기는 하나, 이들 모두 통사론적 구성이 점차 굳어져 단어가 되었다고 본 점에서 동일하다.

27 김창섭(1996: 26)에서 제시한 '구의 통시적 단어화'와 '구의 공시적 단어화'도 함께 논의 가능하지만, 대상 자료에 있어서는 (17)과 차이가 있다.

217–222, 2018)은 (17가) 역시 공시적 단어화에 따른 결과로 파악하였다.

한편, (17가)가 통사론적 구성에서 시작해 단어가 되었다고 보는 입장(통사부 형성)과 달리, 형태론적 접근에 기초한 입장(형태부 형성)도 확인된다. (17가)의 '–ㄴ, –ㄹ'이 삽입 접사(황화상 2001) 또는 어미(허철구 2015)로서 형태 결합 차원에서 형성된 결과임을 강조한 것이다.[28]

그렇다면 북한의 단어형성론에서는 (17)을 어떻게 분석할 것인가? 김동찬(2005: 216–217)는 다음과 같이 기술하고 있다.

(18) 가. 우리 말은 토가 비상히 풍부하며 형태법이 매우 치밀하게 주요 품사들에 침투되여있다. 이것이 요인이 되어 우리 말에서 단어조성수단은 다른 언어에서는 보기 드문 특질을 발휘하게 된다. 그 특질은 의미부들가운데 토를 가지고 단어조성에 진출하는것들이 있게 하는것이다.

나. 단어조성의 마당에서 한 의미부가 다른 의미부와 결합되게 될 때 그것들사이에는 반드시 일정한 문법적관계가 조성되게 된다. 즉 혹은 병렬적인 관계 혹은 종송적인 관계 혹은 동반적인 관계가 조성된다. (중략) 그러나 명명의 대상이 ≪무한히≫ 다양한 것으로 하여 일부 경우에는 의미부들이 토를 가지고 등장하지 않고서는 결합관계가 바로 나타나지 못하게 될 때가 있게 되며 이런 때 의미부는 토를 가지고 즉 토가 붙은 의미부가 등장하게 되는것이다.

(15)에서 토를 단어 형성 과정의 '불순물'로 보았던 것과 달리, (18)에

28 특히 황화상(2001)은 이때의 '–ㄴ, –ㄹ' 형태를 어미가 아닌 접사로 파악한 점에서 후술할 김동찬(2005)의 '련결자음'과도 함께 논의해 볼 수 있다. 이에 관해서는 (22)에서 다시 언급할 것이다. 황화상(2001), 허철구(2015)에 관한 구체적인 논의는 정한데로(2018)을 참고할 수 있다.

서는 토(조사, 어미)의 단어 형성 참여를 인정하고 있는 점이 확인된다. 다만 (18나)의 언급대로 '토가 등장하지 않고서는 결합관계가 바로 나타나지 못할 때'에, 즉 의미 해석을 위해 필요한 경우에 토가 쓰일 수 있다고 본다.

(19) 가. 일반적으로 새로운 단어를 만드는데서 'ㄴ, ㄹ'형의 토를 리용하는 전통적인 수법을 더 발전시킬 필요가 있다고 보면서 특히 학술용어에서는 단어의 한계를 더 폭넓게 잡고 이 수법을 널리 리용하여 많은 단어들을 만들어나가는 길을 활발히 열어나가는것이 좋을 것이다(사회과학원 언어학연구소 어휘연구실 1974: 150).

나. 일반적으로 보통 단어만들기에서는 형태부들사이를 결합시켜주는데서 이음토나 상황토는 쓰지 않았었다. 그러나 어휘정리의 대안은 그 형태부들사이의 관계가 정밀하게 표현되여야 그 뜻을 파악있게 나타낼수 있기 때문에 조선말에 고유한 토들인 이음토, 상황토들도 리용하였다(박상훈 외 1986: 141).

김동찬(2005)뿐만 아니라, 그 이전의 다른 북한 문법서에서도 이와 유사한 입장이 확인된다. (19가)에서는 이러한 단어 형성 방법을 '전통적인 수법'으로 보아 '널리 이용'할 만한 방식으로까지 강조한 점이 특징적이다. (19나)는 '보통 단어만들기'와 '어휘정리'를 구분하고 새말의 정밀한 의미 표현을 위해서라면 필요에 따라 '-고, -어'(이음토), '-게'(상황토) 등의 어미를 활용할 수 있음을 설명하고 있다. 이는 (18나)에서 확인한 김동찬(2005) 및 그보다 앞선 김동찬(1987: 22-23)의 시각과 일

치하는 것이다.[29]

특히 김동찬(2005: 271-272, 275-276)는 '분립법에 의한 련관'과 '토에 의한 련관'을 통해 (17)의 단어 형성을 구체화한 점이 흥미롭다.[30] 이때의 '련관'은 기존 단어(바탕말)와 새로 만들어진 단어(새말) 사이의 품사적 연관성을 뜻한다.

(20) 분립법에 의한 단어조성 (김동찬 2005: 144-145, 277)

가. 의미부의 한 부분이 떨어져나와 새로운 의미부로 되는것을 의미부의 ≪분립≫이라고 부르기로 하였다. (중략) 분립에 의하여 새 의미부가 산생되고 새 의미부를 바탕으로 하여 새말이 조성되는 사실을 보여주고있다. ≪떴다바지≫의 ≪떴다≫가 그런 례로 된다. (중략) ≪먹자판≫에서의 ≪먹자≫, ≪보라장기≫에서의 ≪보라≫와 같은것이 있다.

나. 분립적으로 조성된 관형사와 그 바탕말(≪갖다≫에서 분립된 ≪갖은≫), 분립적으로 조성된 부사와 그 바탕말(≪날≫에서 분립된 ≪날로≫)

김동찬(2005)에서는 '분립'의 용어가 적극 활용되고 있는데, 이는 새로이 형성된 단어가 기존 단어를 토대로 하기는 하나, 그로부터 독립된 지위를 확보하게 되는 문법적 과정으로 판단된다. '먹자'나 '갖은'과

29 '-ㄴ, -ㄹ'이 참여한 단어 형성이 김동찬(2005)의 '합침법에 의한 명사조성' 부분(319-322쪽)에서 다루어진 점도 참고된다. '동사적합성명사 및 형용사적합성명사의 조성'의 예로 ≪아/어/여≫, ≪ㄴ≫, ≪ㄹ≫, ≪이, 기, ㅁ≫ 유형이 제시된다.

30 김동찬(2005: 261-277)는 품사들이 단어 형성을 통해 맺게 되는 연계 유형을 몇 가지 측면에서 체계화하여 구분하고 있다. 기존 단어(바탕말)와 새 단어(새말) 사이의 품사적 연관성을 '직접적/간접적' 그리고 '유연적/무연적' 등의 기준으로 분류하였다.

같이 어미를 포함한 형태가 '먹-'과 '갖-'의 어간과는 별도의 독립된 단위가 되었다는 것, 그 과정에 어미가 참여할 수 있다는 것을 의미한다. '분립법에 의한 단어조성'은 (20)의 일부 기술에 그치지 않고, '분립법에 의한 부사조성'(370-374쪽)이나 '분립법에 의한 관형사조성'(386-388쪽)처럼 별도의 절을 통해 상세하게 다루어진다.[31]

'토에 의한 련관'에서도 (17)과 관련한 내용이 관찰된다.

(21) 토에 의한 련관 (김동찬 2005: 275)

가. 우리말에서는 토에 의해서도 단어가 파생될수 있는데 이때 바탕말의 품사적성격과 파생된 새말의 품사적성격이 달라짐으로써 서로 다른 품사들이 토를 통하여 련관이 지어질 수 있다.

나. 격토: 에(삽시에, 일시에, 일거에 등), 로(날로, 실로, 참으로 등)
도움토: 마다(저마다, 저저마다, 해마다 등)
이음토: 아/어/여(이어, 앞서), 아서/어서/여서(어째서, 왜서) 등
꾸밈토: 게(뻔질나게)

위의 기술에서도 '련관'을 통해 바탕말과 새말 간의 관련성을 포착하고 있음이 확인된다. (21나)처럼 조사(격토, 도움토)와 어미(이음토, 꾸밈토) 등이 결합하여 형성된 단어가 이전과 다른 품사를 띠게 된 것은 앞

31 "토를 가지고 문법적형태지정이 된 상태에서 부사를 조성하는데 나서려고 할 때 명사의미부가 취할수 있는 토는 ≪에, 로, 처럼, 마다, 만≫ 등이다."(김동찬 2005: 370)
"우리 말에서 고유어관형사는 마흔개정도인데 그 절반이상은 이와 같이 다른 품사들을 바탕말로 하면서도 단어조성적덧붙이가 덧붙지 않고 이루어진것이다. 그 중에서 규정형 ≪ㄴ≫를 가지고 분립된 것으로는 다음과 같은것을 들 수 있다: 웬, 무슨, 바른"(김동찬 2005: 382)

서 언급한 '분립법'에 의한 결과라 할 수 있다.

남한의 '통사론적 구성의 단어화', '통사적 결합어' 등의 용어가 통사론적 구성에서 시작해 단어로 변화한 결과물을 설명하기 위해 도입된 것이라면, 북한의 '분립법'이나 '련관'은 토가 덧붙은 단어가 이전 바탕말과는 별도의 품사 지위를 얻게 된 점에 주목한 것이다. 전자의 입장이 어미가 참여한 통사론적 형성이라면 후자는 토가 참여한 형태론적 형성을 의미한다. 또한 전자가 해당 단어 자체에 초점을 둔다면, 후자는 '조어관계'를 통해 단어 간 상관성에 주목한다.

한편, 단어 내부의 'ㄴ'과 'ㄹ' 형태를 '련결자음'으로 해석한 접근도 관찰된다(김동찬 2005: 117-126).[32] '어음론(음운론)적 조건'에 따라 특별한 의미를 추가하지 않고 '련결모음'과 '련결자음'이 단어 형성에 관여할 수 있다고 보는 것이다.

(22) 가. 이렇게 보게 되는것은 의미부들이 결합될 때 그사이에서 [ㄹ]소리가 덧나는것이 많은데 그 [ㄹ]가 형태조성의 ≪ㄹ≫토가 아니기 때문이다. (중략) ≪들가방≫, ≪멜끈≫, ≪디딜방아≫와 같은 합성어에서 ≪ㄹ≫는 시간의 문법적의미와는 아무런 관계도 없다. 그저 ≪ㄹ≫가 붙은 의미부가 그뒤의 의미부와 규정어-피규정어의 관계로 이어주는 역할을 할뿐이다.

나. 바로 이렇게 단어조성적성분이 뜻을 가지지 않고 의미부들의 련결을 어음상 원활하게 하여주는 자음이 련결자음인것이다. (중략) 련결자음으로서 ≪ㄹ≫다음으로 두드러지는것은 ≪ㄴ≫이다.

32 김동찬(1987: 69-71)에서도 뜻 없는 성분으로서의 '련결자음'에 관한 논의를 확인할 수 있다.

김동찬(2005: 123-124)는 '들가방, 멜끈' 등과 같이 'ㄹ'이 단어 구성 내부에 참여한 단어들의 경우, 이때 'ㄹ'이 지니는 문법적 기능이 없다는 점에서 단순히 음운론적 요인에 이끌려 'ㄹ'이 단어 내부에 참여한 것으로 본다. 'ㄴ'도 마찬가지이다.[33]

(22)는 황화상(2001: 168-183, 2002)에서 제안된 '삽입 접사(개재 접사)'와 함께 비교해 볼 만하다. 황화상(2001: 168)은 '형태 연결 원리'(각 형태 요소는 적절하게 연결되어야 한다.)를 충족하기 위해 "특별한 의미 기능을 갖지 못하는" 접사 '-ㄴ, -ㄹ, -ㅁ; -어, -게, -고' 등이 복합 명사와 복합 동사 내부에 삽입된다고 논의한다. 각 접사가 지닌 시제성이나 음운론적 제약 등을 통해 삽입 접사가 선택된다고 본 점에서 (22)와 세부적인 차이가 있기는 하나, 이들 'ㄴ, ㄹ' 등의 형태를 '삽입/개재'의 관점에서 파악한 것은 김동찬(2005)의 '련결자음'과 일부분 상통하는 면이 있다.[34]

---

33 "우리 말에는 ≪ㄴ≫가 있고 없고 하는데 차이가 있을뿐 의미는 꼭 같은 이런 단어들이 몇개 더 있다. ≪건너방≫과 ≪건넌방≫, ≪건너집≫과 ≪건넌집≫, ≪건너산≫과 ≪건넌산≫, ≪건너편≫과 ≪건넌편≫과 같은것들이다. (중략) ≪ㄴ≫가 붙은 ≪앉은뱅이≫와 ≪ㄹ≫가 붙은 ≪앉을뱅이≫는 뜻이 꼭 같다. 따라서 이때의 ≪ㄴ≫나 ≪ㄹ≫에는 아무 의미도 없다는것이 명백하다."(김동찬 2005: 125) 김동찬(2005)는 단어 구성 내 'ㄴ'의 유무 및 'ㄴ/ㄹ' 교체 적용에 의미적 차이가 없다고 판단되는 일부 단어를 통해서도 단어 구성 내 'ㄴ'과 'ㄹ'이 특별한 의미를 지니지 않고 있음을 뒷받침하고 있다. 남한에서는 '건너집', '건넌편'이나 '앉을뱅이' 등의 단어를 규범적으로 인정하고 있지 않다.

34 김동찬(2005: 122-126)에서는 'ㄴ, ㄹ' 등의 자음이 시제성(시간성)을 지니지 않는다고 보았지만, 황화상(2001: 174)은 삽입 접사 '-ㄴ(과거성), -ㄹ(미래성)'의 시제성을 인정한다는 점에서 두 입장이 완전히 일치하는 것은 아니다. 한편, '접문=접이문, 묵밭=묵은밭, 묵장=묵은장'처럼 접사가 수의적으로 삽입 가능한 단어들을 황화상(2001: 174, 각주 119)은 "어휘부(혹은 단어 형성)의 불규칙성"으로 설명하였다면, 김동찬(2005: 125)는 이 글의 (각주33)에서 직접 인용한 예를 통해 이때의 'ㄴ, ㄹ'을 아무런 의미 없는 '련결자음'으로 파악한다. 삽입 접사와 관련하여 최형용(2005), 황화상(2008)도 참고된다.

6. '등재부 연결망'과 '조어그물'

김동찬(2005)에서 제시된 주요 개념의 하나로 '조어관계'가 주목된다. 단어 형성의 결과뿐만 아니라, 형성 과정에 참여한 다른 단어와의 관계도 단어형성론의 범위 내에서 적극적으로 다루어지고 있는 점이 특징적이다.

(23) 먼저 존재하여 다른 단어를 새로 조성하는데서 토대로 된 단어나 말뿌리적 단위가 있으며 또한 그러한 단어나 말뿌리적단위에 토대하여 새로 생겨난 단어가 있게 된다. 이 량자의 관계는 산생시킨것과 산생된것과의 관계로서 단어조성에 있어서 가장 근본적인 관계이다(김동찬 2005: 78).

'상관관계에 있는 단어들의 단어조성적지위' 정도의 간단한 언급만으로 조어관계가 기술되었던 김동찬(1987: 17)과 달리, 20여 년 후의 김동찬(2005)는 조어관계와 관련한 내용이 양적으로 확충되었을 뿐만 아니라 개념 및 관련 용어에 있어서도 훨씬 더 구체성을 띤다. 그 결과 '조어사슬, 조어그물, 조어둥지'와 같은 용어들이 등장하게 된다. 또 직접적인 예시를 통해 '조어사슬' 및 '조어그물' 내 단어들 간의 '련관관계'에 주목하는 모습이 관찰된다(김동찬 2005: 181-184).[35]

35 김동찬(2005)의 '단어조성론'은 품사론과 밀접한 양상을 띠는데(후술할 (27) 참고) 이러한 '조어사슬, 조어그물' 등으로 구체화된 '조어관계'와 더불어 '품사' 역시 단어들 간의 '련관관계'를 매우 비중 있게 다루고 있는 특징이 확인된다.

(24) 가. 조어≪사슬≫이란 산생시킨 단어와 산생된 단어가 꼬리잡이식으로 한줄로 이어지는것을 말한다.

나. 단어들의 조성구조적연고관계는 그 양상이 사슬을 이루는데 그치지 않고 ≪사슬≫모양보다도 더 밀접하게 ≪그물≫모양을 이룬다는것이다. 단어들은 조성구조상 앞뒤로, 수평적으로만 련관관계를 가지는것이 아니라 아래우로, 수직적으로도 련관관계를 가질수 있다. 이리하여 조어사슬이 조어그물로 된다.

다. 조어사슬과 조어그물

```
알몸 – 몸 – 몸뚱이 – 몸뚱아리
              |           |
           알몸뚱이 – 알몸뚱아리
```

(24)의 조어그물은 등재부에 저장된 단어들 간의 연결망(network)과 다르지 않다. 남한의 단어형성론에서는 생성형태론에서 크게 주목받지 못했던 등재부 등재소의 상관성에 관한 연구가 채현식(1994) 이후 많은 관심을 받아왔는데, 북한의 조어사슬 및 조어그물 개념은 곧 '어휘적 관련성'(lexical relatedness)을 기초로 한 등재부 연결망과 맥이 닿아 있다.

(25) 채현식(2003: 63)의 등재부(어휘부) 내 단어 연결망

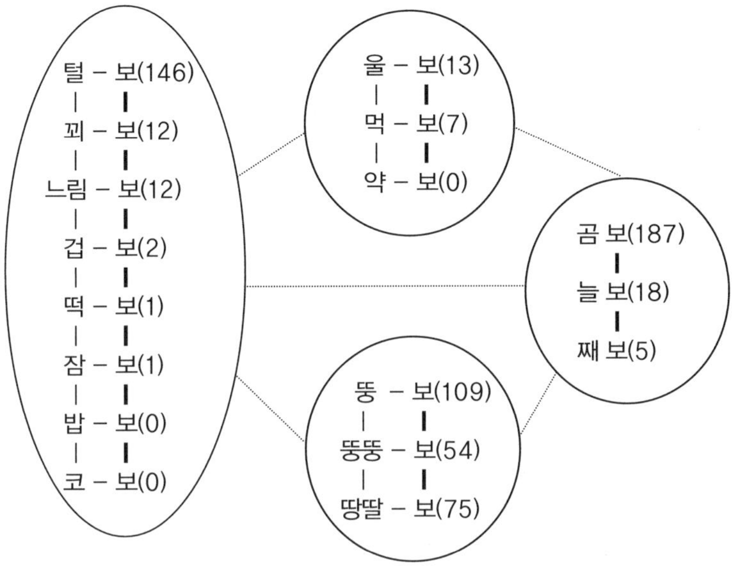

다만 남한의 연구가 (25)처럼 '–보, –질'(채현식 2003, 시정곤 2001, 이광호 2005 참고) 등의 특정 접미사를 주축으로 한 계열관계 유형에 집중해 왔다면 (24다)는 훨씬 다각적인 방식으로 단어들 간의 어휘적 관련성을 설명하고 있다는 점에서 차이가 있다.

한편, '조어사슬/조어그물'과 별도의 개념으로서 '조어둥지'가 쓰이고 있는 점도 주목된다(김동찬 2005: 187–191).

(26) 가. 조어≪둥지≫란 하나의 시원적단어를 바탕말로 하여 그것으로부터 파생된 단어들과 그와 말뿌리의 공통성이 있는 단어들을 통털어 하나의 ≪유연적인≫ 조어집단으로서 이르는 말이다.

나. 조어둥지는 조어사슬과 밀접한 관계를 가진다. (중략) 조어

사슬은 사슬의 ≪길이≫에는 관계없이 적어도 두 개의 고리만 이어지면 벌써 ≪사슬≫이라고 할 수 있다. (중략) 그러나 조어둥지는 이와는 다르다. 조어둥지에는 말뿌리를 공통으로 하는 모든 파생어, 합성어가 다 집결되여야 한다.

다. 조어사슬과 조어둥지

논 – 고래논 – 고래실논 – 논갈이 – 논갈이질 – 논갈이질하다 – 논갈이하다 – 논김 – 논김매기 – 논김매기하다 – 논두렁 – 논두렁길 – 논두렁짓기 – 논두렁짓기하다 – 논두렁콩 – 논물 – 논물관리 – 논물관리하다 – 논물잡이 – 논물잡이하다 – 논물빼기 – 논물빼기하다 (후략)

(26가)의 기술대로 '조어둥지'는 특정 단어(둥지바탕말)를 중심으로 어휘적 관련성을 맺고 있는 다수의 단어 집합을 의미한다. 예를 들어 '논둥지'는 160여 개의 관련 단어들로 이루어져 있는데 '논'을 중심으로 파생접사 '–질', '–하다' 등이 결합한 다양한 유형이 참여하여 하나의 집단을 이룬다. 그중 일부가 (26다)와 같이 정리되었는데, 이는 '논 둥지'에 포함된 다수의 단어들 가운데 조어사슬에 해당하는 것들이다.

이윤하(2011: 204)에서는 이때의 '조어사슬'과 '조어둥지' 개념을 단어장(낱말밭) 혹은 어휘장과 흡사한 것으로 파악한 바 있다. 그러나 이 두 개념은 파생 및 합성과 같은 단어 형성 차원의 구성 확장의 관점에서 어휘적 관련성을 포착한 것인바 의미론 연구의 어휘장 개념과는 다소 거리가 있다고 판단된다.[36] 대신 (24), (26)의 두 기술은 남한의 '단어족(word family), 구성족(constituent family)' 개념과 함께 논의 가능할 것이다.[37] 그동안 단어족과 관련한 연구가 그다지 활발하지 않았던 남한 단어형성론의 사정을 고려할 때, 최형용·김혜지(2016)은 북한의 '조어사슬, 조어둥지'와 관련하여 주목할 만한 논의로 여겨진다.[38]

7. 결론

'한국어의 단어'가 남한과 북한에서 각각 어떻게 연구되어 왔는지 비교하는 작업은 그간 제한적으로 이루어져 온 두 지역 간 학술적 공감대를 마련할 기회를 제공한다는 점에서 상당히 의미 있는 일이다. 우리는 김동찬(2005)를 토대로 북한의 단어형성론을 검토하면서 남한 내 관련 연구와의 비교 작업을 진행하였다.

앞서 다룬 '단어 형성'과 '문장 형성'의 평행성, '표현론적 접근'과 '새말 만들기', '형태적 복합어'의 형성, '통사론적 구성의 단어' 형성, '등재

36 일반적으로 어휘의미론에서 언급되는 어휘장은 특정 형태가 아닌, 어휘 간 의미 관계를 중심으로 설정되기 때문에 (24다), (26다)와는 근본적인 차이가 있는 듯하다. 김광해(1993: 222-233), 윤평현(2013: 59-86) 참고.

37 이는 집담회 발표 과정에 조언해 준신 최형용 선생님의 도움으로 추가 기술한 것이다.

38 그동안 한국어 연구에서 '단어족' 개념은 주로 어휘 교육 및 어휘론 분야에서 계량적 연구 방법을 중심으로 논의되어 왔다. 신명선(2004), 한영균(2006), 최재웅 외(2011) 참고.

부 연결망'과 '조어그물'의 다섯 주제 외에도 함께 논의해 볼 만한 내용들이 적지 않다. 이른바 종합합성어로 불리는 복합어 유형을 설명하기 위해 ≪명사+동사말뿌리+뒤붙이〈이/기〉≫의 '틀' 또는 '모형(model)'을 설정한 부분(30쪽),[39] ≪산 모형≫과 ≪죽은 모형≫을 구분하고 또 그중에서 ≪산 모형≫을 '생산성'의 관점에서 접근한 부분(29–32쪽),[40] 시간적 흐름에 따라 단어를 구성하는 성분의 변화에 주목한 '형태부의 재구성 – ① 단순화, ② 재분할'(57–59쪽) 부분,[41] 단어의 '형성과 공인화'에 대응될 만한 '산생과 고착'에 관한 부분(86–88쪽),[42] 창작적 방식으로서의 조어 수법 부류(론리적 수법, 형상적 수법, 비유적 수법, 류추적 수법, 부

---

39 ≪명사+동사말뿌리+뒤붙이〈이/기〉≫의 '틀'을 제시한 것은 구성형태론(construction morphology)의 관점에서도 논의해 볼 만한 단서가 된다.

40 이와 관련한 구체적인 기술을 직접 인용하면 다음과 같다.
가. "단어조성적모형은 ≪산 모형≫과 ≪죽은 모형≫으로 갈라진다. 산 모형이란 오늘날 그 모형에 따라 단어들이 더 만들어질수 있는 모형이고 죽은 모형은 우리 말 어휘구성에서 그런 모형에 따라 만들어진 단어들을 찾아볼수는 있으나 오늘날에는 그 모형에 따라 단어가 만들어지지 못하는 그러한 모형이다."(김동찬 2005: 31)
예 산 모형의 예: ≪명사+동사말줄기+〈–이/–기〉→합성명사≫의 모형. ≪길잡이, 되놀이, 낟알털기 등≫
죽은 모형의 예: ≪바치≫에 의한 단어조성. ≪갖바치, 쟁인바치, 놀음바치≫
나. "조어모형가운데서 산 모형은 다시 생산적인것과 비생산적인것 그리고 덜 생산적인 것으로 갈라진다."(김동찬 2005: 32)
예 생산적인것: ≪명사+동사말줄기+〈–이/–기〉≫
덜 생산적인것: ≪명사+동사말줄기+〈–ㅁ〉≫
비생산적인것: ≪꼭두+명사≫

41 정한데로(2015라: 306–367)에서는 등재소 변화의 두 유형으로 '분석에 의한 변화'와 '단일화에 의한 변화'를 제시한 바 있다. 이는 김동찬(1987: 72–77, 2005: 57–59)에서 제시한 '형태부의 재구성' 하위 유형인 '재분할', '단순화'와 각각 논의해 볼 수 있다.

42 단어형성론의 범위에서 공인화 연구의 필요성을 강조한 남한 연구로 정한데로(2014, 2015다)가 참고된다.

호적 수법, 감정적 수법)(171–180쪽)[43] 등도 단어형성론의 주제로 다루어 볼 만한 내용들이다.[44]

한편, 단어형성론이 형태론, 품사론, 어휘론 등 관련 연구 분야와 어떠한 상관관계에 있는지 기술한 다음 내용도 주목된다.

(27) 언어학계에서 단어조성론이 놓이는 위치 (김동찬 2005: 76)

첫째로, 단어조성론은 문법론의 한 분과이다. 따라서 어휘론과는 동위병렬이 되지 않는다. 어휘론속에서 서술될수 있다.

둘째로, 단어조성론은 형태론, 단어결합론, 문장론, 초문장론, 품사론 등과 병립하는 문법론의 한 분과이다.

셋째로, 단어조성론을 포섭할수 있는 문법분과는 형태론이 아니라 품사론이며 품사론속에 포섭될 때 형태론보다 단어조성론이 품사론에 더 가깝다.

(27)은 단어형성론이 어휘론이 아닌 문법론의 일부임은 물론, '형태론, 품사론, 통사론' 등과 대등한 문법론의 하위 분야로서 독자적인 위상을 지니고 있음을 주장한다. 이때의 '형태론'은 조사와 어미가 각각 체언과 용언에 결합하는 양상을 다루는 영역으로 한정되는바, 남한의 '형태론'이 지니는 외연과는 분명한 차이가 있다. 남한의 '형태론'은 북한의 '형태론, 품사론, 단어형성론'을 아우르는 넓은 범위에 대응하기 때문이다. 이 역시 통일성 있는 앞으로의 남북한 문법 연구를 위해 깊이 고민해 볼 만하다.

43 김동찬(2005: 29–31, 176–178) 등에서 유추와 관련한 기술이 확인되는데, 이들은 주로 비례식과 같은 개별 차원의 유추에 해당한다.

44 이들 주제 가운데 일부는 김동찬(2005)보다 앞선 김동찬(1987: 72–75, 185–191, 191–193 등)에서도 일찍이 언급된 바 있다.

참고문헌

남한 논저

고영근(1989/1999), 국어형태론연구(증보판), 서울대학교 출판부.

고영근(1994), 통일시대의 어문문제, 길벗.

고영근(1999), 북한의 언어문화, 서울대학교 출판부.

고영근(2001), 역대한국문법의 통합적 연구, 서울대학교 출판부.

고영근(2008), 북한의 문법 연구와 문법 지식의 응용화, 한국문화사.

고영근 편(1989), 북한의 말과 글, 을유문화사.

고영근·구본관·시정곤·연재훈(2004), 북한의 문법 연구와 문법 교육, 박이정.

고영진(1997), 북한 문법의 '단어조성론'의 성립 과정, 동방학지 98, 연세대학교 국학연구원, 469−508.

구본관(1992), 생성문법과 국어 조어법 연구 방법론, 주시경학보 9, 주시경연구소, 50−77.

구본관·이해영(2002), 남북한어의 공동 순화 방안 연구, 문화관광부 연구보고서.

권재일(2012), 북한의『조선어학전서』연구, 서울대학교 출판문화원.

김계곤(1991), 북한의 조어법 연구에 대한 개관, 한글 213, 한글학회, 95−148.

김광해(1993), 국어 어휘론 개설, 집문당.

김민국(2009), 접미사에 의한 공시적 단어형성 연구: 통사적 구성과 형태적 구성의 경계를 중심으로, 석사학위논문, 연세대학교.

김민수(1985), 북한의 국어연구, 고려대학교 출판부.

김민수 편(1991), 북한의 조선어 연구사 1(학술분야), 녹진.

김민수 편저(1997), 김정일 시대의 북한언어, 태학사.

김의수(2013), 어휘부와 통사론, 국어학 66, 국어학회, 415−443.

김창섭(1991), 북한의 '말다듬기' 이론과 '다듬은 말', 주시경학보 7, 주시경연구소, 3−27.

김창섭(1996), 국어의 단어형성과 단어구조 연구, 태학사.

김창섭(1997), 합성법의 변화, 국어사연구(전광현·송민 선생 화갑기념 논총), 태학사. [김창섭(2008)에 재수록]

김창섭(2008), 한국어 형태론 연구, 태학사.
박소영(2011), 한국어 통합합성어의 통사구조와 형태-통사론의 접면, 생성문법연구 21-4, 한국생성문법학회, 685-706.
박소영(2017), 분산형태론의 이론적 동향과 한국어 문법, 우리말연구 49, 우리말학회, 91-121.
박진호(1994), 통사적 결합 관계와 논항구조, 석사학위논문, 서울대학교.
북한언어연구회 편저(1989), 북한의 어학혁명, 백의.
송원용(1998), 활용형의 단어 형성 참여 방식에 대한 연구, 석사학위논문, 서울대학교.
송원용(2002), 인지형태론의 과제와 전망, 한국어학 16, 한국어학회, 65-87.
송원용(2005), 국어 어휘부와 단어 형성, 태학사.
송철의(1992), 국어의 파생어형성 연구, 태학사.
시정곤(2001), 국어의 어휘부 사전에 대한 연구, 언어연구 17-1, 한국현대언어학회, 163-184.
신명선(2004), 국어 사고도구어 교육 연구, 박사학위논문, 서울대학교.
오규환(2008), 현대 국어 조사 결합형의 단어화에 대한 연구, 석사학위논문, 서울대학교.
윤평현(2013), 국어의미론 강의, 역락.
이광호(2005), 연결망과 단어 형성, 국어학 46, 국어학회, 125-145.
이기문(1961/1998), 국어사개설(신정판), 태학사.
이상욱(2004), '-음', '-기' 명사형의 단어화에 대한 연구, 석사학위논문, 서울대학교.
이상욱(2007), 임시어의 위상 정립을 위한 소고, 형태론 9-1, 형태론, 47-67.
이선영(2006), 국어 어간복합어 연구, 태학사.
이승욱(1990), 북한의 국어 형성과 그 연구의 전망, 동아연구 20, 서강대학교 동아연구소, 137-165.
이승욱(1994), 북한의 문법규범화(형태론 분야)의 변천과정과 그 특성, 동아연구 28, 서강대학교 동아연구소, 49-74.
이윤하(1991), 서평: 김동찬(1986), 「조선어이론문법」(단어조성론), 주시경학보 7, 주시경연구소, 196-216.
이윤하(2011), 북리뷰: 김동찬(2005), 『조선어 단어 조성론』(조선어학전서 30), 형태론 13-1, 형태론, 195-209.

임동훈(1994), 북한의 국어 사전 분석(Ⅲ), 국립국어연구원.
임지룡(1997), 인지의미론, 탑출판사.
임홍빈(1997), 북한의 문법론 연구, 한국문화사.
전수태·최호철(1989), 남북한 언어비교: 분단시대의 민족어 통일을 위하여, 녹진.
정원수(1992), 국어의 단어 형성론, 한신문화사.
정한데로(2011), 임시어의 형성과 등재: '통사론적 구성의 단어화'를 중심으로, 한국어학 52, 한국어학회, 211−241.
정한데로(2013가), 임시어의 실재성 확립을 위하여, 어문연구 41−1, 한국어문교육연구회, 119−149.
정한데로(2013나), 명명 과제(naming task)를 기반으로 한 임시어의 형태론: 도구 명사를 중심으로, 국어학 68, 국어학회, 367−404.
정한데로(2014), 임시어에 관한 몇 문제, 국어학 71, 국어학회, 61−91.
정한데로(2015가), 단어 형성 과정의 개념화와 언어화: 19세기 말~20세기 초 자료의 의의, 언어와 정보 사회 24, 서강대학교 언어정보연구소, 125−158.
정한데로(2015나), 단어와 문장의 문법성, 어문연구 43−2, 한국어문교육연구회, 179−204.
정한데로(2015다), 단어의 공인화에 관한 고찰, 국어학 74, 국어학회, 233−266.
정한데로(2015라), 한국어 등재소의 형성과 변화, 태학사.
정한데로(2018), 통사론적 구성과 단어 형성: '통사적 합성어'와 '통사론적 구성의 단어화'를 중심으로, 어문연구 46−3, 한국어문교육연구회, 91−123.
채현식(1994), 국어 어휘부의 등재소에 관한 연구, 석사학위논문, 서울대학교.
채현식(2003), 유추에 의한 복합명사 형성 연구, 태학사.
채현식(2013), 어휘부란 무엇인가, 국어학 66, 국어학회, 307−333.
최재웅·윤혜준·전지은(2011), 어형적 연관성을 고려한 어휘 빈도 산출, 한국어학 52, 한국어학회, 243−272.
최형용(2003), 국어 단어의 형태와 통사, 태학사.
최형용(2005), 의미 중심 단어 형성론: 황화상, 국어 형태 단위의 의미와 단어 형성(2001) 다시 읽기, 형태론 7-2, 형태론, 469-488.
최형용·김혜지(2016), 구성족 개념에 따른 사이시옷의 실현과 비실현, 국어학 80, 국어학회, 195-227.
최호철(1996), 북한어학에 대한 남한의 연구, 한국어학 3, 한국어학회, 43-91.
하치근(1993), 남북한 문법 비교 연구, 한국문화사.
한동완(1997), 북한의 국어학 체계 개관, 동아연구 33, 서강대학교 동아연구소, 45-95.
한영균(2006), 한국어 어휘 교육·학습 자료 개발을 위한 계량적 분석의 한 방향: 어휘 빈도 조사 방법의 개선을 위하여, 어문학 94, 한국어문학회, 119-146.
허철구(2015), 단어 형성 단위로서의 어미, 배달말 56, 배달말학회, 105-140.
황화상(2001), 국어 형태 단위의 의미와 단어 형성, 월인.
황화상(2002), 국어 접사의 기능과 형태 범주: 복합어 내부의 개재 접사를 중심으로, 언어 27-4, 한국언어학회, 683-702.
황화상(2008), 접사, 단어 형성 그리고 어휘부: 최형용(2005)에 대한 답변, 형태론 10-1, 형태론, 157-167.

북한 논저

고신숙(1987), 조선어리론문법(품사론), 과학, 백과사전출판사.
과학원 언어문학연구소(1960), 조선어문법 1(어음론, 형태론), 과학원 언어문학연구소.
김동찬(1987), 단어조성론, 고등교육도서출판사.
김동찬(2005), 조선어단어조성론, 사회과학출판사.
김용구(1986), 조선어리론문법(문장론), 과학, 백과사전출판사.
박상훈·리근영·고신숙(1986), 우리 나라에서의 어휘정리, 사회과학출판사.
사회과학원 언어학연구소 어휘연구실(1974), 단어만들기연구, 사회과학출판사.

제15장

한국수어의 단어 형성*

'언어'에 관한 시야를 더 넓혀 보면, 언어의 표현 방식은 음성이나 형태로만 국한되지 않는다. '기표'를 실현하는 방법에는 손짓과 몸짓도 유용한 도구로 쓰일 수 있기 때문이다. 이 장에서는 한국수화언어(한국수어)의 언어학적 특징을 살펴보면서, 한국수어와 한국어의 유사점과 차이점을 정리해 볼 것이다.

1. 서론

접사 '–꾼'과 '–쟁이'가 결합한 다음 파생어의 형태 구조를 살펴보자.

* 이 장의 내용은 '정한데로(2018), 한국수어의 단어 형성: '사람' 관련 명사를 중심으로, 국어학 86, 국어학회, 121–156'에 수록된 바 있다.

(1) 가. 구경꾼: 구경+-**꾼**

가'. 나무꾼: 나무+-**꾼**

나. 거짓말쟁이: 거짓+말+-**쟁이**

나'. 월급쟁이: 월급+-**쟁이**

주지하듯이 (1)의 접미사 '-꾼'과 '-쟁이'는 선행하는 명사와 결합하여 새로운 단어를 형성한다. 이때 두 접사는 각각 일부 명사 뒤에 붙어 '어떤 일 때문에 모인 사람'이나 '어떤 일을 습관적으로 하는 사람', '그것이 나타내는 속성을 많이 가진 사람'이나 '그것과 관련된 일을 직업으로 하는 사람'의 뜻을 더하는 역할을 한다.

결합을 활용한 새로운 단어의 형성은 한국어뿐만 아니라 한국수화언어(KSL, Korean Sign Language)에서도 관찰된다.[1] 둘 이상의 구성성분을 결합함으로써 목표한 개념을 언어화한다는 점에서 수어는 (1)의 한국어와 다르지 않다. 그 형태 구조는 다음과 같다.[2]

1 이 글에서는 '한국수화언어'의 줄임 표현인 '한국수어'의 용어를 사용하기로 한다. '수화'와 '수어'를 둘러싼 용어의 정착과 관련하여 강주해(2017)이 참고된다.

2 각 한국수어의 결합 양상을 보다 정확히 표현한다면 아래의 그림과 같이 제시해야 할 것이다. 다만 이 글에서는 기술상의 편의를 위해 각 수어 구성성분의 내용을 (2)와 같은 방식으로 대신하고자 한다. 이에 한국수어의 성분은 '[ ]'의 괄호를 활용하여 표시한다. 각각의 수어에 관한 정보는 ≪한국수어사전≫(http://sldict.korean.go.kr)을 참고할 수 있다.

한국어	구경 + -꾼	나무 + -꾼
한국 수어	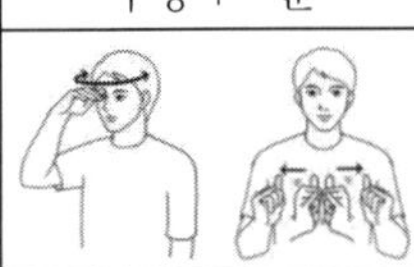	
	[구경] + [사람]	[나무] + [도끼로 찍는 동작] + [사람]

(2) 가. 구경꾼: [구경+**사람**]
가'. 나무꾼: [나무+도끼로 찍는 동작+**사람**]
나. 거짓말쟁이: [거짓+**대장**]
나'. 월급쟁이: [월급+살다+**사람**]

한국수어 역시 한국어와 마찬가지로 '구경'과 '-꾼'에 각각 대응되는 두 형식을 연쇄적(concatenative)으로 배열함으로써 단어를 만든다. 부분적인 차이는 있으나 (1)의 각 구성성분이 비교적 유사한 패턴으로 단어 형성에 참여한다.

(1)과 (2)의 비교를 통해 몇 가지 특징을 관찰할 수 있다. 첫째, (1)에서 '-꾼'과 '-쟁이'가 접사로 기능했던 것과 달리, (2)의 수어에서는 그 자리에 [사람]과 [대장], 즉 단어라 할 만한 자립적인 단위가 분포한다.[3] 둘째, 색칠한 부분에서 볼 수 있듯이 (1)의 형태 구조에서는 관찰되지 않았던 서술 의미가 (2)의 수어에서는 '나무꾼'과 '월급쟁이'에서 독자적인 구성성분으로 등장한다.[4] 셋째, 서로 다른 형태소 '-꾼'과 '-쟁이'가 수어에서는 모두 [사람]의 형태소로 등장하기도 하고(2가, 2가', 2나'), 동일한 한국어 '-쟁이'에 대응하는 형태소가 [대장]과 [사람]으로 달리 나타나기도 한다(2나, 2나').

(1)과 (2)는 동일한 목표 개념을 언어로 형식화한 결과라는 점에서 유사하다. 모든 단어 형성의 시작이 특정 화자가 개념을 표현하고자 하는

3 한국수어에도 '-관(官), -광(狂), -민(民), -사(士), -꾼, -님' 등과 같이 '접사'로 언급되어 온 대상이 있다. 이에 대해서는 4.5에서 다시 논의할 것이다.

4 (1)과 (2)의 비교를 통해 동일한 개념이 달리 표현된 양상이 확인된다. 물론 한국어에서도 '고기잡이, 줄넘기' 등과 같은 구성에서는 '잡-, 넘-'과 같이 서술 의미를 드러내는 형태를 확인할 수 있다.

욕구, 즉 명명(naming)의 현장에 있다는 점을 떠올린다면 이는 그리 새로운 사실이 아닐지 모른다. 다만 동일한 개념에 대하여 이를 음성 및 형태의 방식으로 언어화하였는가, 아니면 손짓의 방식으로 언어화하였는가의 차이가 있을 뿐이다.[5]

이렇듯 서로 다른 방향의 두 형식 간 차이를 통해 우리는 '언어화' 과정에서 포착되는 다양성을 확인할 수 있다. 그 양상은 다음의 예에서 더욱 뚜렷하게 드러난다.

(3)

	한국어	한국수어
가.	사기꾼 농사꾼 지게꾼	[사기+전문] [밭+-**꾼**] [지게([지게를 구성하는 동작+지다])+**사람**]
나.	멋쟁이 욕심쟁이 수다쟁이	[멋+**사람**] [욕심+**대장**] [수다스럽다+**대장**]

다양한 구성의 'N+-꾼', 'N+-쟁이' 복합어가 추가적으로 관찰된다. 흥미롭게도 (3가)의 '사기꾼'은 [사기+전문], '농사꾼'은 [밭+-꾼]의 구성이라는 점에서 (2)의 '구경꾼, 나무꾼'과는 또 다른 결과를 보인다. 한국수어에서 '지게'는 '지게를 지다'와 동일하게 표현되는데([지게를 구성하는 동작+지다]), 이러한 점에서 '지게꾼'을 가리키는 수어에는 '나무

5 지하듯이 단어의 형성 과정은 '대상 → 개념 → 언어'의 세 단계를 거쳐 진행된다. '대상 → 개념' 과정은 '개념화', '개념 → 언어' 과정은 '언어화'로 이해할 수 있다(정한데로 2015가). 특정 '개념'에서 '언어'로의 형식화 과정은 표현론적 접근(onomasiological approach)을 통해 연구 가능하다(Štekauer, P. 1998, 2005 참고).

꾼'과 마찬가지로 서술적 용법이 포함되어 있다고 할 수 있다. 한편, (3나)의 '멋쟁이'는 '-쟁이'에 대응하는 성분으로 [사람]이 수어 형성에 참여하고 있어 [대장]이 내포하고 있던 '~을 잘하는, ~이 많은'의 의미 성분이 사실상 형태 구조에서 포착되지 않는다. 이는 이상의 의미를 접사 '-쟁이'가 담당하고 있는 한국어와 차이가 있다. 반면에 '수다쟁이'의 수어는 [수다스럽다]만으로 '말이 많다'는 의미를 충분히 드러낼 수 있음에도 불구하고 [사람]이 아닌 [대장]을 잉여적으로 결합한 특징이 드러난다.

이 글은 한국어와 한국수어에서 관찰되는 단어 형성 방식을 관찰하고, 이 두 유형 간의 유사점과 차이점, 한국수어에서 확인되는 형태론적 특징을 논의하는 데에 목적이 있다. 주요 관찰 대상은 한국수어이지만 두 형식의 비교를 통해 궁극적으로는 새로운 측면에서 한국어 단어 형성의 특성을 탐색할 수 있는 기회를 얻게 될 것으로 기대한다.

이 글에서 기술된 한국수어 자료의 구성성분 분석은 국립국어원에서 운영하는 ≪한국수어사전≫(http://sldict.korean.go.kr)의 표제어를 중심으로 한다. 그리고 부분적으로 한국표준수화규범 제정 추진위원회(2007), 김삼찬 외(2005), 김승국(1993)의 사전도 참고하였다. 논의의 순서는 다음과 같다. 2장에서는 한국어와 한국수어 단어의 하위 유형을 살펴보고, 이들 간의 유사점과 차이점을 확인한다. 특히 한국수어에서 관찰되는 특성을 중심으로 논의할 것이다. 3장에서는 '사람'과 관련한 보다 구체적인 자료를 활용해 한국수어 단어 형성의 특징을 확인한다. 4장에서는 내용을 요약하고 마무리한다.

2. 단어 형성의 몇 유형

널리 알려져 있듯이 한국어는 다음과 같은 방식으로 단어의 하위 유형을 구분할 수 있다.

(4) 단어의 유형 (남기심·고영근 2013: 192)

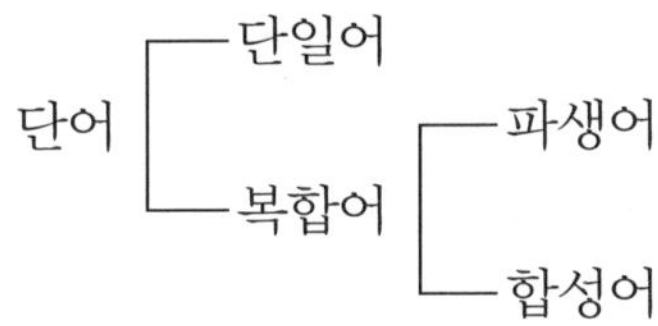

'단어'는 하나의 형태소로 이루어진 '단일어'(simple word)와 둘 이상의 형태소가 결합하여 만들어진 '복합어'(complex word)로 구분된다. 그리고 '복합어'는 직접구성성분(IC)으로 접사가 참여한 '파생어'(derived word)와 직접구성성분이 어근으로만 구성된 '합성어'(compound word)로 다시 분류된다.[6]

한국어 단어형성론은 그동안 복합명사의 형성을 중심으로 활발히 논의되어 왔는데, 특히 통합관계에 기반한 '결합'(combination)과 계열관계에 기반한 '대치'(substitution)의 두 방식이 그 핵심이라 할 수 있다.[7]

6 최형용(2003: 34)에서는 복합어의 한 유형으로 '파생어, 합성어'와 동일한 층위에 '통사적 결합어'도 제시하고 있다. 그러나 한국수어는 단어 체계 내에 통사적 결합어에 대응될 만한 예를 찾기 어려운 것으로 판단된다.

7 이는 이른바 '규칙'과 '유추'의 관점으로 해석되기도 하였으나, 우리는 '결합'과 '대치'의 용어를 활용하여 이를 기술하고자 한다. 이에 관한 자세한 논의는 정한데로(2016)을 참고할 수 있다.

결합이 'A+B'의 연쇄적 배열을 통해 새로운 단어 'AB'를 형성하는 방식이라면, 대치는 [AB]의 구성성분 중 일부를 교체하여 [AC]와 같은 단어를 형성하는 방식이다.

그렇다면 한국수어의 단어는 어떠한 방식으로 그 체계를 분류할 수 있을까? 이와 관련하여 김승국(1983), 김칠관(1996), 원성옥·장은숙(2003), 원성옥(2013가, 2013나) 등 다수의 기존 연구가 확인되는데, 이 글에서는 이율하(2008)을 중심으로 살펴보기로 한다.

(5) 한국수어 단어의 구조 (이율하 2008 참고)

가. 단순구조: 하나의 자립형태소로 구성
- 수어소(手語素)의 수형(手形), 수위(手位), 수동(手動), 수향(手向), 비수지기호(非手指記號)가 동시적이면서 계기적으로 구성되는 하나의 단순형태로 이루어진 구조

나. 복합구조: 두 개 이상의 형태소가 결합하여 구성
① 계기적 결합구조
- 합성어화(compounding)
- 전항 배치 유형, 후항 배치 유형

② 동시적 결합구조
- [숫자/숫자 또는 형태소], [지문자/형태소], [형태소/형태소]
- 수어소 및 형태소 변동

음성 실현이 가능한 음소 간의 변별을 통해 형태소의 의미를 표현하는 한국어와 달리, 한국수어의 형태소는 수어소(手語素, chereme)[8]의 '수

8 수어소'는 언어학의 '음소'(phoneme)에 해당하는 단위이다. Stokoe는 수어의 구

형, 수위, 수동, 수향, 비수지기호'를 활용하여 이들 요소의 유무 또는 대립을 통해 표현된다.[9, 10] 단어가 하나의 형태소로 이루어지는지 아니면 둘 이상의 형태소가 결합한 구성인지에 따라서 (5가)의 단순구조와 (5나)의 복합구조가 구분된다.[11]

한국어와 한국수어의 단어 체계를 비교할 때, 몇 가지 특징이 확인된다. 첫째, 최소의 유의미 단위인 형태소를 기준으로 단일 구성(단일어, 단순구조)과 복합 구성(복합어, 복합구조)이 구분된 점이 공통적이다. 더 이상 분석하기 어려운 최소한의 표현 방식으로 특정 개념을 언어화할 것인지, 아니면 기존에 실재하는 언어 단위를 결합하여 더 큰 구성

성 요소인 수어소를 분리해 내는 연구를 통해 언어학의 '음운론'(phonology)에 해당하는 'cherology'라는 용어를 만들었으나, 이후에는 수어소에 관한 연구 분야를 보통 '음운론'이라 부르고 있다(원성옥 2013나: 25).

9 Stokoe(1960)이 '수형, 수위, 수동'으로 수어를 분석한 것과 달리, Liddell·Johnson(1989)는 수어의 순차적인 변화에 초점을 맞추어 '움직임-정지(movement-hold) 모델' 방식으로 수어를 기술한 바 있다(원성옥 2013나: 32-35 참고). 현재 우리의 관심은 주로 복합구조의 단어 형성에 있는바 이에 대해서는 깊이 다루지 않는다.

10 김승국(1983: 35)은 '수형, 수위, 수동, 수향, 체동'의 5가지를, 석동일(1989: 34)은 '수형, 수위, 수향, 수동'의 4가지(몸짓소(비수지기호)까지 포함한다면 5가지)를 제시하고 있어 기존 연구의 입장은 이 5가지에서 크게 벗어나지 않는 듯하다. 한편, 이영재(2017: 15-16)에서는 이상의 5가지를 소개하면서도 '수형, 수위, 수동'의 3가지 수어소가 단어의 기본 축임을 강조한다. 이때의 5가지 수어소가 모든 단어에 필수적으로 쓰이는 것은 아니다. 수형으로만 구성된 단어, 수형과 수위로 구성된 단어 등 그 양상은 다양하다. 한편, 연구자에 따라서 '수어소'(手語素)는 '수화소'(手話素)로, '수향'(手向)은 '장향'(掌向)으로 불리기도 한다. 이율하(2008)에서는 '장향'을 쓰고 있으나, 이 글에서는 '수향'으로 달리 기술하였다.

11 김승국(1983: 32)에서는 '일요일'([빨강+결석])처럼 기존 단어가 병렬되어 단어를 형성하거나, '정오'(['12'의 지숫자를 이마 중앙에 대는 동작])처럼 숫자를 활용하여 결합한 단어를 '회의'(會意)의 유형으로 기술한 바 있다('일요일, 정오'에 대한 구성 설명은 김승국(1983)의 기술을 그대로 가져온 것임). 이는 김칠관(1996)의 '복합 구성', 원성옥·장은숙(2003)과 이율하(2008)의 '복합구조'와 다르지 않다.

으로 표현할 것인지 한국어와 한국수어 모두 유사한 언어화 과정을 적용한다.

(6)

	한국어	한국수어
가.	나	[오른 손바닥을 가슴 중앙에 대는 동작]
가'.	아버지	[나이가 들면 코밑 양쪽으로 생기는 팔자(八) 모양의 금을 나타내는 동작+남자]
나.	나무꾼 (나무+-꾼)	[나무+도끼로 찍는 동작+사람]
나'.	어린이 (어리-+-ㄴ+이)	[손바닥이 옆으로 손끝이 위로 향하게 펴서 약간 구부린 두 손을 얼굴 양옆에 세워 마주 보게 하여 가볍게 좌우로 두 번 흔드는 동작]

단일어와 복합어에 해당하는 (6가, 6나)의 한국어 '나, 나무꾼'은 한국수어에서도 각각 단순구조와 복합구조로 대응된다. 그러나 (6가', 6나')의 '아버지, 어린이'는 한국어와 한국수어의 구조적 유형이 비대칭적인 모습을 보인다. 즉, 한국어의 형태론적 구조가 한국수어에 항상 그대로 대응되지는 않는다는 사실을 확인할 수 있다.

둘째, (4)의 한국어는 복합어가 '파생'과 '합성'의 두 유형으로 구분되는 데 반해, (5)의 한국수어는 '계기적 결합'과 '동시적 결합'으로 구분된다. 음성 언어는 동시적 표현이 불가능하지만, 수어는 수어소의 변동 또는 양손 활용을 통해 둘 이상의 형태소를 동시적으로 표현 가능하다는 점에서 차이가 있다. '계기적 결합'은 (2)에서 확인한 것처럼 둘 이상의 형태소가 순차적으로 결합된 방식('+'로 표시)을, '동시적 결합'은 둘 이상의 형태소가 같은 시간에 결합하여 표현된 방식('/'로 표시)을 의미한다. 순차성(sequentiality)과 동시성(simultaneity)이라는 상이한 특징이 함께 관찰되는 사실은 수어가 지닌 중요한 특징이라 할 만하다(Aronoff et al. 2005: 301 참고).

(7)

	한국어	한국수어
가.	사람 왕	[남자/여자/여러 가지] [반지/장(長)]
나.	가족(家+族) (=식구(食口)) 잠꾸러기(잠+-꾸러기) 여왕(여-+왕)	[집(안)/사람] [졸다/사람] [반지/여자]

한국어의 단일어 '사람, 왕'은 한국수어에서 [남자/여자/여러 가지], [반지/장(長)]과 같이 둘 이상의 단어가 동시에 복합적으로 표현된다. 한국어 복합어인 '가족, 잠꾸러기, 여왕'의 경우도 [집(안)/사람],[12] [졸다/사람], [반지/여자][13]와 같은 방식으로 동시적인 결합을 활용해 단어를 형성한다.[14] 한국어는 합성과 파생의 구분이 있지만, 한국수어에서

12 엄밀히 말하면 '가족'을 '동시적 결합구조'로만 설명하는 것은 충분하지 않다. 오른손이 생략된 [집]과 왼손이 생략된 [사람]을 양손으로 동시에 표현하는바 단어 형성 과정에 '생략'의 단계도 포함되어 있기 때문이다. 이에 이율하(2008: 96, 107)에서는 '가족'을 '동형 두손 수화언어 형태소의 한 손 5형 생략' 및 '좌우방향 운동 수동 생략'의 유형으로 분류하기도 하였다. 동시적 결합구조의 예 가운데 이러한 단어가 다수 확인된다.

13 이준우 외(2014: 149)에서는 '여왕'을 형태의 특징적 변화가 포함된 [반지+여자]의 '계기적 결합'으로 기술하고 있으나, 이 글에서는 ≪한국수어사전≫에 기초하여 '동시적 결합'으로 보기로 한다. 이율하(2008: 79, 106)에서도 '여왕'을 '동시적 결합구조'로 분류하고 '이형 두손 수화언어 형태소' 및 '좌우방향 운동 수동 생략'의 예로 제시하고 있다.

14 사람'과 관련한 동시적 결합구조의 예로 '공동체(共同體)(=커뮤니티)([사람/모임]), 인류(人類)([사람/연대]), 세상(世上)([사람/세계]), 인격(人格)(=인품)([사람/존중])' 등이 추가적으로 확인된다.

는 이러한 구분이 큰 의미를 지니지는 않기에 주로 합성(compounding)의 방식으로 이러한 결합이 전개된다.[15]

셋째, 한국수어는 한국어와 달리 지숫자와 지문자를 활용해 단어를 형성할 수 있기에 표현의 방식이 다양하다.

(8)

	한국어	한국수어
가.	법무사(法務士) 집사(執事)	[법+전공+사(지문자)] [ㅈ(지문자)/간부]
나.	대장(大將) 사람 (=인(人), 분	[정복 소매에 표시한 대장의 표장을 지숫자 '10'으로 나타내는 동작] [지숫자/사람]

한국어 '법무사'는 한국수어의 [법+전공+사(지문자)]에 대응되는데, 이때 '-사(士)'가 지문자로 표현된다.[16] '집사'의 경우는 '집'의 'ㅈ'을 활용한 지문자가 한국수어 형성에 참여하고 있음을 알 수 있다. 한편, 지숫자가 단어 형성에 쓰이기도 하는데, 계급의 하나인 '대장'(大將)은 지숫자 '10'을 활용한다.[17] 대장이 소위로부터 열 번째 위의 계급이기 때문에 이를 드러내는 장치로 숫자가 활용된 것이다. 단위성 의존명사 '사람'은 지숫자를 활용한 동시적 결합구조로 형성되는데, 오른손으로 [사람]을

15 한국어학에서 'compounding'은 '합성'(또는 이익섭(1975) 등에서는 '복합')으로 기술하는 것이 일반적이지만, 한국수어 연구에서는 '합성어화'(원성옥·강윤주 2002, 이율하 2008) 또는 '복합화'(원성옥·장은숙 2003, 원성옥 2013나) 등의 용어도 쓰이고 있다.

16 후술할 (17)에서도 이러한 유형의 예를 다수 확인할 수 있다.

17 다른 계급들도 이와 같은 방식으로 표현된다. 예컨대, '소위'는 지숫자 '1'을, '대위'는 지숫자 '3'을, '대령'은 지숫자 '6'을 활용한다.

표현하면서 동시에 왼손으로는 해당 숫자로 인원을 나타낸다.[18]

이상의 몇 가지 특징을 살펴볼 때, 세부적인 표현 방식에 있어서는 분명 차이가 있지만 한국어와 한국수어의 단어 형성은 목표한 개념을 언어화하기 위해 기존의 언어 단위를 활용하여 새로운 단어를 만든다는 점에서 유사하다. 특히 한국수어의 '계기적 결합구조'는 한국어의 복합어 형성, 특히 그 가운데 '결합'의 방식을 활용한 단어 형성과 맥이 닿아 있다.[19] 3장에서 우리는 '사람' 관련 복합어를 대상으로 삼아, 한국어의 '결합'과 한국수어의 '계기적 결합'을 중심으로 보다 구체적인 논의를 진행하고자 한다.

3. 한국어와 한국수어의 단어 형성 방법

복합어를 형성하는 몇 가지 방식 가운데 가장 기본이라 할 수 있는 과정은 바로 둘 이상의 구성성분을 결합하는 것이다. 합성(compounding)이 대표적이다.

---

18 ≪한국수어사전≫에는 명사구 구성인 '두 사람'([사람/지숫자 '2'])도 표제어로 등재되어 있다. 단위성 의존명사와 함께 지숫자를 결합하는 방식은 한국수어의 한 특징이라 할 수 있다.

19 이는 '결합' 또는 '첨가'의 단어 형성 방식이 언어 표현의 가장 기본이 되는 접근임을 보여주는 것이 아닌가 한다.

(9)

	한국어	한국수어
가.	눈사람 뱃사람 새사람	[눈+**사람**] [배+**사람**] [새롭다+**사람**]
나.	등장인물(登場人物) 가정교사(家庭敎師)	[등장+**사람(=인물)**] [가정+**선생(=교사)**]

(9가)의 한국어 '눈사람'은 두 구성성분 '눈'과 '사람'을 결합하여 만든 합성 명사이다. 이러한 합성 방식은 한국수어에서도 [눈+사람]으로 동일하게 관찰된다. '뱃사람'과 '새사람'에 대응하는 각 수어에서도 합성 과정을 확인할 수 있다.[20] (9나)의 한자어도 동일한 합성의 방식을 통해 새로운 단어를 형성한다.[21]

그러나 한국어에서 파생(derivation)으로 분류되는 단어 형성에서는 두 대상 간에 비대칭적인 양상이 두드러진다.

(10)

	한국어	한국수어
가.	만화가(漫畵家) 예술가(藝術家) 소설가(小說家)	[만화+**사람**] [예술+**사람**] [소설([이야기+글])+**사람**]
나.	관광객(觀光客) 방청객(傍聽客)	[관광([구경+여행])+**사람**] [방청([구경+듣다])+**사람**]

20 뱃사람'과 같이 한국어는 사이시옷(ㅅ)이 개재하였지만 한국수어는 이와 무관하게 [배+사람] 구성으로 형성된 점, '새사람'(관형사+명사)처럼 통사론적 구성이 단어화한 것으로 볼만한 구성이 한국수어에서는 [새롭다+사람](형용사+명사) 구성에 대응하는 점도 특징적이다.

21 사람(=인물)', '선생(=교사)'처럼 동의어 및 유의어에 대한 단일한 표현 방식은 한국수어의 특징이라 할 수 있다. 이에 관해서는 (18)에서 후술한다.

다.	경찰관(警察官) 감독관(監督官)	[경찰+**사람**] [감독([살피다+다스리다])+**사람**]
라.	사진사(寫眞師) 요리사(料理師) 미용사(美容師)	[사진(=찍다)+**사람**] [요리+**사람**] [미용([머리+머리 인두를 돌리는 동작])+**사람**]
마.	운전사(運轉士) 비행사(飛行士) 사육사(飼育士)	[운전+**사람**] [조종([이륙+조종간 움직이는 동작])+**사람**] [동물+기르다+**사람**]
바.	회사원(會社員) 공무원(公務員)	[회사+**사람**] [공무([공(公)+일])+**사람**]
사.	안내인(案內人) 산악인(山嶽人)	[안내+**사람**] [등산+전문+**사람**]
아.	기술자(技術者) 여행자(旅行者) 용의자(容疑者)	[기술+**사람**] [여행+**사람**] [죄+지명+**사람**]

(10)의 각 한국어는 한자어 접미사 '−가(家), −객(客), −관(官), −사(師), −사(士), −원(員), −인(人), −자(者)'가 결합하여 만들어진 복합어이다. 흥미롭게도 이렇게 다양한 접미사가 결합한 한국어와 달리 한국수어는 [사람]을 합성하는 방식으로 (9)와 일관된 모습을 보인다. 한국어가 다양한 형식의 접사로 언어화된 데 비해, 한국수어는 보다 간결하고 통일된 방식으로 단어를 형성하는 것이다.

흥미롭게도 '사람' 관련 한자어 접미사가 결합한 3음절 구성뿐만 아니라 한자 어근끼리 결합한 2음절 한자어에서도 이와 유사한 결과가 확인된다.

(11)

	한국어	한국수어
가.	작가(作家)	[만들다+**사람**]
	관객(觀客)	[구경+**사람**]
	취객(醉客)	[취하다+**사람**]
	기사(技士)	[기술+**사람**]
	용사(勇士)	[용감하다+**사람**]
	선원(船員)	[배+**사람**]
	직원(職員)	[일+**사람**]
	군인(軍人)	[군+**사람**]
	상인(商人)	[장사+**사람**]
	시인(詩人)	[시([느끼다+글])+**사람**]
	학자(學者)	[공부+**사람**]
나.	가수(歌手)	[노래+**사람**]
	목수(木手)	[목공+**사람**]
	농부(農夫)	[밭+**사람**]
	광부(鑛夫)	[광산([산/파다])+**사람**]
	귀족(貴族)	[높다+**사람**]
	관중(觀衆)	[구경+**사람**]
	군중(群衆)	[많다+**사람**]

(11가)의 2음절 한자어는 그 형식만으로 각 개별 한자의 의미를 파악하기 어렵지만, 한국수어에서는 각 한자의 의미가 [만들다], [구경], [기술]처럼 직접적으로 풀이된 방식으로 단어 형성에 참여한다. (11나)의 단어들도 이와 사정이 다르지 않다. (10)에서 언급하지 않은 '수(手), 부(夫), 족(族), 중(衆)'의 한자가 참여한 2음절 단어 역시 한국수어에서는 [사람]으로 통일된 구성을 이루고 있다.

이러한 경향성은 앞서 (3)에서 관찰했듯이 일부 고유어 접미사의 예에서도 동일하게 포착된다.

(12)

	한국어	한국수어
가.	구경꾼 나무꾼 지게꾼 사기꾼 농사꾼	[구경+**사람**] [나무+도끼로 찍는 동작+**사람**] [지게([지게를 구성하는 동작+지다])+**사람**] [사기+전문] [밭+**-꾼**]
나.	가난뱅이 게으름뱅이	[가난+**사람**] [게으르다+**사람**]
다.	거짓말쟁이 겁쟁이 수다쟁이 욕심쟁이 무식쟁이 멋쟁이 월급쟁이	[거짓말+**대장**] [무섭다+**대장**] [수다스럽다+**대장**] [욕심+**대장**] [무식+**대장**] [멋+**사람**] [월급+살다+**사람**]
라.	겁보 느림보 먹보	[무섭다+**대장**] [느리다+**대장**] [먹다+**대장**]

한국어의 고유어 접미사 '-꾼, -뱅이'가 [사람]에, '-쟁이, -보'가 [대장]에 대응하여 수어로 표현된 예가 다수 확인된다. 후자는 '~을 잘 하는, ~이 많은'의 의미를 포함한다는 점에서 접사가 지닌 유표적인 의미가 [대장]으로 드러난다. 이는 (10)에서 관찰한 다수의 '사람' 관련 한자어 접미사가 한국수어에서 [사람]으로 일반화된 것과 다른 결과이다. 네 고유어 접사의 의미가 상당히 유사해 보이지만, 각각 수어로 표현되는 과정에서는 '-쟁이, -보'에 '그것이 나타내는 속성을 많이 가진 사람'의 뜻이 부각된 것을 알 수 있다.

한편, 다음 구성의 한국어 단어도 (10), (12)의 예와 함께 논의될 수 있을 듯하다.

(13)

	한국어	한국수어
가.	까불이 뚱뚱이 미장이 절름발이	[까불다+**사람**] [뚱뚱하다+**사람**] [미장+**사람**] [절다+**사람**]
나.	왼손잡이	[왼+쓰다+**사람**]
다.	지은이 글쓴이 늙은이 젊은이	[쓰다+**사람**] [글+쓰다+**사람**] [늙다+**사람**] [젊다+**사람**]

명사에 결합한 접미사 '-이'(13가), 동사에 결합한 접미사 '-이'(13나), 그리고 사람을 뜻하는 의존명사 '이'(13다)가 참여한 복합어에서도 동일한 결과가 나타난다. 한국어의 경우에 (13가, 13나)는 '파생', (13다)는 어미 '-ㄴ'이 참여한 통사론적 구성이 '단어화'한 것이지만, 한국수어는 이러한 구분 없이 [사람]을 '합성'함으로써 복합어를 형성한다.[22]

한편, 한국어 다수의 고유어 및 한자어 접사, 의존명사 '이'가 한국수어에서 [사람]에 대응하였던 것과 달리, [선생]이 수어 형성에 참여하는 예도 확인된다.

22 절름발이'의 '발'은 수어에서 확인되지 않는데, 저는 행위는 다리나 발과 관련해서만 쓰인다는 점에서 이는 형태 '발'의 잉여성을 드러내는 것이라 할 수 있다.

(14)

	한국어	한국수어
가.	강사(講師) 약사(藥師) 의사(醫師) 수의사(獸醫師) 치과의사(齒科醫師) 한의사(韓醫師)	[이야기+**선생**] [약+**선생**] [진찰+**선생**] [동물+의사([진찰+**선생**])] [이+의사([진찰+**선생**])] [맥+짜다+**선생**]
나.	가정교사(家庭教師)	[가정([집+안을 나타내는 동작])+**선생**]
다.	교수(教授) 조교(助教) 사감(舍監)	[대학+**선생**] [돕다+**선생**] [잠+살피다+**선생**]

(14가)와 같이 주로 한자 '사(師)'의 자리에 [선생]이 출현하는 것이 일반적이지만, (14나)처럼 한국어와 한국수어 모두 '가정+교사(=선생)'의 동일한 합성 과정을 보이기도 한다. (14다)의 한국어 '교수, 조교, 사감'은 각 한자에 [선생]이 대응하지는 않는다는 점에서 (14가, 14나)와 차이가 있다. 이들은 구성 내 개별 형태가 축자적으로 풀이되기보다는 구성체에서 포착되는 '존중'의 의미가 수어 형성에 관여한 것으로 보인다.

(15)

	한국어	한국수어
가.	과장(課長) 회장(會長)	[과(課)+**장(長)**] [회(會)(=단체, 모임)+**장(長)**]
나.	교장(校長) 사장(社長) 선장(船長) 의장(議長)	[학교+**장(長)**] [회사+**장(長)**] [배+**장(長)**] [회의+**장(長)**]
다.	공장장(工場長) 주방장(廚房長)	[공장([피스톤 돌아가는 동작+곳])+**장(長)**] [주방([요리+방])+**장(長)**]

위와 같이 한자 '장(長)'이 참여한 단어는 [장(長)]을 결합하는 방식으로 수어를 형성한다. (15가)처럼 선행 명사에 [장(長)]이 바로 결합하기도 하고, (15나)와 같이 한자 '교(校)'와 '사(社)'를 각각 [학교]와 [회사]로 풀이하여 [장(長)]과 결합하기도 한다.[23] (15다)의 한국어는 자립적인 '공장, 주방'에 접미사 '–장(長)'을 결합한 구성이지만, 한국수어에서는 (15가, 15나)와 차이 없이 선행 명사에 [장(長)]을 결합하는 방식으로 단어를 형성한다.

(16)

	한국어	한국수어
가.	해녀(海女) 하녀(下女) 궁녀(宮女)	[잠수하는 동작+**여자**] [심부름+**여자**] [궁궐+심부름+**여자**]
나.	색시 가정주부(家庭主婦) 주부(主婦) 식모(食母) 안내양(案內孃)	[새롭다+**여자**] [가정([집+안을 나타내는 동작])+**여자**] [집+**여자**] [심부름+**여자**] [안내+**여자**]

한국어는 '해녀'(海女)의 예처럼 어떠한 행위나 대상과 관련이 있는 여성을 지시하기 위해 한자 '녀(女)'를 활용한 'X녀'의 복합어를 형성하지만, 한국수어는 [여자]를 합성함으로써 유사한 단어를 만든다. (16가)의 각 단어가 [X+여자]로 실현된 것을 통해 알 수 있다. '색시'와 같은

23 그러나 '반장'(班長)은 '과장, 회장'과 달리 [책임+장(長)]으로 구성되는 점이 흥미롭다. 단순히 '반(班)'의 '장(長)'으로 해석되기보다는 '특정 집단이나 조직체의 대표'를 의미하는 것으로 볼 수 있다.

고유어는 물론, '가정주부(家庭主婦), 주부(主婦), 식모(食母), 안내양(案內孃)'에서 보듯이 대응하는 한국어가 'X녀'의 구성을 띠지 않는 경우에도 한국수어는 [여자]를 구성성분으로 한다는 점이 특징적이다. 한편, '해녀, 하녀'의 각 수어에서 [여자]에 선행하는 [잠수하는 동작], [심부름]은 '해(海), 하(下)'에 직접 대응한다고 보기 어렵다. 이는 한국어의 각 한자 형태가 지닌 자체 의미가 아니라, 복합어의 의미 가운데 주요한 의미 성분을 분석해 내어 수어로 표현한 것이다. 즉, 개념의 언어화가 다른 방식으로 실현된 것이다.

(17)

	한국어	한국수어
가.	법무사(法務士)	[법+전공+**사(지문자)**]
	변리사(辨理士)	[특허+전공+**사(지문자)**]
	세무사(稅務士)	[세금+전공+**사(지문자)**]
	장학사(奬學士)	[교육+살피다+**사(지문자)**]
	수화 통역사(手話通譯士)	[수화+통역+**사(지문자)**]
나.	외삼촌(外三寸)	[**외(지문자)**+삼촌([3(지숫자)/글자 '寸'(촌)을 쓰는 동작])]
	외할머니	[**외(지문자)**+할머니([이마의 주름을 나타내는 동작+여자])]

그 수가 많지는 않지만 지문자를 활용하여 단어를 형성한 예도 있다. (17가)와 (17나)에서 각각 지문자 '사'와 '외'가 활용되었다. (17가)는 모두 한자 '사(士)'와 관련한 것이기에 그 분포가 제한적이다. '법무사, 변리사, 세무사'의 수어에 [전공]이 포함된 점이 눈에 띄는 반면, '수화 통역사'는 그렇지 않다. (17나) 외에도 '외손녀, 외할아버지' 등 관련 단어 모두 지문자 '외'를 앞에 덧붙이는 방식으로 표현된다.

이상에서 확인한 내용을 정리하면 다음과 같다. 첫째, 한국어의 다양한 한자어 및 고유어 접미사가 '파생' 과정을 통해 사람 관련 복합어를 만드는 데 반해, 한국수어는 [사람]을 '합성'함으로써 일관된 방식으로 복합어를 형성한다. 둘째, '까불이, 왼손잡이'처럼 접사 '-이'가 결합한 예뿐만 아니라, 의존 명사 '이'가 참여한 '지은이, 젊은이' 등의 통사론적 구성의 단어화도 한국수어는 [사람]을 결합하여 복합어를 만든다. 즉, 한국어의 단어 형성 방식이 어떠한지에 관계없이 한국수어는 '합성'의 통일된 방식을 유지하는 것이다. 셋째, 일부 단어의 경우, [사람]보다 의미적으로 유표적인 [대장], [선생], [여자]를 결합하기도 한다.[24] 이는 복합어의 의미 일부 또는 한국어의 일부 구성성분과 관련된 의미가 반영된 것이다. 일부 단어는 지문자를 활용하기도 한다.

4. 한국수어의 특징적 단어 형성

단어 형성의 관점에서 볼 때, 한국수어에서 관찰되는 몇 가지 특징이 있다. 이 절에서는 '표현 방식의 간결성과 다양성, 의미론적 핵(head)의 실현, 구성성분 결합의 비대칭성, 3음절 한자어 구성, 접사의 실재성'의 소주제로 나누어 각 특징을 살펴보고자 한다.

24 선수'(選手)([썩 잘하다+대표]), '대사'(大使)([지다(=책임)+대표]), '사신'(使臣)([나라+대표]) 등의 계열관계에 있는 단어까지 추가한다면, [X+대표]의 구성도 포함될 수 있을 것이다.

4.1. 표현 방식의 간결성과 다양성

(10)~(13)에서 관찰한 것처럼 '사람'과 관련한 다수의 한국어 접사는 한국수어의 [사람]에 대응된다. 비슷한 의미의 접사들이 수어에서는 하나의 형식으로 보다 간결하게 언어화된 것이다. 그런데 이에 그치지 않고 한국수어는 복합어 전체 구성의 의미가 유사한 경우에도 동일한 수어로 표현되는 것이 일반적이다.

(18)

	한국어	한국수어
가.	지은이 서기(書記) 저자(著者) 저작자(著作者) 필자(筆者)	[쓰다+**사람**]
나.	군인(軍人) 병사(兵士) 병정(兵丁) 장병(將兵)	[군+**사람**]
다.	소방원(消防員) 소방수(消防手)	[소방([불+소방호스로 물을 뿌리는 동작])+**사람**]
라.	종 하인(下人) 사환(使喚)	[심부름+**사람**]
마.	운전기사(運轉技士) 운전사(運轉士) 운전수(運轉手)	[운전+**사람**]
바.	일꾼 고용인(雇傭人) 노동자(勞動者) 노무자(勞務者) 사원(社員) 종업원(從業員) 직원(職員)	[일+**사람**]

(18)의 각 구성이 [X+사람]의 통일된 방식으로 수렴하는 결과를 확인할 수 있다. 한국어의 고유어 및 한자어 여부, 구성적 차이, 음절 수 차이 등은 한국수어에서 실현되는 개념의 언어화 과정과는 별개의 문제이다. [사람]은 물론이고 [쓰다], [군], [소방] 등 각 복합어 의미의 핵심적 개념을 명시적으로 간결하게 표현하는 것이 한국수어에서 관찰되는 가장 큰 특징이라 판단된다.

이처럼 한국어와 한국수어의 다대일 대응이 단어 형성 연구와 관련하여 시사하는 바는 무엇일까? (18)은 한국어 동의어 및 유의어에 대한 등재부의 잉여성을 드러내는 반면, 한국수어의 간결성을 보여준다. '운전사'와 '운전수'('운전사'를 낮잡아 이르는 말, ≪표준≫)처럼 세부적으로 미세한 의미 차이를 지니는 예도 있기는 하나 '노동자'와 '노무자' 같이 사실상 그 의미적 차이를 확인하기 어려운 경우도 다수 확인되기 때문이다. 최형용(2008)에서도 '늦잠쟁이/늦잠꾸러기, 소유주/소유자, 수단꾼/수단객' 등의 동의파생어를 대상으로 등재부의 잉여성을 논의한 바 있는데, (18)의 한국어와 한국수어 간 비교에서도 한국어 동의어 또는 유의어 간의 밀접한 양상을 확인할 수 있다.

이와는 반대로 한국어의 간단한 구성이 한국수어에서는 다양한 방식으로 표현된 예가 관찰된다. 먼저, 목표 대상의 어떠한 속성을 개념화하였는가에 따라서 한국어와 한국수어가 상이한 모습을 보인다.

(19)

	한국어	한국수어
가.	간호사(看護師)	[희다+이마의 십자 표지를 나타내는 동작+사람]
	목사(牧師)	[희다+머리+남자]
	신부(神父)	[희다+신부의 옷깃을 나타내는 동작]
나.	경찰(警察)	[경찰 모표(새 모양)를 나타내는 동작]
	학생(學生)	[오른손은 이마 오른쪽에서 왼손은 왼쪽 옆구리에서, 오른손은 아래위로 왼손은 위아래로 두 번 움직이는 동작]
	회원(會員)	[가슴에 배지를 다는 동작]
	미인(美人)	[여자+한 쪽을 내세우는 동작]
다.	귀족(貴族)	[높다+사람]
	대인(大人)	[너그럽다+사람]
	소인(小人)	[옹졸하다+사람]

(19가)의 각 한국어가 구성성분인 한자(看護, 牧, 神)의 의미와 관련하여 전체 의미를 형성하는 데 반해, 한국수어는 [희다], [십자], [머리], [옷깃] 등 외형적 요인을 개념화한 것을 알 수 있다. 한편, (19나)는 해당 한국어를 떠올릴 법한 특정한 동작을 활용하는 방식으로 한국수어를 형성하였다는 점에서 또 다른 유형에 해당된다. (19다)의 '귀족, 대인, 소인'은 각각의 한자(貴, 大, 小)에 대응하는 축자적인 형태가 아닌, 단어가 내포하는 의미에 초점을 두어 [높다+사람], [너그럽다+사람], [옹졸하다+사람]의 수어로 표현되었다.

(20)

	한국어	한국수어
가.	농부(農夫) 어부(漁夫) 광부(鑛夫)	[밭+사람] [물고기+잡다+사람] [광산([산/파다])+사람]
나.	소설가(小說家) 음악가(音樂家) 성악가(聲樂家)	[소설+사람] [음악+전문+사람][25] [노래+전공+사람]

(20가)의 세 한자어는 한국어 구성 면에서 상당히 유사하지만, 한국수어는 상이한 결과를 보인다. '농부'는 [갈다]와 같은 서술 의미 없이 대상(theme)에 해당되는 [밭]에 직접 [사람]이 결합한 데 반해, '어부'는 '漁'에 포함된 동사 [잡다]를 명시적으로 한국어 어순에 맞게 배열함으로써 복합어의 의미를 명확히 드러낸다. 한국어의 '고기잡이'(고기+잡−+−이)와 같은 구성으로 수어를 형성한 것이다. 한편, '광부'에서는 수어 구성 내에 [파다]의 의미가 동시적 결합구조로 포함된 [광산]을 통해 간접적으로 서술 의미를 포착해 낼 수 있다.

(20나)의 세 한자어도 한국수어에서 미세한 차이를 보이는데, '소설가'가 [소설]과 [사람]의 직접적인 구성인 데 반해, '음악가, 성악가'는 각각 [전문], [전공]의 성분을 활용하여 의미를 구체화한다. '가수'를 의미하는 [노래+사람] 구성이 실재하므로 차별화된 방식으로 표현된 것이다.[26]

25 이러한 유형의 단어로 '등산가(登山家)(=산악인)([등산+전문+사람]), 수집가(蒐集家)([수집+전문+사람])'가 있다.

26 이를 Aronoff(1976)의 저지(blocking)의 관점에서 접근한다면, '가수'가 [노래+사람]의 구성으로 등재부에 이미 저장되어 있으므로 '성악가'를 표현하고자 할 때에는 [노래+전공+사람]의 새로운 구성을 시도한 것으로 볼 수 있을 듯하다.

4.2. 의미론적 핵의 실현

주지하듯이 한국어 복합명사의 품사는 오른쪽에 분포하는 명사 또는 접미사가 결정한다. 이들 후행 성분이 의미론적으로도 핵(head)의 역할을 담당하기에 형태론적 핵과 의미론적 핵이 일치한다고 할 수 있다. 예컨대, 합성어 '나무집'과 파생어 '나무꾼'의 품사 및 의미 정보를 결정하는 명사 '집'과 접미사 '-꾼'은 두 복합어에서 핵의 지위를 차지한다.

흥미롭게도 한국수어에서는 앞서 살펴본 단어들과 달리 쉽사리 의미상의 핵을 포착해 내기 어려운 경우가 있다.[27]

(21)

	한국어	한국수어
가.	가정부(家政婦) 파출부(派出婦)	[가정([집+안을 나타내는 동작])+심부름] [다니다+가정부([가정([집+안을 나타내는 동작])+심부름])]
나.	사회자(司會者) 청소 당번(淸掃 當番)	[사회([차례로 진행함을 나타내는 동작+소개])+책임] [닦는 동작+책임]
다.	부반장(副班長) 차장(次長)	[책임+서열이 둘째임을 나타내는 동작] [장(長)+서열이 둘째임을 나타내는 동작]
라.	검사(檢事) 판사(判事) 변호사(辯護士)	[조사+재판] [의사봉을 두드리는 동작+재판] [변호(=매개, 소개, 통역)+재판]
마.	경리(經理)	[회계+사무]

27 (21)에 제시하지는 않았으나, (19)에서 언급한 '신부, 미인'(복합구조)과 '회원, 경찰, 학생'(단순구조) 등의 단어도 이에 포함될 수 있을 것이다.

(21가)의 한국어 '가정부, 파출부'는 [X+심부름] 구성으로, '부(婦)'에 대응할 만한 한국수어 내 의미론적 핵이 관찰되지 않는다.[28] (18라)의 '종, 하인'이 [심부름+사람]으로 표현된 점을 볼 때, '가정부'도 [가정+심부름+사람]일 가능성이 높지만 실제는 그렇지 않은 것이다. 한국수어의 이러한 특징은 내심적(endocentric) 양상을 보이는 (21)의 한국어와 큰 차이를 드러낸다.[29]

(21나, 21다)의 '사회자'와 '부반장' 역시 한국어의 '자(者)'와 '장(長)'에 대응할 만한 [사람], [선생], [장(長)] 등의 성분을 한국수어에서 찾기 어렵다. '부반장'의 '부(副)', '차장'의 '차(次)'가 [서열이 둘째임을 나타내는 동작]으로 후행한 점도 특징적이다. (21라)도 마찬가지로 [사람]의 형식은 관찰되지 않는다. 이중 '검사, 판사'는 '변호사'와 달리 한국어에서도 사람을 지칭할 만한 구성성분이 한자 '檢事'와 '判事'에 등장하지 않는다. 환유(metonymy)의 관점에서 본다면(임지룡 1997: 199), 특정한 업무나 관직을 지칭하는 의미가 이를 담당하는 사람을 의미하게 된 것으로 볼 수 있다.[30] 그렇다면 (21나)의 '청소 당번'이나 (21마)의 '경리'가 사람

28 파출부'의 한국수어가 [다니다+가정부]로 표현되기에 이를 '가정부'와 동일하게 [X+심부름]의 구조로 볼 수 있을지는 더 판단해 볼 필요가 있다. 일단 여기에서는 큰 틀에서 [다니다+가정+심부름]의 구성으로 보아 '가정부'와 '파출부'를 함께 제시하였다. 한편, 천주교에서 쓰이는 '복사'(服事)도 [미사+심부름] 구성이라는 점에서 '가정부'와 비슷한 모습을 보인다.

29 주지하듯이 내심적 합성어(endocentric compound)는 오른쪽 성분이 단어 전체의 핵의 지위를 차지하는 데 반해, 외심적 합성어(exocentric compound)는 어떠한 구성성분도 핵의 역할을 하지 못한다. 한국수어의 표현 방식이 '합성'에 기반한다는 점에 주목하여 이를 합성어의 측면에서 살펴본다면 '가정부, 파출부' 등을 이때의 '외심적 합성어'와 함께 논의해 볼 수 있을 듯하다. 합성어 전체의 뜻과 합성어 오른쪽 구성성분 간의 부분 집합 관계를 논의한 Allen(1978)의 '이다 조건'(IS A Condition)도 (21)의 한국수어에는 적용 불가능하다.

30 한국어의 '소매치기', '새치기'가 특정한 '행위'뿐만 아니라 그런 행위를 하는 '사

뿐만 아니라 해당 행위도 가리킨다는 점에서 한국어와 한국수어의 유사성을 포착해 낼 수 있을지도 모른다.

다음의 수어도 핵이라 할 만한 구성성분이 등장하지 않는다는 점에서 (21)과 유사하다.

(22)

	한국어	한국수어
가.	남배우(男俳優) 여배우(女俳優)	[남자+연극] [여자+연극]
나.	여군(女軍) 여경(女警) 교통경찰(交通巡警)	[여자+군] [여자+경찰] [교통+경찰]

한국어 '남배우'와 '여배우'에 해당하는 한국수어는 [남자+연극], [여자+연극]에서 보듯이 사람을 지시하는 뚜렷한 구성성분이 확인되지 않는다. '배우'가 [연극+사람]으로 표현된다는 사실을 참고할 때, (22가)의 한국수어는 후행하는 [사람]이 절단되어 나타난 것으로 볼 수 있다. [남자], [여자]가 이미 사람을 상정하고 있기에 잉여적인 성분으로 판단되어 [사람]이 생략되었을 가능성이 있다. '군인', '경찰관'도 각각 [군+사람], [경찰+사람] 구성이나, (20나)의 '여군'과 '여경'을 형성할 때에는 [사람]이 등장하지 않는다는 점에서 (22가)와 동일하다.[31] '여군, 여경'을

람'을 모두 의미하는 것 역시 일종의 환유로 이해할 수 있을 것이다. 한국수어도 '소매치기'([몸을 스쳐내는 동작])와 '새치기'([앞쪽으로 끼어드는 동작])가 '사람'을 의미할 수 있다.

31 여공'(女工)은 [공장+여자] 구성이므로 구성성분의 배열 순서에 있어서 '여군, 여경'과 차이가 있다. 이 경우는 [여자]가 의미론적 핵으로 기능한다고 할 수 있을 것이다.

위한 한국어와 한국수어 모두 직접적으로 '사람'을 의미하는 표현이 등장하지 않는 점이 유사하다. (22나)의 한국어 '교통경찰'도 수어로는 [사람]이 등장하지 않는다. 한국어가 그렇듯 '경찰'이 '경찰관'과 동일한 의미를 지시하게 되었을 가능성도 있다.

4.3. 구성성분 결합의 비대칭성

동일한 개념을 언어화하였더라도 한국어와 한국수어의 형태 구조는 상이할 수 있다는 사실을 확인한 바 있다. 사정이 그렇다 보니, 한국어에서 간단한 구성의 단어가 수어로는 다소 복잡하게 표현된 경우가 있으며, 반대로 한국어가 둘 이상의 형태소로 구성된 데 반해 수어는 간단한 동작 하나로 복합어가 표현되기도 한다.

(23)

	한국어	한국수어
가.	겨레 나그네 남	[피([빨강+이어 내리는 동작])+사람] [여행+사람] [다르다+사람]
나.	수재민(水災民) 유학생(留學生) 유학생(遊學生) 작곡가(作曲家) 파출부(派出婦)	[비([물+내리다])+피해+사람] [유학([다르다+나라+곳+공부])+학생] [유학([다르다+곳+공부])+학생] [작곡([음악+창작([창안+만들다])]+사람] [다니다+가정부([가정([집+안을 나타내는 동작])+심부름])]

(23가)의 '겨레, 나그네' 등은 한국어에서 단일어이지만 한국수어로는 [피([빨강+이어 내리는 동작])+사람], [여행+사람]처럼 둘 이상의 구성성

분을 결합하여 만든다.[32] (23나)의 '수재민, 유학생' 등도 한국어와 비교할 때 훨씬 복잡한 방식으로 수어가 만들어진 사실을 알 수 있다.

이와는 반대로, 한국어는 복합어이지만 한국수어가 단순구조의 단어인 경우도 적지 않게 관찰된다.

(24)

	한국어	한국수어
가.	앉은뱅이 어린이	[앉아서 움직이는 것을 나타내는 동작] [손끝을 위로 향하게 펴서 약간 구부린 후 두 손을 얼굴 양옆에 세워 마주 보게 하여 가볍게 좌우로 두 번 흔드는 동작]
나.	간첩(間諜) 대통령(大統領) 선생(先生) 친구(親舊)	[대상을 좇는 시선을 나타내는 동작] [오른손을 목 뒤에 댔다가 5지만 편 손을 앞으로 내미는 동작] [오른 주먹의 1·2지를 펴서 2지 옆면으로 모로 세운 왼 주먹의 손목을 두 번 두드리는 동작] [손을 맞잡는 사이임을 나타내는 동작]

(24가)의 '앉은뱅이'(앉-+-ㄴ+-뱅이)와 '어린이'(어리-+-ㄴ+이)는 세 형태소가 결합한 구성인 데 반해, 한국수어는 하나의 동작으로 간단히 이를 표현한다.[33] (24나)의 '간첩, 대통령' 등도 특정 동작으로 해당 한자

32 유의어라 할 수 있는 '동포(同胞), 여행자(旅行者), 타인(他人)'도 (23가)와 동일한 수어를 사용하는데, 일부 단어는 구조상 복합어인 한자어의 영향을 입은 것으로 볼 수도 있다.

33 3개의 형태소가 결합한 '젖먹이'(젖+먹-+-이) 구성의 복합어가 [손가락을 빠는 동작+아이]에 대응되는 예에서도 한국수어가 한국어보다 간결한 방식으로 표현되었음을 확인할 수 있다.

어를 직접적으로 표현한 점이 특징적이다.

(25)

	한국어	한국수어
가.	디자이너(designer) 리더(leader) 아나운서(announcer) 웨이터(waiter) 웨이트리스(waitress)	[디자인+사람] [이끌다+사람] [마이크+사람] [나비넥타이+일+남자] [나비넥타이+일+여자]
나.	네티즌(netizen) 라이벌(rival)	[인터넷+사람] [겨루다+사람]

그렇다면 의미론적 핵이 잘 드러나지 않는 외래어의 경우는 어떠할까? 영어의 'X+−er/−ess' 구성이지만 일반 한국어 화자들에게 단일어로 인식될 만한 (25)의 외래어도 한국수어에서는 둘 이상의 구성성분으로 표현된 점이 주목된다. 각 단어의 의미 가운데 특징적 개념이라 할 만한 [디자인], [이끌다], [마이크], [나비넥타이]를 활용해 해당 단어를 구성한 것이다. '네티즌'과 '라이벌' 역시 한국어 형태만으로는 '사람'의 의미를 포착해 내기 어렵지만, 한국수어에서는 [사람]을 활용하여 표현되었다.

4.4. 3음절 한자어 구성

3음절 한자어의 경우, 각 한자 의미의 해석 방식에 따라 한국수어의 상이한 양상이 관찰되기도 한다.

(26)

	한국어	한국수어
가.	노약자(老弱者) 동거인(同居人)	[늙다+약하다+사람] [같다+살다+사람]
나.	애국자(愛國者) 애연가(愛煙家) 공처가(恐妻家) 작사자(作詞者) 작곡가(作曲家)	[애국([나라+사랑])+사람] [애연([담배+좋다])+사람] [아내+무섭다+사람] [작사([노래+글+만들다])+사람] [작곡([음악+창작([창안+만들다])]+사람]
다.	사육사(飼育士) 용의자(容疑者)	[동물+기르다+사람] [죄+지명+사람]

(26가)의 '노약자'(老弱者)를 표현한 한국수어는 [늙다[老]+약하다[弱]+사람[者]]과 같이 각 한자의 의미를 그대로 살려 형성에 반영한 것이다. '동거인' 역시 [같다[同]+살다[居]+사람[人]]의 순서 그대로 수어가 형성되었다. 선행하는 2음절 한자 '노약'과 '동거'는 '서술어(老)+서술어(弱)'의 병렬구조 및 '부사어(同)+서술어(居)'의 수식구조로 한국어 어순과 다르지 않다.

반면, '애국자'(愛國者)는 [나라[國]+사랑[愛]+사람[者]]과 같이 한국어 '애국'과 한국수어 [나라+사랑]의 의미 배열 순서가 서로 다른 결과를 보인다. 한국어의 '애국' 형식이 '서술어(愛)+목적어(國)' 구성을 띠는 데 반해, 한국수어는 의미 해석에 기초하여 일반적인 한국어 어순에 따라 만들어졌기에 차이가 있다. 이러한 특징이 '애연가, 공처가, 작사자' 등의 단어에서도 동일하게 관찰된다.[34]

34 심재기(2000: 169-172)에서는 한자어의 구조를 10가지 유형으로 구분하고, 그 가운데 '목적, 피동, 부정'의 세 가지 구성은 한국어의 통사 구조와 어순이 일치하지 않는다고 정리한 바 있다. 이들 구성은 한문의 영향을 받아 전통적 통사 구

한편, '사육사'(飼育士)는 각 한자의 본래 의미에 기초할 때 [기르다[飼]+기르다[育]+사람[士]]의 구성이 예측되지만, '사육사'의 한국수어는 [동물+기르다+사람]으로 표현되었다. 각 한자의 의미보다는 해당 복합어가 실제 쓰이는 직접적인 용법에 근거해 만들어진 결과를 확인할 수 있다. '용의자'(容疑者)도 각 한자와 수어 사이에 차이가 관찰된다.

결국 (26)의 3음절 한자어에 대응하는 한국수어는 한국어의 각 한자가 지닌 전통적인 형태 구조(어순)나 개별 의미보다는 일반 한국어의 어순 및 복합어 전체의 의미에 기초하여 형성되었음을 보여준다.

4.5. 접사의 실재성

앞서 관찰했듯이 '사람'과 관련한 한국어 접사가 [사람], [선생], [여자] 등의 단어 형식으로 표현된 점에서 한국수어의 접사에 대한 실재성에 물음을 던질 수 있다. 설령 존재한다고 할지라도 수어는 시각적인 형태 결합으로 드러나지 않기 때문에 접사가 연쇄한 것인지 아니면 명사가 연쇄한 것인지 명확히 밝히기 어렵다는 문제가 남는다. 그럼에도 불구하고 ≪한국수어사전≫에 접사로 등재된 표제어가 관찰된다는 점이 흥미롭다. 그중 '사람'과 관련한 일부 접미사의 예를 제시하면 다음과 같다.

조를 바탕으로 하는 것들이다. '애국'은 심재기(2000)의 '목적구성'(서술어+목적어)에 해당한다.

(27)

	한국어	한국수어
가.	–관(官)	[담당(=책임)+사람]
나.	–광(狂)	[정신+미치다]
다.	–민(民)	[사람(=인간)]
라.	–사(士)	[사(지문자)]
마.	–꾼	[곧장 나아감을 나타내는 동작]
바.	–님	[어른/모시다]

사전 기술에 따르면, (27가, 27나)의 '–관(官), –광(狂)'은 둘 이상의 단어를 결합함으로써 접사의 의미를 드러낸다는 점에서 특징적이다. 특히, '–광'은 수어 구성 내에 [사람]이 드러나지 않는데, 가령 '음주광'(飮酒狂)은 [술+정신+미치다]로 표현된다.[35] (27다)의 '–민(民)'은 [사람]과 동일한 방식으로 표현되기에, '수재민'(水災民)과 같은 단어의 [비([물+내리다])+피해+사람] 구성만을 놓고 접사의 존재를 인정하기에는 조심스러운 면이 있다. (17)과 (12)에서 각각 언급한 바 있는 (27라, 27마)의 '–사(士)'와 '–꾼'도 사전에 접사로 등재되어 있지만 이들 접사가 결합한 실제 단어의 예는 그리 많지 않다. [–꾼]이 결합한 구성으로는 '농사꾼'([밭+–꾼]) 정도만이 관찰될 뿐이다. (27바)의 '–님'도 사전에 등재된 관련 단어의 수가 그리 많은 것은 아니다. 해당 예로 '따님([딸+님]), 선생

35 (27가, 27나)와 같이 ≪한국수어사전≫에 등재되어 있기는 하나, 관련 단어의 예를 분석해 보면 위와 같은 기술이 적절할지에 대해서 의문이 남는다. 예컨대, '면접관'(面接官)은 [면접([얼굴+만나다])+–관(담당+사람)]으로 사전에 등재되어 있지만, '서기관'(書記官)은 [사무+책임]으로, '감독관'(監督官)은 [감독+사람]으로 달리 기술되어 있어 구체적인 사례에 있어서는 그 기준이 분명하지 않다. 이는 '–관'의 접사로서의 지위, 수어 기술상의 통일성 등과 관련된 문제로 판단된다.

님([선생(=교사)+님]), 아버님([아버지+님]), 임금님([임금(=왕)+님])' 정도가 확인된다. 주지하듯이 '–님'은 생산성이 높은 접미사이므로 각각의 복합어를 사전에 등재하지는 않은 것일 수도 있다(송원용 2005: 234, 정한데로 2015나: 118).

접미사와 달리 접두사는 ≪한국수어사전≫에서 쉽게 확인되지 않는다. 접두사로 볼 만한 형태도 수어에서는 단어로 제시하기 때문일 것이다. 가령 한국어 접두사 '여(女)–'를 살펴본다면 이는 모두 한국수어에서 [여자]로 표현된다.

(28)

	한국어	한국수어
가.	여학생(女學生) 여대생(女大生) 여신(女神)	[여자+학생] [여자+대학생([대학+학생])] [여자+신]
나.	여아(女兒)	[여자+아이]
다.	여왕(女王)	[반지/여자]

(28가)에서 [여자]가 [학생], [대학생], [신]에 각각 선행함으로써 관련 수어를 형성한다. (28나)의 2음절 한자어 '여아'(女兒)도 (11)에서 확인한 바와 같이 각 한자를 각각 풀이하는 방식을 활용해 [여자+아이]의 구성으로 표현된다. (28다)의 '여왕'은 (28가)와 유사한 방식으로 [여자+왕] 구성이 만들어질 법하지만, 동시적 결합구조로 형성된 점이 특징적이다.

원성옥·장은숙(2003: 88)에서는 '아버지'와 '어머니'를 각각 [육친+남자]와 [육친+여자]로 분석하여 이때의 [육친]을 접두사로 파악한 바 있다.[36] [육친]으로 표현된 동작이 혼자서는 쓰일 수 없는 의존형태소의 기능을 한다고 판단하였기 때문이다. [－님](=[존경하다]), [－적(的)](=[적합하다]), [－가(家)](=[사람]) 등의 접미사를 제시한 연구(김칠관 2010/이준우 외(2014: 124－125) 참고)도 확인되기는 하지만 합성의 결과인 이들을 파생으로 보아야 할 적극적인 근거가 마련되지 않는 한 한국수어에서 접사의 지위를 인정하기란 쉽지 않아 보인다.[37]

5. 결론

한국어와 한국수어는 표현 방식에 있어서 각각 '음성 언어'와 '손짓 언어'로 차이가 있지만, 그 바탕은 동일한 개념에서 시작된 언어화의 결과라는 점에서 크게 다르지 않다. 이 글은 이러한 관점에 기초하여 단어형성론적 차원에서 한국어와 한국수어에서 관찰되는 복합어의 형성과 그 특징을 논의하였다.

연구 대상이 '사람' 관련 명사에 한정되었다는 한계가 있기는 하나, 그 안에서 다양한 방식의 표현적 차이가 있음을 확인할 수 있었다. 특히 한국수어는 한국어와 달리 '합성'(compounding)의 방식만을 활용한

36 그러나 앞서 (6가')에서 우리는 ≪한국수어사전≫에 기초하여 '아버지'를 [나이가 들면 코밑 양쪽으로 생기는 팔자(八) 모양의 금을 나타내는 동작+남자]로 분석하였다.

37 한국수어의 '접사' 지위를 인정하기 위해서는 계열관계의 단어 분포나 각 형태의 생산성 등 관련 기준에 대한 검토도 필요해 보인다(구본관(1999) 참고). Aronoff et al.(2003: 59－62)에 미국수어와 이스라엘수어의 접사에 관한 언급이 있기는 하나, ZERO를 활용한 부정 접미사, SENSE 접두사 등에 관한 논의로 한정된다.

다는 점, '계기적 결합'뿐만 아니라 '동시적 결합'을 통해서도 단어를 형성할 수 있다는 점, '지문자'와 '지숫자'를 활용한다는 점 등이 주목되었다. 아울러 '표현 방식의 간결성과 다양성, 의미론적 핵(head)의 실현, 구성성분 결합의 비대칭성, 3음절 한자어 구성, 접사의 실재성'의 5가지 소주제를 중심으로 그 특징을 살펴본 결과 한국어와 한국수어의 상이한 특징을 확인할 수 있었다.

한국수어를 대상으로 한국어학의 관점에서 연구 가능한 영역이 적지 않을 것으로 판단된다. 적어도 형태론 분야에서는 수어소 및 분절구조에 집중한 단일어 연구(원성옥(2013나) 참고), 형태소 변동(생략, 첨가, 전환) 등이 관여한 단어의 형성(이율하(2008) 참고), 어원과 관련한 다른 국가와의 수어 비교(장진권(1996), 김칠관(1998) 참고), 품사 분류, 접사의 실재성 문제 등도 심도 있게 논의될 가능성이 있다. 윤석민(2017)에서 강조한 바와 같이 한국수어 역시 언어의 일종이며, 한국 농인의 의사소통 도구라는 점에서 중요한 언어 연구 대상 가운데 하나이다. 그럼에도 불구하고 그간 한국어 연구자들의 관심이 비교적 적었던 한국수어에 대해 앞으로 활발한 연구가 이어지기를 기대한다.

참고문헌

논저류

강주해(2017), '수어'를 둘러싼 논의와 정착, 제19회 한국수화학회 학술대회 발표집, 21–27.

구본관(1999), 파생접미사의 범위, 형태론 1–1, 형태론, 1–23.

김승국(1983), 한국 수화의 심리언어학적 연구, 박사학위논문, 성균관대학교.

김승국(1999), 한국수화연구, 오성출판사.

김칠관(1996), 한국 고유 수화 단순어에서의 복합 구성 특성, 수화연구 1, 한국수화학회, 3–18.

김칠관(1998), 한국수화 어원연구, 인천성동학교.

김칠관(2010), 한국수화언어학입문, 미간행자료.

남기심·고영근(2013), 표준국어문법론, 제3판, 탑출판사.

남기현(2012), 한국수화의 기호학적 연구: 분류사 구문을 중심으로, 박사학위논문, 고려대학교.

석동일(1986), 한국 수화의 언어적 체제화 연구, 특수교육학회지 7, 한국특수교육학회, 29–49.

석동일(1989), 한국수화의 언어학적 분석, 박사학위논문, 대구대학교.

송원용(2005), 국어 어휘부와 단어 형성, 태학사.

심재기(2000), 국어 어휘론 신강, 태학사.

원성옥·강윤주(2002), 수화교육개론, 농아사회정보원.

원성옥(2013가), 수화, 커뮤니케이션북스.

원성옥(2013나), 수화의 언어학적 특징, 새국어생활 23–2, 국립국어원, 19–42.

원성옥·장은숙(2003), 한국복합수화의 조어특성, 제5회 한국수화학회 학술대회 발표문, 81–93.

윤병천·정욱찬·고인경(2017), 조선손말 형태론적 분석, 제19회 한국수화학회 학술대회 발표문, 69–92.

윤석민(2017), 한국수어(KSL) 연구의 필요성과 전망, 국어학 83, 국어학회, 93–118.

이영재(2010), 한국 수화언어의 인칭대명사 체계 연구, 석사학위논문, 전북대학교.

이영재(2017), 한국수어의 언어학적 특성, 2017년 국어학회 여름학술대회 발표집, 11-23.

이율하(2008), 한국수화언어의 동시적 결합구조에 대한 형태론적 연구, 석사학위논문, 강원대학교.

이익섭(1975), 국어 조어론의 몇 문제, 동양학 5, 단국대학교 동양학연구소, 155-165.

이준우·남기현(2014), 한국 수어학 개론, 나남.

임지룡(1997), 인지의미론, 탑출판사.

장진권(1996), 한국 수화의 어원적 의미, 수화연구 1, 한국수화학회, 51-62.

장진석(2006), 한국수화의 언어적 특성에 따른 국어대응식 수화의 문제점 분석, 특수교육저널: 이론과 실천 7-2, 한국특수교육문제연구소, 107-125.

정한데로(2015가), 단어 형성 과정의 개념화와 언어화: 19세기 말~20세기 초 자료의 의의, 언어와 정보 사회 24, 서강대학교 언어정보연구소, 125-158.

정한데로(2015나), 한국어 등재소의 형성과 변화, 태학사.

정한데로(2016), 규칙과 유추, 다시 생각하기, 어문연구 44-3, 한국어문교육연구회, 99-126.

최상배(2013), 한국수화언어의 수위소 분석, 특수교육저널: 이론과 실천 14-2, 한국특수교육문제연구소, 1-20.

최상배·안성우(2003), 한국수어의 이론, 서현사.

최형용(2003), 국어 단어의 형태와 통사, 태학사.

최형용(2008), 국어 동의파생어 연구, 국어학 52, 국어학회, 27-53.

Allen, M.(1978), Morphological Investigations, Ph.D. dissertation, University of Connecticut.

Aronoff, M.(1976), *Word formation in Generative Grammar*, The MIT Press.

Aronoff, M., Meir, I., Padden, C., & Sandler, W.(2003), Classifier constructions and morphology in two sign languages, In Emmorey, K.(Ed.), *Perspectives on Classifier Constructions in Sign Languages*, Psychology Press, 53-84.

Aronoff, M., Meir, I., & Sandler, W.(2005), The paradox of sign language morphology, *Language* 81−2, 301−344.

Fischer, S. D.(2008), Sign language east and west, In Piet van Sterkenburg (Ed.), *Unity and Diversity of Languages*, John Benjamins Publishing Company, 3−15.

Liddell, S. K. & Johnson, R. E.(1989), *American sign language: the phonological base*, Sign Language Studies 64, 195−277.

Meir, I., Aronoff, M., Sandler, W., & Padden, C.(2010), Sign languages and compounding, In Scalise, S. & Vogel, I.(Eds.), *Cross-disciplinary Issues in Compounding*, John Benjamins Publishing Company, 301−322.

Sandler, W.(2003), On the complementarity of signed and spoken languages, In Levy, Y., & Schaeffer, J.(Eds.), *Language Competence Across Populations: Toward a Definition of Specific Language Impairment*, Psychology Press, 383−409.

Sandler, W., & Lillo−Martin, D.(2006), *Sign Language and Linguistic Universals*, Cambridge University Press.

Štekauer, P.(1998), *An Onomasiological Theory of English Word-Formation*, John Benjamins Publishing Company.

Štekauer, P.(2005), Onomasiological approach to word−formation, In Štekauer, P. and Lieber, R. (Eds.), *Handbook of Word-Formation*, Springer, 207−232.

Stokoe, W. C. Jr.(1960), *Sign Language Structure: An Outline of the Visual Communication Systems of the American Deaf*, University of Buffalo.

사전류

국립국어원, 한국수어사전 (http://sldict.korean.go.kr) (2017.12.15.)

김삼찬 외 37인(2005), 한국수화사전, 형철출판사.

김승국(1993), 한국 표준 수화, 오성출판사.

한국표준수화규범 제정 추진위원회(2007), 한국수화사전(개정판), 문화관광부 국립국어원·한국농아인협회

찾아보기

ㄱ

ㅁ

ㅂ

ㅅ

ㅈ

ㅊ

ㅌ